다부동지구 전선

제10연대 | 제11연대

← 팔공산
가산 901고지
다부동 ↓
674고지
천생산
유학산 837고지
← 옥골
← 해평

6 · 25전쟁사

낙동강

제4권

6·25전쟁사

낙동강

제4권

지상 낙원 인민공화국
그냥 바친 곡창 전라도

낙동강 제4권

목차

제5장 다시 보자 한강수야!

제5절 서남부 방면 저지전

1. 전력 정비 · 11
   제5, 제7사단 재창설 11 · 편성관구 설치 13 · 북한군의 동향 16

2. 군산 · 이리 부근 전투 · 17
   해병대의 출정 17 · 서해안지구전투사령부 19 · 군산 지역 전투 – 해병대 21
   이리 지역 전투 26

3. 전주 · 남원 부근 전투 · 32
   전주 실함 32 · 남원 철수 43

4. 호남남부 지역 전투 · 46
   무방비 상태의 광주 46 · 장성 · 갈재 저지선 붕괴 47
   육탄으로 용감히 싸우시오 – 그냥 바친 광주 50 · 구례 전투 55
   화개장 전투 57 · 여수 실함 58

5. 함양, 거창 부근 전투 · 62
   북한군 동태 62 · 서남 지역에 미군 투입 63 · 안의 지역 전투 66
   함양 지역 전투 71 · 거창 지역 전투 76

6. 묘산 · 십이리 전투 · 79
   약방의 감초 제17연대 79 · 묘산 전투 79 · 공비로 가장한 정찰대 섬멸 84

7. 하동의 함정 쇠고개 · 86
   쇠고개에서 괴멸된 미 제29연대 86 · 채병덕 소장 전사 95
   채병덕 소장은 왜 하동 전선으로 갔는가? 100
   채병덕 소장이 함양과 하동으로 간 일자? 102

8. 진주 방어전 · 103
   진주 방어망 103 · 진주 결전 107 · 진주를 적에게 110 · 김병화 소령의 최후 113
   앉은뱅이 포탑 M-26전차 114 · 서부지구전투사령부 115

제6장 해·공군과 경찰 작전

제1절 한국 해군 작전

1. 피아의 해군 전력 · 119
    한국 해군 119 · 북한 해군의 상륙 침공 122

2. 초기 해상작전 · 123
    해상작전 개요 123 · 옥계전투 – YMS 509정 125 · 대한해협 해전 127

3. 해군 육전대 · 130
    동해안 지역 작전 130 · 구암산전투 131 · 포항 지역 전투 133

4. 해안방어와 봉쇄작전 · · · · · · · · · · · · · · · · · · 135
    서해안 봉쇄작전 135 · 해군본부 137 · 군산 지역 작전 138 · 남해안 작전 140
    여수 철수작전 142 · 해병대 144

제2절 UN 해군 작전

1. 미 극동해군 · 146

2. 해안봉쇄작전과 함포 지원 · · · · · · · · · · · · · · · 150
    처음이자 마지막 해전 150 · 적 병참선 차단 작전 152 · 지상군 함포 지원 154

3. 해상수송작전 및 포항 상륙작전 · · · · · · · · · · · · 157
    해상수송작전 157 · 제1기병사단 포항 상륙 159

4. 제77항모기동부대 작전 · · · · · · · · · · · · · · · · · 164
    평양 공습 164 · 원산 정유공장 폭격 167 · 지상군 근접항공지원 170

제3절 한국 공군 작전

1. 피아 공군 상황 · 177
    한국 공군 177 · 북한 공군 179

2. 공군 철수작전 · 182
    공군본부 및 비행단 철수 182 · 공군 최초의 육전 – 헌병결사대 183

3. 항공 작전 · 185
    북한 공군 공습 185 · 한국 공군 초기작전 186 · 정찰비행대작전 188
    F-51전폭기작전 190 · 한미합동작전 – 편대장은 미군이 197

4. 부대 정비 198
   공군본부 198 · 근무부대(후방사령부) 199 · F-51전폭기 진해로 이동 200

제4절 UN 공군 작전

1. 미 극동공군 203
   미 극동공군 편제와 현황 203 · 항공작전 지휘체계 정립 203
   미 극동공군 부대 전개 207 · 미 제5공군 한국으로 이동 211

2. 지상군 지원작전 213
   초기 항공작전 213 · 제공권 장악 217 · 근접항공지원작전 219

3. 후방 차단작전 222
   공격 목표 우선순위 222 · 미 제5공군 후방 차단 225
   폭격사령부 후방 차단 226

제5절 국립경찰 활동

1. 경찰비상경비사령부 228
2. 강원도경비사령부 229
   강릉 지역 전투 229 · 춘천 부근 전투 230 · 영월 지역 공방전 231
3. 경기도경비사령부 232
   개성 지역 전투 232 · 문산 지역 전투 234 · 오류동 지역 전투 235
4. 서울 철수작전 236
   서울 철수 236 · 주요시설 경비 238
5. 영월 · 춘양 부근 전투 240
   영월 재탈환전 240 · 춘양 지역 전투 242
6. 충주 · 상주 부근 전투 243
   충주 · 음성 지역 전투 243 · 죽령 · 상주 지역 전투 244
7. 울진 · 청송 부근 전투 247
   울진 · 평해 지역 전투 247 · 청송 지역 전투 248 · 보현산 지역 전투 250
8. 금강 연안 부근 전투 253
   청양 · 대천 지역 전투 253 · 강경경찰관 옥쇄 256

9. 호남남부 지역 전투 260
　　장성·장흥·백운산 전투 260 • 서남 도서 지역 전투 262

제7장 인민공화국

제1절　대한민국은 인민공화국이다

1. 김일성의 점령정책 269
　　점령정책의 기본노선 269 • 점령정책의 특징 271 • 노동당 복구 275
　　인민위원회 설치(복구) 278 • 각종 사회단체 조직 282

2. 사회개혁 285
　　토지개혁 285 • 현물세제 291 • 노동 및 교육개혁 294

3. 군사적 동원 296
　　모든 힘을 전쟁의 승리를 위해 동원해야 한다 296
　　의용군 모집 – 젊은이 사냥 297 • 의용군 모집 실태 303 • 전쟁지원사업 314

4. 정치적 선전 318
　　국방군이 북침하였으므로 반공격전을 전개하였다 318
　　북한은 평화적인 조국통일을 원한다 320
　　조국과 인민을 위한 정의의 전쟁에 모든 역량을 바쳐라 323

제2절　이것이 해방이다

1. 반동분자는 무자비하게 처단하라 328
　　김일성의 방송교시 328 • 남쪽 사람은 민족도 인민도 될 수가 없다 332
　　학살의 실태 – 인간 백정들 335 • 학살현장 347
　　모시기 작전 – 요인은 북으로 모셔오라 364

2. 인민재판의 실상 369
　　김팔봉 씨 369 • 전재홍 씨 373 • 이태신(李泰臣 – 전재홍의 친척)의 증언 375
　　임준택 – 당시 국민학교 제6학년, 광주광역시 거주 376
　　김양자 – 당시 전라남도 순천시 조곡동 거주 소녀 381
　　이용범 – 당시 충남 예산군 광시면 초등학교 제3학년 384
　　이승기 – 당시 중학교 졸업 후 폐결핵으로 산사에서 요양 중 387
　　여자학도의용군의 증언 389

남한유격대의 말로 – 임헌일(林憲一, 북한군 제2사단 포병연대장) 390
왜? 이렇게까지 해야 했나! 392 • 충성 경쟁 395

3. 인민의 수난 396
노는 인민은 먹을 권리가 없다 396 • 7할 5푼 – 이것이 현물세다 400
정계와 관계 요인들의 수난 401 • 종교계의 수난 403
학계와 문화계의 수난 406

4. 국민보도연맹(國民報導聯盟) 407

인명 색인 410

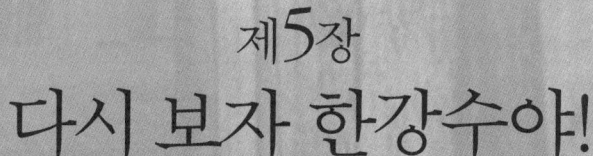

제5장
다시 보자 한강수야!

무인(無人)의 공허시가(空虛市街)를 한 바퀴 돌고 김응권 경찰국장과 같이 시 남각에서 탈출하는데 단정한 용자(容姿)의 헌병이 의연하고도 침착한 모습으로 교통정리를 하고 있는 것을 보았다. 그가 과연 어떠한 교통수단을 이용하여 가장 마지막에 능히 탈출하였는지 지금 생각하여도 미안스럽기 그지없었다.

광주 남쪽 고갯길이 있는데 남부여대(男負女戴)한 피난민 대열이 있어서 무안하기 짝이 없었고, "무슨 죄가 있어서 이 모양이냐?" 하는 단장의 한을 금치 못하였다.
"싸움은 이겨놓고 보아야 한다."는 안보관을 되씹기도 하였다.

- 이형석 대령

제5절 서남부 방면 저지전

1. 전력 정비

제5, 제7사단 재창설

　6·25남침 이전 호남 지구에는 제5사단이 주둔하여 지리산지구 공비토벌과 전라남북도의 후방 방위를 맡고 있었다. 제5사단은 2개 연대로 편성되어 있었고 제15연대가 전주에, 제20연대가 광주에 주둔했다.

　6·25남침과 함께 제5사단은 제15연대가 제1사단 방어지역인 문산에, 제20연대가 제7사단 방어지역인 의정부로 출동하여 많은 손실을 입고, 7월 4일 재편성할 때 제15연대는 제1사단에, 제20연대는 제2사단에 흡수되어 사단은 해체되었다.

　6월 25일 육군본부는 제5사단이 전선으로 출동하여 무방비 상태에 빠진 호남 지역이 공비출몰지역임을 감안하여 이곳에 호남지구전투사령부를 신설하고 이형석(전 호군국장) 대령을 사령관에 임명하였다.

　27일 이형석 대령은 광주로 와서 전라남북도 일원의 제대군인과 구호국군요원 및 청년방위대원을 소집하는 한편 은석표(殷碩杓) 소령을 전주에 파견하여 모병 업무를 수행하도록 하였다.

　7월 7일 육군본부는 7월 5일 부대 개편 때 해체된 제5사단을 광주에, 제7사단을 전주에 다시 창설하고 제5사단장에 호남지구전투사령관 이형석 대령을, 제7사단장에 민기식(전 보병학교 교장) 대령을 각각 임명하여 다음과 같이 연대를 편성하였다.

제5사단 – 제15연대를 순천에 편성. 연대장에 김병휘 중령
　　　　　제26연대를 광주에 편성. 연대장에 이백우(李白雨) 중령
제7사단 – 제3연대를 전주에 편성. 연대장에 박현수(朴炫洙) 중령
　　　　　제9연대를 남원에 편성. 연대장에 유해준 중령

　호남 지구 사단편성은 이 지역에 대한 작전수행과 함께 대구 방면으로 집중되는 적 공격력을 서부 방면으로 유인하여 전선을 넓힘으로써 적의 부담을 분산시키고자 하는 목적이 있었다.^{주)}　　국방부 『한국전쟁사』 제2권 p564

　제2사단 제25연대장이던 김병휘 중령은 수원 전투에서 부상하여 유성요양원에서 치료를 마치고 육군본부에 신고했는데 이때 육군본부는 김병휘 중령을 제15연대장에 임명하고 연대를 편성하도록 지시하였다.

　김병휘 중령은 대전에서 낙오병 150명을 수습하여 제15연대를 창설하고 전남편성관구사령관으로 임명된 이응준 소장과 함께 광주로 갔다.

　이형석 대령은 호남지구전투사령부를 제5사단사령부로 전환하고 이영규 중령을 제15연대장으로 임명하여 사단편성에 착수하였다.

　이영규 중령은 사단장 명에 의하여 연대를 편성하고 있었는데 육군본부에서 임명한 김병휘 연대장이 부임하자 편성한 병력과 함께 지휘권을 김병휘 중령에게 인계하고 그는 부연대장이 되었다.

　제26연대장에 임명된 이백우 중령은 광주에 남아 있는 전 제5사단 기간요원을 중심으로 호국군과 학도병을 모집하여 연대를 편성하였다.

사단편성 전에 이형석 사령관 명령으로 전주에 파견되었던 은석표 소령은 전주에 부임한 민기식 제7사단장에게 그가 모병한 병력을 인계하고 광주 제5사단으로 복귀했다.

이보다 앞선 6월 29일 구 제5사단 제20연대 제3대대를 지휘하여 시흥에 진출했던 이소동(李召東) 소령은 연대장 박기병 대령으로부터

"제3육군병원(광주 소재)에 입원한 환자들을 회복되는 대로 규합하여 유격전을 준비하라."

는 명령을 받고 7월 8일 부상병 호송열차 편으로 광주로 돌아왔다.

광주에 도착한 이소동 소령은 광주에 제5사단이 창설된 사실을 모른 채 병원에서 회복된 부상병을 규합하던 중 이형석 대령으로부터 제5사단을 편성 중인 사실을 듣고 제26연대 편성에 합류하였다.

제5사단은 2개 연대 편성을 목표로 제26연대를 광주에, 제15연대는 제1, 제2대대를 순천에, 제3대대를 여수에 편성하였다.

제7사단은 포천(제9연대)과 동두천(제1연대)에서 38선을 경계하고 있었다. 제3연대는 6·25 직전에 수도경비사령부로 예속이 변경되었다.

7월 4일 평택에서 재편성할 때 사단이 해체되면서 예하 제1연대가 수도사단에 예속됐고, 제9연대는 수도사단의 지휘를 받아 작전을 펴다가 청주전투가 끝난 후인 7월 17일 제1연대에 흡수되었다.

제7사단이 다시 전주에서 창설되면서 원래 예속연대였다가 해체된 제3연대를 전주에, 제9연대를 남원에 각각 편성하였다.

편성관구 설치

7월 8일 육군본부는 전주에 전북편성관구와 광주에 전남편성관구를 편성하고 사단편성을 지원하게 하였다.

전북편성관구 사령관에 신태영 소장,
참모장에 원용덕 준장,
전남편성관구 사령관에 이응준 소장,
참모장에 이형근 준장

을 각각 임명하였다.

신태영 소장은 육군총참모장 대리를 역임하였고, 이응준 소장은 초대육군총참모장을 역임하였으며 그 직전까지 제5사단장직에 있었다. 원용덕 준장은 호국군 참모장을 역임했고, 이형근 준장은 전 제2사단장이었다.

원용덕 준장

7월 12일 편성관구 명칭을 전북은 전주지구편성관구, 전남은 광주지구편성관구로 바꾸고 그 지역에 대한 방어 업무와 함께 각급 군·경 부대를 지휘하게 하여 제5사단과 제7사단도 그 지휘를 받게 되었으나 실지 작전에서는 권한이나 업무 한계가 명백하지 못하여 사단은 독자적인 작전을 수행하게 되었고, 편성관구는 유명무실한 기구로 전락했다.

7월 13일 현재 각 사단의 병력 현황은 다음과 같다.

제7사단		제5사단	
제3연대	2,500명	제15연대	800명
제9연대	3,600명	제26연대	1,000명
계	6,100명	계	1,800명

자료 : 국방부 『한국전쟁사』 개정판 제1권 p728

이 병력은 7월 9일 육군본부 명령에 따라 제7사단은 1개 중대, 제5사단은 1개 대대(약 750명)가 출동한 후의 숫자이다.

제5사단과 제7사단은 사단을 편성하면서 병력 자원 부족으로 어려움을 많이 겪었다. 후퇴해 온 장병을 수습하고 예비역 장병들을 소집하는 한편 기간요원을 각 군(郡)에 파견하여 모병 활동을 전개하였는데 마침 순천에 내려와 있던 신익희, 이범석 등 원로들이 시국 강연을 하면서 모병을 독려하여 학생을 비롯한 청년들이 많이 참가하였다.

　'호남 지역은 안전지대'

라고 잘못 알려져서 이시영 부통령을 비롯하여 신익희 국회의장과 전 국무총리 겸 국방부장관 이범석 등 요인들이 몰려와서 현지 도지사와 군 관계자들이 아연실색하고 이들을 영남 쪽으로 안내하였다.

　사단이 모병한 병력 중 무기를 가진 사람은 일선에서 지휘관을 따라 철수한 병력과 병원에서 퇴원한 장병 등 20%에 불과했고, 나머지는 맨손인데다가 훈련이 필요한 신병들이어서 당장에 전력화할 수는 없었다.

　이러한 실정을 도외시하고 육군본부에서는 7월 9일 아직도 편성 중에 있는 양 사단에

　"1개 대대 전투 병력을 육군본부로 급파하라."

는 명령을 내렸고, 이어서 제5사단에는

　"가용한 모든 병기를 대전 지구로 급송하라."

는 전문을 보냈다.

　제7사단은 1개 중대 병력을 장태명(張泰明) 대위가 지휘하여 출동했고,

　제5사단은 가용장비를 모조리 대전으로 급송하는 한편 구 제20연대 장병 1개 대대(750명)를 이소동 소령이 지휘하여 증발 차량 20대로 당일 대전으로 갔다가 육군본부와 함께 대구로 가서 영천으로 출동하였다.

　부대는 걸음마도 하기 전에 병력을 조각내어 껍데기만 남게 되었다.

　이 무렵 개전과 함께 문산으로 출동하였던 보병학교 교도대(김병화 소령)

1개 대대 규모가 전주로 철수하여 제7사단에 합류함으로써 전력에 크게 보탬이 되었고, 이 교도대는 이후 서남부 지구 전투에서 김 부대라는 이름으로 많은 전과를 올리게 된다.

북한군의 동향

호남 지구에서 전투가 벌어진 기간은 북한군이 소위 제3단계 작전(7월 7일부터 24일까지)에 들어간 시기다.

저들이 말하는 제3단계 작전은

"남반부의 군이 방어선을 구축하기 전에 신속히 금강 소백산맥선을 돌파하여 울진 문경 논산 전주선을 점령한다."

는 것이다.

이러한 목표 아래 서부전선을 맡은 적 제1군단은 이천 진천 충주로 이어지는 축선의 서쪽을 담당하여

(1) 제4사단은 중앙 우익으로 천안 공주 논산 대전을,
(2) 제3사단은 중앙 좌익으로 천안 조치원 대전을,
(3) 제2사단은 좌익으로 제2군단과 제휴하여 이천 진천 보은 영동을,
(4) 제6사단은 우익으로 천안 예산 장항을 거쳐 이리 전주 광주를

각각 공격하는 것으로 작전 경과를 통하여 파악되었다.

북한군 제6사단은 서울을 점령한 후 제3사단이 조치원을 거쳐 대전으로, 제4사단이 공주로 돌아 대전으로 접근할 때까지 그 행방이 묘연했다.

나중에 알려진 일이지만 적 제6사단은 무방비 상태인 서남부를 돌아 저들 주공부대가 대구와 부산을 공격할 때에 맞추어 우리의 옆구리(마산)를 강타할 준비를 하고 있었던 것이다.

적 제6사단은 7월 7일 천안에서 서진하여 12일 예산, 청양을 거쳐 대전

전투가 한창인 19일 금강 하류에서 도강한 후 군산과 이리를 점령했고, 20일에는 전주를 점령하였으며, 23일에는 광주에 진출하였다.

광주에 집결한 적 제6사단은 제13연대가 목포로, 제14연대가 보성으로, 제15연대는 순천으로 각각 진출하여 식량 등 필요한 군수 물자를 수집하고 7월 25일 순천에서 다시 합류한 후 사단장 방호산 소장은 29일까지 진주와 마산을 해방시킨다고 호언하면서 동진을 개시했다.

미 제8군사령부는 호남 방면으로 진출한 적이 적 제4사단의 일부일 것이라고 막연히 생각하고 있다가 7월 28일에 이르러서야 제6사단이라는 사실을 확인하고 많이 놀랐다.

2. 군산·이리 부근 전투

해병대의 출정

6·25남침 당시 해병대는 제주도에서 공비토벌작전을 벌이고 있었다.

7월 8일 14시를 기하여 해군은 그 동안 진해통제부사령장관에게 위임했던 작전지휘권을 손원일 총참모장이 귀국하면서 총참모장에게 복귀시키고 해군본부에 해군전투사령부를 설치하였다.

해군전투사령부는 해병대 증편에 착수하여 해군 함정근무자를 제외한 500명을 선발하여 7월 10일 07시까지 진해에 집합시킨 후 해병대 사령관이 이들에게 필요한 전투 장비를 갖추어 훈련을 실시하였고, 다른 한편으로 해병대 모슬포부대 제1대대를 기간으로 전선에 투입할 부대를 편성하여 정

고길훈 소령

보참모 고길훈(高吉勳) 소령을 부대장에 임명하였다.

해병전투부대는 병력 300명주)으로*　　　　국방부 『한국전쟁사』 제2권 p569

2개 보병중대와 1개 화기중대 그리고 1개 수색소대로 편성하였고,

부부대장에 김병호(金秉鎬) 대위,

제1중대장(중화기중대장)에 한예택(韓禮澤) 대위,

제2중대장에 김광식(金光植) 중위,

제3중대장에 이봉출(李鳳出) 중위,

수색대장에 김종식(金鍾植) 중위

를 각각 임명하였다.

> * 같은 개정판 제2권은 "고길훈 소령이 지휘하는 해병대 500명"이라고 했다.(p733) 김성은부대로 증강(고길훈부대+1개 중대)되었을 때 병력이 371명이다.(같은 제2권 p581, 개정판 제2권 p861) 이를 감안하면 해병대 당초 병력은 300명으로 보는 것이 타당하다. 300명(3개 중대)에 추가된 1개 중대(약 100명)를 합하고 전투 중 손실 병력을 차감하면 김성은부대 병력 371명과 맞아 떨어진다.

제주도에서 편성을 마친 해병부대(이하 해병대라 한다)는 7월 15일 10시 FS 제천호 편으로 제주를 출발하여 다음 날 08시 군산 내항에 도착하였다.

군산에는 이때까지 적정이 없었고 해군경비부가 남아 있었다.

천안을 점령한 적은 홍성, 대천을 거쳐서 군산을 목표로 계속 남진 중에 있었고 17일까지는 장항에 도착할 것으로 보였다.

군산은 이러한 적 동향에 편승한 지방 공산당원들이 민심을 자극하여 극도로 혼란상태에 빠져 있었고, 해군 군산경비부사령관 김종기(金鍾琪) 소령이 그 휘하 장병 약간과 현지경찰관, 인천경비부에서 철수한 장병 48명 그리고 옹진지구에서 철수한 육군 제17연대 병력 59명으로 혼성부대를 편성하여 질서를 유지하고 있었다.

제주도에서 출동하는 해병대

해병대는 해양대학교를 숙영지로 정하고 해군경비부와 긴밀한 접촉을 유지하면서 전투준비에 들어갔다.

서해안지구전투사령부

7월 16일 제7사단 제3연대와 제9연대가 부산으로 이동했다.

새로 편성된 제7사단은 병력만을 신병으로 채웠을 뿐 적수공권이었다.

호남 지방에 2개 사단을 편성한 것은 전선예비를 확보하는 동시에 이 지역에 대한 방어작전을 위한 것인데 적이 침공해 오는 그 순간까지 무장을 갖추지 못하였을 뿐만 아니라 무장할 방법도 없었다.

제7사단장 민기식 대령은 경비전화를 통하여 육군본부에 수차례 무장을 요청하였으나 이루어지지 않자 대안으로 사단사령부와 무장을 갖춘 1개 중대 규모의 병력을 남겨서 현지 방어작전에 참가하고 나머지 병력은 후방으로 이동해 줄 것을 건의하였고, 육군본부는 이를 받아들였다.

이 조치에 따라 7월 16일 제3, 제9의 2개 연대를 부산으로 이동하고 전주에는 사단장을 비롯한 사단지휘부와 전 보병학교 교도대를 주축으로 한 기간장병 300여 명만 남겨서 전투대대를 편성하고, 전 보병학교 교도대장 김병화 소령이 대대를 지휘했다.

전주지구편성관구사령관 신태영 소장은 이 전투대대를 독립대대라는 명칭을 부여했다. 그 외 그 휘하에는 전북경찰대 700여 명이 있었다.

이날 저녁 신태영 사령관은 휘하의 군·경 부대를 원용덕 준장이 지휘하여 이리를 방어하도록 전진시켰다. 이때 독립대대는 휴대한 탄약이 1인당 2 3발 밖에 없었으므로 실질적인 전투능력을 갖지 못했다.

7월 17일 육군본부는 전황의 추세로 보아 신편사단이 작전에 도움이 되지 못하다고 판단하고 다음과 같이 부대를 개편하였다.

전주지구편성관구를 전북편성관구로 다시 명칭을 바꾸어 제7사단을 폐합하고 예하 제3연대를 제1교육대, 제9연대를 제2교육대로,

광주지구편성관구를 전남편성관구로 개칭하여 제5사단을 폐합하고 예하 제15연대를 제5교육대, 제26연대를 제3교육대로 개편하였다.

신태영 소장

이 무렵 금강전선이 무너지면서 적 일단이 서해안으로 우회하여 호남 지역의 위협이 가중되자 이에 대비하여 같은 날 서해안지구전투사령부를 설치하고 사령관에 전북편성관구사령관 신태영 소장을 임명하여 전북, 전남 양 편성관구사령부와 이 지역에 산재한 군소전투부대를 지휘 통제하도록 하였고, 전북편성관구사령관에는 전남편성관구사령부 참모장에 이형근 준장을 전임시켰다.

또 영남편성관구를 경북편성관구와 경남편성관구로 분리한 후 영남편성관구사령관 채병덕 소장을 해임하고 전남편성관구사령관 이응준 소장을 경남편성관구사령관에, 전북편성관구사령부 참모장 원용덕 준장은 경

북편성관구사령관에 각각 임명한 것으로 보인다.

그러나 이때 이응준 소장과는 연락이 불충분한데다가 호남 지구 상황이 급박하여 원위치에 그대로 머물러 있었고, 원용덕 준장은 신태영 사령관의 참모장 역할을 하면서 부임하지 않은 것으로 알려졌다.

경남편성관구사령관은 제9사단장 이종찬 대령이 겸임하였거나 대행한 것으로 보이고, 경북편성관구사령관은 영남편성관구 부사령관 유승렬 대령이 그 직무를 수행한 것으로 알려졌다. ▶ 제8권 「편성관구사령부와 사령관」 참조

7월 21일 전남북 지역에 계엄령이 선포되었다.

이날 서해안지구전투사령부는

전 제7사단의 일부 병력으로 편성한 독립대대(김병화부대),

전 제5사단 제15연대 제1대대로 편성한 이 부대(이영규 중령이 지휘),

제9사단 참모장 오덕준 대령이 편성한 오 부대(오덕준 대령이 지휘)

그리고 군산에 진출한 해병대 제3중대를

지휘하여 서해안 및 호남 방면 저지전에 들어갔다.

군산 지역 전투 – 해병대

7월 17일 아침 해군경비부로부터 적 1개 대대 규모가 야포의 지원을 받으며 장항 북방 7km 지점까지 접근했다는 정보를 입수했다.

해병대는 민간 선박으로 장항에 상륙한 후 그 북쪽 3.5km 지점에 있는 옥산동(玉山洞) 부근 50고지를 점령하고 경계에 들어갔는데 금친(錦川) 방면에 나가 있는 수색소대(김종식 중위)가 적 1개 중대 규모가 남진하고 있는 것을 확인하고 급보했다.

12시 30분경 제2중대가 진지 전방에 있는 중태산(中台山, 102고지)을 공격하고 제1중대는 제2중대를 지원하였다.

제2중대가 공격하여 102고지 중턱에 이르렀을 때 고지 정상을 점령한 적이 반격했다. 적의 우세한 병력과 화력에 희생자가 늘어나는 것을 무릅쓰고 6시간여 사투를 벌이다가 탄약이 떨어져 더 버틸 수가 없었다.

해병대 출동임무가 군산항에서 화물을 적재하는 해군함정 엄호에 있었고, 해군은 군산항에 보관 중인 정부미 선적을 무사히 끝냈으므로 더 이상 버티는 것은 무리하다고 판단하고 정박 중인 LST-안동호 출항시간에 맞추어 17시에 군산으로 철수한 후 부대를 해양대학에 수용했다.

6·25전쟁 최초로 북한군과 맞선 해병대 전투는 이렇게 싱겁게 끝났다.

해병대 병기는 일제 99식 소총과 경기관총(LMG) 3정, 중기관총(HMG) 2정, 60mm박격포 3문이 전부였다. 그나마 실탄도 충분하지 못했다.

이 전투에서 해병대는 적 20명을 사살하고 4명을 사로잡는 전과를 올렸고, 전사 19명, 행방불명 1명, 부상 10명의 피해를 냈다.

참고문헌 : 국방부 『한국전쟁사』 개정판 제2권 「고길훈 해병대의 장항 출동」(p739)

앞에 든 참고 문헌은 같은 문헌이면서 「군산 지구의 전황」(p855)에서 이와 다르게 기술하였으므로 전문을 소개한다.

"7월 17일 12시 30분에 해병대는 서천에서 남침해 오는 적들을 공격코자 장항 북쪽 4km 지점까지 진출하였다. 제3중대를 예비대로 하고, 제1중대(중화기중대) 및 제2중대를 공격부대로 한 해병대는 계속 침묵을 지키고 대기하던 중 적들이 사정권 내에 들어서자 일제히 집중사격을 가하였다. 그들은 해병대가 요격 태세로 있는 것을 예상치 못한 듯 유유히 대로를 따라 남하하다가 갑작스러운 공격을 받게 된 것이다. 계속되는 행군과 전투로 지칠 대로 지친 그들은 갑작스러운 집중 공격으로 모두 분산되어 패퇴하였다. 이때 전과는 뒤에 원산에서 압수한 인민군신문에 사상자가 300명이라고 한 것으로 미루어 보아 적 제6사단 일부가 상당한 손실을 입었음을 입증해 주고 있다."

포로 진술에 의하여 저들이 적 제6사단 제13연대 소속임을 확인했다.

7월 18일 01시경 해병대는 군산경비부요원과 합세하여 장항을 점령한 적이 금강을 도하할 것에 대비하여 전 병력을 강 남안에 전개하였다.

장항을 점령한 적은 야포대대를 동반한 1개 연대 병력이 07시경에 이미 군산 동북방 20km 지점에 있는 강 북안 신성리(新成里-서천군 한산면)에서 도하하여 이리로 진출하고 있었고, 주력은 군산 동북방 10km까지 접근하여 군산을 포위 공격할 태세를 갖추고 있었다.

09시 해병대는 제3중대가 군산시가지를 경비하고, 제1, 제2중대는 개정리(開井里-군산 동남쪽 4km) 일대를 탐색하며, 수색소대는 도암리(挑岩里) 군산가도에 연한 금강 남안 일대를 수색하고 있었다.

제1, 제2중대는 적을 발견하지 못하고 20시에 군산으로 돌아왔다.

수색소대는 19시경에 조촌리(助村里-군산 동쪽) 제지공장 부근에서 적의 무리를 발견하고 즉시 본대에 전령을 보내는 한편 대원 6명은 사복으로 변장하고 요소요소에 잠복하여 계속 적정을 살피고 있었다.

한편 우 측방에서는 적 주력으로 인정되는 대부대가 금강을 도하하여

익산군 용안(龍安)~웅포(熊浦)선에서 민 부대(전 제7사단)를,

강경(江景)~고산(高山)선에서 경찰 방어선을

각각 돌파하고 이리 쪽으로 조여들고 있었다.

서해안지구전투사령관 신태영 소장은 이 긴박한 사태를 해결하기 위하여 늦은 밤에 해병대 고길훈 부대장에게

"이리가 위급하니 즉시 구원하라."

는 지시를 내렸다. 이때 고길훈 부대장은 해군본부로부터 군산에서 지구전

을 펴다가 LST-안동호 편으로 철수하도록 명령을 받고 있었고, 안동호는 정부미 선적을 마치고 외항에서 대기 중에 있었다.

고길훈 부대장은 상황을 종합하여 판단한 끝에 주력은 함정 안전을 위하여 군산에서 적 침입을 경계하게 하고 이봉출 중위의 제3중대를 부부대장 김병호 대위의 지휘하에 18일 09시에 이리로 출발시켰다.

7월 19일 적은 밤새 동남쪽으로 진출하여 군산을 포위하고 시내로 진입하려는 기세를 보였다. 해병대는 해상철수를 감행하기로 하고 외항에 정박하고 있는 안동호를 05시에 군산비행장 근해로 회항하도록 연락을 취한 다음 07시까지 부대를 군산비행장으로 집결하도록 하였다.

시내에서 밤새 수색 중인 수색소대에 철수명령을 전달하기 위하여 부관 최정주(崔偵周) 소위와 사병 1명을 출발시키고, 이리로 출동한 제3중대에는 철수명령을 전달할 방법이 없어서 중대장 재량에 맡겼다.

해병대 주력은 이날 10시에 군산비행장 남단 해안에 집결했다.

수색소대에 철수명령을 전하러 떠난 최정주 소위는 적정을 모른 채 이리로 가다가 조촌리에서 적의 사격을 받고 같이 간 사병 1명과 함께 전사했다. 이때 수색소대 정찰조는 조촌리 부근에 적이 나타난 것을 발견하고 인근 토성산(土城山, 76고지)에 잠복 중에 있었다. 최정주 소위 일행이 지나가는 것을 보고 위급한 상황을 알리려고 고함을 질렀으나 연락 조는 듣지 못하고 그대로 가다가 변을 당했다.

장항 상공에는 미군 전투기 4대가 나타나서 공중 공격을 하였다.

수색소대장 김종식 중위는 이 상황을 보고하기 위하여 선임하사관 진두태(陳斗台) 병조장을 본대로 보냈다. 시간이 한참 지났는데도 본대로 간 진 병조장으로부터 연락이 없자 다시 전령을 보냈는데 그 전령 편에 철수 명령을 전달받았다.

수색소대는 신영철(申英徹) 이등병조 외 2명을 남겨서 적정을 감시하게 하고 철수하여 군산시내로 들어갔을 때에는 본대가 비행장으로 떠난 후였고, 시내에는 지방 적색분자와 내통한 적 유격대가 출몰하고 있었으며, 진두태 병조장의 행방은 알 수 없었다.

김종식 중위는 위급한 상황에서도 진두태 병조장을 찾고 시내에 잔류시킨 3명을 합류시키기 위하여 3명의 대원을 다시 보냈으나 상당한 시간이 지나도 이들은 모두 돌아오지 않았다.

더 이상 지체할 수 없다고 판단한 김 중위는 소방차를 타고 적의 사격을 피하면서 비행장으로 가서 본대와 합류한 후 11시에 비행장 남단 해안에 대기시켜 놓은 범선을 이용하여 LST 안동호에 옮겨 탔다.

시내에 사복으로 잔류한 수색대원은 군산역 부근에서 편의대로 보이는 적의 사격을 받아 1명이 전사하고 한종호(韓鍾鎬) 이등병조와 김순태(金順泰) 일등해병은 부상을 입고 복귀하여 적정을 보고했다.

진두태 병조장은 본대로 가다가 수색소대 선발대와 합류하여 이미 시내에 침입한 적과 교전 중 부상하였는데 그는 쓰러진 후에도 나머지 대원들이 귀대할 수 있도록 엄호한 후 실신했다.

해병대는 진두태 병조장만을 남기고 11시 모두 안동호에 승선하여 선상에서 명령을 대기하던 중 해병대사령부로부터 목포로 가라는 명령을 받고 19일 23시 군산항을 출발하여 21일 08시 목포항에 입항했다.

진두태 병조장은 포로가 되어 군산도립병원에 수용되었다가 후송되기 직전 미군기 공습을 받고 적군이 머리를 들지 못하고 있는 틈을 타서 탈출하여 민가에 숨어 있다가 인천상륙작전 후에 원대로 복귀했다.

해병대는 군산 전투에서 가뜩이나 병력이 열세인데도 불구하고 1개 중대를 이리로 파견하여 더욱 고전을 면치 못했다. 그런데도 적 6명을 살상하고 1명을 생포하였는데 병력과 장비의 열세를 감안하면 초전으로서는 기대 이상의 전과로 평가할 만하다.

해병대 피해는 전사 2명, 부상 4명에 2명이 행방불명되었다.

이리 지역 전투

해병대 제3중대

서해안지구전투사령관 지시에 따라 7월 18일 09시에 이리로 출동한 해병 제3중대는 차량으로 기동하여 당일 이리에 도착한 후 어느 여관에서 밤을 새우고 다음 날 아침 대한부인회에서 마련해 준 주먹밥으로 아침을 먹고 대기하고 있던 중

"장신리(長新里-이리 서쪽)에서 적을 저지하라."

는 서해안지구전투사령부의 명령을 받고 8시에 장신리로 전진하였다.

해병 제3중대는 부대장 김병호 대위 진두지휘 하에 장신리 부근 고지에 진지를 점령하고 제1소대를 첨병소대로 하여 영만리(永萬里-장신리 서쪽) 부근 고지 정상을 공격했다. 짙은 안개로 지척을 분간할 수 없었다.

소대장 김한수(金漢壽) 소위는 안개 때문에 앞이 안보이자 진두에 서서 야간행군대형을 유지하면서 진격했다.

제1소대가 고지의 6~7분 능선까지 올라갔을 때 고지 정상에서 정체불명의 일단이 소리를 지르고 있었다. 이상하게 생각하면서도 계속 고지로 진출했다. 고지 정상에 이르면서 부분적으로 다른 부대원이 섞여 있었고 이들은 적이었는데 짙은 안개 때문에 식별을 하지 못했다.

사실 얼굴 모양이 같고, 복장이 비슷했으며, 소총도 먼발치에서 보면 구분이 되지 않았다. 당시 우리가 입었던 작업복(전투복)은 국산 천으로 만들었는데 몇 번 빨면 빛이 바래서 겨울 잔디 색깔로 변하여 북한군의 복장과

멀리서는 구분하기 어려웠다. 해병대가 가진 일제 99식 소총은 소제 장총과 역시 멀리서는 흡사하게 보인다.

뒤섞인 병사들은 물과 건빵을 나누어 먹기도 했고, 고지 정상에서 어른거리는 적을 보고

"너희들은 무슨 부대냐?" 하고 물었을 때 저들은

"인민군 몇 연대다."라고 대답을 했다.

북한군은 우리가 후퇴하면서 두고 온 보급품을 지급하여 우리 담배와 건빵을 가지고 있었다.

선두에 오르던 어떤 해병은 적과 얼굴이 마주쳤다.

"어느 부대냐?" 고 물어서

"해병대다."라고 대답했다.

"해병대……?"

고개를 갸웃거리면서 해병이 가진 99식 소총을 보고

"이상한데……? 우리는 이런 총을 받았다."

고 하면서 그가 가진 총을 보여 주기도 했다.(주)　　국방부 『한국전쟁사』 제2권 p578

웃을 수만 없는 희극이었다.

해병들은 고지를 점령하고 있는 것이 적임을 눈치 채고는 슬금슬금 빠져나와서 은밀히 후퇴했다. 그제야 알아차린 적이 공격하여 격전을 벌이다가 소대장 이하 5명이 사로잡혔고, 나머지는 본대로 복귀했다.

부대장 김병호 대위는 상황이 급박하여 독자적으로 철수를 단행하였는데 이때 이리에 적 압력이 가중되자 전방에 추진되어 있던 육군부대도 대오가 흐트러진 채 물러나고 있었다.

해병 제3중대는 신태영 사령관의 명령을 받고 목천포(木川浦-이리 남쪽)에서 만경강 북안 제방에 배수진을 치고 아군 도강을 엄호하다가 상황이

위급해지자 김제로 철수했다.

만경강을 수영으로 건너다가 3명이 익사했다.

신태영 사령관은 해병대로 하여금 철수 부대를 엄호하게 한 후 14시경 이리에 개설한 전방사령부를 이끌고 전주로 이동했는데 이때 약 1개 연대로 추산되는 적이 전차 4대를 앞세우고 북쪽에서 이리로 돌입하면서 아군을 뒤쫓아 와서 전세는 걷잡을 수 없이 급변했다.

독립대대(김병화 소령)를 비롯한 기병중대와 전북경찰부대가 해병대 엄호를 받으며 만경강을 도강하여 삼례(參禮-전라선 역) 및 동산(東山-전주 서북쪽 7km)으로 물러났고, 육본특공대도 27명의 병력으로 독자적인 유격전을 펴면서 적 12명을 사살하고 경찰대 및 해병대와 같이 김제로 철수했다.

해병 제3중대를 지휘하고 있는 부대장 김병호 대위는 김제 방면에서 낙오된 경찰대를 수습하여 그들이 가지고 있는 경기관총과 자체 화기를 만경강 제방에 배열하고 아군 철수부대의 만경강 도하를 엄호하였다.

해병들은 경찰대가 가지고 있는 M1소총을 보고 굉장히 부러워했다.

해병들은 경찰관에게

"살고 싶으면 M1소총을 주고 철수하라."

고 했을 정도로 탐을 냈고, 아군 전사자가 발생하면 M1소총을 서로 갖겠다고 난리를 폈다.

적은 19일 오후 늦게 이리와 군산을 점령했다. 이리를 점령한 적 약 2개 대대 병력은 김제로 남진하고, 나머지는 아군 철수 부대의 꼬리를 물고 전주로 따라왔다.

해병 제3중대는 김제로 진출한 적 2개 대대와 교전이 예상됐으나 전라남도경찰대 지원을 받아 교전 없이 철수하였고, 도보로 강행군하여 7월 21일 17시 목포에 도착하여 군산에서 해상 철수한 본대와 합류했다.

해병 제3중대는 목포로 이동 중에 정읍에서 부대를 정비하고 있었는데 21일 08시경 적의 첨병으로 보이는 1개 소대 규모의 기병들이 지방공비와 합세하여 시내로 잠입하고 있는 것을 발견하였다. 해병대는 이들을 역습하여 섬멸할 수도 있었으나 안타깝게도 실탄이 없어서 이들을 피해 가야 했었다.

해병 제3중대는 이리 방면 전투에서 전사 15명, 부상 17명, 실종 7명의 피해를 입었고, 적 16명을 사살했다.

▎독립대대

7월 16일 원용덕 준장이 지휘하여 다른 군·경 부대와 함께 이리에 출동한 김병화 소령의 독립대대는 7월 17일 10시에 금강 남안 웅포(熊浦-익산군 웅포면)로 진출하여 성당리(聖堂里-강경 서쪽 8km)~서포리(西浦里-군산 동북쪽 7km) 사이 21km에 이르는 금강선 방어에 들어갔다.

강경~군산 간 금강 하류 지역에는 황산(黃山)나루, 다근이나루, 제성(帝城)나루, 웅포나루, 나포(羅浦)나루, 수하나루 등 6개의 나루가 있었고, 이곳에는 강남으로 도선하는 피난민으로 대혼잡을 이루고 있었다.

7월 18일 오후에 이르러 민간 복장으로 가장한 수 미상의 적이 웅포 부근에 출현하여 아군을 공격하였다.

독립대대는 약 30분간 이들과 교전하다가 탄약이 떨어져서 더 이상 버티지 못하고 웅포 남쪽 5km 지점에 있는 수래재로 물러나서 병력을 수습한 후 경계 태세에 들어갔다.

일몰 즈음 웅포에서 도하한 듯한 적 1개 연대 병력이 독립대대 전면에 출현했는데 저들은 다음 날 해 뜰 무렵에 대대적으로 공격을 해 왔다.

독립대대는 탄약이 없어서 싸울 수 없는데다가 또 다른 적이 강경에서 이리로 직진하고 있다는 정보가 있었으므로 적이 이리를 점령하여 후방을 차단하기 전에 이리로 전진해야 한다고 판단하고 분산 철수하여 09시에 이리로 물러났다.

이때는 해병 제3중대와 경찰 병력이 합세하여 철수 부대를 엄호하고 있었고, 뒤이어 기병 중대가 합류하였으므로 이들 병력과 연계하여 방어진지를 편성하였다가 이리의 상황이 급박해지자 삼례로 이동했다.

▌육본특공대

7월 17일 배동걸(裵東傑) 소령(육군본부 감찰감실 조사과장)이 지휘하는 육본특공대 27명이 6월 30일 이래 유격 활동을 펴면서 공주를 거쳐 이리로 이동하여 신태영 사령관의 지휘를 받았다.

육본특공대는 6월 28일 미아리 전선에 출동한 배동걸 소령이 장병 400여 명을 인솔하고 한강으로 왔으나 이미 한강대교가 폭파된 뒤였으므로 해방촌에서 수영과 소형 선박으로 강을 건너서 다음 날 수원에 도착하여 특공대를 조직하였다. 초기에 활동한 대원은 65명이었다.

육본특공대는 수원에서 육군본부로부터 서울 반격 명령을 받았다. 장병 65명을 인솔하고 노량진에서 밤중에 서울로 잠입하여 적 25명을 사살하고 7월 1일 마포에서 밤섬을 거쳐 영등포로 건너왔다.

육본특공대는 서울 잠입 중 장병 각 1명씩을 잃어 대원은 63명으로 줄었으나 적중 잠입 경험을 살려 계속 유격전을 폈다.

7월 3일 용인 부근에서 적 보급부대를 기습하여 차량 2대를 격파하였고, 6일과 7일에는 객사리(客舍里-평택 남쪽 4km)에서 적 30명을 사살하고 27명을 사로잡았다. 반면 대원 29명이 실종되는 손해를 입었다.

10일 잔존 병력 34명이 공주로 이동하여 여기서 미 제34연대와 합동작전으로 미군 지프 12대와 기갑연대 장갑차 1대를 적중에서 구출했다.

11일 공주에서 적 군관 1명을 사살하고 권총 1정과 실탄 14발을 노획하였으며 부여로 이동하여 적 수색대와 교전 끝에 22명을 사살했고, 15일 논산으로 이동하여 포로가 된 미 제34연대 미군 6명을 구출했다.

육본특공대는 신태영 사령관으로부터

"강경에 잠입하여 침공한 적의 규모를 파악하라."

는 명령을 받고 해질 무렵에 강경에 잠입하여 미처 탈출하지 못한 민간인과 경찰관 250명을 구출하였고, 이들 진술에 따라 강경에 침입한 적이 2,000명 규모임을 파악했다.

특공대는 밤이 깊어진 후에 시내 여러 곳에서 적을 교란하였고, 적 20명을 사살하였으며 쌍안경, 권총 등을 노획하였다. 구출한 경찰관 및 민간인을 데리고 이리로 돌아와서 신태영 사령관에게 적정을 보고하였다.

▎기병중대

7월 16일 공주에서 기갑연대 기병중대(박익균 중위)가 말 100필과 함께 전주로 왔고, 전북편성관구사령관의 지휘를 받아 이리로 전진했다.

7월 17일 10시 기병중대는 원용덕 준장의 지시로 황등(黃登-이리 북쪽 5km)으로 진출하였으나 적을 발견하지 못하고 민심을 안정시키기 위하여 주변 일대에서 기마대 시위를 벌이다가 밤이 되어 야영에 들어갔다.

7월 18일 13시경 적이 강경에서 황등으로 진출할 것이라는 정보를 입수하고 경찰 혼성병력 1개 소대와 함께 황등 북쪽에 진지를 점령하였는데 20시경 적 소형 차량 1대가 남진하는 것을 발견하고 접근하기를 기다렸다가 기습하여 적병 2명을 사살하고 차량을 노획했다. 차량에는 많은 양의 술과 떡 그리고 과자 등이 가득 실려 있었다.

밤이 깊어지자 전방으로 추진한 경찰부대가 황등으로 물러났고 그 뒤에는 1개 대대 규모의 적이 몰려오고 있었다.

중대장 박익균 중위는 이 적을 저지하기로 결심하고 경찰부대와 함께 병력을 전개한 다음 부족한 탄약을 구하기 위하여 12시경에 이리로 갔다. 그러나 이리는 텅 비어 있었고 소수의 경찰 병력만이 경비하고 있었으므로 사태의 심각성을 깨닫고 곧 황등으로 돌아와서 가진 탄약이 떨어질 때까지만이라도 황등을 고수하기로 결심하였다.

7월 19일 이른 아침 1개 연대 규모의 적이 황등으로 진출하고 있었다.

05시경에 황등을 점령하고 있는 기병중대와 경찰부대는 대대 규모의 적으로부터 공격을 받고 남은 실탄으로 교란 사격을 한 후 이리로 물러났다. 이리에서 독립대대와 합류하여 진지를 급편하였으나 이리가 적의 수중에 들어가면서 독립대대 및 전북경찰부대와 함께 분산되어 삼례~동산으로 물러났다가 다시 전주로 갔고, 전주가 실함될 때 서해안지구전투사령부를 따라 남원으로 이동했다.

7월 20일 정오에 육군본부의 지시로 말과 함께 전원 함양을 거쳐 대구로 가서 원대인 기갑연대에 합류했다.

3. 전주 · 남원 부근 전투

전주 실함

7월 19일 이리에서 물러난 경찰혼성부대, 해병 제3중대, 육본특공대는 한때 만경강선에서 적을 맞아 치열한 격전을 치르기도 하였으나 전력의 열세를 극복하지 못하고 22시경 김제로 물러다가 24시경 정읍으로 철수했다.

이 무렵부터 이 지역 아군부대는 통신 두절로 서해안지구전투사령부와는 연락이 되지 않아 지휘를 받을 수 없게 되었다.

이보다 앞선 22시에 서해안지구전투사령관 신태영 소장은 휘하 부대에 다음 날 02시를 기하여

구만리(九萬里-전주 북쪽 7km)와 동산 방면에 있는 경찰 부대는 임실로, 만경과 김제 방면에 있는 군경 부대는 정읍으로 철수명령을 내렸다.

7월 20일 미명에 적은 승세를 몰아 전주와 광주에 이르는 양 국도를 따라 진격했다.

전날 밤부터 전주를 공격하기 시작한 적은 밤중에 병력을 증강한 듯 포화를 집중하면서 대대적인 공세를 취했다.

전주를 방어하던 군경부대는 계획대로 익산~삼례~전주를 잇는 국도를 따라 임실 방면으로 축차 철수했다.

서해안지구전투사령부는 02시 남원으로 이동하여 남원경찰서에 사령부를 설치했고, 독립대대와 기병중대가 사령부를 따랐다.

민기식 대령은 제7사단사령부 요원을 지휘하여 전주시내에 있는 각 은행에 보유하고 있는 화폐를 반출했고, 흩어져 있는 낙오병과 그 동안 자원 입대하여 훈련을 받은 바 있는 장정 200여 명을 인솔해 왔다.

이날 04시에 적은 전주시내에 들어왔고, 1개 연대 규모의 적이 임실에 이르는 국도에 투입된 듯 했다.

신태영 사령관은 그 동안 여러 차례 육군본부에 병력과 탄약을 지원해 줄 것을 요청했으나 아무런 조치가 이루어지지 않은데 대한 불만을 토로하고, 앞으로 작전지도방침이 무엇인지 알아보기 위하여 원용덕 준장과 함께 육군분부가 있는 대구로 갔다.

제30연대

7월 17일 남원에서 전북편성관구 산하에 제30연대를 편성하였다.

6월 28일 육군보병학교 참모장 김용주 중령은 김포 지구로 출동한 육군보병학교 병력을 지휘하라는 육군본부의 특명을 받고 김포 지구로 달려갔으나 부대 행방을 알 수 없었다.

그는 전선을 따라 이동 중에 평택에서 이응준 소장과 이형근 준장을 만났고, 이응준 소장으로부터

"후방으로 물러나는 병력을 수용하라."

는 명령을 받았다.

무장 병력 1개 중대 규모를 수용하여 이들을 인솔하고 대전에 와서 차량을 증발하여 남원으로 이동했다. 남원군청에 지휘소를 차리고 가칭 제30연대를 창설한 후 군내 각 면에 장교 1명씩을 파송하여 장정을 모집하였는데 병력 수가 1,500여 명에 이르렀다.

제1대대장(부연대장 겸임)에 강인로(姜仁魯) 소령,

제2대대장에 김광순 소령,

제3대대장에 박관영 대위를

각각 임명하여 훈련에 열중하고 있던 중 7월 21일 민기식 대령으로부터 목적지도 정하지 않은 채 후방으로 이동하라는 명령을 받았다.

남원에 적침이 다다랐기 때문이었다.

전날 민기식 대령이 민 부대를 편성하면서 제30연대에서 기간 무장병력 1개 소대를 차출해 갔으므로 남은 병력이 이동했다.

제30연대는 김용주 중령이 독자적으로 창설한 부대이지만 전북편성관구와 육군본부에 보고하여 연대의 창설을 추인받았다.

▎민 부대의 등장

7월 20일 민기식 대령은 전주에서 남원으로 이동한 즉시 남원중학교에 지휘소를 설치하였는데 이때 김병화 소령의 독립대대도 이곳에서 부대를 정비하고 있었다.

민기식 대령은 전주에서 철수한 낙오병과 제30연대에서 차출한 기간무장병력 1개 소대를 근간으로 전투부대를 편성하였는데 그 수가 600명에 이르렀고, 장비는 경기관총 4정, 박격포(60mm, 81mm) 7문을 가졌는데 실탄은 바닥이 난 상태에 있었다.

민기식 대령은 이렇게 편성한 부대를 민 부대라고 호칭했고, 22일에 이르러 육군본부에서도 민 부대라고 호칭함으로써 공인했다.

서해안지구전투사령부가 생기면서 그 사령관이 된 신태영 소장이 전북편성관구 관장 하에 있는 병력을 직접 지휘함으로써 전북편성관구는 유명무실해졌고, 사령관 신태영 소장이 원용덕 준장과 함께 지휘소를 이탈함으로써 이 지역 병력은 민기식 대령이 지휘할 수밖에 없게 되었다.

민기식 대령

17시에 육군본부는 전주가 실함되었다는 급보에 접하자

"서해안지구전투사령관은 김병화 소령이 인솔하는 병력을 통합지휘하여 전주에 침입한 적을 공격 저지하라."

는 작전 명령을 내렸다.

이때는 사령관 신태영 소장과 참모장 원용덕 준장이 지휘소를 떠나 행방을 모르고 있을 때였다.

이 명령을 받은 민기식 대령은 당면한 적정을 확인한 결과 경찰부대가 적정이 없는 상태에서 용운치(龍雲峙, 전주~남원 간 17번 국도상) 부근 고지 일대를 확보하고 있었으므로 적정을 파악하여 신속히 보고하도록 조치하고 일부 병력을 오수리(獒樹里-임실 남쪽 8km)로 출동시켰다.

민기식 대령은 일련의 조치를 취한 후 부대지휘소에 임시로 가설한 경비전화가 울리기에 받았다. 국군장교를 사칭하는 자가 아군의 배치 상황을 물었다. 전주에 침입한 적 군관임을 직감하고

"임실~남원 간에 2개 연대를 배치하여 적을 저지하기로 하였다."

고 응답해 주었다.주)
국방부 『한국전쟁사』 개정판 2권 p752

이러한 위계가 통했음인지 적은 이날 공격을 계속하지 않았다.

말없이 지휘소를 이탈한 신태영 소장과 원용덕 준장은 20일 일몰 무렵 대구 육군본부에 들러 정일권 총참모장과 신성모 국방부장관을 면담하고 현지 전황을 보고한 뒤 병력과 탄약 지원을 요청했다.

육군본부에서는 대구에 있던 예비병력 2개 대대를 지원하기로 하고 1개 대대는 장태명 대위, 1개 대대는 조재준 중위가 지휘하게 하였다.* 병력은 각각 증강된 1개 소대 규모에 불과했고, M1소총과 탄약은 3개 화물차량 분량을 보급하였다.

육군본부는 이와 함께 다음과 같이 명령했다.

전남편성관구사령관은 예하 병력 500명을 남원으로 급파하고,
경남편성관구사령관은 1개 대대를 편성하여 남원으로 급파하라.
서해안지구전투사령관은 위 부대를 통합지휘하여 지연전을 펴라.

신태영 소장은 증발차량 10대를 이용하여 23시에 대구를 떠나 21일 공비출몰지역인 고령~거창을 거쳐서 새벽에 함양에 도착하여 민기식 대령에게 병력과 무기와 탄약을 전달하였다.

＊ 국방부 『한국전쟁사』 개정판 제2권은 김병화 부대가 같은 날 남원과 대구에 각각 있었던 것으로 기술하였다.

7월 20일 "육군본부에서는…… 즉시로 대구에 공치한 김병화 부대를 급파 조치하여 1개대는 장태명 대위, 1개대는 조재준 중위에게 지휘케 하고……"(p752)

7월 21일 "신태영 소장은 김병화 부대를 직솔하고 장태명 대위 및 조재준 중위가 인솔하는 병력으로 하여금 화물차량을 호송케 하여…… 함양에 도착."(p753)

앞의 것은 장태명 대위와 조재준 중위가 김병화 부대의 예하부대인 것처럼, 뒤의 표현은 별개의 부대처럼 기술했다. 의미가 분명하게 전달되지 않는다.

김병화 부대는 전주와 남원에서 전투를 하였고, 대구에 간 기록은 없다.

7월 20일 "서해안지구전투사령부가 남원으로(전주에서) 이동하였으며 또 신편 제7사단 독립대대(주 김병화 부대)와 기병중대가 사령부를 따라 물러났으나……"(p751)

"전주에서 남원으로 후퇴한 민기식 대령은 즉시 남원중학교에 지휘소를 설치하였는데 이때 김병화 소령이 지휘하는 독립대대 역시 이곳에서 부대를 정비하였다."(p751)

이무렵 문산쪽으로 출동한 바 있었던 "보병학교 교도대(장 김병화 소령)가 전주로 철수하여 합세"(p729)

7월 16일 "전 보병학교 교도대를 주축으로 한 기간장병 300명만이 잔류"(p733)

서해안지구전투사령부 군수참모 김용기 중령의 증언 요지

"함양에서 신태영 소장으로부터 전화로 화기와 탄약을 가지고 왔으니 인수해 가라는 연락이 왔다. '그곳까지 가는 시간이면 이곳까지 올 수가 있는데 어두운 날씨에 사람을 괴롭히는가?' 하는 불만이 있었으나 별수 없이 갈 수밖에 없었다. 민기식 대령에게 알리고 떠나려는데 민 대령이 신 소장에게 전하라면서 편지 한 통을 주었다. 편지 내용은 보지 않았지만 당시 민 대령은 신 소장과 원 준장이 대구로 간 것을 두고 전선을 무단이탈했다고 못마땅하게 생각하고 있었으므로 이를 질책하는 내용이 분명하다고 생각되었다.

지프로 야간에 공비출몰지역인 지리산 북쪽 길을 달려 함양에 갔더니 두 분은 어느 여관에 묵고 있었다. 날이 밝거든 화기와 탄약을 가지고 가라고 했으나 남원의 상황이 급하였으므로 민 대령의 편지는 전하지 않은 채 밤길을 달려 남원으로 돌아와서 화기와 탄약을 민 부대에 인계하고 편지를 전하지 않은 사실도 알렸다. 그 편지를 전함으로써 두 사람 간에는 반목의 골이 깊어질 것이고 그로 인한 파장을 고려하여 독자적인 판단으로 그렇게 한 것이었다." (국방부 『한국전쟁사』 개정판 2권 p753, 754)

민 부대는 이 무기를 현지에서 모병한 장정들에게 지급하고 남원역 광장에서 훈련을 실시하였다.

7월 23일 서해안지구전투사령관 신태영 소장은 전날 대구에서 복귀한 후 사령부를 함양으로 이동함으로써 남원 지구에 있는 부대와 괴리되어 지휘권이 미치지 못하였으므로 민기식 대령이 계속하여 지휘하였다.

이날 미 제8군사령부는 잭슨(Jackson) 대위를 민 부대 고문관으로 파견하여 미군상황전반에 걸친 연락업무를 담당하게 하였다. 이로써 민 부대의 상황을 미 제8군사령부에 알릴 수 있게 되었고, 8군의 작전지도방침이 육군본부를 거치지 아니하고 고문관을 통하여 민기식 대령에게 직접 전달됨으로써 전황 파악과 정보 전달이 쉬워졌다.

남원 지구 전투에서 민기식 대령 지휘를 받게 된 부대는 다음과 같다.
오덕준 대령이 지휘하는 오덕준부대(약 700명 - 전 제9사단),
이영규 중령이 지휘하는 이영규부대(약 300명 - 전 제5사단 제15연대),
김병화 소령이 지휘하는 김병화부대(약 300명, 독립대대),
김성은 중령이 지휘하는 해병 김 부대(1개 대대 - 361명).

이들 부대는 훈련이 미숙하고 장비가 부족하며 거의가 혼성부대로서 전투력은 보잘 것 없었다. 해병대만 제대로 된 건제를 유지하였다.

이영규부대 증원, 제30연대 철수

7월 20일 23시경 전남편성관구사령관 이응준 소장은 육군본부로부터 예하 병력 500명을 남원으로 급파하여 서해안지구전투사령관의 지휘를 받으라는 명령을 받고 순천에 있는 제5교육대장(전 제15연대장) 김병휘 중령에게 출동 명령을 내렸다.

7월 7일 제15연대장에 부임한 김병휘 중령은 순천에서 신편 제5사단장 이형석 대령 지시를 받아 연대를 편성하고 있는 부연대장 이영규 중령에게 제1대대장 조남철(趙南喆) 소령과 제2대대장 김필상(金弼相) 소령을 지휘하여 2개 대대를 편성하게 하고 자신은 여수로 가서 한강 남안 전투에서 입은 부상을 치료하면서 제3대대를 편성하고 있었다.

이러한 연유로 순천에 있는 제15연대는 부연대장 이영규 중령이 대리 지휘하고 있었는데 이때는 제5사단이 전남편성관구에 폐합되었고, 제15연대는 전남편성관구 예하의 제5교육대로 개편된 상태에 있었다.

이영규 중령은 순천에서 사관생도 제1기생(육사 제10기)과 호국군 장교를 기간으로 하고 지원 입대한 학도병을 흡수하여 제1대대와 제2대대를 편성하였는데 그 규모는 M1소총으로 무장한 병력이 400여 명에 공용화기는 기관총 2정, 2.36인치 로켓포 2문이 전부였다.

이응준 소장으로부터 병력을 남원으로 출동시키라는 명령을 받은 김병휘 중령은 그 임무를 이영규 중령에게 위임하였고, 이영규 중령은 제2대대를 골간으로 300명을 엄선하여 당일 열차 편으로 출발하였다.

연대 잔류 병력 지휘는 제1대대장 조남철 소령에게 맡겼다.

이 부대는 '이영규부대'라는 이름이 붙여졌다.

이영규부대는 열차에서 밤을 새운 후 다음 날 08시 30분 열차 편으로 임실로 이동하여 용운치 일대를 점령하였는데 이곳에서 합세하기로 된 경찰부대는 소재를 알 수 없었고, 큰 전투 없이 적정을 탐색하면서 섬진강을 사이에 두고 적과 대치하였다.

21일 민기식 대령은 남원에 적침이 임박하자 전투력을 갖추지 못한 제30연대를 목적지도 정하지 않은 채 후방으로 이동명령을 내렸다.

이날 오전 중 제30연대는 보급품은 차량으로, 병력은 도보로 출발하여 구례를 거쳐 진주로 이동했다.

22일 현재 호남 방면 전선은 무주~진안~임실~정읍~고창을 잇는 선으로 형성되어 있었지만 실제로 군 병력이 배치된 곳은 임실과 정읍 두 곳뿐이고 나머지는 개방 상태에 있었는데 정읍 방면 상황은 정확히 파악하지 못하고 있었다.

김성은부대(해병대) 증원

7월 20일 군산에서 해상 철수한 해병대는 21일 목포에 입항하여 육상으로 철수한 제3중대를 수용한 다음 해군본부 명령으로 7월 22일 08시 여수항에 입항했다.

제주도에 있는 해병대사령부에서는 해군본부명령에 따라 참모장 김성은 중령이 모슬포부대 제2대대 제7중대(安昌寬 중위)를 인솔하고 FS 제천호 편으로 22일 18시에 여수에 도착하여 고길훈 부대장과 임무를 교대했다. 해병대는 기존의 고길훈부대 3개 중대와 제주에서 추가로 증원된 제7중대를 합쳐서 병력은 371명으로 늘어났다.

이때부터 부대 이름을 김성은부대로 바꾸었다.

고길훈 소령은 임무를 교대한 후 부산으로 갔다.

7월 20일 해군본부는 김성은부대의 전력보강을 위해 박격포와 M1소총 및 실탄 그리고 보급품을 FS 영등포호 편으로 보냈다. FS 영등포호는 부산

제1부두를 출항하여 22일 20시 30분 여수항에 도착하였는데 함상에서 김성은부대가 가진 99식 소총을 회수하고 M1소총을 지급했다.

M1소총을 손에 쥔 해병들은 신이 났으나 사용방법을 몰라 밤새껏 함상에서 조작법을 배워야 했고 실탄은 8발(1클립)씩만 지급하였다.

김성은부대는 해군본부전투사령부로부터

김성은 중령

"전라남도 보성 방면으로 출동하여 남하하는 적을 저지 섬멸하라."
는 명령을 받고 출동 준비를 하고 있는 중에

22시 30분경 민기식 대령으로부터 또 하나의 명령을 받았다.

"본관은 귀 부대를 지휘하는 영광을 가지게 되었음. 급히 남원으로 오기 바람."

두 개의 다른 작전명령을 받고 당황했으나 해군본부에 조회하여

"민기식 대령의 지휘를 받으라." 주)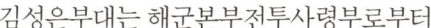

국방부 『한국전쟁사』 개정판 제2권 p757

는 회신을 받고 함정에 적재된 실탄과 보급품을 양륙하여 밤을 새워 기차에 옮겨 실었다.

출발 준비를 끝내고 기차에서 대기 중 대전에서 철수하는 미 제24사단 일부 병력을 실은 열차가 여수역 구내로 들어왔다. 미군들은 피로와 기아가 겹쳐 극도로 지쳐 있었다. 해병들은 미군이 가진 M1소총 실탄이 탐이 나서 개별적으로 접촉하여 주린 미군에게 건빵을 주고 실탄을 교환하는 진풍경이 여기저기서 벌어졌다.

김성은부대는 23일 03시 여수를 출발하여 그 날 10시 20분 남원에 도착했고, 민기식 대령 작전 명령에 따라 17시 열차 편으로 출발하여 1시간 후 오수에 도착했다. 그러나 적정이 없었으므로 다시 북상하여 다음 날 01시

20분 임실에 진출했다.

해병대는 열차이동시간 8시간에 열차에서 대기한 시간이 7시간이다. 장장 15시간을 열차 안에 있었다. 속된 말로 진을 다 뺐다.

남원에서 작명 대기 중 이리 전투에서 첨병소대로 90고지를 공격하다가 육박전을 벌이면서 분산되어 행방불명이 되었던 제3중대 제1소대장 김한수(金漢壽) 소위가 대원 4명을 이끌고 합류하여 장병들에게 큰 감명을 주었다. 김 소위는 적에게 포로가 되어 호송 도중에 탈출하여 적중을 뚫고 남원으로 복귀하는 투혼을 발휘하여 장병들의 귀감이 됐다.

▎오덕준부대의 진출

7월 20일 육군본부는 경남편성관구사령관 겸 제9사단장 이종찬 대령에게 명령을 내렸다.

"보병 1개 대대를 남원으로 급파하여 서해안지구전투사령관의 지휘를 받게 하라."

전주와 광주에 제7사단과 제5사단이 편성될 때 부산에는 제9사단이 편성되었다. 예하 제25연대(李裕成 중령)가 부산에서, 제27연대(김익렬 대령)가 마산에서 신병을 모집하여 편성 중에 있었는데 17일 제5, 제7사단의 경우와 마찬가지로 제9사단도 경남편성관구에 폐합되면서 예하의 제25연대는 제8교육대로,* 제27연대는 제9교육대로 각각 개편되었다.

육군본부 명령이 내려지자 제9사단 참모장 오덕준 대령은 제8교육대로 개칭된 제25연대에서 선발한 병력과 육군병원에서 퇴원한 자 그리고 학도병 지원자 중에서 선발한 계 650명으로 4개 중대를 편

오덕준 대령

성하였다.

> ＊ 국방부 『한국전쟁사』 개정판 제2권은 "제8교육대로 개칭케 된 제23연대"라고 기술
> 하였다.(p759) 제23연대는 제25연대의 착오로 보인다.(제5장 제2부 「2. 사단 재건과 신설」
> ＊ 참조)

홍순용(洪淳龍) 중령을 대대장으로 임명하고,
홍석표(洪碩杓), 박정서 대위를 중대장 요원으로,
손관도, 예철수(芮哲壽), 이준학 소령을 참모 요원으로
선발한 다음 부산 부두에 있는 미군부대 창고에서 M1소총과 필요한 보병 장비를 골라 대략적인 무장을 갖추고 증발한 민간인 차량 20대에 태워 마산으로 갔고, 마산에서 제9교육대(제27연대)의 인원을 보충하여 약 1,000명 규모의 병력을 이끌고 22일 열차 편으로 진주로 가서 부대를 재편성한 후 23일 15시 남원에 도착하였는데 도중에 이탈자가 생겨 도착한 병력은 700여 명으로 줄어 있었다.

남원 철수

｜해병대의 고행

7월 23일 비록 전력이 미약하기는 하지만 전투부대가 속속 증원되자 민기식 대령은 전주를 탈환하기로 하고 다음과 같이 작전명령을 내렸다.

24일 03시 이영규부대가 우 일선, 해병대가 좌 일선으로 상호 협동하여 적을 구축하고 전주를 탈환한다.

오덕준부대는 예비대로 남원에서 대기한다.

7월 24일 전주탈환을 위한 공격개시 직전인 01시경 섬진강에서 적정을 탐색하고 있던 이영규 부대장으로부터

"1개 연대 규모의 적이 섬진강을 도하하여 남진 중"

이라는 보고가 있었고, 같은 무렵에 경찰로부터도

"전날 담양을 유린한 적이 순창(남원 서쪽 20km)으로 육박하고 있다."

는 정보가 들어왔다.

한편 미 고문관 잭슨 대위는

"현 상황에서 일부 반격은 무위(無爲)하므로 축차로 진지를 점령하여 지연전을 펴면서 서부전선을 유지하는 것이 미 제8군의 작전 방침"

이라고 충고하였다.

민기식 대령은 여러 상황을 종합하여 판단한 뒤 어제의 전주반격 명령을 철회하고 24일 02시 임실 부근에 와 있는 모든 부대를 남원으로 철수하도록 명령을 내렸다.

이영규부대는 섬진강 남안에서 적과 대치 중 새벽에 이르러 적이 화력을 집중하고 도처에서 강을 건너 공격하였으므로 오수로 철수하여 분산된 병력을 수습하고자 하였으나 계속된 적의 추격을 감당하지 못하고 열차 편으로 남원을 거쳐 09시경 구례로 물러났다.

이영규부대는 이때부터 민 부대장과는 통신이 두절되어 남원 상황은 알 길이 없었고, 동시에 민 부대장 지휘에서 벗어나 독자적인 작전을 수행할 수밖에 없게 되었다.

해병 김성은부대는 민 부대장의 전주탈환 명령을 받고 임실 북쪽 섬진강 남안에 있는 이영규부대와 협동으로 전주를 공격하기 위하여 23일 17시 남원을 출발하여 24일 01시 20분 임실에 도착했다.

그러나 이때 이미 전주를 점령한 적이 남원 서쪽 순창을 점령하고 맹렬하게 포격을 가하면서 남원으로 진격하였으므로 이를 저지하기 위하여 오덕준부대가 급히 차량 편으로 임실을 향하여 진출해 갔다.

이러한 상황을 모른 채 해병대는 임실에서 전주 공격을 준비하고 있었는데 공격 개시 1시간을 남겨 놓은 시간에

"전주 공격을 중지하고 남원으로 돌아오라."

는 작전 명령을 받고 부랴부랴 다시 기차를 타고 남원으로 돌아와야 했다. 이때가 24일 04시. 역 부근에서 경계망을 펴고 다음 명령을 기다리기 무려 5시간. 09시에 이르러서야 남원 동북방 고지 일대로 진출하여 운봉(雲峰-남원 동쪽 12km)으로 철수하는 사단사령부와 오 부대를 엄호하라는 명령이 내렸다.

이때는 이미 적 포탄이 남원시내와 역 부근에 떨어지기 시작했고, 우군의 각 부대는 자동차로 운봉을 향하여 질주하고 있었다.

해병대가 엄호진지를 점령했을 때는 적 일부가 시내 한쪽에 돌입하였고, 일부 병력이 해병대가 점령한 고지를 포위해 오고 있었다. 이때 민 부대 주력이 남원에서 물러나서 해병대의 엄호 임무는 달성된 상태였으므로 해병대는 축차로 물러나서 강행군으로 24일 13시 40분에 운봉에 도착했다.

해병대는 여수를 출발하여 3주야를 제대로 먹지도 못하고 뜬눈으로 지새웠고, 남원에서 운봉에 이르는 행군은 30리가 넘는 험준한 산길에다 30도가 넘는 폭염과의 전쟁을 하여 장병들은 지칠 대로 지쳐 있었다.

김성은 부대장은 선두에서 행군을 이끌어 장병들의 용기를 북돋우었고, 간혹 지프로 철수하는 육군부대 지휘관이 함께 타고 가자는 권유를 받았으나 거절하고 장병들과 함께 행군하여 장병들 사기를 배려했다. 이런 와중에도 해병들은 길가에 M1실탄이 떨어져 있는 것이 눈에 띄면 놓치지 않고 주웠다. 그러나 해병들은 그들이 그렇게도 소원하던 M1소총을 손에 쥐고도 한 방 쏘아보지 못하고 철수하여 아쉬움이 컸다.

운봉에 도착한 해병대는 민 부대 예비대가 되어 이봉출 중위의 제3중대를 운봉고개에 배치하여 경계임무를 맡게 하고 나머지는 운봉국민학교에

서 휴식과 숙영에 들어갔다.

▎오 부대

24일 01시 민 부대 예비대로 남원에 있던 오덕준부대는 민 부대장 명령으로 순창에서 남원으로 진출하는 적을 저지하기 위하여 차량 편으로 임실을 향하여 진출하고 있었다.

부대가 오수를 지날 무렵에 새로운 명령이 내려왔다.

"적이 광주에서 하동으로 진출하니 그 방면을 막아라."

오 부대는 급히 남원으로 되돌아왔다. 이때 손관도 소령이 적 전화를 도청하여 적이 순창에서 진격해 오고 있음을 알았다. 오 부대는 즉시 상동리(上洞里-남원 서쪽)로 급진하여 장갑차를 앞세우고 도로를 따라 남원으로 진출하는 적을 선제공격했다. 초전에 화력을 집중하여 적에게 많은 피해를 입혔으나 교전 1시간 만에 상대가 되지 않는 전력 열세로 부대는 뿔뿔이 흩어져 운봉으로 물러났다.

4. 호남남부 지역 전투

무방비 상태의 광주

이리를 점령한 적은 2개 방향으로 분진하여 일진은 전주~남원으로 진출하고, 다른 일진은 김제~정읍으로 진로를 잡아 광주로 향하고 있었다.

이리에서 철수하여 김제를 거쳐 정읍으로 이동한 아군 부대는 해병 제3중대(이봉출 중위)와 육본특공대(배동걸 소령-병력 27명) 그리고 전남경찰 1개 대대가 전부였다. 이들은 휴대한 탄약이 떨어졌고, 급식이 중단되어 사기가 바닥을 기고 있었으므로 적과 맞서는 것은 기대할 수 없었다.

이들 부대는 정읍에 이른 후 서해안지구전투사령부와는 통신이 두절되어 상황 파악은 물론 아무런 지휘나 지원을 받을 수 없는 상태였다.

7월 20일 아군 상황은 김제~정읍선이 개방되어 있었고, 이 사이를 아무런 저항 없이 적 정예 1개 연대 규모가 이날 오후에 태인~신태인으로 돌입하여 그 선봉이 정읍을 지향하고 있었다.

광주에는 허울뿐인 이응준 소장의 전남편성관구가 있었고, 이 방면 부대가 서해안지구전투사령부의 지휘를 받을 수 없는 상황이었으므로 전남편성관구사령관이 이 지역 군경 부대를 지휘할 수밖에 없었다.

전남편성관구는 이응준 소장이 사령관으로, 참모장에는 이형근 준장이 보임되어 있었고, 안동준(安東濬) 중령, 최영성(崔英聲) 소령, 박창록 대위 등이 사령부를 구성하고 있었는데 7월 17일 신편사단을 폐합하면서 이응준 소장은 영남편성관구사령관으로, 이형근 준장은 전북편성관구사령관으로 각각 전임되었으나 어떤 연유에서인지 이응준 소장과 이형근 준장은 그대로 원래 직에 머물러 있는 상태에 있었다.

제5사단장 이형석 대령 역시 제5사단이 전남편성관구에 폐합되면서 사단장직에서 해임되었으나 이 사실을 알지 못한 채 참모장 박승일(朴昇日) 중령을 비롯하여 홍순봉(洪淳鳳) 중령, 박남표(朴南杓) 소령, 서경택 소령, 이창범(李昌範) 대위 등을 참모로 부서(部署)하여 사단사령부를 유지하면서 사단 폐합과 함께 이미 교육대로 전환한 예하의 제15연대(제5교육대)와 제26연대(제3교육대)를 지휘하고 있었다.

장성 · 갈재 저지선 붕괴

제5사단을 재편성할 때 제26연대장 이백우 중령은 광주지방의 중학생

1,000명을 모집하여 연대를 편성하고 제1대대장에 조시형(趙始衡) 소령, 제2대대장에 은석표 소령, 제3대대장에 김문수(金文洙) 소령을 임명했었다.

경찰로부터 입수한 일제99식 소총 10정과 광주 제3육군병원 입원한 환자가 소지한 M1소총으로 병력의 10% 정도가 무장을 갖추었고 연대에 기관총 1정이 있었다.

7월 20일 이응준 소장과 제5사단장 이형석 대령은 적이 신태인으로 진출하고 있다는 정보를 입수하고 제26연대(제3교육대)에서 1개 대대를 급편하여 정읍 방면으로 출동시키기로 하였다.

제5사단사령부 전 장병을 모아 놓고 자원자를 모집한 결과 조시형 소령(사단 본부사령 겸 제1대대장)만 손을 들어 조 소령을 대대장으로 하고 사병 중에서 자원한 본부중대 및 근무중대요원과 제1대대 신병 중에서 총 400명을 선발하여 무장을 갖춘 후 출동 준비에 들어갔다.

7월 21일 정읍으로 철수한 해병 제3중대는 이날 목포로 출발했다.

어제 급편한 제26연대 제1대대(이하 조시형대대라 한다)는 08시 30분 광주경찰서에 들러 가마니 속에 보관 중인 99식 소총 실탄 2,000발을 지급하고 차량 20대에 분승하여 갈재로 갔다.

갈재는 전라남북도의 도계이면서 노령산맥을 남북으로 관통하는 1번 국도상의 험준한 고개이다. 갈재에 이르렀으나 적정이 없었으므로 계속 북진하여 정읍 북쪽 말고개까지 진출하여 경계에 들어갔다.

이때 적 한 무리가 신태인에서 서진하여 고부(정읍 서북쪽 8km)로 계속 진출하고 있었는데 이곳에는 경찰 1개 소대가 지키고 있어 가히 무방비상태나 마찬가지였다.

7월 22일 한동안 잠잠하던 적이 이날 오후에 대공세를 취했다.

20시경 전차 4대를 앞세운 적 장갑부대와 1개 연대 규모의 보병부대가 대거 정읍으로 진출하면서 말고개 일대에 포격을 집중했고, 적 포격이 호에 명중하자 신병들은 겁을 먹고 사방으로 흩어지면서 이탈자가 늘어나 말고개 저지선은 순식간에 무너졌다.

대대장 조시형 소령은 장성·갈재에서 간신히 병력을 수습했다.

정읍에 진출해 있던 육본특공대는 정읍으로 진출하는 적을 기습하기 위하여 정읍 북쪽 신태인으로 통하는 도로상에 잠복하고 있었는데 20시경 적 선발대로 보이는 병력을 실은 차량 3대가 접근하고 있었다. 특공대는 도로상에 돌로 장애물을 만들어 놓고 기다리고 있다가 선두 차가 돌에 걸려 정지하는 순간 일제히 총탄을 퍼부었다. 적은 차량을 버리고 도주해 갔고 선두 차량은 파괴되었다.

기도가 노출된 육본특공대는 병력을 수습하여 장성·갈재로 철수하였다.

특공대장 배동걸 소령은 전선이 계속 남하할 경우에 소수 병력으로 별다른 대책이 없다고 판단하고 육군본부로 복귀할 결심을 굳힌 후 자정에 전선을 이탈하였다. 전주 남쪽을 통과하여 7월 24일에 거창으로 전진하였고, 동월 27일에는 거창~안의(安義-함양군 안의면) 부근에서 적과 조우하여 교전 끝에 적 12명을 사살하고, 대구로 복귀했다.

갈재에서 병력을 수습한 조시형 대대는 다음 날 02시경 부원한 경찰병력과 함께 간신히 저지선을 형성하였으나 04시에 적이 전차를 앞세우고 장성을 목표로 진출하면서 갈재를 공격하여 경찰부대는 분산되어 광주로 물러났고, 조시형 대대는 집중 사격을 하면서 저지하자 적 공세는 잠잠해졌다. 밤중이라 적정을 확인하지 못한 채 밤을 새웠는데 날이 밝은 후에 전방에는 적이 드문드문 모여 있는 것이 보였고, 후방 사가리(四街里-갈재 남쪽)에서 총성이 들려오고 있어 적 주력이 후방에 침투한 것으로 판단되었다.

대대는 적진을 뚫고 산을 넘어서 백양사로 철수하였다. 남은 병력은 200

명으로 줄어 있었고, 탄약과 식량은 바닥이 나 있었다. 대대장 조시형 소령은 더 이상 전투가 불가능하다고 판단하여 군번 없는 신병들은 귀가시켰는데 돌아간 사람은 5~6명에 불과했고 대부분 남았다.

7월 23일 광주가 적의 수중에 들어가던 날 조시형 대대는 백양사를 떠나 순천을 목적지로 옥과(玉果-곡성군 옥과면)로 갔는데 순천~하동 방면 퇴로가 막혀 곡성~구례를 거쳐 봉두산(鳳頭山-구례 서남쪽 10km)에 들어갔다. 그곳에는 곡성경찰서 경찰관 60여 명이 유격전을 펴고 있었다. 미군기 폭격을 피해 야간에 백운산(白雲山-1218고지)으로 이동했다. 도중에 적 사이드카 2대를 격파했고, 백운산에 들어가서는 간전면(艮田面-구례군) 일대에서 발호하는 지방공비를 공격하다가 다시 지리산을 넘어서 산청~의령~저골산(猪骨山)~함안을 거쳐 마산에 이르러 아군에 합류하였다.

육탄으로 용감히 싸우시오 - 그냥 바친 광주

이응준 소장은 적이 전북 지역을 휩쓸고 남쪽으로 계속 밀고 오자 전라남북도 경계선에서 적을 저지하기로 결심하였는데 이때 그의 휘하에는 가용 병력이 정읍으로 출동한 조시형 대대와 27명의 육본특공대밖에는 없었다. 순천 제5교육대(전 제15연대)는 이영규 부연대장이 전투가능 병력 300명을 지휘하여 이미 남원으로 출동하였고, 해병 제3중대는 21일 목포로 떠났으며, 여수에 제5교육대 제3대대가 있었으나 훈련이 안 된 신병에다 당장에 이동이 불가능했다.

이응준 소장은 전남전투경찰사령관 김응권(金應權) 경무관에게
"적을 전남북도계에서 섬멸하라."
고 명령했다. 이때 전투경찰 병력도 각 경찰서당 15명씩 차출하여 편성한 전투경찰대가 전북경찰사령관 휘하로 이동하여 전남 지역에 남은 병력은

4~500명에 불과했고 그 중 1/3만이 M1과 99식 소총으로 무장을 하여 전투 가용 병력은 1개 중대에도 미치지 못하였다.

이응준 소장은 만일의 사태에 대비하여 주민들을 피난토록 하고 광주에 있는 전남방직공장의 재고 광목을 모두 증발하여 반출이 용이한 여수로 이송하게 했으며, 광주, 목포, 여수에 있는 정부미를 방출토록 하였다.

7월 23일 미명 적 공격을 받은 군·경부대는 축차로 지연전을 펴면서 광주~화순 사이 노래재(지도상에는 너릿재, 29번 국도상)로 물러났고 광주는 적 수중에 들어갔다.

이형석 대령은 호남지구전투사령관에 임명되어 6월 27일 광주로 부임하였을 때 광주가 이렇게 허무하게 적 수중에 들어가리라고는 상상도 못했었다. 그는 전라남북도 일원에서 제대군인, 구 호국군요원 그리고 청년방위대원을 소집하는 등 병력 모집에 고심하였고, 제5사단장에 임명된 후에는 제15, 제26연대 편성에 심혈을 기울였다. 겨우 병력을 충원하여 모양새를 갖추었을 때 육군본부로부터 후속 대책 없이 병력 차출 요구를 받고 7월 9일 제26연대에서 긁어 모은 가용병력 750명을 이소동 소령이 지휘하여 육군본부로 파견하였고, 7월 21일에는 제5교육대(전 제15연대)에서 가용병력 300명을 이영규 부연대장이 지휘하여 남원으로 파견하였다. 이렇게 하여 그의 휘하에 남은 가용병력은 21일 정읍으로 출정한 조시형 대대 400명뿐이었다. 신병 2개 대대(약 1,000명)가 있었으나 비무장에 훈련이 안 된 중학생이었다.

이러한 상황에서 전남 지역의 위기를 맞은 이형석 대령은 광주 방수를 위하여 필요한 병력과 탄약을 지원해 줄 것을 여러 차례 요청하였으나 아무런 조치가 뒤따르지 아니하여 어려움을 겪고 있던 차에 신성모 국방부장관과 직접 통화가 이루어졌다. 이형석 대령은 전황을 보고하고, 무기와 탄약 지원이 불가하면 전차와 기계화부대를 저지할 수 있는 폭약만이라도 급송해 달라고 요청하였다. 돌아온 대답은 간명했다.

"육탄으로 용감히 싸우시오."

아연실색하였고, 더 이상 상부의 지원을 기대할 수 없다는 판단을 하게 되었다고 후일 밝혔다.㈜ 국방부 『한국전쟁사』 개정판 제2권 p767

이형석 대령은 제5사단을 편성할 때부터 차선책으로 제주도에 있는 해병대사령관 신현준 대령에게 부대편성요원을 지원해 달라고 요청한 사실이 있었다. 때맞추어 신현준 사령관이 공비토벌작전에 참가한 서북청년단원 150명을 보내주었는데 이들이 이날 여수항에 상륙하여 대기하고 있다가 이형석 대령이 고흥반도로 철수한다는 소식을 듣고 다시 선박으로 고흥반도로 이동했다.

23일 15시경에 적 1개 소대가 광주에 진입한 것을 격퇴하였다.

이형석 대령은 전남도청 별관에서 밤을 새면서 육군본부에 공군기의 엄호 요청을 하였으나 실효가 없자 새벽에 광주방송국에 단신으로 나가 주민에게 피난을 종용하는 방송을 하였고, 피난민을 위하여 객차 1량으로 열차를 편성하여 남부역에 대기시켜 놓은 사실을 함께 알렸다.

제5사단장 이형석 대령은 7월 17일 육군본부 조치로 제26연대가 해산되어 제3교육대로 개편된 사실을 이날 알았다. 이에 따라 이형석 대령은 전날 정읍으로 출동한 제26연대 제1대대(조시형 대대)는 연락 두절로 그 상황을 알지 못한 채 군인도 아니고 민간인도 아닌 상태로 남아 있는 비무장병력 2개 대대를 어떻게 처리할 것인가 고심하였다. 그러나 사단이 편성관구에 폐합된 사실은 모르고 있었던 것 같았다.

사단장은 제26연대장 이백우 중령에게 연대가 해체된 사실을 알리고

"군에 남아 있기를 원하는 자만 선발하여 순천~마산으로 철수하라."

고 지시하였다. 이백우 중령은 신병 중 대한청년단원, 학생, 청년방위대원

을 기간으로 부대원을 엄선하여 철수 준비에 들어갔다.

적은 장성에서 전차 2대를 앞세우고 2개 대대로 추산되는 병력이 광주를 향하여 남진하고 있었고, 17시경에는 일단의 병력이 담양을 침범하고 순창을 향하여 동진하고 있었다.

전남편성관구사령관 이응준 소장과 이형근 준장, 제5사단장 이형석 대령은 적이 광주에 진입하기 직전 지프로 광주를 탈출하여 화순을 거쳐 벌교로 이동했고, 제3교육대(전 제26연대)의 나머지 병력은 차량 10대에 분승하여 이백우 중령 지휘하에 벌교로 이동했다.

이형석 대령은 광주를 탈출할 때 심경의 단면을 이렇게 술회했다.

『(가) 무인(無人)의 공허시가(空虛市街)를 한 바퀴 돌고 김응권 경찰국장과 같이 시 남각에서 탈출하는데 단정한 용자(容姿)의 헌병이 의연하고도 침착한 모습으로 교통정리를 하고 있는 것을 보았다. 그가 과연 어떠한 교통수단을 이용하여 가장 마지막에 능히 탈출하였는지 지금 생각하여도 미안스럽기 그지없었다.

(나) 광주 남쪽 고갯길이 있는데 남부여대(男負女戴)한 피난민 대열이 있어서 무안하기 짝이 없었고, "무슨 죄가 있어서 이 모양이냐?" 하는 단장의 한을 금치 못하였다. "싸움은 이겨놓고 보아야 한다."는 안보관을 되씹기도 하였다.

(다) 우익요원의 피난을 위하여 객차만의 열차 1량을 미리 준비시켜 놓았는데 기관수는 적의 총소리가 가까워질 때까지 기다렸으나 한 사람도 타는 사람이 없어 빈 차를 몰고 간신히 탈출하였다는 것이다. 유사시에 고위고관보다도 이러한 일선공무원들이 직무에 더욱 충실하다는 사실을 알게 되었다. "희귀한 금옥은 사람이 모르는 곳에 있으리라."라고 느꼈다.』(국방부 『한국전쟁사』 개정판 제2권 p784)

광주에 있는 사단지휘부와 병력이 철수하는 동안 은석표 소령이 경찰병력을 지휘하여 화순 너릿재에서 엄호하였는데 이때 고부에서 철수하여 고창으로 물러났다가 너릿재로 이동한 경찰 1개 소대를 수용하고 함께 주력 이동을 엄호하다가 주력이 이동한 후 대기한 차량 편으로 철수하여 다음 날 새벽 벌교에 도착했다.

벌교에 온 이형석 사단장의 지시를 받은 이백우 중령은 제3교육대 신병 약 2개 대대를 차량 편으로 정오 무렵에 진주로 떠나보냈다.

순천에 적이 침입했다는 정보와 하동대교가 폭파되었다는 소식이 전해졌다. 퇴로가 차단되었다고 판단한 이형석 대령은 고흥반도에서 해상 탈출하여 도서에 거점을 마련하고 반격작전을 전개하기로 결심하였다.

이형석 대령은 부관 정호림(鄭虎林) 대위를 여수로 파견하여 선박을 마련하도록 하고, 고급부관 이창범 대위에게 지시하여 휘하장병에게 앞으로의 거취에 대한 각자의 결의를 확인하게 하였다.

제주도에서 온 서북청년단원 전원과 참모 및 사령부기간장교 전원 그리고 제26연대요원 50명이 이형석 대령의 뜻에 따르기로 하였다.

이형석 대령은 광주에서 반출한 광목을 고흥반도 남단 봉암리(鳳岩里)로 보내어 선적하도록 하고 주민피난대책을 마련한 후 12시에 벌교를 떠나 2시간 만에 봉암리에 도착하여 정호림 대위가 마련한 대형선박 5척에 나누어 타고 14시에 욕지도(欲知島)로 출발했다.^{주)} 국방부 「한국전쟁사」 개정판 제2권 p770

이응준 소장은 지휘부를 순천으로 옮겼다.

사단 고급부관 이창범 대위는 이렇게 증언했다.

"광주에서 벌교로 부대가 빠졌을 때 '전남 지구에서 전투다운 전투 한 번 없이 물러났으니 나는 게릴라전을 하겠다. 당신이 고급부관이니 장교들을 잘 설득해라.'는 명령을 주었다. 따라서 나는 이 같은 내용을 즉시로 장교들에게 이야기하였는데 장교들은 모두 '정규전을 하다가 죽어도 억울한데 게릴라전을 어떻게 하겠는가?'라는 눈치였다. 나는 장교들의 불참의사를 이 대령에게 전달하니 '그렇다면 나를 따르는 서북청년단원 150명이 있으니까 나 혼자 하겠다.'고 하였는데 이같이 되어 나는 순천으로 해서 마산으로 떠나게 된 것이고, 사단장은 해로로 해서 욕지도로 갔다." (국방부 『한국전쟁사』 개정판 제2권 p781~782)

구례 전투

7월 24일 02시 전날 광주를 점령한 적은 장갑차 10대와 전차 1대가 지원하는 2개 중대 규모로 추산되는 병력이 나주 방향으로 진출하였고, 일부 적은 광주에서 물러나는 아군을 뒤쫓아 08시에는 화순까지 진출했다. 이들은 화순 너릿재에서 아군 철수를 엄호하던 경찰부대의 집중사격을 받고 한때 저지되기도 했으나 전차를 동반한 후속부대가 강공하여 경찰부대는 화순으로 철수하였다가 곧이어 벌교로 물러났다.

남원을 침탈한 적은 동쪽으로는 운봉, 남쪽으로는 곡성과 구례로 진로를 잡고 있었는데 곡성에는 소수의 경찰병력이 있었고, 구례구(求禮口-구례 남쪽 4km)에는 섬진강에서 물러난 이영규부대가 있었다.

광주에서 진출한 적은 화순~벌교를 거쳐 순천으로,
남원에서 진출한 적은 곡성을 거쳐 구례로

진출을 기도하였는데 저들의 궁극적인 목표는 다 같이 하동을 통하여 동진하고자 함이 분명하였다.

순천과 구례는 그만큼 전략적 요충이었으므로 적은 반드시 이 두 곳을 점령해야 하고 아군은 이곳을 지켜야 하지만 그렇지 못할 경우에도 최대한 지구전을 펴서 미군이 부원할 때까지 시간을 벌어야 했다.

15시 육군본부는 다음과 같은 요지의 명령을 내렸다.

⑴ 적은 전라남북도를 교란한 뒤 곧 경상도로 침입할 기도이므로 군은 미군 부원시까지 현 전선을 확보하려 함.

⑵ 이응준 소장은 미군이 부원할 때까지 예하 군·경 부대를 통합지휘하여 순천~남원 간 요점을 확보하라.

⑶ 민기식 대령은 예하 육·해군부대를 통합지휘하여 구례 북쪽 요점을 확보하라.

⑷ 양 부대는 적 전차의 전진을 저지하기 위하여 대전차호 구축 및 교량 파괴 등 방책을 다하라.

이 지역 아군 병력 현황을 보자.

순천에 전남편성관구 사령부요원이 있었으나 수는 미상이고 전투 병력은 없었으며 이응준 소장이 규합한 경찰 병력 1,500명이 있었고, 여수에 제5교육대(전 제15연대) 제3대대가 있었는데 모두 신병들이다.

구례에는 전날 섬진강에서 물러난 이영규부대(약 300명)가 구례~하동 간 통로에 배치되어 있었고, 구례구와 학구(鶴口-순천시 서면, 구례구 남쪽 17번 국도상)에 수 미상의 경찰 병력이 있었다.

벌교에 은석표 소령의 보병 30명과 경찰 1개 소대가 철수해 있었다.

이응준 소장은 전날 지휘부를 순천으로 옮긴 즉시 각지에서 물러난 경찰 병력 약 1,500명을 모아 3개 대대를 편성하여

1개 대대를 구례구로, 1개 대대를 장흥으로 출동케 하였고,

1개 대대는 이형석 대령을 따라 벌교로 이동한 보병 90명과 함께 학구로 진출시켜 순천으로 진출하려는 적을 저지하는데 안간힘을 쏟았다.

이때 적은 전라남도 전역을 석권하려는 기도로 나오고 있었다.

신태인에서 고부~고창을 거쳐 남진한 것으로 보이는 적은 용대리(龍坮

里-영광 서쪽 11km)에서 상륙한 적과 합세하여 영광을 포위공격했다. 영광에는 행정경찰 1개 소대가 지키고 있었으나 이를 감당하지 못하고 물러났는데 나주가 이미 적 수중에 들어가 퇴로가 차단되었으므로 불갑산(佛甲山, 516m-함평군 海保面)으로 들어가 유격전을 시도하였다.

광주에서 나주로 진출한 적은 나주 점령 후 증원된 듯 전차 3대를 동반한 병력 2개 중대 규모가 영암으로 진출하여 14시경 이곳을 지키고 있는 경찰대를 격파하고 영암을 점령하였다. 영암을 지키던 경찰병력은 월출산(月出山, 809.7m)을 거쳐 해남으로 물러나서 해남 경찰과 합세하여 적을 저지하다가 결국 포위되자 도암만(道岩灣)으로 빠져 나온 후 15시 30분에 선박을 이용하여 청산도(靑山島)로 탈출했다.

다른 2개 중대 규모로 추산되는 적은 전차 6대, 장갑차 10대를 앞세우고 목포로 진출하였다. 14시 30분 목포가 위협을 받자 해군 목포경비부와 경찰은 13시에 LST 편으로 해상 철수하였는데 이때 목포항에 보관 중인 정부미 일부를 반출하지 못하여 적 수중에 넣어주고 말았다.

화개장 전투

7월 25일 구례~하동 간 도로 봉쇄 임무를 띠고 있던 이영규부대는 이날 새벽에 부대장 이영규 중령이 업무연락 차 진주로 출장하였으므로 대대장 김필상 소령이 부대를 지휘하여 용두리(龍頭里-구례군 土旨面, 구례~하동간 19번 국도변) 부근 104고지에 병력을 배치하고 적정을 탐색하였다.

구례구에는 전남경찰대가 방비하고 있다가 전날 행정경찰만을 남기고 전투부대는 순천으로 전진하였고, 구례에는 구례경찰서 경찰과 철수한 일부 경찰이 지방공비들의 파괴 행동에 대비하고 있었는데 읍내로 적이 접근하자 일부는 구례구로 물러났고, 나머지 50여 명은 전남경찰국 보안과장 손석민(孫錫玟) 총경이 인솔하여 이영규부대에 합류했다.

적은 이영규부대가 용두리에 배치된 사실을 탐지한 듯 용두리에 포격을 집중하기 시작했다.

김필상 소령은 부대 안전을 도모하기 위하여 경찰 병력과 함께 하동에 이르는 도로를 따라 화개(花開) 장터로 이동하여 부대를 정비하였다.

구례에 침입한 적은 이영규부대를 뒤쫓아 오고 있었으므로 김필상 소령은 병력을 지서 돌담에 은밀히 전개하고 손석민 총경에게 화개천 다리를 폭파하도록 하였는데 이때 적 선봉으로 보이는 병력을 실은 차량 3대가 화개천 다리에 들어서고 있었다.

김필상 소령이 사격 명령을 내려 로켓포와 군경 부대 총구가 일제히 불을 뿜었고, 적은 불의의 기습에 대응하지 못하고 전멸했다. 차량도 다 파괴되었다. 겨우 3~4명만이 부서진 차량에서 빠져 나와 탈출했다.

곧이어 적 주력부대가 압박하여 왔으므로 전과를 확인하지 못하고 산으로 흩어져 2시간 동안 산길을 타고 15시경에 하동에 집결했다. 수습된 병력은 150여 명에 불과했는데 이동 중에 대부분의 신병이 낙오했거나 이탈하였고, 학도의용군 8명이 전사한 것을 확인했다.

여수 실함

7월 25일 순천에는 남원에서 곡성을 거쳐 온 적이 구례구로, 광주에서 화순을 거쳐 온 적이 광천으로 밀려들었다.

이응준 소장은 전날 순천으로 철수한 전 병력을 양 길목인 학구로 추진하였다. 이때 이응준 소장이 지휘할 수 있는 병력은 군·경 혼성병력 1개 중대에도 못 미쳤는데, 그나마 훈련이 미숙한데다가 지휘체계가 서지 않았고 사기마저 땅에 떨어져 적을 보기만 하면 도망치기 바빴다. 실제로 진지를 고수하며 명령을 따르는 자는 2개 소대 규모에 불과했다.

전날 은석표 소령이 보병 30명과 경찰 1개 소대를 이끌고 순천으로 왔다. 은석표 소령은 헌병참모 홍순봉 중령과 역시 헌병 장교인 박창록 대위와 함께 병력을 수습하여 저지전을 펴다가 적 침공을 받고 12시에 순천 북쪽 365고지 일대로 전진하였는데 여기서 이 병력을 박창록 대위가 지휘하였다.

순천을 방어하는 전투 병력은 이것이 전부이고 경찰 병력 500여 명이 집결해 있었으나 탄약이 떨어져 쓸모가 없었다.

여수에서 제5교육대(전 제15연대) 잔존 병력을 지휘하여 정부 재산 소개에 전념하고 있던 전 제15연대장 김병휘 중령은 이응준 소장의 명령으로 여수 일은 대대장 김종오 소령에게 맡기고 탄약 1상자를 지프에 싣고 단독으로 순천으로 와서 순천 방어에 합세했다.

김병휘 중령은 12시경에 순천우체국에 사령부를 차리고 있는 이응준 소장을 만나 하동대교가 파괴된 사실을 알리고

"퇴로가 차단되었으므로 여수로 물러날 수밖에 없다."

고 건의한 후 싣고 온 탄약을 추진하기 위하여 365고지로 가서 박창록 대위를 만났다.

이때 벌교 쪽에서 적 사이드카부대가 순천으로 진입하였다. 이응준 소장과 참모요원들은 적과 교전 직전 위기일발의 상황에서 여수로 이동했고, 365고지 병력은 퇴로가 차단되었다.

김병휘 중령은 곧 시내에 적이 침입했다는 사실을 알고 고지에서 내려와 지프를 타고 가다가 전방 100m 지점에 나타난 사이드카부대로부터 집중사격을 받았다. 그는 지프에서 내려 근처 삼(麻)밭으로 숨었다. 여기서 낙오한 사병 3명을 만나 함께 개울을 따라 철도국 뒷산으로 올라갔다. 운전병의 행방은 알 길이 없고 산에서 내려다 본 시내에는 인공기가 걸려 있었으며 여

수에 이르는 가도에 적 사이드카가 누비고 있었다.

김병휘 중령은 민가에서 옷을 빌려 농민으로 변장하고 14시경 순천을 빠져 나와 여수를 향하여 남쪽으로 탈출했다.

박창록 대위는 365고지에서 침공한 적과 교전하고 있었는데 또 다른 적이 남쪽으로 진출하여 순천을 침공함으로써 협공당할 위기에 부딪히자 순천을 우회하여 광양 쪽으로 철수하였고, 며칠 만에 해안으로 빠져 나와 민간 선박을 타고 삼천포로 철수했다.

이렇게 하여 호남 최후의 거점 순천이 적의 수중에 들어가고 말았다.

육군본부는 이날 15시에 다음과 같은 뒷북치는 작전 명령을 내렸다.

(1) 군은 적을 격파하고 광주를 확보하려 함

(2) 민기식 대령은 예하의 오덕준부대를 통합지휘하여 남원~곡성~광주로 전진하여 광주를 탈환하라.

이때 민기식 대령은 남원에서 운봉으로 물러나 있었고, 이응준 소장은 순천에서 탈출 직전에 있었다.

7월 26일 여수에는 제5교육대 제3대대가 있었다. 이 대대는 전 제15연대장 김병휘 중령이 대대장 김종오 소령과 함께 편성한 부대다.

김종오 소령은 여수로 부임한 즉시 7월 10일 대전에서 임관한 육군사관학교 생도 1기생(육사 10기) 일부와 호국군에서 복귀한 장교를 중대장으로 임명하고 학도병 7~800명을 모집하여 4개 중대를 편성한 후 옛 제14연대 자리에서 훈련을 실시하고 있었다.

상황이 급박하게 돌아가자 연대장 김병휘 중령은 대대를 지휘하여 여수 시내에 보관 중인 정부미와 군수 물자를 해군수송선에 옮겨 실었다. 이날 이른 아침까지 여수시내 창고에 보관 중인 것은 모두 실었고, 급박한 상황에서도 전주, 남원, 광주 등지에서 소개된 물자를 싣는 것까지 도왔다. 이

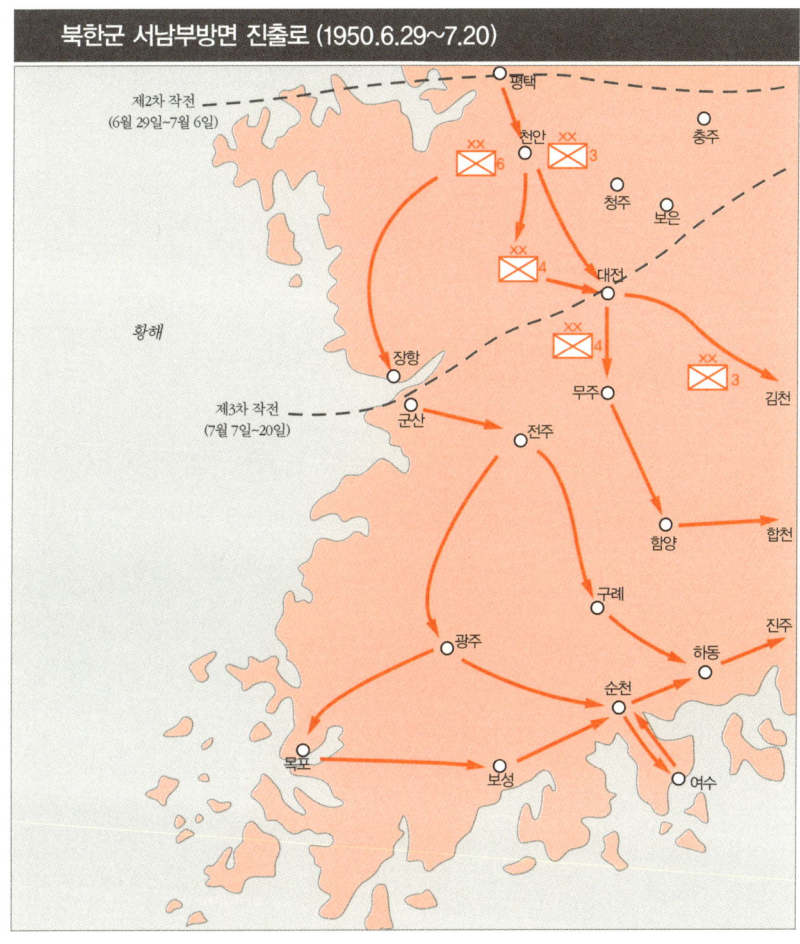

과정에서 김병휘 중령은 이응준 소장 명령을 받고 순천으로 갔고, 여수 일은 김종오 소령이 지휘하여 임무를 마무리한 후 이날 06시 30분 대기 중인 FS함을 타고 여수항을 빠져 나왔다.

이응준 소장은 어제 어렵게 순천에서 탈출하여 이곳으로 온 김병휘 중령과 함께 여수에 집결한 대대 규모의 군·경 혼성부대를 지휘하여 여수를 방어하기로 하였으나 06시 밀려든 적 집중 포화에 경찰부대는 힘 한번 못쓰고 물러났다. 전남편성관구와 경찰 병력 600여 명은 적 포탄이 떨어지는 가운데 시내를 빠져 나와 LST 문산호에 탑승하여 07시 30분에 내항을 벗어났다. 전남편성관구는 마산으로 이동한 후 해체되었다.

5. 함양, 거창 부근 전투

북한군 동태

7월 25일 북한군 제6사단은 순천에 진출한 후 예하 제13연대가 목포로, 제14연대가 보성으로, 제15연대가 순천으로 진출하였다가 당일 다시 순천에 집결하여 진주~마산으로 진격할 태세를 갖추는 것으로 보였다.

북한군 제4사단은 대전을 점령한 이후 거의 개방 상태에 놓인 소백산맥 서쪽 금산~무주~진안~장수를 차례로 점령하고 제6사단이 순천에 진출한 때를 맞추어 그 좌익 낙동강 서안으로 진출을 노리고 있었다.

미 제8군사령부는 이때의 적정을

목포에 전차 10대를 수반한 병력 500여 명,

남원에 차량 26대와 병력 700여 명,

구례에 수 미상의 차량과 전차를 동반한 병력 800여 명,

하동에 병력 500여 명

이 진출해 있는 것으로 추정하였고, 저들은 적 제4사단의 일부이며, 적 제4사단은 서남부전선 전역에 분산되어 있을 것이라고 판단하였다.

7월 24일 남원에서 운봉으로 축차 철수한 민기식 대령은 오 부대, 김 부대 그리고 해병대를 지세가 험준한 장교리(長橋里-운봉 서쪽 4km)에서 그 남쪽 과립리(科岦里) 일대 24번 국도(남원~함양 간)를 가로질러 저지선을 폈다.

거듭된 후퇴로 장병들은 극도로 지쳐 있었고, 대부분이 신병인 사병들은 전의를 느끼지 못하여 대오를 이탈하는 경향이 있었으며 부대에 통신망이 확보되지 않아 횡적으로는 인접부대와 협조 체제가, 종적으로는 지휘체제가 확보되지 않았다.

25일 이러한 가운데 남원 방면에서 적 포성이 점점 크게 들려와서 병사들 사기가 위축되어 전열을 가다듬을 수 없었고, 후방 백운산과 지리산에 있는 공비들은 때를 노려 후방 차단을 꾀하고 있었다.

민기식 대령은 부대를 이동하여
오 부대를 운봉 서쪽 1.5km 지점에 있는 500고지에,
해병대를 그 남쪽 운봉고개에,
김 부대를 680고지(운봉 남쪽)에 각각 전개하였다.

7월 24일 15시부터 육군본부는 민 부대를 직접 지휘하였고, 25일(작명상의 일자)부터는 전 육군총참모장 채병덕 소장에게 영남서부 지구의 방어 책임을 맡겨 민 부대와 이응준 소장의 전남편성관구 예하부대를 지휘하도록 하였다.주)

국방부 『한국전쟁사』 개정판 제2권 p787

이로써 서해안지구전투사령부는 작전지휘계통에서 제외되어 유명무실해졌으나 육군본부는 이에 따른 아무런 조치를 취하지 않았다.

채병덕 소장은 운봉에서 함양으로 철수하는 민 부대에 나타나서 후퇴는 안 된다고 호통을 치고는 현진지를 고수하라고 강조하였다. 그러나 그 이후 채병덕 소장은 그가 전사할 때까지 부대를 지휘하지 못했다.

서남 지역에 미군 투입

미 제8군사령관 워커 중장은 대전 전투 이후 서해안을 따라 남진하고 있는 적 대부대가 있다는 보고를 받았으나 그것은 적 제4사단의 일부일 것이

라고 생각하고 있었다.

　7월 23일 미 제5공군이 논산, 광주 일대를 항공 정찰한 결과 적 대병력이 시속 약 3.2km의 속도로 남진하고 있고, 선두는 이미 진주 부근에 도착했을 것이라는 정보를 알렸다.

　UN군 측에서는 그 적이 북한군 제6사단이라는 사실은 알지 못했다.

　워커 사령관은 서쪽으로 우회하여 우리 옆구리를 노리는 적 위협에 대비하기 위하여 미 제24사단을 서남부전선에 투입했다. 사단장 딘 소장이 행방불명된 후 후임에 처치 소장을 22일 임명하였다.

　미 제24사단은 대전 전투에서 패한 이후 영동에서 전선을 미 제1기병사단에 인계하고 22일 대구로 철수하여 재편성하기로 하였다가 하루도 못 쉬고 24일 진주로 이동하여 함양 방면에 투입한 것이다.

　미 제24사단은 병력과 장비가 크게 모자라서 사단 규모 전력을 제대로 갖추지 못하였다. 그래서 24일 오키나와(沖繩)에 있는 미 제29연대 2개 대대가 부산에 도착하여 미 제24사단 제19연대 지휘에 들어갔다.

　미 제8군사령부가 7월초에 병력 증강을 요청했을 때 제일 먼저 한국에 증원하도록 결정된 부대는 오키나와에 있는 제29연대였다. 그러나 병력이 부족한데다가 훈련마저 미숙하여 전선에 투입하기에는 무리라고 판단하고 최소한 6주간의 훈련을 받은 후 투입하기로 예정되어 있었다.

　7월 13일 미 극동군총사령부는 제29연대 제3대대 부대대장 레이블(Tony J. Raibl) 소령을 사령부로 불러

　"제29연대는 일본에서 최소 6주간 훈련을 받고 한국에 파견할 예정"
이라고 알렸다.

　7월 15일 미 극동군총사령부는 제29연대에

　"연대 병력을 2개 대대로 편성하고 신속히 출동 준비를 갖추라."

는 지급 전문을 보냈다.

제29연대(연대장 미상)는 제1대대와 제3대대 결원을 보충하고 7월 20일 미국 본토에서 온 400명을 양 대대에 추가로 증원하여 대대 정원(883명)을 거의 채운 후 출동 준비를 완료했다.

7월 20일 요코하마에 있던 레이블 소령은 다음과 같은 명령을 받았다.

"한국 전황이 급하므로 귀 연대 2개 대대를 한국으로 직행시켜라. 부산에서 10일간 맹훈련을 받을 것이다."

21일 제29연대는 폭우가 쏟아지는 가운데 휀트리(Fentris)호와 다카사고(Takasago)호를 타고 오키나와를 출발하여 부산으로 향했다. 연대장과 연대본부는 오키나와에 남았다.

급변한 상황에 당황한 레이블 소령은 22일 대구로 가서 미 제8군사령부 작전참모부 보좌관 매클린 대령에게 부대 실정을 알리고

"당초 예정대로 6주간의 훈련이 필요하다."

고 건의했으나, 매클린은 레이블 소령의 말을 들은 척도 하지 않았다.

레이블 소령은 용기를 내어 워커 사령관을 직접 만나서 부대 실정을 설명하였다. 워커 장군 역시 동정은 하면서도 들어줄 수가 없었다.

"지금의 상황이 그렇지 못하다."

23일 부산으로 가는 배 안에서 이렇게 말했다.

"장비 수령, 화기 0점 조준, 시험 사격을 위하여 3일간 여유를 준다."

24일 연대가 부산에 도착하였을 때 제8군으로부터 선보가 도착했다.

"장비를 수령하면 곧 진주로 가서 미 제24사단 지휘를 받아라."

부산에 상륙한 제29연대는 곧바로 열차에 탔다. 25일 오후 진주에 도착하자마자 처치 사단장 명령에 따라 제19연대장 지휘를 받게 되었다.

미 제29연대는 '10일간의 맹훈련' 은 고사하고 화기의 0점 조준, 시사도

못했다. 0.5인치 기관총은 상자에서 뜯어낸 상태로 진지에 배치했다.

미 제19연대는 연대장 무어(Ned D. Moore) 대령은 7월 25일 부임하여 부대 실정도 제대로 파악하지 못한 상태였고, 병력은 600명 수준에 불과했으며, 장비는 T/E(정수)의 35% 수준을 유지하고 있었다. 여기에 배속된 제29연대는 앞에서 본 것과 같이 장비는 갖추었으나 병력은 군복만 입었을 뿐 민간인에 불과하여 연대 전력은 말이 아니었다.

25일 저녁에 제29연대 제3대대(Harold W. Mott 중령)는 하동으로, 제1대대(Weseley E. Wilison 중령)는 안의 지구로 진출했다.

안의 지역 전투

해병대 전진

7월 26일, 전날 운봉 서북쪽 500고지에 진지를 점령한 오 부대는 신병들의 전선 이탈이 눈에 띄게 늘어나자 현지에서 부대 정비가 어려울 것으로 보고 함양으로 이동했다. 도보로 이동하는 중에 낙오자가 또 많이 생겼다.

민기식 대령은 오 부대 철수로 운봉전선에 간격이 생기자 해병대를 현위치에 두어 철수 부대를 엄호하게 하고 김 부대를 함양으로 이동시키면서 지휘부도 함양국민학교로 이동했다.

해병대는 전날 운봉고개에 전개하여 오 부대와 연계하고 있다가 오 부대가 이동하자 오 부대 이동이 상부 명령에 따른 것으로 판단하고 해병대도 운봉으로 집결하기 시작하였는데 민기식 대령이 이를 알고 제지하여 해병대가 원위치로 복귀한 후 철수 부대를 엄호하는 한편 주간정찰을 강화하고 남원까지 침투하여 적정을 탐색하였다.

안의(安義-함양군 안의면) 부근 상황이 악화되자 함양을 강화하는 것이 낫다고 판단하고 20시경 해병대를 종우장(種牛場, 축산기술연구소 남원지소-

운봉동 쪽)으로 이동하도록 명령하여 2시간 후에 종우장에 집결하였는데 27일 02시에 다시 팔랑재(운봉~함안 간 24번 국도 중간-전북과 경남의 경계)로 이동하라는 명령을 내려 다시 강행군하여 다음 날 05시 20분에 1명의 낙오자도 없이 목적지에 도착하여 진지를 편성하고 적정 탐색에 들어갔다.

해병대는 운봉을 물러나서부터 10km 거리를 야간에 강행군하였다.

미군 전진

7월 24일 진주에 도착한 미 제24사단은 병력과 장비를 보충하지 못하여 병력이 많이 모자라는데다가 장비는 편제의 40% 수준에 불과하였다.

미 제24사단은 24일 밤 제19연대(무어 대령)가 급거 진주로 이동하였고, 26일 제1대대(Robert L. Rhea 중령)가 화산리(花山里-함양 동쪽 5km 3번 국도상)로 진출하면서 A중대가 그 북쪽 11km 지점 안의에 진출했다.

또 의성~군위선에 있던 미 제34연대를 거창으로 이동하여 거창~합천 간을 방어하게 하고 사단지휘소를 합천에 설치했다.

미 제24사단은 이날부터 거창~하동 간 90km의 정면을 담당하게 되었는데 통상 사단 방어 정면을 10~15km로 하는 미군으로서는 부득이한 비상수단으로 가용병력 부족을 극복하면서 일각 이각 가중되는 서쪽으로부터의 적 압력에 대비하지 않으면 안될 미 제8군의 고육지책이다.

미 제34연대는 제3대대를 예비대로 두고 제1대대를 안의~거창가도 산악지대에 배치하여 이미 그 지역에 배치되어 있는 거창경찰 및 청년방어대 혼성 1개 대대를 미군 서쪽으로 이동시켜 협동작전을 펴게 했다.

미 제34연대는 2개 대대밖에 없었다.

이렇게 미군은 제19연대가 함양 지구에, 제34연대가 거창 지구에 포진하여 이곳에서 저지전을 펴고 있는 민 부대와 경찰부대를 증원하게 되었는데 그 전선이 형성된 것은 대체로 이날 정오 무렵이다.

7월 27일 북한군 제4사단은 1개 연대를 선봉으로 보포(步砲)협동작전을 펴면서 장계(長溪-장수군 장계면, 무주~남원 간 19번 국도와 진안~거창 간 26번 국도 교차점)에서 안의로 진출하고 있었다.

북한군 제4사단은 7월 20일 대전을 점령한 후 소위 의용군이라는 이름으로 점령지에서 강제 모집한 남한 청소년 1,000명을 보충하여 23일 아침부터 금산가도를 따라 남진을 계속했고 금산에서 다시 신병 1,000명을 충원하여 안의 방면으로 진출했음이 후일 알려졌다.

아군은 무주, 진안 등지에서 철수한 1개 대대 규모의 경찰 부대가 전북과 경남 경계인 육십령(六十嶺-26번 국도상)에서 방비하고 있었다.

적은 차량으로 기동하여 이날 05시에 육십령을 공격했다. 경찰 부대는 유리한 거점을 점령하고 도로를 따라 2열 종대로 진격하는 적을 소총으로 강타하여 상당한 전과를 올렸으나 시간이 지나면서 절대 우세한 전력을 가진 적에게 어쩔 수 없이 밀려 안의로 분산 철수하였고, 이로써 서북 경남의 요충 안의가 무방비 상태에 들어가고 말았다.

민기식 대령은 육십령이 돌파당한 사실을 듣고 우체국으로 달려가 육군본부에 전황을 보고하는 한편 현지에 와 있는 신태영 소장 및 오덕준 대령과 협의하여 오 부대와 김 부대를 안의로 급히 진출시켰다.

양 부대는 그 동안 병력 손실과 낙오 및 이탈 등으로 병력 수준이 편성 당시에 비하여 7~80% 수준으로 줄어 있었다.

안의로 진출한 오 부대는 468고지(안의 서쪽)에,

　김 부대는 그 서쪽에 인접한 421고지에

전개하여 진지를 점령하고 전날 안의로 진출한 미 제19연대 A중대와 연계하여 안의 서쪽에서 남북으로 방어 진지를 형성하였다.

이때 적은 안의 코밑에 거의 다다라 있었으며 위력 수색인 듯 수 미상의 탐색대가 침투하여 아직 방어 태세를 갖추지 못한 김 부대와 오 부대를 교란하였으나 화력을 집중하여 수 분간의 교전 끝에 물리쳤다.

▎미 제29연대의 증원과 진지 교대

제19연대장 무어 대령은 27일 10시경에 제29연대 제1대대장 윌슨 중령에게 상황이 위급하여 지체할 수 없다고 전제한 후

"오전 중 화산리와 안의 부근 제19연대 제1대대 진지를 인수하라."
고 명령하였고, 제19연대 제1대대장에게는

"진지를 미 제29연대 제1대대에 인계하고 즉시 진주로 집결하라."
고 명령했다. 이때가 10시경이었다.

제29연대 제1대대는 차량으로 단성(丹城-산청군 단성면)~산청을 거쳐 1시간 반 만에 화산리에 도착하여 제19연대 제1대대 진지를 인수하였다.

진지 교대시에 엄호용으로 사용할 수 있는 지원 화력은 4.2인치 박격포 1개 소대에 포당 연막탄 2발이 전부였고, 포병이나 전차는 물론 공중 지원도 전혀 없었으며 진주에 있는 제19연대본부와는 통신수단이 없어 차량 전령에 의존했다.

대대 진지 교대에 앞서 제29연대는 B중대로 하여금 안의에 있는 제19연대 A중대의 진지를 인수하도록 하기 위하여 B중대를 제19연대 제1대대(리어 중령)에 배속하여 제19연대 제1대대와 함께 이날 오후 안의로 직행하였고, A중대에는 B중대에 진지를 인계하는 즉시 화산리로 집결하라고 명령했다. B중대에는 제29연대 D중대 35명이 증원되어 있었다.

제29연대 B중대가 교대 진지에 이르렀을 때 미 제19연대 A중대는 이미 적과 교전 중에 있었으므로 진지 교대가 5시간 이상 지연되어 16시경에야

진지를 이탈할 수 있었다. A중대가 3km 가량 차량으로 기동하였을 때 오 부대 및 김 부대와 교전 중 잠복하고 있던 적의 기습을 받아 차량 6대가 대파하고 박격포 등 중화기 일부를 버려야 했으며 중대는 혼란에 빠져 일부만이 다음 날 아침에 거창으로 철수했다.

미 제29연대 제1대대장 윌슨 중령은 화산리 진지를 인수한 후 인접부대와 연계를 유지하기 위하여 S-3보좌관 프랜키원(Frankiwan) 소위를 거창으로 보내어 미 제34연대와 접촉케 하고, S-2 홀리데이(San C. Holliday) 중위를 함양으로 보내어 민 부대와 접촉케 하였다.

차량 2대를 가지고 화산리를 출발한 프랜키원 소위는 남강 우안도로를 따라 안의를 지난 2~3km 지점 교차로에 이르렀을 때 민가에 잠복하고 있던 적 기습을 받아 2명이 전사하고 3명만 안의로 돌아왔다.

미 제34연대와의 연계는 실패했다.

▌오 부대와 김 부대 철수

7월 27일 17시경부터 오 부대와 김 부대가 점령하고 있는 468고지와 421고지 일대에 각종 포화가 집중하더니 어둠이 깔릴 무렵 2개 대대 규모의 적이 밀려들기 시작했다.

양 부대가 이렇게 치열한 포격을 겪은 것은 처음이다. 그럼에도 진지를 지키며 공격 제1파는 격퇴시켰다. 그러나 20시경에 이르러 적 후속파가 한층 더 기승을 부리며 공격하자 신병이 대부분인 오 부대는 더 이상 진지를 지탱하지 못하고 화산리로 철수하여 병력을 수습하였는데 일부가 차량으로 철수 중 화산리 북쪽 6km 지점에 이르렀을 때 함양으로 우회 침투한 것으로 보이는 적 기습을 받아 많은 손실을 입었다.

김 부대는 초전에 상당한 전과를 올리면서 잘 버텼으나 인접 오 부대가 붕괴되면서 측면이 노출되자 더 이상 견디지 못하고 덕암리(德岩里-함양 북쪽 6km)로 전진하였다가 적 추격이 계속되자 함양으로 철수하였다.

▌ 미 제29연대 B중대의 궤멸

미 제29연대 제1대대 B중대(John C. Hughes 대위)는 371고지 진지를 인수하자마자 공격을 받았다. 인접 오 부대와 김 부대 상황은 알지 못한 채 D중대 박격포와 중기관총 지원을 받으면서 한국에서 경험하는 첫 전투를 선전으로 장식하며 상당한 시간 진지를 고수하였다. 시간이 지나고 어둠이 깔리면서 3면으로부터 공격을 받아 어려움을 겪었고, 밤이 깊어지자 전세는 더욱 악화되어 진지를 더 이상 지탱할 수 없게 되었다.

휴즈 중대장은 위기를 타개하기 위하여 남강 건너 안의 동쪽에 있는 239고지로 이동명령을 내리고 장교 2명과 사병 16명을 선발시켰다. 후속병력은 적 자동화기의 집중 공격에 퇴로가 막혀 악전고투 끝에 18명만이 24시경에 거창으로 철수하였을 뿐 나머지 B, D중대원 215명은 적중에 갇혀 결국 전원 전사하거나 실종된 것으로 판단되었다.

대대장 윌슨 중령은 안의에서 B중대가 고전을 겪는 동안 통신 불통으로 B중대 상황을 알지 못한 채 부심하면서 여러 차례 연락병을 보냈으나 도중에 좌절되어 끝내 B중대를 구출하지 못했다.

함양 지역 전투

7월 28일 민기식 대령은 연락이 두절된 오 부대와 김 부대 상황을 알지 못하고 있었는데 함양으로 복귀한 김 부대원의 급보를 받고 비로소 안의전선이 돌파된 것을 알았다.

민기식 대령은 안의선이 붕괴된 상황이므로 적이 밤새 추적하여 함양에 근접하리라고 판단하고 신태영 소장*과 협의하여 해병대가 팔랑재를 방어하고 있으므로 함양을 고수하는 것이 필요하다고 결심하고 함양에 남아 있는 김 부대 잔존 병력과 철수해 온 병력으로 혼성중대를 재편성하여 안의~거창가도로 진출시키고, 서해안지구전투사령부 본부중대로 하여금 혼성중대를 증원하도록 하였다.

혼성중대는 이날 04시경에 용평리(龍坪里-함양 북쪽 4km) 부근에서 저지진지를 점령하였다.

* 신태영 소장은 육군본부의 조치로 지휘 계통에서 벗어났으나 서해안지구전투사령관이라는 직함을 가지고 함양전선에 남아 있었다.

해병대 전진

28일 08시 30분 민기식 대령은 안의로부터 위협이 고조되자 해병대를 함양으로 전진하도록 명령했다.

팔랑재를 점령하고 있던 해병 김성은부대는 민기식 대령 명령에 따라 이봉출 중위의 제3중대를 남겨 두고 주력은 운봉에서 함양으로 진출을 노리는 적을 저지하면서 도보로 이동하여 12시경 함양에 도착했다.

함양에 도착한 해병대는 제7중대(안창관 중위)를 민 부대 예비대로 남겨 두고 안의에서 고전 중인 오 부대 및 미 제29연대 B중대를 구출하기 위하여 안의로 출동하였다.

해병대로서는 바라고 벼르던 전투 기회가 온 것이다. 사실 7월 22일 여수를 떠난 이후 이날까지 남원~운봉~임실~안의~함양을 전전하는 동안 전투다운 전투 한번 못해 봤고, 새로 지급된 M1소총 한 방 제대로 쏘아 보지 못했다. 게다가 해병대는 건제를 유지하고 있었고 사기도 완성했으며 한번 싸워보고 싶은 의욕이 넘치고 있었다.

함양 북쪽 4km 지점에 이르렀을 때 대대 규모의 적이 접근했다.

김성은 부대장은 부대본부를 안의~함양 간 도로 좌측 속칭 새미마을에 설치하고 중화기 중대 제1중대를 60mm박격포 3문과 함께 부근에 포진시켰으며 제2중대(김광식 중위)는 경기관총 소대를 배속하여 그 북쪽 500여m 전방 동서로 가로지르는 능선 일대에, 수색소대를 그 좌측 고지에 각각 전개했다.

이때 적은 해병대가 점령한 진지 전방 깊숙이 진출해 있었으므로 해병대가 진출하자 곧 박격포와 기관총 사격을 집중했고, 이어서 2개 중대로 추산되는 보병이 좌 일선 고지로 쇄도했다. 이때가 15시 10분경이다.

제2중대는 적이 개활지로부터 진출하는 순간 전 화력을 집중하였고, 이에 중화기중대 박격포가 가세하여 진지 전방을 두들기자 이외의 강한 저항에 당황하여 우왕좌왕하다가 23구의 시체를 남겨 놓고 퇴각했다.

잠시 후 18시 50분경 적은 저항이 강한 제2중대진지를 피하고 좌 일선 수색소대 진지를 공격했다. 이때 수색소대는 일보도 물러서지 않고 감투하였고 인접 제2중대 1개 분대가 가세한데다가 3문의 박격포가 적시에 지원하여 적을 무난히 격퇴했다.

해병대는 첫 전투에서 병력과 장비의 열세를 기개(氣槪)로 극복하고 개가를 올렸다. 귀신 잡는 해병대 신화가 싹 트기 시작하는 순간이었다.

▮ 민 부대 산청으로 철수

28일 저녁 무렵 민 부대장은 팔랑재 해병 제3중대로부터
"수를 헤아릴 수 없는 적이 팔랑재에 접근하고 있다."
는 보고를 받았다.

결국 안의로부터 진출하는 적과 서쪽 팔랑재를 돌파한 적이 함양을 남북

에서 협공하게 될 것이고 현 전력으로는 함양을 지탱할 방도가 없다고 판단되어 출동 부대를 제외한 나머지 부대를 화산리로 철수시켰다.

팔랑재에 있는 해병 제3중대는 함양으로 이동하여 예비인 제7중대와 함께 저녁 무렵에 305고지(함양 남쪽)를 점령하고 철수 부대를 엄호하여 함양에 있던 부대가 무사히 화산리로 철수했다.

전날 안의 전투에서 연락 두절로 소재를 알 수 없었던 오 부대가 환산리 미군 진지 부근에서 병력을 수습하고 있는 것이 밝혀졌다.

20시경에 민 부대장은
오 부대를 수용(200명)하여 314고지(화산리 남쪽)에,
김 부대를 미 제29연대 제1대대가 점령한 390고지(화산리 동북쪽)에 연한 서쪽 능선에 각각 전개하였다.

이 무렵 운봉에서 진출한 적은 함양 서남쪽 2km 지점까지 접근했다.

민기식 대령은 상황을 종합적으로 판단한 결과 전 부대를 산청으로 이동할 것을 결심했다. 이때가 대체로 20시 40분이었다.

오 부대는 수용 인원 200명을 산청을 거쳐 진주로 이동하고,

해병대는 함양 북쪽에 출동해 있는 일부 병력을 차량으로 화산리에 집결시킨 다음 축차로 산청으로 철수하게 하였다.

접적 중인 해병대는 제1, 2중대가 제7중대 제1소대(李一龍 소위)의 엄호를 받아 무사히 철수하여 산청으로 철수했고, 제3중대와 제7중대는 소대별로 분산하여 산청으로 철수했다. 그러나 수색소대는 철수명령을 전달받지 못하여 제때에 철수하지 못하였다.

철수명령은 전령을 통하여 전달했는데 수색소대에 간 전령은 밤중에 길을 잘못 들어 헤매다가 그대로 돌아왔고, 다시 보낸 전령도 소대를 찾지 못하고 돌아왔다. 28일 22시경이었다. 비가 계속 내리고 있었다.

김성은 부대장은 부관 이영호(李永虎) 소위를 포함한 몇 명의 요원과 함께 2.5톤 트럭을 타고 가서 수색소대를 철수시켜 산청으로 인솔했다.

해병대가 산청으로 철수하는 동안에도 적은 해병대 뒤를 바짝 따라와서 언제 어디서 교전이 벌어질지 모르는 상황이 연속되었다. 철수 부대 후미를 경계하고 있는 첨병이 적병 2명과 마주쳤는데 캄캄한 밤중에 비까지 내려 피아를 구분하지 못했다. 저들은 "동무들 수고했소!" 하면서 악수를 청하고는 호각을 불었다. 적병임을 직감한 김만수 3등병조와 박기수(朴基洙) 1등해병은 그 2명을 대금으로 살해하여 위기일발의 순간을 담력으로 모면하였다.주)

국방부 『한국전쟁사』 제2권 p591

해병대는 29일 07시에 산청에 도착했고, 수색대는 10시에 도착했다.

해군본부 인사국장 김대식(金大植) 중령이 담배와 과자 및 과일 등 2.5톤 트럭 3대 분의 위문품을 가지고 와서 위로하였고 전진에 찌든 장병들은 모처럼 심신의 피로를 풀었다.

해병대는 11시 30분 트럭으로 출발하여 16시 40분 진주에 도착했다.

▎미 제29연대 제1대대

미 제29연대 제1대대장 윌슨 중령은 28일 아침까지도 안의의 B중대 상황을 알지 못하고 있었다. 전날 밤새도록 전령을 보내면서 부심하였으나 가는 전령마다 적의 습격을 받아 되돌아왔다.

이날도 전령을 보내 놓고 상황을 타개하고자 노력하면서 민 부대 상황을 주시하고 있었다.

윌슨 중령은 B중대 상황은 파악하지 못한 채 인접 민 부대가 화산리로 철수한 후에도 367고지(화산리 동쪽) 일대에서 이튿날까지 진지를 확보하고 있었다.

거창 지역 전투

배동걸 대위가 지휘하는 육본특공대는 정읍 전투를 마지막으로 육군본부로 복귀하기 위하여 22일 자정에 전선을 빠져 나와 전주를 거쳐 24일 거창에 도착하여 머무르고 있던 중 26일 미 제34연대 2개 대대가 거창으로 진출하여 진지를 점령하자 청년방위대 및 경찰부대와 합동으로 미군 진지 남쪽에 진지를 점령하고 밤을 새웠다.

27일 육군본부에서 김익권(金益權) 대위 일행이 미 부대 전황을 파악하기 위하여 거창에 오자 육본특공대가 안내하기 위하여 청년방위대 및 경찰대로 편성한 혼성 병력 1개 중대를 이끌고 안의로 갔다.

일행이 거창 서남쪽 6km 지점에 있는 봉산리(鳳山里 - 함양군 안의면)에 이르렀을 때 안의에서 철수하는 오 부대원 30명을 만나 이들을 수용하고 계속 안의로 진출하던 중 20시경 안의~봉산리 산길에서 한 무리의 적과 조우하여 교전을 벌이다가 적을 감당하지 못하고 거창으로 물러났다.

미 제34연대(뷰챔프 대령)는 제3대대를 예비대로 하고, 제1대대가 거창 서쪽 능선을 점령하고 있었다. 이날 항공연락장교로부터

"안의~거창 간 도로변에 적 전차와 차량 이동이 빈번하다."

는 항공 정찰 결과를 통보 받고 머지않아 적이 진전에 나타날 것으로 판단하여 거창에 이르는 도로를 봉쇄하는 한편 예비 제3대대를 전진시켜 산간 협로인 속칭 잠백~소곡 간 진지를 보강하고 경계에 들어갔다.

자정을 넘은 시각 진지 전방 549고지에 나가있는 연대정찰대는 적 전차 7대가 안의에서 진출해 오는 것을 발견하였다.

7월 28일 뷰챔프 연대장은 정찰대의 적정보고를 근거로 적이 거창을 공격할 것으로 판단하여

제3대대 주력을 서쪽 안의 통로에,

제1대대를 동쪽 합천 통로에,

　　제3대대 I중대를 북쪽 김천 방면 도로에

각각 배치하여 3면 4.2km에 걸쳐 진지를 형성하고,

　　4.2인치 중박격포진지를 북단에,

　　제13포병대대 105mm곡사포 5문을 동남단에

배열하여 전면 방어에 들어간 보병대대를 지원하게 하였다.

미 제34연대는 대전 전투에서 패한 이래로 손실된 인원과 장비를 보충받지 못하여 총병력이 1,150명에 불과했고, 양 대대는 평균 350명이었으며 장비는 무전기 몇 대가 있을 뿐 통신장비와 공용화기는 물론 실탄이나 포탄도 절대량이 부족하였으며 사병들은 전투복과 철모도 제대로 갖추지 못하였다. 개인호를 파는데 필요한 삽과 곡괭이는 생각조차 못했고, 가진 것은 M1소총뿐이었다.[주]
국방부『한국전쟁사』개정판 제1권 p801

저녁에 안의 방면에서 적 행군 종대가 장사진을 치고 접근하였다. 연대장은 안의 방면에 병력을 증가시키고 날이 저물 때까지 포격으로 이를 저지했다.

29일 04시경 적은 2개 방면에서 침공했다.

김천 방면 I중대 후방이 차단되었다. 이를 타개하고자 제1대대가 반격했으나 적의 역습을 받아 I중대를 구출하지 못한 채 거창 동쪽으로 흩어졌는데 연대장이 나서서 이를 수습했다.

안의 방면 제3대대는 정면으로부터 공격을 받고 빈번한 교전 한번 못하고 분산되었다. 일선 보병전선은 붕괴되었고, 적 총탄이 포진지에 날아오는가 싶더니 적병이 포진지에 돌입했다. 포진지 경계병들은

"살려면 달아나라!"

고 소리를 쳤다.

포병부대대장 치크(Leon B. Cheek) 소령은 소총병을 포 자리에 배치하여 경계토록 하고 12명을 지휘하여 포 5문을 철수시키는데 성공했다.

미명에 미 제34연대는 거창을 포기하고 그 동쪽 24km 지점에 있는 묘산(妙山-합천군 묘산면) 부근 고지로 물러났다.

29일 거창을 점령한 적은 합천을 거쳐 낙동강 서안까지 진출을 노리고 있었다. 이 방면 적은 제4사단 제18연대로 밝혀졌다.

연대장 뷰챔프 대령은 거창을 철수하면서 공병대로 하여금 거창~합천간 도로 요소를 파괴토록 하여 뒤따르는 적의 진출을 지연시켰는데 이것이 주효하여 뒤에 확인한 바에 의하면 적은 낙동강에 진출할 때까지 포병이 따라오지 못하여 박격포 지원밖에는 받지 못하였다고 했다.

적이 거창을 수중에 넣음으로써 낙동강선에 쉽게 진출할 수 있는 교두보를 확보하였다. 뿐만 아니라 거창은 3, 24, 26, 37번 국도가 교차하는 서부 경남의 교통 중심지로서 북으로는 김천, 동으로는 합천을 거쳐 마산, 서로는 함양을 거쳐 남원, 남으로는 산청을 거쳐 진주로 이어져 보급로 확보에 있어서도 유리한 입지를 차지하였다.

UN군총사령부는 거창 전투가 끝난 후 서남부전선에 나타난 적이 북한군 제4사단과 제6사단임을 알았다. 또한 천안 전투 이후 행방이 묘연하던 적 제6사단이 서남부를 거쳐 진주 방면으로 우회한 것을 비로소 확인했다.

육본특공대는 경찰 및 청년방위대와 혼성부대를 편성하여 적을 교란하다가 미군전선이 붕괴되자 29일 새벽에 철수하여 대구로 이동했고, 경찰과 청년방위대는 산제리와 합천으로 철수하여 부대를 수습하였다.

6. 묘산·십이리 전투

약방의 감초 제17연대

제17연대는 육군본부직할 독립연대로 옹진반도에서 38선 경비를 맡고 있다가 6·25남침을 당했다. 6월 26일과 27일 사이에 옹진반도를 빠져나와 인천, 당진, 군산 등지로 분산 철수하여 대전에 집결하였다.

7월 4일 정일권 총참모장 명령을 받아 평택~안성선을 점령했고, 미군 첫 참전부대 스미스특수임무부대가 오산에 도착하자 미군 지원임무를 띠고 함께 작전을 했다.

7월 6일 제1군단에 배속되어 청주로 갔고, 16일 제2군단에 배속되어 함창으로 이동했으며, 21일 제2차 부대개편 때 수도사단에 배속되었다.

7월 17일과 21일에는 화령장 전투에서 적 제15사단 제48, 제49 2개 연대를 괴멸시킨 공으로 전 장병이 1계급 특진하는 영예를 입었다.

7월 25일 육군본부 기동예비대가 되어 대구로 이동했고, 수도사단에 예속되어 29일 안동으로 갔다가 당일 마산의 위급에 대처하기 위하여 마산으로 이동 중에 새로운 명령을 받고 이곳 묘산으로 옮겼다.

제17연대는 전선에 구멍이 생기면 스페어타이어처럼 끼워 넣었다.

묘산 전투

묘산은 합천군 묘산면사무소 소재지다. 전주에서 진안·장수~거창을 거쳐 고령~대구로 이어지는 26번 국도의 거창~고령 중간 지점에 있고, 거창에서 26번 국도와 함께 오던 24번 국도가 갈라지는 삼거리다. 서쪽으로는 거창, 동북쪽으로는 고령을 거쳐 대구, 남동쪽으로는 합천을 거쳐 마산과 진주로 이어지는 교통의 요충이다.

적 제4사단장 이권무 소장은 저들 제18연대(金熙俊 대좌)를 합천 지구로 진출시켜 미 제34연대 제1대대를 공격케 하고, 제17연대(金寬大 대좌)*를 거창 동남방 5km 지점에 있는 남강 남안 월포동(月浦洞-가창군 南上面)과 그 대안 가천(加川) 부근에 전개하여 묘산 방면 미 제34연대 제3대대를 공격하려고 기도하고 있었다.

> * 국방부 『한국전쟁사』 개정판 제2권 「합천~권빈리 부근 전투」(p806)는 적 제4사단 제5연대장 대좌 최인덕(崔仁德)으로 기술하였다. 본문에서는 제17연대장 김관대 대좌로 기술했다.(제8권 「낙동강 방어선에 전개된 피아 전력」 참조)

만약에 적이 저들 의도대로 이 지역을 점령하면 쉽게 대구 서쪽 낙동강선에 진출할 수 있어 미 제8군에 큰 위협을 줄 수가 있다.

미 제8군사령관 워커 장군은 이 위협에 대비하기 위하여 29일 마산으로 이동 중에 있는 한국군 제17연대를 덕암리(德岩里-합천군 冶爐面, 고령 서쪽 12km)로 급진시키는 한편 포항에 있던 미 제21연대 제1대대를 합천에 투입하여 제34연대를 보강하기로 하였다.

제17연대(金熙濬 대령)는 7월 29일 대구를 거쳐 묘산에 도착하였고, 다음날 05시에 묘산 서남방에 있는 권빈리(勸彬里-합천군 鳳山面, 24번 국도와 59번 국도 북쪽 분기점) 오남(吾南)국민학교에 연대본부를 설치했다.

제17연대는 미 제24사단장의 지휘를 받았다.

제17연대는 병력 2,400명을 보유하였고 장비는 81mm박격포 17문, 61mm박격포 13문, 중기관총 10정, 경기관총 17정을 보유하여 비교적 전력이 양호할 뿐만 아니라 무엇보다도 병사들이 북한군을 두려워하지 않는 강점을 가지고 있었다.

7월 29일 미 제34연대는 전날 거창에서 산제리(山際里-묘산 서북쪽)로 철수한 후 반전하여 남강 남안 명당산(明塘山, 383고지-권빈리 서쪽 약 5km) 서북 능선에 전개하고 1개 대대를 그 동쪽 대안 가천선에 배치했다.

같은 날 12시 제17연대는 미 제34연대의 작전을 지원하기 위하여 제1대대(이관수 중령)를 미 제34연대의 우측 가천리 551고지에 배치하고, 제2, 제3대대는 예비대로 권빈리에 주둔시켰다.

31일 17시경 적 제4사단 제17연대 1개 대대가 제17연대 제1대대가 있는 551고지와 미 제34연대 제3대대가 있는 명당산을 공격했다.

미 제34연대는 포위 공격을 받고 치열한 격전을 벌이다가 월포동 남쪽에 있는 월현산(月峴山, 615고지)* 서쪽 능선으로 전진하여 교전을 계속했다.

> * 황강(黃江)을 사이에 두고 북쪽과 남쪽 각각 2km 거리에 같은 이름의 월현산이 있다. 북쪽은 615.8m이고 남쪽은 615.3m이다. 본문 월현산은 남쪽 산이다. 국방부 『한국전쟁사』 개정판 제2권(p808, 810)은 △616고지로 표기했다.(참고문헌 : 현대지도문화사 『전국도로안내지도』)

19시경 미 제24사단장 처치 소장은 미 제34연대장 뷰챔프 대령이

"현 상태로는 도저히 진지를 지킬 수 없다."

고 구신(具伸)하자 제17연대를 투입하여 적을 저지토록 하였다.

제17연대장 김희준 대령은 제1대대를 551고지에 그대로 두고 예비로 있던 제2대대(송호림 중령)를 망일산(望日山, 616고지-월현산 동북쪽) 동쪽으로 진출시키면서 미 제24사단이 지원한 155mm포 5문을 망일산 북쪽 행정리(杏亭里)에서 월포동을 향하여 방렬하도록 하였다.

미 제34연대는 제17연대 제2대대가 투입되자 1개 대대를 월현산 정상으로 옮기고 나머지 1개 대대와 연대지휘소는 합천으로 이동했다.

연대 전방 거창~권빈리 가도에 적 사이드카 1대(2명 탑승)가 질주해 오고 있는 것을 제4중대(張昌述 대위)가 발견하고 연대장에게 보고했다. 김희

준 연대장은 연대 본부요원을 지휘하여 직접 도로가에 나가 잠복하고 있다가 사이드카가 진지 깊숙이 진입했을 때 나포했다. 김희준 연대장은 지난 날 화령장 전투에서 사이드카를 나포하여 많은 정보를 얻은 경험이 있었기 때문에 정보수집차원에서 그렇게 한 것이다.

이를 연대지휘소에 연행하여 심문한 결과 얻은 정보는 다음과 같다.

(1) 적 제4사단 제17연대 정찰대원으로 아군 동정을 탐지하는 임무를 띠고 있었다.

(2) 적 제4사단의 이날 밤 암호는 '국화', '무궁화'였다.

(3) 적은 이 지역에 국군이 투입된 것을 모르고 있었다.

연대장은 이와 같은 정보를 근거로 이날 밤중에 적이 공격할 것이라고 판단하여 진지를 보강하고 진전수색을 강화하도록 하였다.

대대장 이관수 소령은 전 부대원에게 전투준비를 시켜 놓고, 대대 전 화력을 적 진로에 집중할 수 있도록 조밀하게 화망을 구성하였다.

제2소대장 김희재(金熙載) 중위를 전방에 잠복시켰다.

8월 1일 01시경 적은 명당산과 317고지(가천 서쪽)를 거점으로 연대 주저항선 551고지~망일산선을 공격했고, 03시를 전후에는 대대진지 최남단에 접근했다. 전방에 잠복하고 있던 김희재 중위가

"정지, 누구야?" 하고 수하를 하자

"국화." 라고 암호를 댔다.

"무궁화." 라고 대답해 주었다.

적은 안심하고 아군 진지 안으로 들어왔다. 암호도 암호려니와 국군이 이 전선에 배치된 것을 전연 몰랐기 때문에 의심할 여지가 없었던 것이다.

적이 완전히 아군 진지로 진입하였을 때 대대장은 사격 명령을 내렸다. 전 화망이 불을 뿜었고 불의의 기습공격을 받은 적은 분산하여 퇴로를 찾

았으나 집중된 화망에 빠져나갈 구멍이 없었다.

적 1개 중대가 전멸했다.

제1대대는 여기서 한 트럭분의 무기를 노획했다.

월현산에서 적 협공을 받고 고전하던 미 제34연대 엄호대대는 이 때문에 무사히 포위망을 뚫고 합천으로 철수했다.

제17연대장 김희준 대령은 한국군 최초로 미국 은성훈장을 받았다.

전날 망일산 서록에 진지를 점령한 제2대대(송호림 중령)는 야간에 적이 공격할 것이라는 정보를 연대로부터 듣고 대비하고 있었다.

제1대대가 공격을 받은 같은 시각에 대대 정면으로 적이 접근했다. 유리한 고지를 점령하고 있던 제2대대는 망일산 서쪽 6부 능선으로 진출하여 적이 유효사거리 안에 접근했을 때 주저항선에 배치된 모든 화기가 불을 토했다. 불의의 역습을 당한 적은 필사의 발악을 하다가 마침내 많은 사상자를 내고 명당산 쪽으로 도주했다.

물러난 적은 한숨 돌린 후 07시를 전후하여 다시 공격했다. 가천 방면 제1대대, 망일산 제2대대는 물론 월현산 미군 1개 대대까지 위협을 받았고, 09시경이 되자 적 1개 대대가 미 제34연대가 있는 월현산을 점령하고 우회하여 제17연대 후방을 위협했다.

연대장은 예비인 제3대대(全禹榮 소령)까지 투입하여 반격을 했다. 적은 제3대대를 피하여 망일산과 상현리 551고지로 접근한 후 제1, 제2대대를 포위할 태세였으므로 09시 30분 연대장은 양 대대를 숙성산(宿星山, 899고지-권빈리 서북쪽 4km)~상현리(上峴里-합천군 봉산면)선으로 이동하도록 명령을 내렸다.

10시에 진지를 옮긴 제17연대는 예기(銳氣)를 가다듬은 후 12시 제1, 제3대대가 반격을 감행하여 제1대대는 551고지를 탈환하고 계속 추격하여 14

시에는 대야리(大野里-망월산 북쪽)까지 적을 구축한 뒤 16시경 방어에 유리한 551고지로 돌아왔고, 제3대대는 14시에 망월산을 탈환하고 15시에는 월포동까지 진출하여 잔적을 격멸한 후 16시 망월산으로 돌아왔다.

제17연대는 20시 미 제24사단장의 명령을 받고 밤중에 묘산 동북쪽 7km 지점 덕암리로 이동하여 새로운 방어진지를 구축했다.

적 제4사단은 제17연대가 지휘소로 쓰고 있던 오남국민학교에 제17연대 본부를 설치하고 호남 지역에서 모집한 의용군을 훈련시키고 있었다.

제17연대는 미 제24사단장으로부터 다시 현풍으로 이동하라는 명령을 받았다. 대대장들은

"적을 막아내기에는 이보다 더 유리한 지형이 없다."

는 의견을 제시하며 이동 명령에 불만을 표시했지만 어쩔 수 없었다.

제17연대는 8월 1일 자정 미 제24사단이 제공한 차량으로 덕암리를 출발하여 고령을 거쳐 낙동강을 건넜다. 야간 이동에 미숙하여 전조등을 켠 채로 이동하다 미군기의 공습을 받았으나 다행히 피해를 입지 않고 현풍에 도착했다.

제17연대 이동은 낙동강 방어선 구축을 위한 이동이었다.

공비로 가장한 정찰대 섬멸

제17연대는 현풍 서남쪽 4km 지점 창동(倉洞-달성군 求智面) 구지국민학교에 지휘소를 설치하고 제1, 제3대대를 창동 서북쪽 오산동(午山洞-현풍면)~도동동(道東洞)~오설동(烏舌洞-이상 구지면)을 잇는 낙동강 돌출부에 배치하여 고령에서 진출하는 적 도하에 대비하고, 제2대대는 예비대로 일부는 대리산(408고지-창동 북쪽)에 전개하고 일부는 연대본부와 함께했다.

미 제24사단 공병대는 제17연대가 낙동강을 건너가자 도로와 교량을 파

괴하고 적 통과가 예상되는 지점에 지뢰를 매설했다.

북한군이 일거에 호남 지역을 석권하자 지리산과 가야산 일대에서 준동하고 있던 잔존공비들이 이에 고무되어 유격대를 조직하고 피난민 대열에 끼어 후방 지역에 침투한 후 군사정보를 입수하는 한편 아군의 퇴로차단과 통신망 파괴 활동을 일삼고 있었고, 때로는 침투하는 적군의 길잡이 역할도 했다.

지방공비의 한 무리가 선발대로 낙동강을 건너 현풍과 창녕 사이 5번 국도 중간 지점인 십이리(十二里-창녕 북쪽 12km)에서 아군의 동정을 탐지하는 한편 적 주력부대가 도하할 낙동강 도하지점을 정찰하고 있었다.

8월 3일 대한청년단으로부터 이 정보를 입수한 제17연대장 김희준 대령은 제7중대장 조경학 대위에게 십이리에 잠입해 있는 공비를 색출하라고 명령했다.

제7중대가 십이리에 진출하여 포위망을 압축하고 있을 때 피난민 수천 명이 국도를 따라 남으로 오고 있었다. 피난민 대표를 모아 놓고 공비색출에 협조해 줄 것을 당부하자 모두 한결같이

"십이리에는 모두 피난민밖에 없고 지방공비들은 오늘 아침에 일부 피난민을 체포하여 이미 비들기산(현지 발음-琵瑟山, 1083.6m)으로 입산했다."고 말했다.

제7중대는 대합면 청년단장 문정훈(文正勳)과 마을 대표 2명의 안내를 받아 비들기산으로 가던 중 공비에게 체포되어 있다가 도밍 처서 고개를 내려오는 주민 1명을 만났는데 그는 이렇게 말했다.

"고개 넘어 월곡(月谷) 뒷산에 대나무밭이 있는데 그 근처 제실에서 공비들이 점심을 먹고 낮잠을 자고 있다."

제1소대장 오병진 대위* 외 2명이 사복으로 변장하고 청년단장과 함께

월곡 뒷산으로 올라가서 그들의 동태를 탐색했다.

> ＊ 제1소대장 오병진 대위(국방부 『한국전쟁사』 개정판 제2권 p816)
> 당시 대부분의 중대장이 중위였고, 대위가 대대장을 하고 있을 정도로 장교가 부족했다. 대위 소대장은 예가 없다. 착오로 보인다.

과연 산비탈 대나무밭 근처에 공비들의 흔적을 확인할 수 있었다.

조경학 대위는 중대를 은밀히 추진하여 월곡제실을 포위하고 사격 명령을 내렸다. 이때가 12시경이었는데 약 30분에 걸친 공격 끝에 40명을 사살하고 6명을 생포했다. 소총 50정도 노획했다. 포로 중에 12살 소년이 있었는데 그는 군과 경찰의 동태를 탐색하는 임무를 띠고 있었다.

이들 공비들은 적 제4사단 선발대로 피난민을 가장하고 먼저 낙동강을 건너와서 적 주력부대의 도하지점을 유도할 수 있도록 비슬산(비들기산) 정상에서 봉화를 올리기로 되어있었다고 한다. 이들은 어제 낙동강을 건널 때 젖은 옷을 말리느라고 모두 속옷만 입고 있었고, 전투경험이 없어서 경계를 소홀히 했다가 변을 당한 것이다.

7. 하동의 함정 쇠고개

쇠고개에서 괴멸된 미 제29연대

영남서부 지구 방어 책임을 지고 진주에 온 채병덕 소장은 하동을 다녀와서 미 제19연대장 무어 대령을 방문하고

"호남 지구에서 동진하는 적을 저지하기 위해서는 하동을 방어하지 않으면 안 된다."

고 역설했다.

미 제19연대장 무어 대령은 채병덕 소장의 조언에 따라 제29연대 제3대대를 하동으로 진출시켰다. 채병덕 소장도 동행했다.

제3대대장 모트 중령은

"대대는 전투경험이 없는데다가 포병과 중박격포 지원도 없이 전투임무를 수행하는 것은 곤란하므로 공격보다는 방어가 바람직하다."

고 건의하였으나 연대장은

"완전히 편성된 대대의 현 전력으로 능히 적을 저지할 수 있다."

고 무마하여 그대로 진격시켰다.

이때는 이미 하동이 적 수중에 들어간 뒤인데 이를 모르고 있었다.

26일 00시 30분 제3대대는 차량으로 진주를 출발하였다.

4일 전부터 내린 비는 이날도 계속 내렸고, 대부분의 하천이 범람하여 차량기동에 어려움을 겪었는데, 항공지원까지도 제한을 받았다.

하동에 이르는 길은

진주~원전(院田)~하동으로 가는 주도로(2번 국도)와

진주~사천~곤양(昆陽)~원전~하동으로 가는 우회도로(지방도)가 있다.

주 도로는 중간에 있는 덕천강(德川江)이 많은 비로 물이 불어난 데다 다리가 없어서 도하하기가 어려우므로 우회도로를 택했다.

이것은 하동을 다녀온 채병덕 소장 의견에 따른 것이다.

도중에 도로를 가로지르는 도랑에 차량이 빠지기도 하고 진빙에 대한 저정을 탐색하면서 진출해야 했기 때문에 부대가 원전(진주 서쪽 12km)에 가까웠을 때 날이 밝았다. 여기서 하동에서 철수하는 정내혁 중령 일행을 만나 전날 밤에 하동이 적 수중에 들어간 사실을 알았다.

대대장 모트 중령은 상황을 분석한 결과 대대 단독으로 하동을 공격하는 것은 위험하다고 판단하고 현 위치에서 방어할 것을 건의하기 위하여 부대대장 레이블 소령을 진주에 있는 연대장에게 보냈다.

당시 대대와 연대 간에 통신수단이 따로 없었다.

부대대장 레이블 소령의 건의를 받은 연대장은 작전주임과 함께 장시간 검토 끝에 하동과 진주 간에는 방어에 마땅한 지형이 없다고 판단하고

"내 결심에는 변함이 없다. 지체 없이 하동을 공격하여 탈환하라."

고 명령하고, 포병중대와 전술항공통제반을 곧 파견하겠다고 덧붙였다.

부대대장 레이블 소령이 진주에 갔다 오는 동안 부대는 횡천리(橫川里-하동 동쪽 10km)에 이르렀는데 이미 날이 저물었으므로 훈련이 부족한 부대가 야간에 적과 접촉하는 것은 위험하다고 생각하여 야영에 들어갔다.

이때 1명의 공군장교가 항공통제반과 무전차를 이끌고 도착했다.

27일 08시 45분 대대는 하동을 향하여 차량으로 출발하였다. 제2차 세계대전 중 구라파에서 중대장 경험이 있는 샤라(George F. Sharra) 대위가 지휘하는 L중대를 첨병중대로 하고 대대본부, K중대, 중화기M중대, I중대 순으로 제대를 편성했다. 첨병중대가 하동 동쪽에 있는 쇠고개(牛峙-2번 국도상)에 이르렀을 때 10여 명의 적이 능선을 타고 오르는 것을 발견하고 중화기소대가 75mm무반동포 2문으로 공격하여 물리친 다음 고개로 올라가서 도로 양쪽 고지를 점령하고 산병호를 팠다.

모트 대대장은 중대장의 전황보고를 받고 옆에 있는 K중대장에게 전방(북쪽)에 있는 181고지를 점령하도록 지시하고, 쇠고개로 달려가서 지형과 적 동태를 살핀 다음 샤라 대위에게

"능선을 확보하고 있다가 공중공격이 시작되면 하동을 공격하라."

고 명령한 후 대대장은 참모들을 대동하고 고개 마루턱으로 올라갔다. 채병덕 소장과 그의 참모들도 같이 올라갔다.

적 정찰병이 사라진 뒤에 한동안 조용했다.

고개 마루턱에는 한·미군의 지휘관과 참모들이 한 곳에 모여 있었고, 뒤 따라오던 부대대장 레이블 소령도 합류했다. 적에게는 좋은 표적이 되어 있었다.

L중대장 샤라 대위는 북쪽 181고지에서 병사들이 움직이는 것을 보고 대대장에게 알리자 대대장은 K중대로 하여금 181고지를 점령하도록 했기 때문에 그들이 K중대라고 생각하고 있었다.

이때 1개 대대 규모의 병력이 하동 방면에서 S자형의 길을 따라 2열 종대로 행군해 오고 있는 것이 보였다. 저들은 국군 복장을 하고 있었기 때문에 적이라고 단정할 수가 없었다. 저들이 40m* 가까이 접근했을 때

"너희들은 적이냐? 아군이냐?"

하고 채병덕 소장이 소리를 질렀다. 저들은 아무 대답도 없이 산개하여 도로 양편 도랑으로 뛰어들어 갔다.주)

국방부 『한국전쟁사』 개정판 제2권 p826

* 일본 육전사연구보급회 『한국전쟁』 [2](p34)는 "고개 밑 500미터 정도의 꼬부라진 모퉁이에서 약 150명 정도의 적병이 나타났다. …… 그 부대가 이윽고 100m 가까이로 접근해 왔다. 이때 채병덕 장군이 그들에게 소속을 묻자……"라고 기술했다.

사격 준비를 하고 있던 L중대가 일제히 사격을 개시했다. 동시에 반사적으로 181고지와 동남쪽 고지에서 적 포화가 날아왔다.

적 소화기의 첫 탄이 채병덕 소장의 머리를 관통했다. 그는 즉사했다. 모트 대대장, 레이블 부대대장, 대대정보관이 부상을 당했다. 적 박격포탄은 막 도착한 전술항공통제반 무전차량과 대대지휘차량을 명중하여 한 미 양군 지휘부 기능을 완전히 마비시켰다.

한참 교전 중이던 09시 45분, 미군 전투기 4대가 공중에 나타났다. 그러

나 전술항공통제반 무전기가 파괴되는 바람에 연락을 취할 수 없어서 그대로 돌아가고 마는 어처구니없는 일이 벌어졌다.

시간이 갈수록 적 공격은 위력을 더했고, 보·포가 협동하여 미군 진지로 쇄도했다. 병사들은 사투를 벌였으나 더 이상 버티기가 어려웠다.

대대장은 행방을 알 수가 없었고, 부대대장은 진주로 후송되었다.

대대 작전관 프린(Flynn) 대위가 위기를 타개하고자 계동(桂洞-쇠고개 동쪽)으로 가서 중화기중대로 하여금 181고지로 진격하는 K중대를 지원하도록 하고 I중대를 L, K중대 중간에 투입하였다. 181고지 중턱까지 이른 I, K중대는 완강한 적의 반격에 막혀 고전하다가 중대장이 행방불명되고 중대는 후퇴하기 시작했다.

L중대만은 중대장 샤라 대위의 진두지휘에 힘입어 분전했다. 샤라 대위는 제2차 세계대전 참전경험을 살려 불퇴전의 의지로 중대를 지휘했고 K중대의 소대가 L중대 쪽으로 밀려오자

"본대로 돌아가서 181고지를 탈환하라."

고 호령을 하며 독전까지 했다.

고개 북쪽에 배치된 L중대 모리시(Jeorge Morrissey) 중위의 소대는 쇄도하는 적을 수차례 격퇴하면서 진지를 고수했고, 좌측에서 K중대가 181고지로 진격하자 이를 지원하여 함께 181고지로 진격하였는데 I, K 양 중대가 무너지는 바람에 쇠고개 우측 능선으로 물러나야 했다.

실탄은 개인당 몇 발이 남지 않았고 병력은 소대장을 포함하여 12명만 남았는데도 수류탄으로 끝까지 저항하였다.

부상을 입고 행방불명되었던 모트 대대장은 L중대 부관 필립스(Philips) 중위가 쇠고개 어떤 호 속에서 발견하여 L중대지휘소로 옮겨졌다. 다리가 골절되어 움직이지 못하는 대대장은 샤라 대위에게 대대 지휘를 위임하면

하동읍과 쇠고개(일명 하동고개) 오른쪽 끝자락이 쇠고개(↓표)

서 대대를 적으로부터 이탈시키라고 명령했다. 그러나 이때는 이미 중대와 연락이 두절되었고, 각기 격전의 회오리 속에 휩쓸려 지휘가 마비된 상태였다.

샤라 대위는 손실이 늘어나고 있는 자신의 중대만이라도 이탈시켜야겠다고 생각하고 병력을 수습한 뒤 계동으로 철수했다. 그러나 쇠고개 우측에서 격전을 치르고 있는 모리시 소대에는 연락을 취하지 못하였다.

대대작전관 프린 대위가 쇠고개로 다시 돌아왔을 때 고개에는 부상한 대대장과 모리시 소대원 10여 명이 남아 있었다. 대대장은 프린 대위가 돌아오자 그에게 대대지휘를 맡겼다.

프린 대위는 적탄이 쏟아지는 가운데 포위 직전에 있는 모리시이 소대진지로 가서 부상병을 수용하고 소대와 함께 계동으로 후퇴했다.

계동에는 중대장을 잃고 후퇴한 I, K중대원 4~500명이 모여 있었는데 이때 모리시이 소대를 추격해 온 적 5~600명으로부터 공격을 받고 북쪽 두전동(豆田洞-하동군 적량면)으로 도망하다가 다리 근처에서 적 기관총 집중 사격을 받아 많은 희생자를 냈고, 하천으로 뛰어든 병사들은 익사했다. 하천은 폭이 7m에 불과했지만 양쪽이 절벽으로 이루어진데다가 장마로 물이 불어나 수심이 2m가 되는 급류를 이루고 있었다. 프린 대위는 동산리(東山里-두전동 동쪽)에서 병사 60여 명을 모아 진지를 점령하려던 중 다시 수를 헤아릴 수 없는 적으로부터 기습을 받고 분산되어 겨우 3명만 데리고 28일 아침에 진주에 도착했다.*주) 일본 육전사연구보급회 『한국전쟁』 [2] p36, 37

* 국방부 『한국전쟁사』 개정판 제2권은 이렇게 기술했다.(p829)
"대대 S-3 Flynn 대위는 L중대 Morrissey 소대를 이끌고 계동에 이르자 그 곳에는 중대장을 잃은 I 및 K중대의 병력 60여 명이 모여 있어 이들과 함께 휴식을 하고 있었다. 그런데 이때 수를 헤아릴 수 없는 적으로부터 기습을 받고 분산되어 그는 사병 10명을 이끌고 28일 아침에 진주에 도착하였다."

이보다 앞서 쇠고개에서 중대를 철수한 샤라 대위는 계동에서 중대를 수습한 후 그 곳에 자기 중대만 남아 있는 것으로 생각하고 차량으로 출발하여 진주로 갔다. 도중에 하동으로 가고 있는 제13야전포병대대 B포대를 만났는데 이 포대는 연대장 무어 대령의 명령을 받고 제3대대를 지원하기 위하여 08시에 진주를 출발하였으나 중간에 도로가 좋지 않은데다가 적정을 탐색하느라고 지연되어 이제야 오고 있었던 것이다.

포대장은 샤라 대위로부터 상황을 듣고 진주로 되돌아가기 위하여 포를 돌리다가 105mm야포 1문과 견인차 4대가 논두렁에 빠지자 포를 버린 채 공이만 빼 가지고 L중대와 함께 진주로 되돌아갔다.

I중대 애플게이트(Applegate) 상사는 사병 99명을 이끌고 횡천강(橫川江)을 따라 남쪽으로 가서 노량진(露梁津-하동군 金南面, 남해대교 북단)에서 배

를 타고 여수로 갔고, 거기서 한국해군 초계정에 구출되어 부산으로 갔다.

미 제19연대 제2대대 G중대장 바스체즈 대위는 진주~하동 간에서 후방 지역을 경계하라는 연대장 명령을 받고 중대원 78명을 차량에 태워 하동으로 가던 중 횡천리 동쪽에 이르렀을 때 분산 철수하는 미 제29연대 제3대대 장병 354명을 수습했다.*

그들의 몰골은 말이 아니었다. 개천과 논바닥을 헤쳐 나오느라고 몸에 걸친 것은 런닝셔츠와 팬티와 군화뿐이었고, M1소총을 가지고 있었으나 한방 쏜 흔적이 없는 새 총을 가진 사병이 많았다.주) 일본 육전사연구보급회 『한국전쟁』 [2] p37

* 국방부 『한국전쟁사』 개정판 제2권은 이렇게 기술했다.(p829)
 "중대원 78명을 차량에 분승시켜 하동으로 향하던 중 玉亭里(……)에 이르러 三三五五로 흩어져 내려오는 L중대의 잔존 병력 500여 명과 만났다. …… 중대장은 그들로부터 많은 낙오병이 내려올 것이라는 말을 듣고 중대를 그곳 도로 양쪽에 경계병을 배치하여 수습할 태세를 갖추었으나 효과를 거두지는 못하였다."

7월 28일 연대장 무어 대령은 제3대대 잔존 병력으로 K, L중대를 재편성하고 K중대를 제2대대로, L중대를 제1대대로 배속했다.

하동 전투에서 확인된 미군 손실은 중대장 2명이 전사하고 대대장, 부대대장, 대대 S-1, S-2를 포함하여 52명이 부상했으며, I중대장을 포함하여 349명이 행방불명되었다. 장비는 차량 30대와 공용화기 및 통신장비를 모두 잃었고, 개인화기도 대부분 잃었다.

9월 말경 미군이 하동을 탈환하였을 때 미군 시체 314구를 발견했다. 모두 계동과 두전동 사이 개천과 논바닥에 버려져 있었다. 결국 전투 중에는 큰 희생이 없었는데 계동으로 후퇴한 후 적의 기습을 받고 도망치다가 전사하였고, 폭 7m에 불과한 작은 개울이 큰 장애가 됐던 것이다.

특히 장교의 희생이 컸다. 전사 2명은 K, M중대장이고, 대대장과 부대대장, 인사장교, 정보장교가 중상을 입었으며, 행방불명된 I중대장은 부상을 입고 포로가 됐다가 아군이 북진했을 때 평양에서 탈출했다. 중대장 중에서 유일한 생존자는 L중대장 샤라 대위뿐이다.^{주)} 일본 육전사연구보급회 『한국전쟁』 ② p38

김용주 중령이 지휘하는 제30연대는 쇠고개 좌측 116고지에서 격전을 치렀다. 대부분이 영호남 지역에서 모병하여 훈련도 제대로 받지 못한 신병들이라 적 박격포탄이 쏟아지자 이를 피하려고 우왕좌왕 하다가 많은 사상자를 냈다. 앞에서는 적의 광파(狂波)가 세차게 밀어닥치고 우측면에서는 미군이 동요를 일으키자 겁을 먹은 병사들은 김용주 중령이 독전하는 고함소리에도 아랑곳하지 않고 뿔뿔이 흩어져 진지를 이탈하기 시작했다. 결국 우 일선 미군 주력이 계동으로 내려가고 있을 때 제30연대는 전열을 회복하지 못하고 하나, 둘씩 흩어져서 진주로 빠져나갔다.

제30연대는 50여 명이 전사한 것으로 추정됐다.

일본 육전사연구보급회 『한국전쟁』 ② (p38, 39)는 하동 전투를 이렇게 기술했다.

"하동 전투는 북한군이 계획적으로 쇠고개를 개방해 놓고 미군을 유인하여 일격에 괴멸시킨 전투로 유명하다. 미군은 이 비극적인 전투를 '하동의 함정'이라고 부르며 뼈아픈 교훈으로 삼아오고 있다.

모트 대대를 하동에서 매복 기습한 부대는 북한군 제6사단이었다. 그러나 전투시에 북한군의 병력 투입 규모를 모르고 있었기 때문에 제8군의 정보참모부는 7월 28일에도 「북한군 제4사단이 여전히 동진 중에 있다.」고 판단하고 있었던 것이다.

이 전투에서 의문시되고 있는 것은 북한군이 어떻게 하여 미군이 하동을 공격해 온다는 것을 알았는가? 또 횡천리에서 숙영을 하고 있을 때 기습하지 않고 왜 하동고개에서 매복을 하고 있었는가? 하는 등의 갖가지 억측이 나돌았지만, 역시 수수께끼 같은 일이기도 하였고, 또 우연히 일어난 일 같기도 하였다."

6·25남침을 당한 이래 1개월 동안 아군은 장성 2명을 잃었다. 7월 21일 대전에서 미 제24사단장 딘 소장이 행방불명됐고, 7월 27일 하동에서 채병덕 소장이 전사했다. 이것은 일선에서 싸우는 장병에게 미치는 심리적 충격이 커서 단순한 장군 2명의 손실 이상의 큰 손실이다.

채병덕 소장 전사

육군총참모장에서 해임된 채병덕 소장은 7월 23일 신성모 국방부장관으로부터 다음과 같은 명령을 받았다.*

"육군소장 채병덕은 부산 지구에 산재되어 있는 병력과 부상병을 수습하여 하동 지구로 침입한 적을 저지하라." 주) 1

채병덕 장군은 자신이 직접 부산과 마산에 있는 각 병원에서 활동가능한 부상병들을 수습하고 현지 청년들을 소집하여 약 1개 대대 규모의 부대를 편성한 후 24일 이를 지휘하여 진주로 이동하였다. 장비는 소총뿐이었는데, 그것마저도 부족한 형편이었다. 주) 2   1, 2. 국방부 「한국전쟁사」 제2권 p612

채병덕 소장은 부대를 진주로 이동시킨 후에 24일 신성모 국방부장관에게 신고하였다.

신성모 장관은 이렇게 강조했다.

"하동은 호남과 영남을 연결하는 중요한 지역이며 진주 및 사천으로 이르는 통로이니 필히 방수하여야 한다." 주)   국방부 「한국전쟁사」 개정판 제2권 p821

> ✽ 국방부 『한국전쟁사』 개정판 제2권은
>
> **채병덕 장군의 임무**에 대하여
>
> "그 이튿날(7월 25일) 채병덕 소장을 '영남서부 지구의 방위사령관'에 임명하여 민 부대와 이응준부대(……)를 지휘토록 하였으므로 앞서 설치된 서해안지구전투사령부는 이로써 작전지휘계통에서 제외되었다."고 기술했고,(p787)
>
> 육군본부 작전 명령 제70호(1950.7.25. 16:00)는 "육군소장 채병덕은 이응준부대와 민기식부대를 통합지휘하여 차를 포착하여 섬멸하라."고 되어 있다.
>
> 채병덕 소장에게는 공식 직위를 부여하지 않고 방위임무만 부여했다.
>
> 앞 문헌 '영남서부 지구의 방위사령관'은 작전지역의 이름을 따서 서술 형식으로 임무를 표현한 것이고 공식 직명은 아니다. 그 지역 사령관이라는 뜻이다.
>
> 앞 문헌이 「하동~진주 부근 전투」(p820)에서 계속 '영남편성관구사령관'이라는 직위로 기술하고 있는데 이는 '영남서부 지구의 방위사령관'의 착오다.
>
> 채병덕 소장은 7월 17일 영남편성관구사령관에서 해임되었다.(p138)
>
> **명령 일자 차이**에 대하여
>
> 본문에 인용한 채병덕 소장에게 내린 명령 일자는 구두로 내린 실제 명령일로 보인다. 23일(신동우 중령 증언은 24일) 경남서부 지구의 방위명령을 받았고, 24일 국방부 장관에게 신고한 것으로 되어 있다.
>
> 7월 25일 명령은 구두 명령을 문서 명령에 의하여 공식화한 것으로 보인다.
>
> 신동우(申東雨-국방부장관 부관) 중령은 "7월 24일 국방부장관의 명령서를 전달했다."고 증언했다.(다음 증언 참조) 이 명령서는 사신 형식의 구두명령이다. 공식문서명령은 위 25일자의 육군본부 작전 명령이다.
>
> 본문은 국방부장관에게 신고한 7월 24일 명령을 받은 것으로 정리했다.

채병덕 소장은 패전 책임을 지고 총참모장에서 해임된 후 책임을 통감하면서 실의에 빠져 있다가 새로이 막중한 임무가 부여되자 생기를 되찾은 듯 기뻐하면서 다음 날(25일) 아침에 정내혁 중령을 대동하고 하동으로 달려갔다.

현지를 시찰한 채병덕 소장은 하동 지역의 중요성을 인식하고 동진 중인 북한군을 하동에서 저지

채병덕 소장

하기로 결심하였으나 그에 걸맞은 방어태세가 갖추어지지 않은 데다가 지휘할 병력이 없음을 개탄하고 있었다.

그의 고충을 감지한 정내혁 중령이 이렇게 건의했다.

"제가 이곳에 남아서 정보를 수집하면서 철수하는 부대를 수습하여 방어하겠습니다."주)   국방부 『한국전쟁사』 개정판 p822

채 소장은 불감청고소원(不敢請固所願)이라 얼른 승낙하고 진주로 갔다.

진주로 돌아온 채 소장은 진주에서 부대를 수습하고 있는 유해준 중령을 데리고 함양으로 가서 철수하는 민 부대 예하부대에 후퇴하지 말라고 호통을 치면서 전선으로 되돌아가게 하고는 민기식 대령을 만나고자 하였으나 찾는데 시간이 걸리자 유해준 중령에게

"민 대령에게 후퇴하지 못한다고 전하라."주)   앞 같은 p804 「유해준 중령 증언」

고 하면서 남겨 두고는 하동이 급하다고 하면서 진주로 돌아왔다.

진주에 온 채 장군은 미 제19연대장 무어 대령을 방문하고

"호남 지구에서 동진 중인 적을 저지하기 위해서는 하동을 방어하지 않으면 안 된다."고 자신의 결심을 역설하였다. 그의 의견이 받아들여지자 채 부대(채병덕 장군이 지휘해 온 부대)* 는 미 제19연대와 같이 출동하여 안내와 통역 임무를 수행하고, 채병덕 장군은 대대장 모트 중령의 고문이 되어 미 제29연대 제3대대와 동행하기로 하였다.주)   국방부 『한국전쟁사』 제2권 p612

> * 국방부 『한국전쟁사』 개정판 제2권은 "채병덕 소장에게는 수하병력이 전혀 없었다."고 기술했다.(p822) 채병덕 소장이 인솔해 온 1개 대대에 대한 기록은 진주로 이동한 후 보이지 않는다.

7월 25일 23시 육군본부는 채병덕 사령관에게 다음과 같은 작전 명령을 문서로 내렸다.주)   국방부 『한국전쟁사』 개정판 제2권 p822

⑴ 하동 방면으로 진출한 적은 1개 대대 규모이며 약간의 장갑차를 동반하고 있음. 군은 이 적을 하동에서 저지 격멸하려 함.
　⑵ 채병덕 소장은 기 수령임무를 완수하는 동시에 예하부대를 지휘하여 하동에서 동침하는 적을 섬멸하라.
　⑶ 적 전차가 공격할 시에는 휘발유병을 사용할 것.

　채병덕 소장은 26일 자정(0시 30분) 무렵 미 제29연대 제3대대와 행동을 같이 하여 하동으로 출정했다.
　이때 채병덕 사령관 곁에 있던 박현수 중령(신편 전 제3연대장)과 부관 이상국(李相國) 소령 및 김영혁(金永赫) 대위가 수행했다.
　채병덕 소장은 진주를 출발하기 전에
　"미 제29연대 제3대대가 하동으로 약진하는 경우에도 만일 적이 남해안 가도로 침공해 올 때에는 미군 연락로가 차단될 뿐만 아니라 하동으로의 진출 계획이 수포로 돌아갈 것이다."
라는 생각이 들어 우려하고 있었는데 바로 이때 민 부대 예하 제30연대장 김용주 중령이 진주에서 부대(1개 중대)를 재편성하고 있다는 보고를 받고 연대장 김용주 중령을 불러 미군과 함께 출동하도록 하였다.
　김용주 부대는 곤양까지는 미군과 함께 가고 곤양에서 갈라져서 남해안 가도를 따라 진교(辰橋-하동군 진교면, 곤양 서쪽 7km)를 거쳐 섬진강 하구에 있는 섬방까지 진출하여 야영에 들어갔다.
　한편 단신으로 하동에 남아 있던 정내혁 중령은 피아 상황을 전연 알지 못한 상태에서 민병 300여 명을 모집하고 있던 중 화개장 쪽에서 이영규부 대원 30여 명이 철수해 오자 이들을 규합하여 하동교(지금의 蟾津橋) 동안에 배치하고 진주에서 원군이 오기를 기다리고 있었다.
　25일 22시가 되자 병사들이 제각기

"적이 나타났다!"

고 소리치기 시작했다.

정내혁 중령이 도로 쪽을 살폈더니 1개 대대 규모의 적이 행군종대를 이루어 구례~하동 간 도로(19번 국도)를 따라 접근하였고, 선두는 북쪽 700m 전방 두곡리(豆谷里-하동군 하동읍)에 접근해 있었다.

정내혁 중령은 단 1분간이라도 지연시켜야 하겠다고 마음먹고 적이 가까이 왔을 때 사격 명령을 내렸다. 10여 분간 사격전이 벌어졌는데 그 사이 병사들이 진지를 이탈하여 남은 병사가 10여 명에 불과하였으므로 이들을 이끌고 23시경 하동을 빠져 나와 진주로 가다가 26일 새벽 원전리에서 미 제29연대와 함께 하동전선으로 가는 채병덕 소장을 만났다.

채병덕 소장은 정내혁 중령의 분전을 치하하고 진주로 가서 휴식을 취하라고 일렀다.

27일 08시 45분 채병덕 소장은 미 제29연대 제3대대와 함께 횡천리에서 하동을 향하여 차량으로 출발하였다. 그리고 쇠고개에서 전사했다.

30연대장 김용주 중령의 증언(안용현 『한국전쟁비사』 2 p34)

"나는 채 소장의 전사 장면을 누구보다도 생생히 기억하고 있다. 그날 나는 미군부대의 좌측 능선에 배치되어 있었는데 채 소장으로부터 작전회의를 연다는 연락을 받고 쇠고개 동쪽 계곡에 내려갔더니 그는 본넷트 위에 지도를 펼치고 우리들에게 상황을 설명하고 있었다. …… 그가 한참 상황을 실명(……)히고 있을 때 어디서 날아왔는지 알 수 없는 총탄이 날아와 그는 그 자리에서 숨졌다."

채병덕 소장을 수행한 박현수 · 유해준 중령

박현수 중령은 신편 제3연대장, 유해준 중령은 제9연대장이었다.

7월 16일 두 연대는 육군본부로부터 연대를 부산으로 이동시키라는 명령을 받았다.주)
국방부 『한국전쟁사』 개정판 제2권 p733

박현수 중령은 전주에서 순천까지는 기차 편을 이용하고, 순천~하동~진주~부산은 차량과 도보로 기동하여 부산으로 이동했고, 부산에서 병력을 수집하던 채병덕 소장을 만나 하동까지 동행한 것으로 보인다.

유해준 중령은 남원에서 운봉~함양~진주~부산 구간을 도보로 기동하고 있었다. 진주에서 이동병력을 수습하고 있던 중 25일 채병덕 소장의 부름을 받고 함양에 동행한 것으로 보인다.

앞 「채병덕 소장 전사」와 앞 2. 「서해안지구전투사령부」 참조

채병덕 소장은 왜 하동 전선으로 갔는가?

육군본부는 채병덕 소장에게 영남서부 지구의 방어 책임을 맡기고
"지체 없이 하동으로 약진하여 동침하는 적을 격멸하라."
는 작전명령을 내렸다.

진주 방면에는 오덕준 대령이 지휘하는 오 부대, 해병대, 이영규부대, 김병화부대 그리고 김용주 중령의 제30연대가 있었으나 이들 부대와는 연락이 되지 않았고, 설사 연락이 된다 해도 빼낼 형편이 못 되었다.

결국 채병덕 소장은 자기에게 내려진 하동방어 책임을 미 제19연대에 의지하여 완수하는 외에 다른 방법이 없다고 판단하고 미군으로 하여금 하동을 공격하도록 한 것으로 보인다.

채병덕 소장의 하동 출진 경위에 대하여 기록과 증언을 정리해 본다.

『한국전쟁비사』는 다음과 같은 내용을 소개하고 있다.(제2권 p31, 32)
"채 소장의 임명 경위에 대해서는 다음과 같은 후일담이 있다. 7월 24일 국방

부장관 신성모로부터 채 소장에게 명령서를 전달한 장관 부관 신동우 중령의 말에 따르면 동봉한 서한에 '각 병원에 입원 중인 장병 중에서 거동이 가능한 상병과 그 밖의 병력을 모아 하동으로 출동하라.'고 쓰여 있었다고 한다. 그러나 채 소장과 일본 육군사관학교 동기생이었던 이종찬 대령(후에 참모총장 역임)의 증언은 신 중령과 다르다. 즉 '귀하는 한국전쟁의 패전에 대한 책임이 막중하다. …… 귀하는 선두에 나서 적을 격파해야 한다.'라고 쓰여 있었다는 것이다."

당시 육군총참모장 정일권 장군의 회고(『정일권회고록』 p194, 195)

"한데 남해안에 나타난 또 하나의 사단이 있었다. 호남 방면을 거쳐 온 제6사단이었다. 이 급보는 하나의 충격이었다. 워커 장군은 '마산이 무거워지겠군.' 하고 신음하듯 했다.

부산 서측방 마산과 삼량진에 미 제24사단이 아직 포진하기 전의 급보인 탓으로 부담스러운 위협이 아닐 수 없었다. 응급책이 다급했다.

'여기서 일단 두들겨 봅시다.'

하고 지도 위 하동재(고개)를 짚어 보였다.

- 중략 -

이때 경험으로 하동재가 험하지는 않아도 사방의 시계가 좋다는 것을 알고 있었기 때문에 워커 장군에게 2개 대대를 급파하자고 제의했다.

그러나 이 시점에서 미군에게는 2개 대대의 여력이 없었다. 부대 이동이 끝나지 않았기 때문이었다. 국군이 1개 대대를 맡기로 했다. 곧 국방부에 의뢰하여 '부산에 있는 각 육군병원에서 출동 가능한 부상병으로 1개 대대를 편성하여 하동재로 급파하라!' 하는 명령을 내리게 했다.

그리고 채병덕 장군이 이 대대를 이끌고 출동하겠다고 자원했다. 장군은 이때 영남지구편성관구사령관이었다. 관구사령관이며 육군소장인 장군이 나설 일이 아니었으나 전속부관 이상국 소령의 말에 따르면 국방부장관의 명령이 내리자 장군은 '이 얼마나 고마운 일인가? 다시 한 번 싸울 수 있게 됐으니 신명 바쳐 북괴놈들에게 복수하고 말 테다.'하고 자원했다고 한다."

채병덕 소장이 함양과 하동으로 간 일자?

채병덕 소장의 행적을 국방부『한국전쟁사』개정판 제2권에서 정리해 본다.

① "민 부대는 이날(25일) 함양으로 철수 중이었는데 때마침 현지에 나온 채병덕 소장이 철퇴(撤退)를 불허하고 고수방어를 강조하였다." (p787)

② 민 부대가 함양으로 이동한 날을 26일로 기술했다.(p788, 790 이하)

김(병화) 부대에 함양으로 이동명령을 내린 시각은 7월 26일 12시 무렵이고 운봉고개에 있는 해병대를 종우장(種牛場)으로 이동하도록 명령을 내린 시각은 같은 날 20시이다.(p791)

해병대 수색대장 김종식 중위는 김병호 대위와 함께 운봉에서 철수하여 함양으로 가던 중 지프를 타고 오는 채병덕 장군을 만났고, 후퇴하지 못하게 하여 되돌아갔다는 증언을 했다.(p804)

③ '연구 (1) 민 부대의 운봉 철수일자에 대하여'에시

"육군전사 제3권에서 민 부대의 운봉 철수일자를 7월 25일로 밝히고 있다. 그러나 해병전투상보(함양~진주 지구 전투)에서는 26일까지도 해병 김성은부대가 제2중대를 '사단예비로써 운봉 사단지휘소 부근에 위치하였음'이라고 취급하고 있다. 따라서 본 절에서는 전자 기술이 통신의 불통과 혼미한 전황으로 말미암아 당시 민 부대 본부의 함양 이동을 앞당겨 추리하였던 것으로 보아지므로 후자를 채택하고 그 일자를 7월 26일로 하였다."고 했다. (p805)

채병덕 소장은 25일 함양전선으로 갔고, 철수하는 민 부대와 해병대를 만났다. 26일 0시 30분에 미 제29연대 제3대대와 함께 진주를 출발하여 하동으로 갔고, 27일 전사했다.(p823, 825) 움직일 수 없는 사실이다.

민 부대와 해병대가 함양으로 철수한 날은 25일이어야 한다.

8. 진주 방어전

진주 방어망

7월 28일 미 제8군사령부는 거창 및 진주 쪽으로 각각 1개 사단 규모의 적이 침공하고 있다는 징후를 잡았음에도 불구하고 이를 믿지 못하고 북한군 제4사단이 진주로 동진하고 있다는 판단 아래 그 대비책으로 전력이 반감한 미 제24사단을 진주 지구에 투입하여 미봉했을 뿐이다.

북한군은 한·미 연합군이 대구 정면에 주력을 두고 힘겨운 공방을 벌이고 있을 때 저들의 가장 정예인 제4, 제6사단을 저항이 가장 허술한 서쪽으로 투입하여 동진시켰다.

함양을 점령한 적 선발대는 산청을 거쳐 진주를 위협하였고, 하동을 점령한 적은 진주 서남쪽 사천 방면에서 진주를 노리고 있었는데 그 선발대가 진주 코밑 원전에 진출하여 진주는 풍전등화 같은 위기를 맞았다.

7월 28일 현재 진주 지구의 아군 현황을 살펴보자.

하동 전투에서 극심한 피해를 입고 철수한 미 제29연대 제3대대는 진주에서 재편성 중이었는데 전투력을 기대할 수 없었다.

민 부대 및 미 제29연대 제1대대는 안의선에서 적과 지연전을 펴면서 진주 서북쪽으로 전진하고 있었고,

하동에서 분산 철수한 이영규부대와 김용주 중령의 제30연대는 진주에서 재편성하고 있었으나 정확한 소재가 파악되지 않고 있는 상태였다.

미 제19연대는 이날 정오 무렵 주력이 진주로 집결하여

제1대대는 사천비행장 서쪽 구호리(舊湖里-사천 방향, 진주 남쪽 10km 3번 국도변)로 진출하여 곤양 방면에서 침공하는 적에 대비하고,

제2대대는 하동에서 침공하는 적을 저지하기 위하여 1개 중대를 원전으로 진출시켜 전진기지로 삼고,

주력은 유수리(柳樹里-진주시 奈洞面)에 포진하여 제1대대와 연계했다.

해병대는 안의~함양선 새미마을에서 선전하고 있었는데 20시 30분 민 부대장의 철수명령을 받고 다음 날 16시 40분에 진주에 도착하였다.

이때 아군 전력을 보면

미 제19연대는 1,000명 미만 수준의 병력을 보유하고 있었고,

미 제29연대 제3대대는 전열을 제대로 갖추지 못하고 있었다.

한국군 부대는 1개 대대 규모의 해병대, 병력 미상의 이영규부대,

김병화부대 약 700명이 있었다.

해병대를 제외하고는 전열을 제대로 갖추지 못하고 있었다.

29일 아침부터 폭우가 쏟아졌고 오후에는 먹구름이 짙게 쌀렸다.

10시경 폭우가 쏟아지는 가운데 적은 사이드카 3대를 앞세우고 진주 서남방 10km 지점까지 접근했다. 적은 진주에 이르기까지는 아군이 없을 것이라고 생각했는지 탄탄대로를 달리듯 전위도 세우지 않고 침공하다가 원전리에서 미 제19연대 제2대대 F중대의 복병에 걸려 격파되었다.

F중대 위치를 알게 된 적은 일부가 F중대를 견제하고 1개 대대 규모는 북쪽으로 우회 침투하여 격전이 벌어졌는데 F중대는 이 적마저 격파하고 남쪽 능선으로 철수하여 유수리에 있는 대대에 합류했다.

이때 비가 개였고, 상공에 나타난 항공기가 유수리 서쪽에서 활동하는 적 차량과 행군대열을 맹타하여 차량 25대를 파괴하고 적병 200여 명을 사살하여 적에게 큰 타격을 줌으로써 저들의 진격 속도를 얼마간 늦출 수가 있었다. 그러나 밤이 깊어지자 적 선발대가 아군진지를 은밀히 우회하여 진주 시내를 위협했다.

이날 파울러(Fowler) 중위가 이끄는 M-26퍼싱(Pershing) 전차 3대가 진주에 도착했다.*

> * 국방부 『한국전쟁사』 개정판 제2권은 "이날 새벽에 한국전쟁 발발 이래 최초로 Fowler 중위가 이끄는 M-26 Pershing전차 3대가 진주에 도착했다."(p832)라고 기술했다. 6·25전쟁 최초로 참전한 전차는 7월 8일 천안 전투에 투입된 제78전차대대 A중대의 M-24경전차 1개 소대다.(같은 p87)

미 제19연대장 무어 대령은 이 전차가 북한군 공격을 저지시킬 수 있을 것으로 믿고 전차대장 파울러 중위에

"하동으로 추진하여 적 전차를 쳐부수라."

고 명령하였다. 파울러 중위가 전차의 성능을 설명하자 무어 연대장은

"앉은뱅이 포탑이군." 주)   안용현 『한국전쟁비사』 2 p45

이라고 푸념하면서 몹시 실망하고는 전차를 진주교(晉州橋-3번 국도상에 있는 남강교) 남안으로 추진시켰다.   ▶ 다음 「앉은뱅이 포탑」 참조

30일 오전에는 가랑비가 뿌렸고 오후에는 소낙비가 쏟아졌다.

제17연대가 육군본부의 명령을 받고 산청에 진출했다. 이때 민 부대는 축차 지연전을 펴면서 산청에 이르러 있었다.

제17연대가 산청으로 진출하자 민 부대는 진주로 전진하여 진주 서쪽 사촌리(沙村里-진주시 集賢面)~판문동(板門洞-진주시)을 잇는 선을 점령했다.

이때 민기식 대령이 지휘하는 민 부대는 김병화부대 1개 대대뿐이었다.

그러나 김 부대마저도 손실된 병력을 낙오자와 현지 모병으로 충원하여 병력 규모는 700여 명에 이르렀으나 장비는 병력의 20%만이 소화기로 무장하여 전력은 보잘 것이 없었다.

김용주 중령이 지휘하는 제30연대는 채병덕 소장 명령을 받고 하동전선에 참가하였다가 많은 손실을 입고 진주로 이동하여 촉석루에서 휴식을 취한 후 마산으로 이동했고, 이(이영규) 부대는 행방을 알 수 없었다.

▍부대의 명칭과 전개 및 이동에 대하여 살펴보자

국방부 『한국전쟁사』 개정판 제2권은 7월 30일 「민 부대의 진주 전진」에서

① "민 부대는…… 주력을 이룬 제3연대(장, 박현수 중령) 제2대대(장, 김병화 소령)…… 산청으로부터 사촌리(沙村里)~우수리(雨水里) 간을 점령하였고, 나머지 병력(제1 및 제3대대)은 동 대대의 좌우에 포진하였다." (p832)

② "동 연대(제9연대)의 병력은 여수에서 선편으로 부산으로 간 뒤였다."(앞 같은)라고 기술했다.

이 기술은 다음과 같이 앞뒤가 맞지 않는다.

첫째 ①은 제3연대는 16일 병력이 전주에서 부산으로 이동을 개시하였고, 17일 제1교육대로 개칭되었다. 제1, 제2, 제3대대가 있을 수 없다.(p733, 735)

김병화 소령이 지휘하는 김 부대를 제외한 제3연대와 제9연대는 이미 부산으로 이동했고(p733, 778), 제30연대는 마산으로 빠져나간 뒤였으므로 나머지 포진할 병력이 남아 있지 않았다.

②는 제9연대는 7월 16일 남원을 출발하여 운봉~함양~진주 경유 부산으로 이동하였으므로(p733) 여수에서 선편을 이용할 이유가 없다.

둘째 7월 17일 신편 제5사단과 제7사단은 해체되었고, 예하 연대는 교육대로 개편된 뒤였으므로 사단이나 연대는 편제상 사라졌다. '제3연대 제2대

대'라고 기술한 것은 형식에도, 사리에도 맞지 않고 혼동을 자아내게 한다.

 김병화 소령의 김 부대는 독립대대로 불렀다가 후에 김 부대로 통칭해 온 부대이다. 제3연대 제2대대라고 한 것은 잘못이다.

진주 결전

7월 30일 민 부대는 미 제19연대장 무어 대령의 작전 통제에 들어갔고, 해병대는 진주로 철수하여 금성(金城)국민학교에서 휴식을 취하고 있던 중 이날 01시부터 미 제19연대로 배속되면서 진주 남쪽에 있는 신율리(新栗里)~망진산(望晉山-남강 남안) 간을 방어하라는 명령을 받았다.

 미 제19연대장 무어 대령은 출동준비를 하고 있는 해병대에 공용화기인 자동소총(BAR) 8정과 SCR-300무전기 3대를 지급했다. 해병대 장비가 빈약한 것을 보고 즉석에서 지원해 준 것이다.

 15시 40분 해병대는 남강 남쪽 망진산(136고지)에서 남쪽 신율리에 이르는 선에 좌로부터 제3중대, 제7중대를 배치하고 그 뒤 동쪽에 지휘부와 예비대 제2중대를 배치했다. 그 좌측은 구호리에서 개양동(開揚洞-진주시, 진주선 역)~신율리선으로 전진한 미 제19연대 제1대대와 연계하였다.

 날이 흐리고 검은 구름이 짙게 깔렸으므로 공중정찰이 불가능하여 적정을 파악하는데 어려움이 많았다. 16시경에 비가 내리기 시작했고 곧 폭우로 변했다.

 전날까지 접적이 없었던 미 제19연대 제1대대 정면에 적의 공격준비사격으로 보이는 포격이 약 15분간 이어졌고, 이어서 좌 일선 미군진지에서 치열한 사격전이 벌어졌다.

 17시경에 이르러 미군의 강력한 화력에 밀린 적 1개 대대 규모가 망진산으로 밀려들어 해병대 진지에서도 격전이 벌어졌고, 곧 이전투구(泥田鬪狗)

의 백병전으로 이어졌다. 일진일퇴의 격전이 밤이 깊도록 계속되었는데 유리한 지형을 점령하고 있는데다가 지척을 분간할 수 없는 칠흑 같은 밤중에 폭우까지 쏟아져 주저항선을 고수할 수 있었다.

이날 진주를 공격한 적은 2개 연대 규모로 진주를 남서 양면에서 포위망을 좁혀 들어와 전세는 악화 일로를 걷고 있었다.

이러한 긴박한 상황에서 미 제19연대는 사단에서 보충된 신병 775명을 소대에 배치하고 있었다. 연대는 병력갈증이 심하여 고양이 손이라도 빌려야 할 판국인데 보충된 병력을 중간제대에 머물게 할 수가 없어서 날이 저물기 전에 소대까지 배치하기 위하여 서둘러야만 했었다.

하필이면 전투가 절정일 때 신병을 배치하게 되어 신병이 중대진지에 이르기도 전에 사상자와 실종자가 속출하였고 이로 말미암아 기존병력들까지 겁을 먹게 하는 역효과가 일어났다.㈜   국방부 『한국전쟁사』 개정판 제2권 p833

G중대는 60명을 보충 받았으나 도착하기 전에 45명이 사상했고, 사천에 있던 제1대대는 적 공격을 받고 있던 중에 보충병이 도착하여 중대명부에 등재하기도 전에 전사한 신병이 있었다.

신병보충에 대한 일본 육전사연구보급회 『한국전쟁』 ② (p49)의 기술

"처음 본국에서 온 보충병 500명이 연대에 도착하였으나 인원을 언제 각 중대에다 보충시킬 것인가가 문제였다. 제1선 중대장들은 '전투경험이 없는 신병은 고참병의 귀찮은 존재일 뿐 아니라 적의 사격방향 조차 제대로 알지 못하기 때문에 쓸모없는 피해만 내게 된다.'고 하면서 전투 중에 있는 중대에서는 신병보충을 반대하였으나 연대에서는 '신병이긴 하나 잡역이나 노무에 쓰일 수 있을 것이다. 중대의 현 병력은 50~60명 정도밖에는 안되므로 조금이라도 전선 병력을 보충하는 것이 진주 방어를 강화하는 길이 된다.'고 생각하고 각 대대에다

150명씩을 할당하였다. 이에 따라 보충병들은 30일 해질 무렵에 각 중대로 출발했지만 이들은 중대에 도착하기도 전에 적의 사격을 받아 심한 피해를 입었다."

30일 08시경 전날 적의 공격을 저지하여 크게 전과를 올렸던 미 제19연대 제2대대는 진주 서쪽 내평리(內坪里-진주시 내동면)~유수리 간 2번 국도 좌우를 방어하면서 진지를 보강하던 중 연대로부터 한 무리의 적이 제2대대를 우회하여 가화리(佳花里-진주 서북쪽 8km)로 잠입하고 있다는 통보가 왔고, 내평리 남쪽 전진 기지에 나가 있는 G중대장 바스체츠 대위로부터 1개 연대 규모의 적이 정곡리(正谷里-유수리 서쪽 3km)로 접근하고 있다는 보고를 받았다. 대대가 포위 위기에 놓였다.

대대장 맥그레일 중령은 적이 대대화기 사거리 밖이어서 이를 감시하라고 명령하는 순간 상공에 공군기 편대가 선회하고 있었다. 옆에 있는 전술항공통제반을 통하여 폭격을 요청하였더니

"비가 와서 적을 알아볼 수가 없다."

는 말을 남기고 돌아가 버렸고, 야전포병대대에 포격을 요청하였더니

겨우 20발을 쏘고는 포탄이 떨어져 더 이상 쏘지 못했다.

퇴로가 차단당할 것을 걱정한 제2대대는 대대주력을 남강 북안 평거동(平居洞-진주시)으로 이동하여 새로운 진지를 점령했다.

제2대대는 이날 저녁에 적 1개 연대 규모의 공격을 받고 40여 명의 사상자를 내면서도 밤새 잘 버텼다. 그러나 날이 밝아오면서 섞은 진지외 SU 76 자주포를 추진시켜 대대 측배(側背)면을 위협했으므로 더 이상 버티지 못하고 다음 날 05시경에 진주시내로 이동했다.

같은 시각 무렵에 구호리 미 제19연대 제1대대도 적의 집중포화를 받았다. 연대를 지원하던 제13포병대대(스트래턴 중령)가 즉각 응사하여 포격전

이 벌어졌다. 20분쯤 지나자 적은 포 사정을 늘이면서(延伸) 1개 연대 규모의 적이 파상(波狀)을 이루고 들판을 가로질러 달려들었다.

적의 대규모 공격은 언제나 그랬듯이 공격준비사격으로 포격을 20분 안팎으로 실시하고 이어서 포격을 신장(伸長)하면서 보병부대가 공격을 하는 판에 박은 듯한 상투적인 방법을 쓰고 있었다.

허술한 산병호가 포탄을 맞아 허물어졌고, 호 안에는 빗물이 고여 범벅이 되어 있었지만 이미 금강 방어전에서 겪은 경험으로 병사들은 침착하게 적을 저지하며 잘 버티고 있었다. 시간이 흐르면서 적은 새로운 병력을 투입하여 끈질기게 압력을 더했고 대대는 사상자가 늘어났다.

무어 연대장은 전선 조정을 위하여 제1대대에 전진명령을 내렸다. 리어 대대장은 달라붙는 적에게 일격을 가한 후 대대를 적으로부터 이탈시켜 질서 있게 개양동~신유리 진지로 전진하여 마산가도와 사천을 감제할 수 있는 능선에 포진하였다.

이때 한국군 해병대가 대대 우 일선에 포진했다.

대대를 추격한 적은 숨 돌릴 틈도 없이 진지 점령을 방해하려는 듯 포탄을 퍼부어 대대를 교란했다. 제13포병대대가 포격으로 맞섰다가 포탄이 떨어져 몇 발 쏘고 말았다. 그러나 포격 위력에 눌린 듯 적은 우회하여 해병대를 공격하였고, 해병대는 밤새도록 격전을 치러야 했다.

미 제19연대 제1대대는 적이 해병대 쪽으로 우회하자 해병대가 이적을 공격하는 것으로 착각하고 아군간 격돌을 우려한 나머지 무려 3시간이 넘게 관망하다가 뒤늦게 공격에 가세하여 적을 진전에서 물리쳤다.

진주를 적에게

7월 31일 오전에 내리던 비가 오후에는 개였으나 구름이 낮게 깔려 항공지원을 받기가 곤란하였다.

제19연대 제2대대는 30일 날이 어두워지면서 공격을 받았다. 적은 전진기지에 나가서 주도로(2번 국도)를 방어하고 있는 G중대를 전차와 게릴라가 협공하여 돌파하고 다음 날 05시경 강력한 포격 지원을 받으면서 대대 주진지로 돌입했다. 대대는 더 이상 버티지 못하고 판문동으로 철수했는데 이때 적이 미군을 추격하면서 격투를 벌이는 장면은 서부활극영화와 같았다고 했다.^{주)}

일본 육전사연구보급회 『한국전쟁』 [2] p48

대대는 고립상태에 빠졌고 통신도 두절되었다.

31일 06시경 적 전차와 자주포가 진주시내를 포격 했고, 일부 적이 시내 북쪽으로 진입했다. 이 소문이 대대 안에 퍼졌고, 병사들은 공포 분위기에 싸이면서 사기가 크게 위축되었다.

미 제19연대장 무어 대령은 상황을 종합 판단한 끝에 군북(郡北-함안군 군북면, 남강 남안)에서 저지전을 펴면서 공세전환을 위한 작전을 구상하기로 하고 사단장 결심을 받아 06시 45분에 철수명령을 내렸다.

적중에 있던 G중대는 적진을 빠져 나오면서 제2대대 주력과 자대(自隊) 부상병 40명, 제29연대 제3대대(모트 대대) 부상병 20명을 데리고 왔는데 이들 중 10명을 들것으로 운반했다. 야간에 단신으로 적진을 돌파하는 것도 어려운 일인데 많은 부상병과 함께 들것으로 중환자까지 데리고 온다는 것은 인간의 힘을 초월한 일이다.^{주)}

일본 육전사연구보급회 『한국전쟁』 [2] p49

G중대는 약 1개월 동안의 전투경험으로 믿음직스럽게 강해졌다.

사촌리~우수리 간 진지를 점령하고 있는 김병화부대*는 31일 06시경에 1개 대대 규모의 적으로부터 공격을 받았다.

* 국방부 『한국전쟁사』 개정판 제2권은 제3연대 제2대대라고 기술한 것을 본문에서 김병화부대로 기술했다.(앞 「부대의 명칭과 전개 및 이동에 대하여 살펴보자」 참조)

이때 김병화 부대장은 민 부대장의 명령으로 정예 1개 중대 병력을 지휘하여 출동(후술 참조)하였으므로 남아 있는 병력은 보잘 것 없는 껍데기였는데 설상가상 격으로 좌 일선(판문동~평리동선) 미 제19연대 제2대대가 적 1개 연대 규모의 공격을 받아 이미 주저항선이 무너졌으므로 버틸 수 없었다. 민기식 대령은 김 부대를 의령으로 철수시켰다.

화개장 전투에서 타격을 입고 진주에서 100명에도 못 미치는 병력을 수습하여 재편성을 하고 있던 이영규부대는 합천에 이르는 후방통로를 확보하기 위하여 죽산(竹山)~기동(基洞-이상 진주시 集賢面)선을 확보하고 있다가 진주방어부대가 진주를 떠난 후인 09시경에 의령으로 철수했다.

망진산~신율리선에서 30일 밤 폭우가 내리는 가운데 적의 공격을 막아내면서 진지를 고수하고 있던 해병대는 이날 03시경부터 좌 일선 미 제19연대 제1대대가 적과 치열하게 교전하고 있는 것을 확인했는데 06시경이 되자 총성이 멎고 주위가 적막에 싸였다. 이때 아군부대가 진지에서 이탈하기 시작하였는데 해병대는 모르고 있었다.

곧이어 적은 망진산으로 전차와 SU-76 자주포를 방렬하고 1개 대대 규모의 보병이 합세하여 사격을 집중하였다. 이 적을 견제하려고 응사했으나 부대화기의 사거리가 미치지 못했다.

07시 30분경 강 건너 신안동(新安洞-진주시)으로 적 행군대열이 진입하였고, 진주시내는 도처에서 화염이 솟았다. 총소리는 들리지 않았다.

김성은 부대장은 비로소 아군이 진주를 포기하고 철수한 것으로 판단하였으나 명령 없이 진지를 이탈할 수 없었다.

해병대는 통신이 두절되어 있었고, 철수명령은 전달되지 않았다.

김성은 부대장은 더 이상 버티는 것은 의미가 없다고 판단하고 09시 30분에 진지를 벗어나서 적진을 뚫고 군북으로 이동했다.

7월 31일 09시 진주는 완전히 적의 수중에 들어갔다.

김병화 소령의 최후

7월 30일 밤, 민기식 부대장은 김병화 부대장에게 지시하였다.

"산천통로를 적이 차단하면 미 제29연대 제1대대 퇴로가 막히게 되니 귀 부대에서 1개 중대를 내보내 통로를 개척하라."

김 부대장은 조재준 중위가 지휘하는 1개 중대를 직접 지휘하여 01시 산청을 향하여 출발했다.

가화리(佳花里-진양군 鳴石面-3번 국도변)를 거쳐 단성(丹城-산청군 단성면)까지 약 6km를 진출했으나 적정도 없었고, 미군 사정도 알 수 없어 불길한 예감이 들었다. 더 이상 돌출하였다가는 함정에 빠질 수도 있다고 판단하고 해뜨기 전에 복귀하기 위하여 강행군을 했다.

아침 06시 중대가 진지에 도착했을 무렵 진지 위에서 복장이 이상한 자들이 호를 파고 있는 것을 발견하였다. "주인 없는 자리에 누가 와 있지?"라고 독백하면서 그들을 향해

"너희들은 어느 부대냐?" 하고 고함을 쳤다.

그 자리는 분명 중대가 위치했던 곳이었다. 그런데 그쪽에서

"경찰이다." 라고 대답했다.

김 부대장 뒤를 따르던 부대대장 장태명 대위와 중대장 조재준 중위는 이상한 예감이 들어 중대를 정지시켜 산개토록 한 후 김 부대장을 임호할 태세를 갖추었다.

김 부대장은 몸을 차폐할 생각도 않고 다시

"어느 경찰이냐?" 하고 되묻자 저쪽에서는 도리어

"넌 누구냐?" 하고 물었다. 이에 김 부대장은

"이놈들아, 라바울도 모르느냐? 대대장이란 말이다."

라고 소리쳤다. 그의 고함이 채 끝나기도 전에 저들의 총탄이 날아왔고, 김 부대장은 그 자리에 쓰러졌다.

서남부전선을 누비며 용맹을 떨친 김병화 소령은 이렇게 생을 마쳤다.

라바울은 김 부대장이 태평양전쟁 때 라바울 전투에 참전하였던 까닭에 보병학교 생도들이 붙여 준 별명이다. 그는 실전경험이 풍부하고 부하를 사랑하는 마음이 남달리 두터웠다. 후에 참전자들은

"호남 전투에 투입된 이래 건제를 유지하고 부하를 한 끼도 굶기지 않은 부대는 우리 부대뿐이었다."

고 찬사를 보냈다.

김병화 소령이 전사하고 부대는 부대대장 장태명 대위가 지휘하여 함안으로 철수한 후 의령에 있는 본대와 합류했다.

육군은 김병화 소령을 행방불명으로 처리했다.주)

국방부 『한국전쟁사』 개정판 제2권 p837

앉은뱅이 포탑 M-26전차

미 제8군사령부가 진주에 파견한 중형(中形)전차 3대는 일본 병기창 격납고(格納庫)에 보관되어 있는 M-26 퍼싱(pershing) 전차를 수리한 것이다.

한국전쟁이 일어나자 6월 28일 미 제8군사령부 병기참모 위닝스태드(Olaf P. Winningstad) 대령이 동경 군수창고를 뒤져 찾아내 긴급 수리한 후 7월 16일 부산에 도착한 것인데 수리 과정에서 팬벨트(Fan belt)를 일제 고품(古品)을 사용한 까닭에 엔진 과열이 잦아서 장거리 주행이 불가능하여 포 구실 밖에는 하지 못하였다.

처음에 전차가 왔을 때 제19연대장 무어 대령은 기대를 걸었으나 전차소

대장 파울러 중위 설명을 듣고 '앉은뱅이 포탑'이라고 하면서 실망감을 감추지 못하였다. 기대가 컸기 때문에 실망이 더 컸을 것이다.

파울러 중위의 전차대는 진주역 주위에서 제19연대 제1대대 철수를 엄호하고 있었다. 이때 무어 연대장이 나타나서

"철수할 때 돌파가 곤란하면 전차를 파괴해도 좋다."

는 명령을 하고 갔다.

철수부대 엄호를 마친 파울러 중위는 이미 온몸에 부상을 입었다.

"어떠한 일이 있어도 전차를 끌고 가야겠다."

고 다짐하고 전차를 끌고 약 2km쯤 돌파했을 때 장좌동 다리가 파괴되어 있는 것을 발견했다. 더 이상 전차를 구할 수 없다고 판단 한 그는 대원들에게 전차를 파괴하도록 지시하였고, 대원들이 전차를 파괴하려는 순간 다리 밑에 숨어 있던 적이 기습하여 파울러 중위가 전사하고 대원들도 전사하거나 포로가 됐다.

상황이 이렇게 되자 전차대 샤라퍼(Bryant E. W. Shraper) 상사는 후미 전차를 몰고 진주교 쪽으로 달려가다가 과열되어 전차가 멈췄고 적이 몰려들었다. 샤라퍼 상사는 기관총으로 몰려드는 적을 쏘아 쓰러트린 후 전차를 버리고 구사일생으로 탈출하여 마산으로 왔다.

서부지구전투사령부

육군본부는 마산을 방어하기 위하여 7월 31일 22시부로 서부지구전투사령부를 설치하고, 채병덕 소장이 지휘하던 부대의 지휘를 맡겼다.

육군본부는 분산된 부대의 통합지휘체계를 확립하여 부대의 활기를 되찾고, 한미연합작전으로 동진하는 적에 대비하고자 한 것이다.

7월 31일 진주에서 철수하여 삼삼오오 군북에 집결한 국군부대의 실태

는 꼴이 아니었다. 제대로 건제를 갖추지 못한데다가 훈련도 받지 못한 현지 모병한 신병들이 연속된 전투와 이동으로 희생자와 낙오자, 이탈자가 많이 생겼고, 이를 보충하는 수단으로 또 현지 모병하여 보충함으로써 악순환이 되풀이되었으며, 남아 있는 사병들은 지칠 대로 지쳐 있었다.

보급이 되지 않아 현지에서 편법으로 조달하여 최소한도로 보급할 수밖에 없었는데 다른 것은 말할 것도 없이 가장 기본적인 식량이 부족하였고, 전투장비는 소총밖에 없었는데 그나마 가진 병사는 20%에도 미달하였으니 전력이라고 말할 수조차 없는 처참한 실정이었다.

서부지구전투사령부 주) 국방부 『한국전쟁사』 개정판 제2권 p840

사령관	육군소장	이응준
참모장	육군대령	장두권
민 부대장	육군대령	민기식
오 부대장	육군대령	오덕준
해병대장	해군중령	김성은
이 부대장	육군중령	이영규
김 부대장	육군중령	김병준(金秉俊)

제6장
해·공군과 경찰 작전

14시, 적 침투조가 읍사무소 옥상에 설치한 기관총으로 읍내 요소에 집중사격하는 것을 신호로 사방에서 일제히 공격을 했다. 정성봉 서장은 적의 농간에 휘말린 것을 깨달았으나 이미 때는 늦었다.

경찰부대는 경찰서 주변에 방어진지를 편성하고 항전에 들어갔다. 18시간 혈투를 벌이다가 실탄이 떨어져 어찌할 방도가 없었다. 퇴로를 뚫기 위하여 육탄전을 폈으나 길은 뚫리지 않았다.

18일 11시 30분 정성봉 서장을 비롯한 강경경찰서 경찰관 83명은 엄청난 적의 화력망 속에서 산화했다.

제1절 한국 해군 작전

1. 피아의 해군 전력

한국 해군

1950년 6월 25일 북한군이 남침을 할 당시 해군 총 병력은

해군   7,715명, 해병대   1,166명, 계 8,881명주) 1

국방부 『한국전쟁사』 제2권 p37, 38

육상병력 5,879명, 해상병력 1,077명, 계 6,956명주) 2   같은 제1권 p584

으로 같은 문헌이 달리 기록했다.

본문에서는 자료상의 기록이 다른 경우 국방부 『한국전쟁사』 개정판 제1권에 따르는 것을 원칙으로 하였다. 그러나 해군의 경우 단위부대(경비부)와 정대병력을 구분하여 표시한 같은 『한국전쟁사』 제1권을 따랐다.

육상 병력

서울 총사령부	594
진해 통제부	2,830
인천 경비부	195

군산 경비부	61
목포 경비부	139
목포경비부 여수수영	206
부산 경비부	209
포항 경비부	209
묵호 경비부	195
제주 해병대	1,241
계	5,879

해상 병력

	병력	함정
제1정대(인천)	360명	7척(AMS-501·502·503·513정 JMS-302·307·313정)
제2정대(부산)	280명	7척(AMS-506·509·510·516정 JMS-304·305·306정)
제3정대(목포)	231명	6척(AMS-505·514정 JMS-301·303·309·310정)
훈련정대(여수·진해)	206명	8척(PC-701정, AMS-504·507·512·515·518정, JMS-308, LCI-105정)
수 송 선		21척
유 조 선		21척(22척)주1
계	1,077명	70척(71척)주2

1. 국방부 『한국전쟁사』 제2권 p38 2. 전쟁기념사업회 『한국전쟁사』 제3권 p360

경비정의 무기 현황은 다음과 같다.

종류	37mm포	중기관총	경기관총	45구경권총	99식 소총
수량	1문	1정	2정	3정	1정
탄약	90발	725발	2,375발	21발	50발

자료 : 국방부 『한국전쟁사』 제1권 p583, 584
국방부 『6·25전쟁사』 [2] p46, 전쟁기념사업회사업회 『한국전쟁사』 제3권 p360(함정)
▶ 제8권 「1950년 6월 24일 현재 38선 대치전력」 「총전투력 비교」 자료 참조

한국해군 경비함정은 대부분 270톤급 미국 연안소해정(沿岸掃海艇-AMS)과 일본 소해정(JMS)으로 구성되어 있고, 또 대부분이 노후한데다가 무장이 빈약했다.

주력함은 기준 배수량 280톤(만재 배수량 450톤)의 구잠함(驅潛艦, PC-701함)으로 속력은 20노트에 3인치 포를 장비한 전투함이다. 이 함정은 해군장병의 헌금과 국민의 성금으로 미국에서 구입하여 1950년 4월 10일 진해항에 입항했고, 백두산함으로 명명하였다.

PC-701함은 국민의 성원에 보답하는 뜻으로 국내 주요 항구를 순회하면서 해상훈련을 실시하였는데 순항과 훈련을 마치고 진해항에 귀항한 것은 6·25남침을 당하기 하루 전인 6월 24일이었다.

해군은 6·25남침 직전인 그 해 5월 30일 실시한 5·30국회의원 선거를 앞두고, 공산주의자들의 음모와 폭동에 대비하여 경계태세에 들어가면서 다소 긴장상태를 유지하고 있었고, 5월 초순 해안경비를 강화하기 위하여 제1 및 제2정대에 함정을 증가 배치하였다.

북한군이 남침하기 직전 해군의 경비 상황을 살펴보면

제2정대는 509정이 묵호 근해에서 경비 중에 있었고, 508정과 516정은 정대 사령관 김충남(金忠男) 중령 지휘하에 동해안 38°선 근해 경비를 위하여 부산에서 출동준비를 하고 있었으며, 305정은 포항을 출항하여 38°선 근해로 항진 중에 있었다.

인천에 기지를 둔 제1정대는 사령관 류해거(柳海巨) 중령이 지휘하여 302정과 307정이 백령도를 중심으로 한 해역을 경비 중에 있었고, 504정은 여수 근해에서 경비 중에 있었다.

북한 해군의 상륙 침공

6·25남침 당시 북한 해군은 평양에 해군총사령부를 두고 청진, 원산 및 진남포에 위수사령부를 두었으며, 각 사령부에 정대와 함정을 배치하여 해상 감시와 함께 방어활동을 해 왔다.

해군병력은 정확하게 알려져 있지 않았다. 해군이 약 4,700명, 육전대가 약 9,000명주) 정도이고, 육전대는 개전 직전에 모집한 신병으로 전력은 미약한 것으로 알려졌다.

국방부 『한국전쟁사』 개정판 제1권 p40

육전대 병력을 약 20,000명, 10,000명으로 기술한 문헌도 있다.*

> *북한 해군 병력에 관한 문헌 기록
> 국방부 『한국전쟁사』 제2권 13,700명(p37), 같은 『6·25전쟁사』2는 15,570명(p46) 전쟁기념사업회 『한국전쟁사』 제3권은 "북한 해군의 병력은 20,000명이었다고는 하나 정규 해군은 그 반에도 미치지 못하였고, 기타는 개전 직전 모집한 육전대였다." (p361)라고 각각 기술했다.
> 인용문헌(국방부 『한국전쟁사』 개정판 제1권)은 육전대에 대하여
> "원산에 주둔하던 제599부대 병력은 10,000명이었으며, 그 예하의 육전대인 제945부대와 제249부대의 병력이 6,000명이나 되었던 것이다." (p769)
> (「육전대의 부대명칭」 제1장 제6절 1. 「제8사단의 사정」 * 참조)

함정 30여 척, 보조 선박 80여 척을 보유했다. 함정은 1,780톤급 내형 수송선 1척과 250톤급 10여 척이 있고, 나머지는 35~45톤급 소형 함정이다. 보조 선박은 대부분 발동선과 목선인 어선을 동원한 것이다.

북한 해군 주력함정은 어뢰정(PT) 4척이다. 1949년 12월 소련으로부터 원조 받은 것으로 알루미늄으로 만들었고, 선체 길이가 60피트이다.

1950년 6월 25일, 북한 지상군이 38선을 침공하는 것에 맞추어 같은 날 03시 30분 북한 상륙선단이 해상을 통하여 유격부대를 상륙시켰다.

금진(金津) 및 옥계(玉溪-이상 강릉시 옥계면)에 1,800명이 1,000톤급 무장

수송선과 발동선 30여 척을 타고 상륙했는데 여기에 어뢰정 4척이 엄호하였다. 또 삼척에 약 800명이 어뢰정 2척과 발동선 20여 척으로 상륙하였으며, 죽변(竹邊-울진군 죽변면)과 임원(臨院-삼척시 遠德邑)에 약 500명이 다수의 선박을 이용하여 상륙했다. 또 부산 남동 20마일 해상에서도 약 600명이 1,000톤급 무장수송선을 타고 남해안으로 상륙을 시도하였다.

동해안에 상륙한 북한군은 제766부대와 제549부대로 각각 성진과 홍남에서 출발한 것으로 알려졌다. 제766부대는 특수훈련을 받은 유격부대이고 제549부대는 독립 육전대인데 저들 부대는 1945년 7월 원산에서 창설된 것으로 알려졌다.

저들 부대는 동해안을 따라 침공한 적 제5사단(마상철 소장)의 남진을 돕기 위하여 강릉에 주둔하고 있는 국군 제8사단 배후를 교란할 목적으로 후방 깊숙한 해안으로 침투했다.

2. 초기 해상작전

해상작전 개요

1950년 6월 25일 북한군의 전면 남침이 감행되던 날 해군총참모장 손원일 소장은 미국에서 전투함을 구입하여 귀국 중 하와이 진주만에 기항해 있었고, 해군사관학교 교장 김영철 대령이 6월 이후 총참모장 직무를 내리하고 있었다.주)
　　　　　　　　　　　　　　　국방부 「한국전쟁사」 개정판 제1권 p799

해군총참모장대리 김영철 대령은 6월 25일 04시경 자택에서 동해안 묵호 지구에 북한군이 상륙하고 있다는 보고를 받았다. 주문진에 나가 있는 해군파견대에서 보고된 상황이다.

그는 곧 해군본부로 갔다. 해군본부에서도 진해지구로부터 같은 내용의 보고를 받았다.

김영철 대령은 국방부에 상황보고를 한 후에야 비로소 북한군의 전면남침 사실을 알았다.

6월 25일 북한군 남침 급보를 받은 해군은 비상경계태세에 들어가는 한편 하루 평균 21척의 함정이 출동하여 해상작전을 수행했다.

김영철 대령

6월 26일 다음과 같이 해상작전을 강화하였다.

동해에서는 제2정대 사령관 김충남 중령이 지휘하는 506, 509, 516, 304, 305, 308정이 38°선 근해 해상봉쇄작전을 수행하였다.

서해에서는 제1정대 사령관 류해거 중령이 지휘하는 502정과 313정이 강화도 근해에서 경비작전을 수행하였고, 302정과 307정이 백령도와 옹진지구에서 육군 제17연대 작전을 지원하였으며, LST-801함은 옹진반도에서 제17연대 철수작전을 지원하였다.

남해에서는 제3정대가 사령관 정긍모 대령 지휘하에 남해안경비임무를 수행하였다.

육군 제17연대는 옹진반도 지역에서 38선 경비를 담당하고 있었는데 그 정면이 57km에 이르고 육로가 차단되어 있었기 때문에 북한군의 전면공세 등 부득이할 경우 해군함정으로 철수하도록 되어 있었다.

6월 25일 제17연대는 부포로 이동하였고, 여기서 해군본부의 긴급수송 지시를 받고 항진한 해군함정 LST-801함에 병력 1,050명과 많은 군용물자를 싣고 26일 22시 30분 인천으로 철수했고, 302정과 307정은 연평도로 철수한 연대장 백인엽 대령을 비롯한 연대 잔여병력을 구출하여 27일 인천으로 수송했다.

27일, 정부가 수원으로 이동할 때 해군본부는 작전지휘권을 진해통제부 사령장관 김성삼(金省三) 대령에게 위임하였다.주)1

해군 작전지휘권을 위임받은 진해통제부사령관 김성삼 대령은 6월 27일부터 해군 작전을 지휘하다가 7월 8일 손원일 총참모장이 귀국하자 작전지휘권을 손원일 총참모장에게 환원했다.주)2 1, 2 전쟁기념사업회 『한국전쟁사』 제3권 p367

김성삼 대령

해군총참모장 손원일 제독은 미국에서 PC 3척(702·703·704)을 구입하여 이들 함정과 함께 귀국 중 하와이 진주만에 기항하였는데 공교롭게도 미국유학 중 귀국길에 이곳을 방문한 정일권 육군참모차장과 해우하여 함께 교민들의 열렬한 환영을 받았고, 호놀룰루 주재 김용식 공사가 주최한 만찬장에서 교민과 함께 즐기던 중 6·25의 비보를 듣고 비통한 마음으로 급거 귀국길에 올라 7월 8일 진해에 입항하였다.

6·25남침 당시 해군 병력은 7,000여 명에 불과했다. 그러나 7월 중순에는 10,000여 명으로 늘어났고, UN군이 참전한 후 UN군의 일원으로 UN해군과 공동작전을 수행하면서 해상봉쇄, 해안경비 및 도서방어 등 해상작전과 함께 지상군 지원 작전을 훌륭하게 수행했다.

옥계 전투 - YMS 509정

6월 25일 04시경 북한군이 해안으로 상륙했다.

묵호경비부사령관 김두찬 중령은 옥계 해안초소로부터 적군이 상륙했다는 보고를 받고, 즉시 해군본부에 상황을 보고하는 동시에 YMS 509정(金相道 소령)에 출동 명령을 내렸다.

06시 묵호항을 출항한 509정은 07시 20분 묵호와 옥계 중간 지점에서

PC급 적함 1척을 발견하고 발광신호(發光信號)를 보냈다. 응답이 없어 계속 발광신호를 보내면서 전투준비를 하고 파도를 헤치며 접근했다. 약 1해리(浬) 정도까지 접근했을 때 상대 선박에서 번쩍하는 섬광이 솟았다. 순간 응신인줄 알았는데 그것은 509정을 향하여 발사한 포격이었다.

"적함이다!"

라는 함성과 함께 전 화력이 불을 뿜었다.

약 20분간 교전 끝에 적 선박은 북쪽 해역으로 퇴각했다. 509정은 우현(右舷) 함수에 적 포탄 1발이 명중하였는데 목선이라 큰 피해는 입지 않았으나 침수가 심하여 08시에 묵호로 귀항했다.

509정은 응급 수리를 마치고 다시 옥계로 나아갔다. 이때 적함 1척과 발동선 4척이 509정을 포위하려고 접근했다. 적선을 유인하기 위하여 해안선을 따라 묵호로 귀항하였다가 다시 11시 출동하여 15시경 옥계 북방 3해리 지점에서 상륙 중인 적을 발견하였다.

509정이 접근하여 포격을 하자 적은 이미 상륙하여 물자를 하역하다가 작업을 중지하고 산으로 도주하였다. 그로부터 약 15분 후에 적은 박격포로 저항했으나 509정은 아무런 피해도 입지 않은 채 해안에 있는 상륙선 1척을 파괴하고 발동선 1척을 나포하여 묵호항으로 돌아왔다.

김두찬 묵호경비부사령관은 적군 상륙보고를 받고 적이 상륙한 금진과 옥계로 수색대를 출동시켰는데 수색대는 도직리(道直里-옥계면)에서 1개 중대 규모의 적을 만나 교전 끝에 33명을 사살했다. 그러나 병력 열세에 실탄마저 떨어져서 묵호경비부로 복귀했다.

묵호경비부는 자체방어를 위한 전투태세에 들어갔다가 육군부대의 철수와 함께 26일 함정을 이용하여 포항으로 철수했다.

대한해협 해전

6월 25일 10시, 진해통제부사령관 김성삼 대령은 PC-701함 함장 최용남(崔龍男) 중령에게 다음과 같이 출동 명령을 내렸다.

"701함장은 YMS 512정과 518정을 지휘하고 동해안에 출동하여 제2정대 사령관 협조 아래 해상경비를 강화하는 동시에 적함을 포착하는 대로 격침하라."(해본 작전명령 갑 제49호)

15시 PC-701함장 최용남 중령은 YMS-512정을 지휘하여 진해항을 떠났고, 518정은 보급물자를 적재하고 후속하였다.

701함은 512정과 단종진(單從陣)을 형성하여 동해로 항진했다.

20시 12분, 방위 045° 거리 약 7해리(浬)* 되는 수평선상에 검은 연기가 보였다. 최용남 함장은 512정을 그대로 북진시키고 701함을 지휘하여 연기를 추적했다. 연기를 뿜고 있는 정체불명의 선박은 울산 동방 약 30해리 해상에서 침로(針路) 190°, 속력 10노트로 남진하고 있었다. 당시 날씨가 흐리고, 남서풍이 약하게 불어 파고가 1m 정도 일고 있었고, 시정은 2~3마일 이었으나 전투 중에는 가랑비가 내리고 있어서 시정이 불량하여 선박의 위치를 확인하는데 어려움을 겪었다.

* ① 국방부 『한국전쟁사』 개정판 제1권(p775)은 '거리 약 7浬'(리-海里)로,
  ② 전쟁기념사업회 『한국전쟁사』 제3권(p364)은 '거리 약 7마일'로 기술했다.
  해상 거리 표시 단위는 해리(浬)이기 때문에 ①을 따랐다. 해리(海里, 浬)는 영어의 knot이고, 1해리는 위도 1°의 1/60인 1,852m이다. 마일(mile)은 영국의 육지거리 단위이고, 1,609.3m이다. 국제 공용이다.

21시 30분 괴선박의 정체가 701함 시야에 들어왔다. 북위 35° 15′, 동경 129° 31′에서 이 선박을 방위 110°, 거리 3해리를 두고 추적하면서 국제발광신호(國際發光信號)로 국적 및 출항지와 목적지를 물었으나 응답이 없었

다. 701함은 계속 추격하면서

"정지하라, 정지하지 않으면 발포하겠다."

고 수차례 경고했으나 듣지 않고 계속 남쪽으로 항진하고 있었다.

701함은 전투준비를 완료하고 전속력으로 추격하여 23시 51분에 100m 까지 접근했다. 선박에는 국기와 선명의 표시가 없고, 수병과 지상병력이 많이 타고 있는 것으로 보아 북한선박임이 틀림없었다.

즉시 해군본부에 긴급 전문보고를 하였다.

"확인된 선박은 북괴의 100톤급 수송함정이며 북괴군을 편승시켜 남하하고 있음. 상륙을 기도하는 것으로 판단됨."

26일 00시 10분, 해군본부로부터 명령이 내려왔다.

"포격하여 격침하라."

26일 00시 30분, 북위 34°56′ 동경 129°30′에서 3해리 거리를 두고 적선의 좌현(左舷)을 3인치 주포로 가격했다. 701함이 최초로 경험하는 야간 전투다. 20발을 발사했는데 5발이 명중하였다. 701함은 적선 좌현 1해리까지 추격하면서 포격을 계속했다. 이때 뒤따라 온 518정의 37mm포가 가세했다. 적선에서도 57mm포와 중기관총으로 응사하여 치열한 해전이 벌어졌다. 701함은 1,000m까지 접근하여 주포와 중기관총으로 적선 마스트를 파괴하고 기관실을 명중하였다. 선수가 대파된 적선은 01시 10분이 되자 점차 왼쪽으로 기울어지면서 서서히 가라앉기 시작하였다. 그런 와중에서도 적선에서는 포격과 함께 기관총 사격을 했다. 701함은 주포가 고장 나서 사격을 할 수 없게 되었고, 적탄이 조타실을 관통하여 4명의 사상자가 발생했다. 이때 적선과의 거리는 400m이었다.

01시 20분, 701함은 적 사정거리에서 이탈하여 부상자를 응급조치하고 함정을 수리한 후 적선 침몰 여부를 확인하기 위하여 교전해상으로 다시

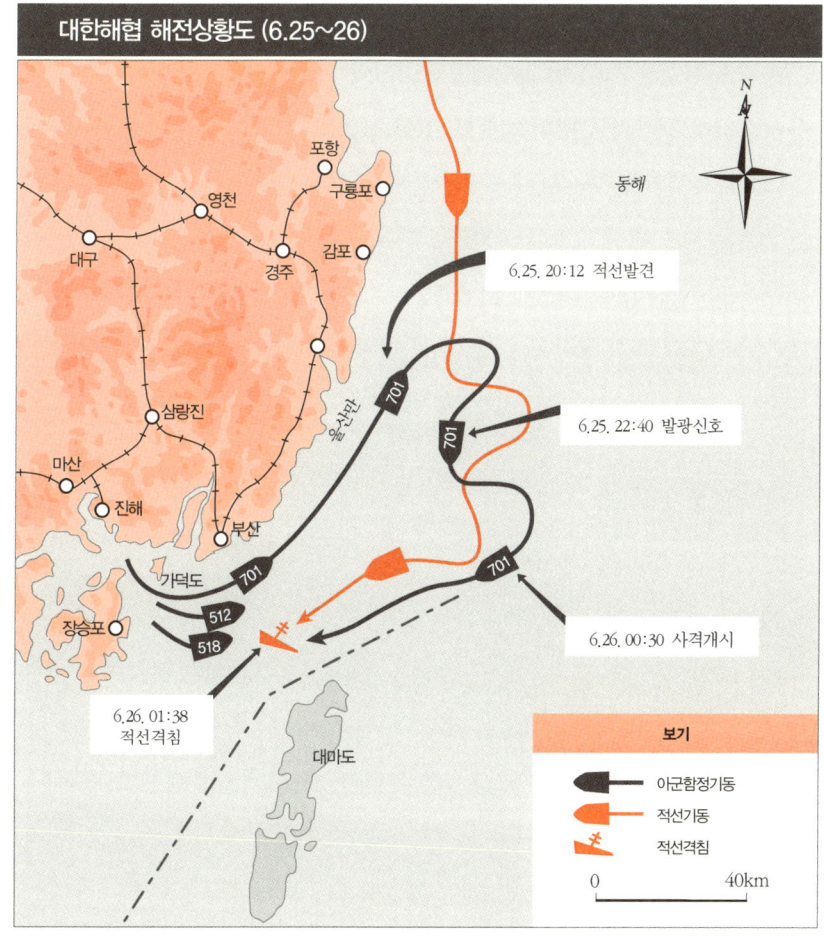

가서 4시간이나 수색하였으나 흔적을 발견하지 못하였다. 01시 38분 적선이 완전히 침몰한 것으로 인정하고 05시 45분 묵호로 항진했다.

침몰된 적선은 1,000톤급 수송선으로 속력 10~12노트, 선체 길이 230피트, 폭 약 30피트이고, 57mm포 1문과 중기관총 24정을 탑재하였으며, 북한 해군과 지상군 약 600명이 승선하였던 것으로 확인되었다.

적선은 특수훈련을 받은 특수부대를 동해안에서와 마찬가지로 부산 부근 남해안에 상륙시켜 후방교란을 기도한 것으로 판단되었다.

당시 부산항은 미군 병력과 군수물자가 집중적으로 들어오는 유일한 관문이었는데도 거의 무방비 상태에 놓여 있었는데 다행히 701함이 적 특수부대요원 600명을 수장시키는 쾌거를 이루었다. 해군 PC-701함의 전과는 한국해군 최초 해전에서 승리했다는 전과 외에도 적 유격부대에 의한 후방교란을 미연에 방지하였을 뿐만 아니라 적으로 하여금 해상을 통한 특수부대 침투기도를 원천 봉쇄한 것에 더 큰 의의가 있다.

3. 해군 육전대

동해안 지역 작전

6월 25일, 북한군은 육상에서 38°선을 돌파하는 것과 함께 동해안에서는 게릴라부대가 대거 상륙하였다.

7월 10일경 강릉 방면으로 남침한 북한군 제5사단을 주축으로, 동해안으로 상륙한 제766부대(유격대)와 제549부대(육전대)가 영해~영덕선까지 침투하여 포항을 위협하였다.

해군 포항경비부사령관 남상휘(南相徽) 중령은 기지근무병력으로 육전대를 편성하여 기지로 침투하는 적에 대비했다.

육전대는 1개 중대 규모로 편성하고, 대장에 정창룡(鄭昌龍) 중위를 임명하여 용호대(龍虎隊)라는 부대 이름을 붙였다.

진해에는 강기천(姜起千) 소령이 지휘하는 1개 대대 규모의 강호대(姜虎隊)가 있었다. 이들 부대는 동해안으로 진출하여 독자적으로, 또는 육군에 배속되어 저지전을 펴다가 7월 20일 강호대와 용호대를 통합하여 포항경비부 육전대로 확대 개편하였다. 병력은 약 800명이었다.

대장은 강기천 소령이 맡고,

제1중대장 정창룡 중위,

제2중대장 윤석근(尹錫根) 중위,

제3중대장 박승도(朴承道) 중위를 각각 임명하였다.

해군 육전대는 소수정예로 용감하게 싸우면서 적 대부대의 허를 찔러 항상 적 진출을 둔화시키는 효과적인 역할을 했다.

해군 육전대는 7월 11일부터 8월 20일까지 기계(杞溪)~안강(安康)선 저지작전에 참가하여 경주~울산 방면으로 침투를 기도하는 적을 저지함으로써 육군 작전에 도움을 주었고, 적 선발대가 영덕~포항간 요충인 남정(南亭)을 위협할 때 이를 격파하였으며, 포항재탈환작전에 참가하여 선전하였다.

▶ 제9장 제1절 「1. 포항 부근 전투」 「2. 기계·안강 지역 전투」 참조

구암산 전투

7월 11일 동해안 춘양 방면에서 적 약 300명이 울진 방면으로 이동 중에 있고, 삼척 남방 10km 지점에도 적 약 300명이 전차부대와 함께 대기 중에 있으며, 울진 방면에는 적 약 2,000명이 집결하고 있었다.

03시경 구암산(九岩山, 807m-청송군 부남면과 포항시 죽장면 경계) 남쪽 감곡리(甘谷里-영일군 竹長面)에서 적 약 350명이 운주산(雲住山, 806.2m-기계 서쪽)으로 이동하는 것을 발견하였다. 이 적은 포항, 경주 방면으로 신출을 기도하면서 기계, 죽장 등지에서 양곡, 부녀자, 소 등을 약탈해 갔다.

17시 해군 포항경비부는 이 적을 섬멸하기 위하여 용호대를 안강으로 출동시켰다. 용호대는 안강으로 진격 중 적 약 150명이 구룡산(九龍山, 675m-영천시와 청도군 경계)으로 잠입하는 것을 탐지하고 12일 16시 30분경 경주

를 지나 도유동(道有洞-영천시 北安面)에 도착한 후 1개 분대의 척후를 파견하여 적정을 탐색케 하였는데 깊은 산 속에서 울려오는 송아지 울음소리를 듣고 이를 추적하여 적이 숨어 있는 위치를 확인하였다.

7월 14일 04시, 용호대는 적이 잠입한 구룡산 중복을 공격하여 2시간에 걸친 교전 끝에 적 8명을 사살하고 30명을 포로로 잡았으며 60여 명에게 부상을 입히는 전과를 올렸다. 적은 분산하여 일부가 청도 방면으로 도주했다. 용호대의 피해는 없었다.

15일 포항경비부는 강호대 2개 중대를 용호대에 증원하였다.

17일 04시 30분 기북(杞北)지서* 주임으로부터 산악지대에 적 500명이 잠복해 있고, 그 중 일부가 합덕리(合德里-영일군 죽장면) 방면으로 하산 중이라는 정보를 입수하고 용호대가 급히 출동했다.

* 국방부『한국전쟁사』제2권(p738)은 '상북(相北)지서장'이라고 했다. 杞와 相을 혼동한 것 같고, 지서장이 아니고 지서주임이 옳다.(제5절 7.「보현산 지역 전투」* 참조)

구암산 고지 일대에 약 500명의 적이 출현한 것을 확인한 용호대는 경찰특공대 약 40명과 합동작전을 펴서 전면과 좌·우 측면으로 포위공격 하였다. 3개 소대가 계곡을 따라 정면 공격을 하면서 중화기로 전면에 일제사격을 퍼붓자 적은 도주하기 시작했다. 정면 공격을 하는 소대는 중화기를 앞세워 추격전을 계속했고, 좌·우 측면을 공격하는 소대는 좌·우측 능선에서 협공하여 7시간 격전 끝에 적을 완전히 격퇴하고 적 근거지인 구암산을 점령했다. 구체적인 전과는 확인되지 않았다.

이 전투에서 세운 공으로 용호대장 정창룡 중위가 대위로 특진하였고, 대원 5명이 1계급 특진의 영예를 받았다. 특진한 대원은 다음과 같다.

중위 박승도,

3등병조 박성환(朴聖煥), 송세준(宋世俊),

1등수병 유명식(兪明植) – 이상 승진 후 계급

포항 지역 전투

7월 18일 적 제5사단과 제766부대는 영덕 북방 1km 지점까지 접근하여 우리 제3사단 제23연대와 접전하고 있었다.

포항경비부는 용호대를 제23연대에 배속했고, 제23연대는 적을 영덕 북방 4km 지점까지 격퇴했다.

19일 07시 적은 다시 영덕 북방 1km 지점까지 진출했다.

육전대는 변전소 북방 고지에 포진하여 저지전을 펴다가 적 대부대에 완전포위되어 고전 중 김종원(金宗元) 제23연대장의 후퇴명령으로 탈출하여 자동차 편으로 장전동(長田洞)까지 철수하였고, 장전동 서방 산악지대로 남진하는 적 약 2,500명을 발견하고 1시간 교전 끝에 격퇴했다.

용호대가 포항에 있을 때 적 1개 소대가 포항~강구에 이르는 제3사단 주보급로 상 장사동(長沙洞-영덕군 南亭面 7번 국도변)에 침입하였다는 경찰 정보에 따라 야간에 용호대가 그곳에 투입되었다. 다음 날 새벽 침투한 적과 육박전이 벌어졌는데 급기야는 용호대 1개 중대와 적 1개 중대 간 전투로 확대되었고, 용호대는 이 전투에서 적 1개 중대를 모두 사로잡는 전과를 올렸다. 용호대의 피해는 전사 2명, 부상 3명이었다.

19일 17시경 영덕에 침입한 적 선발대는 민간인 100여 명을 살상하고, 많은 가옥을 불태웠으며 20시에 영덕을 완전히 점령한 적은 창포(菖浦-영덕읍, 해안)에 침입했다.

20일 포항경비부사령관은 용호대와 강기천 소령이 지휘하는 강호대를 통합하여 새로운 육전대로 개편하였다.

구암산에서 적을 물리친 용호대는 옥산동(玉山洞-영덕군 達山面)에서 적 1개 소대(45명)를 만나 포위 섬멸하고 옥산동 인민위원장과 여성동맹위원장을 체포하여 홍해(興海)로 빠져 나왔다.

이날 육전대는 1개 소대를 팔공산으로 파견했다.

해상에는 제2정대 JMS 304, 306, YMS 506, 516정이 북위 36°~37°선 사이를 경비하였고, 미 해군함정들은 동해안을 타고 남하하는 적에게 연일 함포사격을 하였다.

21일 적 주력은 영덕~강구 간에서 국군 육·해군과 교전 중에 있었고, 약 2,000여 명의 적은 다시 강구~포항 간 주보급로를 차단하고자 장사동으로 진출하고 있었다.

포항경비부는 육전대 제2중대를 제2정대의 506정과 304정으로 강구에 상륙시켜 육군에 배속시키는 한편 제1중대를 장사동 방면으로 진출시켰다. 제1중대는 21일 20시경에 장사동에 도착하여 미군부대 및 경찰대와 연합하여 전투배치를 완료하고 적을 경계하였다.

22일 03시경 비가 오는 틈을 타서 장사동으로 접근하는 적을 발견하고 공격하자 적은 서북방 동대산(東大山-791고지) 방향으로 도주했다가 12시 30분경에 다시 장사동 북방 도천동(道川洞) 쪽으로 침투했다.

미군이 동대산 후방 2km 지점에서 야포로 지원하고, 육전대는 경찰대와 협동하여 공격했다. 적은 전의를 잃고 도주했고, 육전대와 경찰대는 강력한 미군 포격 지원을 받으면서 적을 추격하여 동대산을 공격했다.

약 70여 명의 적은 분산하여 사방으로 도주했다.

이 전투에서 육전대는 적 23명을 사살하고 2명을 생포했으며, 총기와 실탄 등 다수를 노획했다. 육전대도 2명이 전사했다.

육전대는 7월 24일 20시에 작전종료명령을 받고 경비부로 복귀했다.

4. 해안방어와 봉쇄작전

서해안 봉쇄작전

6월 28일 북한군은 서울을 점령하였고, 서해안으로 침투한 적은 인천상륙을 시도하면서 김포 남단과 강화도 남단을 중심으로 한 지역에 병력 약 2,000명을 집결시키는 한편 일부가 아산만으로 상륙을 기도하였다.

7월 3일 08시 강화수로를 경비 중이던 YMS-502정은 군수품을 수송하는 40톤급 적선 2척을 격침했고, 10시 40분에는 인천에 상륙하고자 강화도 남단에 집결해 있는 적에게 약 30분간 포격을 하여 분산시켰다.

3일 23시 적은 전차 6대를 앞세우고 약 1개 대대 규모의 보병부대가 부평을 거쳐 인천에 진출했다.

4일 08시, 제1정대 사령관 류해거 중령은 인천항의 모든 발동선과 범선을 군산으로 이동시켰고, 해군본부는 유일한 전투함 PC-701함(최용남 중령)을 인천으로 회항시켜 제1정대를 지휘하게 하였다.

제1정대는 적 해상수송로를 차단하는 한편 강화도 남쪽 해역에 집결한 적진에 포격을 하였다. 또 해상으로 철수하지 못하고 인천시가지에 남아 있던 인천경비부 요원과 기지 의무병 60여 명은 군의관 오원선(吳元善) 중위가 지휘하여 시가전을 펴면서 적을 저지하다가 병력이 열세하여 오래 버티지 못하고 해상과 육로를 통하여 군산으로 철수하였다.

5일 09시 15분, PC-701함을 기함으로 하고

YMS-501정(李珏淳 소령), 502정(盧明鎬 소령), 503정(李民錫 대위),

513정(박경철 소령),

JMS-302정(염봉생 소령), 307정(白雲金 소령), 313정(李鍾徹 소령),

LST-801함 등 9척으로 편성한 함대가 인천 소월미도 서남 3해리* 해상

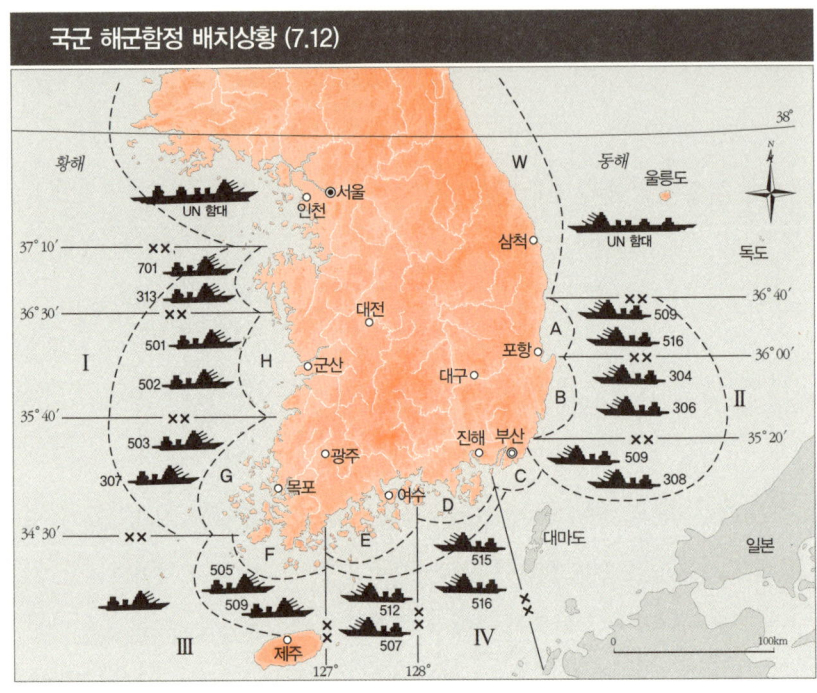

에서 작전지역을 분담하여 7월 15일까지 해상봉쇄작전을 수행하였다.

> * 국방부 『한국전쟁사』 개정판 제2권(p850)에서 Mile로 표시한 것을 해리로 바꾸었다.(앞 「대한해협 해전」 * 참조) 단위 착오인지 실거리가 마일인지는 알 수가 없다. 실제거리가 3마일이면(3×약 250m) 750m가 짧아야 한다.

14시경 YMS-501정과 502정이 강화도 경비를 끝내고 월미도 북쪽을 통과하던 중 502정과 0.5해리 거리를 두고 뒤따르던 501정이 적 전차로부터 포격을 받았다. 501정은 승조원 전원이 전투배치를 하고 항해 중이었기 때문에 즉각 37mm대전차포와 좌·우현에 있는 30mm 중기관총 및 Cal-50기관포로 응사하여 약 5분간 포격전이 벌어졌다.

이 전투에서 YMS-501정은 마스트(Mast)와 기관실 입구 해치도어(Hatch Door)에 포탄 1발씩을 맞았다.

YMS-501정과 502정은 외해에서 PC-701함과 합세하여 목덕도(木德島)~선이도(善伊島)~풍도(風島)를 연결하는 해역을 경비하는 임무를 맡았다.

6일부터 인천 앞 해상에는 연일 풍랑이 심하게 일었다. 제1정대는 악 조건에서도 해상봉쇄임무는 계획대로 수행하였다.

12일 10시 PC-701함은 해군본부 작명에 따라 대천철교 및 인도교를 완전히 파괴하여 적 제6사단의 군산 방면 진격을 지연시켰다.

제1정대는 해상봉쇄작전 기간 중 해상을 완전히 제압하여 단 1건의 해상 침투도 허용하지 않았다.

해군본부

7월 6일 병력 2,500명 증원을 위한 건의서를 국무회의에 제출하였다.

8일 부산 제2부두에 항만방위사령부를 설치하고 부산경비부 제2정대와 조선창을 동사령부에 예속시켜 항만방위와 함께 한·미 해군 합동작전을 위한 연락기관으로서의 역할을 맡게 하였다.

14시, 그 동안 해군 작전을 지휘했던 해군진해통제부 사령관은 미국에서 귀국한 손원일 해군 총참모장에게 작전지휘권을 환원했다.

9일, 해병대 전력 증강을 위하여 진해에서 함정 근무자를 제외하고 육상 근무자 500명을 선발하여 해병대에 편입시켰다.

10일, 해군은 UN 해군과 본격적인 연합작전을 수행하기 시작했다. 해군본부는 부산 제1부두에 있는 항만방위사령부로 이동하고 대전에 있는 국방부에는 해군 연락관만을 주재시켰다.

UN 해군함정이 한국해역에서 본격적인 해상작전에 들어갔고, 우리 해군이 해상을 봉쇄하여 적은 해로를 통한 침투를 시도할 수 없게 되었다.

27일, 목포경비부는 흑산도로 이동한 후 해상이동기지가 되어 이 작전에 참가한 제1정대와 제3정대의 보급을 담당하였다.

29일, 제1정대 소속 YMS-501정과 JMS-302, 307정은 남해안경비를 강화하기 위하여 진해통제부로 예속을 바꾸었다.

서해안에서는 주로 황해도 남쪽 해안과 도서 지역에 거주하는 피난민들이 해로를 따라 남쪽으로 왔는데, 이들 피난민 속에는 위장 침투하는 적색분자들이 끼어 있었으므로 이를 검색하여 30여 명을 색출했다.

군산 지역 작전

7일과 8일 사이에 육군 제17연대 소속 철수 병력 47명과 인천경비부 소속 철수 병력 48명이 군산으로 상륙하였다. 군산경비부사령관 김종기 소령은 이들을 해양대학에 수용한 후 군산경비부요원과 약간의 경찰을 합세시켜 혼성부대를 편성하고 질서유지에 들어갔다.

9일 인천경비부 병력과 군산경비부 병력으로 육전대를 편성하고 인천경비부 참모장 정경모 소령이 지휘하여 장항과 군산방어에 들어갔다. 그 동안 군산경비부는 60명의 대원과 빈약한 무장으로 군산과 장항을 빙어하고 있었고, 민간 선박 3척을 징발하여 경비정으로 사용하였다.

해상에는 제1정대 소속 YMS-502, 513정, JMS-313정과 제3정대 소속 YMS-514정, JMS-310(金東燮 소령)이 군산 근해 경비를 담당하고 있었고, 서해안을 경비 중인 PC-701, 702(李熙晶 중령)함이 해역을 초계하고 있었다.

14일, 군산경비부는 정부미 13,000가마니와 벼 969가마니를 비롯하여 정부물자를 군산부두에 정박하고 있는 LST-801함에 선적하였다.

16일 08시에 제주도에서 고길훈 소령이 지휘하는 해병대가 군산항에 입

항하여 본격적인 전투에 투입되었다. ▶ 앞 제5장 제5절 「2. 해병대의 출동」 참조

해군육전대는 서천으로 진출하여 급편진지를 편성하고 LST-801함이 군산항에서 정부미와 중요물자를 싣는 동안 엄호하면서 해병대가 진출할 때까지 주변에 대한 위력 수색과 장항경비를 맡았다.

16일 06시, 해군 육전대는 침투한 적과 교전이 시작되었다. 전력 열세에도 불구하고 사력을 다하여 저지전을 펴다가 19시에 서천 남쪽 3km 지점까지 물러났고, 122mm야포와 82mm박격포 등 중화기로 무장한 적 주력부대가 대거 침공해 왔으므로 장항으로 철수하였다.

육전대가 가진 개인화기는 일제 99식 소총에 실탄 1기수밖에 갖지 못했고, 중화기는 기관총 3정이 전부였다.

서해안을 경비하던 제1정대 소속 YMS-503정은 서해상에서 조난된 B-29기 조종사를 구출했다.

이날 장항과 군산을 점령한 적은 장항제련소에 포진지를 구축하고 해군 함정 활동을 방해했으나 제1정대 소속 함정들은 어청도(於靑島) 및 아산을 중심으로 인천에서 군산에 이르는 전 해안을 봉쇄하였다.

18일 18시에 새로 도입한 PC-702, 703함이 지상 작전을 엄호하기 위하여 이희정 중령 지휘하에 장항 근해로 진출했다. 해상 기상상태가 좋지 않아 근해 선박의 피항(避港)을 경고한 상태였는데도 두 함정은 악천후를 무릅쓰고 장항근해로 항해를 계속했고, 20일 20시 군산에서 정부미와 해병대를 싣고 철수하는 LST 안동호를 목포 근해에서 만났다.

21일 04시경 PC-703함은 장항 눈앞 개야도(開也島) 남단에 접안한 후 해안 5해리까지 접근하여 05시 50분부터 사거리 7해리 주포로 2시간 동안 함포사격을 하고 PC-702함과 함께 21시에 목포로 돌아왔다.

22일 14시, 군산 근해를 초계하던 AMS-513정은 줄포(茁浦) 앞바다에서

군수품을 적재하는 적 기범선(機帆船) 2척과 범선 1척을 격침시켰다.

23일 19시 05분, 줄포 앞 해상을 초계하던 JMS-301정은 줄포항을 출항하는 적 범선 수송선단 7척을 격침시켰다.

27일 06시, 덕적도 근해를 초계하던 PC-702 및 703함은 약 50톤 급 12척으로 편성된 적 수송선단이 옹진 방면으로부터 남진하고 있는 것을 발견하고 이를 추격하여 30분 후에 모두 격침시켰다.

514정은 27일 상마도(上馬島)에, 28일에는 어견진(於繭鎭)에 각각 상륙하여 적 20명을 사살하고 적 범선 1척을 파괴하였다.

그러나 동 함정은 북위 34°35′20″, 동경 126°17′44″(法聖浦 해상)에서 미군기 2대로부터 오인 기총소사를 받아 1명이 전사하고 5명이 부상을 입은 외에 선체와 통신기기가 파손되는 손실을 입었다.

남해안 작전

6월 25일 현재 목포경비부(정긍모 대령)에는 제3정대 함정 6척과 해상병력 231명, 기지근무 지상병력 139명이 있었다. 주)*1 국방부 「한국전쟁사」 제1권 p584

7월 1일 목포경비부는 514정(주철규 소령)과 309정(김남식 소령)으로 이승만 대통령 부처 일행을 부산까지 호송했다. 주)*2 국방부 「한국전쟁사」 개정판 제1권 p619

> *1 목포경비부 및 제3정대의 병력(370명과 750명)
> ① 국방부 『한국전쟁사』 개정판 제2권(p858)은 목포경비부 제3정대 병력을 75명(750명의 誤植-오식-으로 보임)의 기지병력이 있었는데……."
> ② 전쟁기념사업회 『한국전쟁사』 제3권(p371)은 "제3정대 함정 6척과 750명의 기지병력이 있었다."고 다르게 기술했다.
> *2 이승만 대통령을 호송한 함정을 ①은 514정 ②는 307정으로 다르게 기술.

7월 20일, 목포경비부는 인천경비부와 군산경비부를 통합지휘했다.

23일 광주가 적의 수중에 들어갔고, 적은 목포를 향하여 진출하고 있다는 정보가 들어왔다. 목포시민들은 인근 섬으로 피난을 서둘렀으며, 목포경비부는 정부미 80,000가마니를 LST 김천호 및 울산호 편에 실어 부산으로 수송했다.

목포경비부는 해군본부에 병기와 탄약보급 요청했다.

"현재의 병력과 장비로 최선을 다하여 싸우라."

해군본부의 답신이다.

목포 지구에는 해군병력과 약간의 경찰병력이 있었고, 전남편성관구에서 보낸 1개 소대 규모의 육군병력이 있었을 뿐이다.

18시, 해군본부로부터 일단 해상으로 이동하여 다음 명령을 기다리라는 지시가 있었다. 목포경비부는 LST 단양호에 병력과 피난민을 태우고 육지를 이탈하였고, YMS-505정(韓文植 소령)과 JMS-309정(金南敎 중위)은 고하도(高下島)로 전진하여 닻을 내리고 대기하였다.

7월 24일 06시, 적은 전차 2대를 앞세우고 선발대인 듯한 1개 중대 규모의 병력이 목포시내에 진입했다. 목포경비부에서 진입로 상에 있는 교량 2개를 파괴하였으나 하천이 얕아서 전차는 쉽게 건너왔다.

해군본부는 YMS-505정에 다음과 같은 전문명령을 내렸다.

"목포경비부와 제3정대는 증원 병력과 무기가 도착할 때까지 목포항을 사수하라."

명령을 받은 목포경비부 사령관 정긍모 대령은

"육상전투능력이 없는 소수의 해군병력으로는 교전능력이 없어 목포항을 사수할 수 없다."

는 함정장들의 반대를 무릅쓰고 24일 05시에 YMS-505정과 JMS-309정을 직접 지휘하여 세관부두에

정긍모 대령

접안시킨 후 승조원을 전투 배치하고 5명을 시내로 침투시켰다.

07시 시내 일각에서 총성이 울리기 시작하였다. 시민들이 부두로 몰려와서 우왕좌왕하는 것이 보였고, 이어서 적 10여 명이 한국은행지점 부근에서 세관부두를 향하여 급진하고 있는 것이 보였다. JMS-309정이 20mm 중기관총으로 가격했다. 적은 건물 사이에 엄폐(掩蔽)하여 응사했고, 곧 적의 병력이 늘어나면서 쌍방간 치열한 사격전이 벌어졌다. 해군 함정에 소총탄이 명중하고 박격포탄이 근접 주변에 집중되면서 309정은 세관부두를 떠났고, 505정은 상륙한 대원 2명만을 태운 채 부두를 이탈하였다. 5명 중 3명은 전사했다. 이때 적과의 거리는 200m에 불과했고 유달산 중턱에서 쏘아대는 박격포탄이 함정 주위에 작렬했다.

505정은 마스터 신호등에 박격포탄 1발이 명중하여 대원 2명이 파편상을 입었으나 함정의 기능에는 아무런 이상이 없었다.

24일 15시, 목포경비부는 목포 외해로 철수하였고, 26일 LST 단양호를 이동기지사령부로 지정하여 대흑산도에 근거지를 정한 후 제1정대와 제3정대의 보급임무와 함께 남해안경비임무에 들어갔다.

8월 들어 UN해군함정이 대거 참전하자 이동기지사령부는 어청도로 옮겨 해상경비에 들어갔고, 8월 하순부터 소해임무를 수행했다.

여수 철수작전

광주를 점령한 적은 순천을 거쳐 여수로 진격할 기세를 보였다.

PC-701함장 최용남 중령은 YMS-504, 512정을 통합지휘하여 여수 부근 해안을 봉쇄하고 출입선박 검색을 강화하였다. 또 701함은 순천과 남원에서 교전하고 있는 전황을 해군본부와 국방부에 전달하는 통신 중계 역할도 수행하였다. 한편 YMS-504, 512정은 대전 전투에서 분산되어 퇴각한 미 제

24사단 장병 400여 명을 수습하여 부산까지 수송했다.

지상에서 전세가 점차 악화되면서 후퇴하는 병력이 여수 방면으로 철수하자 해군본부에 이러한 상황을 보고하고, 수송함정 파견을 요청하여 LST 조치원호 및 안동호를 포함한 수송선 8척을 지원받았다.

7월 24일 순천이 적 수중에 들어가자 13시 10분 여수에 있는 정부물자를 LST에 선적하기 시작하였고, 동시에 시민들도 제주와 부산 방면으로 피난하기 시작하여 시내는 공동화 현상을 빚었다. 하역작업을 할 인력이 절대 부족하여 물자 선적의 어려움이 이만저만이 아니었다. 해군장병 전원을 동원하고, 김병휘 중령이 지휘하는 육군 제5교육대(전 제15연대) 병력이 합세하여 철야작업을 하면서 그야말로 악전고투 끝에 정부물자와 군수물자를 선적 할 수 있었다.

해군본부는 전남편성관구의 요청에 의하여 육군병력 철수용으로 FS 원주호 및 제천호 2척을 추가로 여수항에 파견하였다.

27일 06시 30분 적 선두가 여수시내에 진입하였다.

PC-701함은 여수 북항 2마일 밖 해상에 정박한 후 여수항에 있는 모든 함정과 선박이 각종 물자와 병력을 안전하게 선적하고 승선할 수 있도록, 그리고 모든 함선이 안전하게 출항할 수 있도록 엄호하기 위하여 적 집결지에 3인치 함포사격을 집중했다.

07시 30분에는 전남편성관구사령관 이응준 소장을 비롯한 육군의 주요 지휘관과 참모 그리고 장병들이 그들의 차량 및 군수품과 함께 LST 문산호 편으로 여수항을 떠났다.

여수에 침입한 적은 병력 900명, 122mm 곡사포 3문, 82mm박격포 12문, 중기관총 20정인 것으로 추정되었다.^{주)}   국방부 『한국전쟁사』 개정판 제2권 p863

여수항을 떠난 함정의 인력과 물자 수송 실적 (7월 24일~27일)

일시	함정 이름	수송물자 및 병력	수송 구간
24일 20:30	LST 조치원호	국고금 5억 원, 광목 1만 곤(梱), 쌀 16,000가마니, 군복 4,000점, 자동차 5대, 군인 가족 103명	여수-부산
25일 15:00	LST 안동호	육군 1,680명, 쌀 2,380가마니, 설탕 67톤, 차량 17대, 실탄 2톤, 광목 8,000곤, 유류 130드럼, 연초 2화차	여수-마산
26일 21:00	FS 여주호	벼 2,000가마니, 김 1,000상자	여수-부산
27일 08:00	LST 충주호	경찰관 11명, 벼 1,500가마니, 보리 230가마니, 김 360상자, 식용유 12드럼, 우유 10드럼	
	FS 제천호	광목 30곤, 보리 50가마니, 김 100상자, 휘발유 10드럼	여수-부산
	FS 원주호	육군 제15연대 병력 및 군수물자	여수-부산
	FS 천광호	육군 제15연대 병력, 광목 8량(화차)	여수-진해
	LST 문산호	병력 이응준 소장 외 600명, 차량 30대	여수-진해

자료 : 국방부 『한국전쟁사』 개정판 제2권 p863
일시는 날짜와 시간, 광목 1만 곤에서 곤(梱)은 실이나 직물을 자루에 넣어서 포장한 단위

해병대

6·25남침을 맞았을 때 해병대는 제주에 주둔하고 있었다.

7월 15일 고길훈부대 300명이 군산에 상륙하여 서해안 지역 전투에 참가하였고, 이후 김성은 중령이 1개 중대가 증강된 해병부대를 지휘하여 서남부 지역 전투에서 선전하면서 귀신 잡는 해병대의 싹을 키웠다.

해병대사령부는 7월 19일 신병 1,000명을 모집하고자 하였는데, 제주도 전역에서 1,662명이 응모하여 결국 이들 모두를 입대시켰다.

해병 제3기생이다. 훈련을 마친 후 제5대대를 편성하였다.

대대장에 김종기 소령을 임명하였다.

한편 모슬포부대는 제2대대 제5, 제6, 제7중대를 기간으로 제3대대를 편성하고 김윤근(金潤根) 소령을 대대장으로 임명했다.

제3기생 교육이 제3주에 이르렀을 때 1개 대대를 추가 편성하기 위하여 제4기생을 모집하였다. 이때는 일반 장정 응모자는 미달하였으나 학생(중, 대학생)들이 많이 응모하여 1,327명이 입대했다. 이들을 제1대대로 편성하고 고길훈 소령을 대대장에 임명했다.

해병대는 김성은부대 외에 1개 보병연대 규모로 확대 편성되었다.

해병대는 군산 부근 전투에 참가한 이래 호남 방면 저지전, 진동리 전투, 통영 탈환전, 원문고개 방어전 등을 거쳐 인천상륙작전에 참가하여 서울을 수복하고 중앙청에 태극기를 게양하는 쾌거를 이루며 한국해병대의 명성을 세계에 알리는 동시에 '한번 해병은 영원한 해병'의 전통을 세워나갔다.

제1절 「한국해군작전」 참고문헌 : 국방부 「한국전쟁사」 제2권 「4. 한국해군의 활동」 p496,
「6. 한·미해군의 작전」 p625
같은 개정판 제2권 제15장 「1. 한국 해군의 작전」 p846
전쟁기념사업회 「한국전쟁사」 제3권 「제8장 해군작전」 p360
▶ 해병대의 전투는 「각 지역 전투」 참조

제2절 UN 해군 작전

1. 미 극동해군

 1950년 6월 현재 아시아에 주둔하고 있는 미군은 극동군총사령관 맥아더 원수의 지휘하에 통합 편성되어 있었다. 맥아더 사령관은 연합군최고사령관으로서 일본을 점령하여 군정 책임과 함께 일본, 오키나와, 마리아나 제도 및 필리핀을 방위할 책임을 맡고 있었다.
 당시 극동해군(Naval Forces Far East)의 활동 범위는 광범위했으나 사령관 해군중장 조이가 지휘하는 전력은 매우 소규모로서 그 휘하에는 약간의 전투함으로 구성된 제96기동부대(TF 96)와 상륙전대인 제90기동부대(TF 90)가 있었을 뿐이다.
 해군소장 히긴스가 지휘하는 제96기동부대 전투함은 경순양함 1척과 구축함 4척이 있는데 이들 전투함정은 속력이 빠르고 성능이 우수했지만 5인치 포 이상의 함포를 갖지 못했다.

조이 제독

지원전대 기함인 경순양함 주노(Juneau)는 제2차 세계대전 후에 건조한 대공순양(Antiaircraft Cruiser)함이고, 배수량 6,000톤, 속력 33노트이며, 5인치 양용포 16문을 주포로 탑재하고 있다.

구축함은 맨스필드(Mansfield), 디 헤이븐(De Haven), 콜레트(Collett), 스웬슨(Swenson)이 있었고, 각각 2,200톤이며 속력은 35노트에 5인치 포 6문을 탑재한 서머(Summer)급 구축함이다.

제90기동부대는 해군소장 도일이 지휘하는 제1상륙전대(Amphibious Group 1)다. 지휘함(AGC) 1척, 공격병력 수송함(APA) 1척, 공격화물 수송함(APA) 1척, LST 1척과 함대 예인함(ATF) 1척으로 구성되었다.

맥아더 원수 요청으로 주일 미 제8군과 합동상륙훈련을 실시하기 위하여 최근에 일본에 도착했고, 극동해군에서 전술 편성상 제90기동부대로 이름을 붙였다.

극동해군사령관 휘하 세 번째 부대는 제3기뢰전대(Mine Squadron 3)가 있다. 기뢰전대는 함대 소해함(AM) 4척(3척은 퇴역 상태에 있었다)과 연안소해함(AMS) 6척으로 구성되었다.

극동해군사령관 휘하에 일본인 승조원들이 운용하고 있는 일본선박통제국(SCAJAP-Shipping Control Administration Japan)이 있다. 여기에 상당수의 선박이 있는데 이 선박들은 점령지의 군수지원과 과거 일본인 전쟁포로들을 아시아 각국으로부터 송환해 오는데 사용했던 선박들이다.

아시아 해역에는 이상의 미 극동해군 외에 필리핀에 기지를 둔 미 제7함대가 있다. 제7함대는 제2차 세계대전 때 명성에 비하여 그 세력이 많이 축소되었으나 태평양 미 해군전력 가운데서는 핵심 세력이다.

해군 중장 스트러블이 지휘하는 제7함대는 제1급 항공모함 27,100톤급 밸리포지(Valley Forge)를 주축으로 항모강습부대 제77기동부대(TF 77)를 비롯하여 잘 훈련된 몇 개의 기동부대로 편성되었다.

6·25남침을 당하자 미 해군참모총장은 미 해군 제7함대를 6월 27일부터 미 극동해군사령관의 작전통제를 받도록 지시했다.

미 극동해군사령관 조이 제독은 제96기동전대사령관 히긴스 제독에게 구축함 2척을 파견하여 인천항에서 미국시민이 철수하는 것을 엄호하도록 하

스트러블 중장

였고, 27일에 수송함 2척을 차출하여 일본에서 한국으로 탄약을 수송하도록 지시하였다. 탄약 수송함 2척이 29일 한국으로 출항했다.

이것은 25일(워싱턴 시간) 제1차 블레어하우스 회의에서 결정한

'한국군에게 군 장비와 탄약을 보급하고,

미국인 철수를 엄호하기 위해 38선 이남에서 미 해·공군을 사용한다.'

에 따른 것이다.

워싱턴 시각으로 26일 오후 한국에 대한 해군과 공군 지원이 결정되었다. 이에 따라 조이 제독은 한국전쟁에서 극동해군이 수행할 임무에 관한 작전 명령을 시달했다.

"트루먼 대통령이 한국군으로 하여금 38선을 회복할 수 있도록 가능한 한 최대의 지원을 하도록 명령하였다."는 것과

"제7함대로 하여금 대만해협으로 이동하여 중공군의 대만 침략이나 중국 본토에 대한 자유중국군의 군사행동을 억제하도록 명령하였다."

는 것을 주지시키고,

주노함과 구축함 4척으로 편성한 제96.5기동전대를 한국지원전대로 지정하고 사세보를 기지로 하여 다음 임무를 부여하였다.

한국 연안 해역을 초계하면서 적 상륙을 저지

침공하는 적 함정을 격침

지상군에 대한 함포지원

군수물자를 수송하는 함선 엄호와 철수작전을 수행.

6월 27일 UN에서 한국에 대한 군사원조에 관한 결의가 통과되자 영국 해군본부는 극동해역에 있는 영국 해군부대를 미 극동해군사령관에게 배속시켰다. 오스트레일리아와 캐나다 및 뉴질랜드도 전투함을 출동시켜 같은 조치를 취했다.

해군소장 앤드루스(William G. Andrewes)가 지휘하는 영국 극동함대는 13,000톤급 경항공모함 트라이엄프(Triumph), 경순양함 자메이카(Jamaica) 및 벨파스트(Belfast)와 구축함 3척 및 프리깃함 4척으로 편성되었다.

조이 제독은 6월 30일부터 영 연방함대에 대한 작전통제권을 행사하였다. 영연방함정은 제96.8기동전대로 편성되어 서해안지역작전을 맡았고, 미 극동해군 한국지원전대 제96.5전대가 동해안을 맡았다.

미 극동해군 조직표

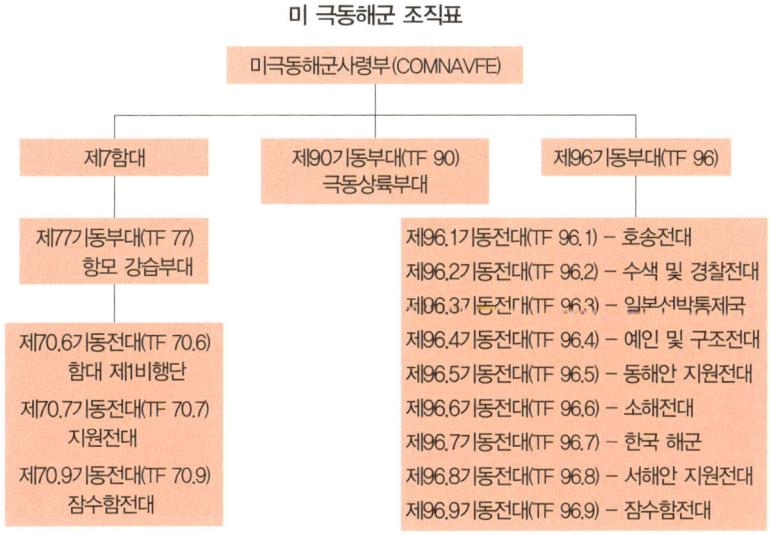

자료 : 전쟁기념사업회 『한국전쟁사』 제3권 「미국극동해군의 상황」(p380)

2. 해안봉쇄작전과 함포 지원

처음이자 마지막 해전

한국해안에 대한 봉쇄작전은 트루먼 대통령이 명령한 7월 4일보다 앞선 6월 30일부터 한국 해군함정과 미 해군함정이 실시하였다.

북위 37° 이남 해역에 대한 봉쇄 및 연안작전은 제96.7기동전대로 지정된 한국 해군이 맡고,

그 이북 해역에 대해서는,

히긴스 제독의 제96.5기동전대가 동해안을,

영 연방부대인 제96.8기동전대가 서해안을 각각 맡았다.

봉쇄작전 북방한계선은 동해안이 북위 41°, 서해안은 북위 39°30′으로 설정하였다. 이는 해상 작전부대가 만주와 소련 해역에 접근하지 말라는 경고의 의미를 가지고 있다.주) 　　　　전쟁기념사업회 『한국전쟁사』 제3권 p381

6월 29일, 한국해역에서 UN 해군의 포격이 개시되었다. 이날 야간에 미 경순양함 주노(J. C. Sowell 대령)는 탐조등을 밝혀놓고, 한국 해군장교의 조언을 받으면서 묵호에 있는 적 병력을 30분간 정밀 포격하여 상당한 피해를 입혔다. 이후 주노함은 주로 동해안을 따라 남진하는 적 지상군에 대한 함포사격을 실시하면서 해상봉쇄작전을 수행했다.

주노함은 한국해역에 최초로 출동한 미 해군함정이다.

7월 2일 미 해군은 최초로 북한 해군과 해전을 하였다.

주노함은 영국 해군 경순양함 자메이카와 프리킷 그리고 블랙 스완(Black Swan)과 함께 동해안에서 초계작전을 수행하던 중 일출 직후 06시 15분 해안 가까이서 선수파(船首波)가 퍼져 나오는 것을 발견하고, 이를 추적한 결과 북한 어뢰정 4척과 포함 2척이 탄약을 수송하는 트롤 어선 10척

을 주문진까지 호송한 후 북으로 돌아가고 있는 것을 확인했다. 미 순양함단은 전속력으로 저들 선박을 추격하여 진로를 차단하고자 접근하자 용감하게도 반격을 했다.

미 순양함단은 적함과 거리 11,000야드*에서 근접신관(VT) 포탄으로 일제히 사격을 하였고, 어뢰를 발사할 수 있는 거리 4,000야드에 접근했을 때는 적 어뢰정 1척은 침몰했고, 1척은 그 자리에 정지했으며, 1척은 해안으로, 1척은 외해로 도주하고 있었다. 이 해전에서 UN 해군은 적 어뢰정 3척과 포함 2척을 격침시켰고, 자메이카함은 2명을 사로잡았다.

> * 전쟁기념사업회 『한국전쟁사』(제3권)는 「대한해협해전」에서는 해상거리를 마일로 표시했고(p364), 「해상봉쇄작전 및 함포지원」에서는 야드(p382)로 표시했다. 본문은 참고문헌을 그대로 따랐다.

이 해전이 미 해군함정과 북한 해군함정과 싸운 처음이자 마지막이다.

이후 북한 해군의 해상 저항은 없었고, 항공기의 공격도 없었다. 이후 미(UN) 해군은 북한 전 해역에 대하여 완전한 제해권을 확보하였다.

4일, 주노함은 영국해군 구축함 블랙 스완호와 함께 삼척, 주문진 적진에 함포사격을 실시하였다.

5일, 주노함은 영국 순양함 자메이카와 포격임무를 교대하고, 유류 보급을 위하여 일본 사세보(佐世保)로 갔다.

주노함이 유류 보급을 받고 있는 동안 영국 극동함대사령관 앤드루스 제독은 순양함 벨 페스트, 구축함 코사크(Cossack)와 컨소트(Consort)를 한국 해역으로 출동시켜 해상을 봉쇄하고 함포사격을 실시하였다.

이날 영국 블랙 스완함도 주문진 앞 해상에서 적 해안포와 선박 그리고 교량과 6개의 유류 저장탱크에 포격을 했고, 삼척 부근 해상으로 이동하여 해안 교량과 도로를 파괴했다.

동해안에서 작전 중인 영국 해군 함정 자메이카, 블랙 스완, 하트(Hart)는 미 해군함정과 합동작전에 들어갔다.

기동전대사령관 히긴스 소장은 주노함이 사세보에서 급유할 때 승함하여 이후 동해안 해상작전을 지휘하게 된다.

이날 미 극동해군사령부는 그 예하

한국지원전대(TG 96.5)를 동해안지원전대로 바꾸어 동해의 해상작전을, 영국 해군(TG 96.8)을 서해안지원전대로 하여 서해상에서 작전을 각각 수행하도록 하였다.

7일, 구축함 하트는 울진 북쪽 해안에 있는 유류저장탱크를 포격하였고, 양양 부근으로 이동하여 해안철도와 유류탱크를 포격했다.

8일, 영국 순양함 자메이카는 하트 및 스웬슨과 같이 울진 근해에서 해안도로 및 교량에 대한 포격을 하던 중 적 육상포대로부터 공격을 받았다. 적 75mm 해안포가 해안으로 접근하던 자메이카를 가격하여 갑판 수병 4명이 전사하고, 8명이 부상하는 피해를 입었으나 다행히 함의 기능에는 지장이 없었고, 오히려 적의 위치를 확인하게 되었으므로 자메이카는 먼 거리로 물러나서 전자탐지장치(Electronic Detector)에 의한 함포사격을 하여 적 해안포진지를 완전히 파괴하였다.

이때 적 제5사단 주력이 해안선을 따라 남진하였고, 제3사단 제23연대가 이를 저지하기 위하여 영해 부근에서 저지진지를 편성하였다.

7월 9일 주노함은 일본에서 급유를 마치고 동해로 복귀했다.

적 병참선 차단 작전

7월 10일 02시부터 03시 사이에 동해안기동전대는 삼척항에 대규모 함포사격을 실시하였다.

적 후방 병참선 차단작전이 적에게 큰 타격을 줄 것으로 기대되었기 때문에 조이 제독은 히긴스 제독에게 가능한 한 봉쇄작전해역을 북으로 확대하여 청진~원산 간 해안을 봉쇄하고, 그 지역에 있는 철도 터널을 파괴하라고 명령하였다.

히긴스 제독은 주노함의 부장 포터(William B. Porter) 중령을 지휘자로 하고, 장교 1명과 사병 4명 그리고 해군 UDT(Underwater Demolition Team)대원 4명으로 폭파팀을 조직한 후 맨스필드함에 승선시켜 주노함과 함께 성진 남방 10마일 해역으로 진출시켰다.

11일 23시 30분 포터 중령이 지휘하는 폭파조는 단정(短艇)에 옮겨 타고 목표 지점 해안에 상륙하여 터널까지 낮은 포복으로 접근한 후 열차와 터널을 파괴할 수 있는 60파운드짜리 순발신관(瞬發信管) 폭탄을 장치하고 03시 30분에 모함으로 돌아왔다. 폭파 결과는 확인하지 않았으나 다음 날 북한 방송이 폭파사실을 보도했다.

북한군 제5사단이 제3사단이 포진하고 있는 영해~영덕선까지 진출하자 제3사단이 함포지원을 요청했다.

7월 13일 지상 함포지원을 위하여 디 헤이븐함이 부산에서 합류해 왔고, 미 제25사단에서 포병장교 1명이 지상전황에 관한 정보제공과 함포사격목표를 유도하기 위하여 주노함에 파견되었다.

동해안은 짙은 안개로 인하여 시정이 매우 나빴다. 주노함과 디 헤이븐함은 제3사단이 요청한 울진과 묵호의 적진, 삼척항 유류저장탱크에 함포를 퍼부었다. 지상군이 무전으로 표적을 유도하여 효과가 매우 컸다.

미 제8군사령부는 제3사단에 대한 항공지원과 함포지원을 원활하게 하고자 제8군 작전처 매클린 중령을 파견하여 제3사단 고문관 에머리치 중령과 협조체제를 유지함으로써 완벽한 함포지원이 이루어졌고 17일 육군본부는 최덕신 대령을 연락고문관으로 파견하여 협조체제를 더욱 강화했다.

14일 밤 11시 20분, 울진 남쪽 근해를 항해하던 주노함은 트럭 전조등 불빛을 발견하고 포격을 했다. 이 트럭 행렬은 적 제5사단 보충병과 보급품을 수송하는 차량인 것으로 판단되었다.

15일, 디 헤이븐함은 영덕 근해 해안에 함포사격을 했다. 이 함포사격은 처음으로 육군 정찰기와 목표수정 정보교환이 이루어졌는데 정찰기의 정확한 정보 제공으로 오차 없이 적 집결지와 해안포대에 총 645발의 포탄을 집중시켰다.

16일과 17일에도 맨스필드함 및 디 헤이븐함과 영국 벨파스트 함 및 코사크함은 해안도로와 적진으로 여겨지는 산간에 산발적으로, 또는 지상군 요청에 의하여 집중적으로 함포를 쏘아댔다.

함포사격으로 동해안으로 침투하는 적 남진 속도가 크게 둔화되었을 뿐만 아니라 북으로 연결된 도로가 파괴되어 보급과 병력수송이 차단됨으로써 한국전에 증파된 미 제1기병사단의 포항 상륙이 용이하게 이루어졌고, 국군이 영덕~강구선에서 10여 일 동안이나 버틸 수 있었다.

18일, 미 제1기병사단이 상륙한 후 맨스필드함과 디 헤이븐함은 심척 부근 해안도로에 포격을 재개했고, 이들 구축함은 주노함과 합류하여 2일간 영덕 외해에서 포격을 하였는데 이 포격에서 포탄 1,300발을 발사하였고, 해안사격통제반 관측결과 적 약 400명이 살상되고 통신소가 파괴된 것으로 확인되었다.

지상군 함포 지원

7월 21일 제3사단이 영덕을 탈환하기 위한 공격을 계획했다. 지원전대

함들이 06시부터 15분간 영덕을 포격한 후 주노함의 조명탄 신호에 따라 제3사단이 진격하여 07시 17분에 영덕을 탈환했다. 지원함들은 포탄 800발을 발사했다.

22일에도 제3사단이 전진할 수 있도록 함포지원을 했지만 증강된 적군의 반격을 받아 제3사단은 부득이 영덕에서 물러나야 했다.

영덕탈환전은 비록 일시적이었지만 육·해군 합동작전이 성공한 본보기가 되었다.

23일, 미 해군소장 하트먼(Charles C. Hartman)이 지휘하는 제3순양함 분대가 미국 서해안으로부터 일본에 도착하여 제96기동부대에 합류했다.

이에 따라 제96기동부대를 재편성하였다.

히긴스 소장이 지휘하는 동해안지원전대(제96.5기동전대)를,

호송전대(제96.1기동전대)와 지원전대(제96.5, 제96.8기동전대)를 흡수하여

한·일지원전대(Korea-Japan Support Group)로 개편하고, 하트먼 소장이 지휘하게 하였다.

한·일 지원전대(제96.5기동전대)는

2개의 동해안지원단대(East Coast Support Element)로 편성하여

1개 단대는 중순양함 헬레나(Helena)와 제111구축함분대를 배속하여 하트먼 제독이 지휘하고,

1개 단대는 중순양함 톨레도(Toledo)와 제91구축함분대를 배속하여 히긴스 제독이 지휘하게 하였다.

프리깃함 4척은 호송단대로 지정되었다.

서해안지원단대(West Coast Support Element)는 영국해군 앤드루스 제독 지휘하에 영연방함정과 새로 도착한 네덜란드 구축함으로 구성하였다.

헬레나함과 톨레도함은 13,600톤급 중순양함으로 속력은 33노트이고 8

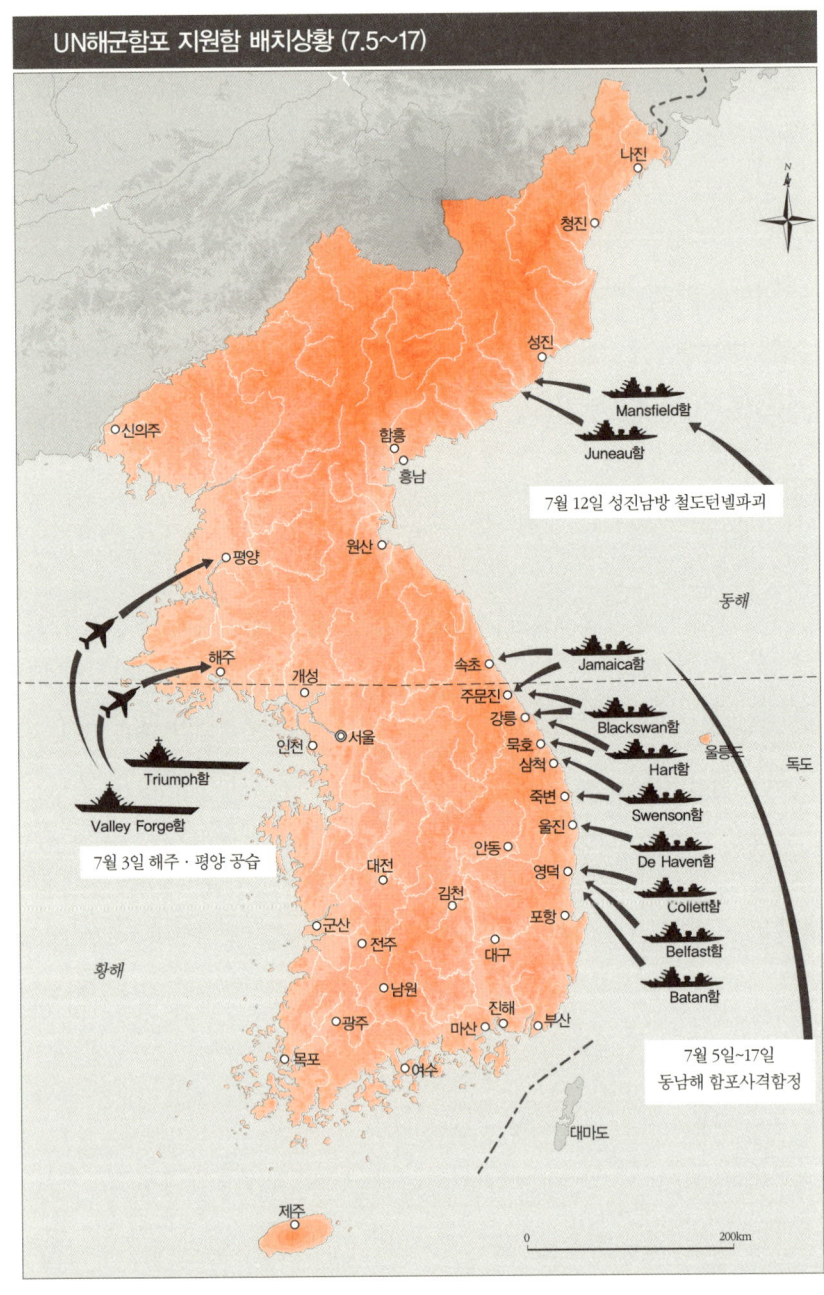

인치 주포 9문과 5인치 부포 12문을 장비하고 있다. 기존 함정에 5인치 주포밖에 없어서 철근과 콘크리트 교량에 별 효과를 보지 못하고 있었던 터라 8인치 포의 위력을 과시하게 되어 기대가 컸다.

27일부터 톨레도함과 구축함들이 전선 근해에서 작전에 들어갔다. 화력통제반과 항공관측의 적절한 지원 아래 8인치 포는 적 병력집결지와 각종 목표물에 위력을 발휘했고, 야간에는 지원함이 발사한 조명탄이 지상군 포병에게 큰 도움을 주었다.

앤드루스 제독이 지휘하는 서해안지원단대는 그 동안 동해안 사정이 급박하여 주로 동해안에서 작전을 수행하다가 미국 본토로부터 하트먼 소장의 증원부대가 도착하여 제96.5기동전대가 개편되면서 서해안 봉쇄작전에 전념할 수 있게 되었고, 8월 8일 경항공모함 트라이엄프가 합류하여 독자적인 항공전력을 갖게 되었다. 서해안은 동해와는 달리 대형함정이 활동하는데 제약이 있었으므로 항공기가 매우 유용했다.

23일 광주가 적 수중에 들어갔고, 26일에 군경부대가 여수에서 철수함으로써 서해안지역인 서남부는 완전히 적 수중에 들어가고 말았다. 이로써 함포의 지원을 필요로 하는 지상군은 없었다.

앤드루스 제독은 옹진반도와 태안반도 사이에 방책선을 설정하고 해안봉쇄작전에 들어갔다.

3. 해상수송작전 및 포항 상륙작전

해상수송작전

6·25전쟁에 참전한 미군이 전쟁을 승리로 이끌기 위해서는 북한군과

싸움이 아니라 시간과 공간과의 싸움을 해야 했다. 다시 말하면

미국 병력과 군수물자가 얼마나 빨리 필요한 장소에 도착하느냐?

하는 것이 승패의 요인이다. 북한군을 저지할 수 있는 최소한도의

'어느 선'을 확보하고 있는 시점

에 필요한 병력과 물자가 도착해야 한다. 미 제8군사령관 워커 장군은

그 '어느 선'을 낙동강 방어선으로 정했던 것이다.

워커 장군이 가장 절박하게 시간과의 싸움에 촉각을 곤두세웠던 것은 북한군 최강 제6사단이 마산 서쪽에 나타났을 때였다.

워커 장군은

"마산 지역 방어의 성패가 이 전쟁의 운명을 좌우한다."

는 확신을 가지게 되었다.

이 시간과의 싸움은

"해군이 병력과 군수품을 얼마나 빠른 시간에 부산에 도착시키느냐?"

에 달려 있었는데 바로 여기에는 태평양이라는 거대한 장애물이 가로놓여 있었다. 북한군이 남침을 개시한

38선에서 부산까지의 직선거리는 225마일이고,

샌프란시스코에서 부산까지의 거리는 4,914마일인데

진주만을 경유하면 1천 마일이 더 멀어 5,000마일이 넘는다.

미국이 한국을 구원하기 위해서는 이 거리상 불리함을 극복해야 한다. 미국은 긴급히 필요한 병력과 군수물자를 우선 일본에서 조달했다.

7월 1일 미 제24사단 선발대 스미스 특수임무부대가 부산으로 공수된 후 미 제24사단 후속병력이 일본 사세보 세도나이카이(瀨戶內海) 항구에서 일본 선박통제국 선박으로 수송하기 시작하여 7월 4일 모두 한국에 도착했고, 이어서 미 제25사단 병력 이동을 개시했다.

주일 미군 통제하에서 운용되고 있는 일본선박통제국은 미 해군 제96.3 기동전대로 편성되어 LST 39척과 화물선 12척을 가지고 있었다.

서태평양해역에서 해상수송 책임을 맡고 있는 미 해군 정커(Alexander F. Junker) 대령은 휘하의 해상수송지원부대(MSTS-Military Sea Transportation Service) 소속 함선과 일본선박통제국 소속 함선을 우선적으로 병력과 군수물자수송에 투입하고 부족한 선박은 일본 상선을 빌려서 충당했다.

이렇게 하여 개전 10일 후인 7월 초에는 55척의 함선이 병력 15,000명과 차량 1,700대를 포함하여 많은 물자를 싣고 부산항에 입항했다.

제1기병사단 포항 상륙

6월 25일, 북한이 남침한 그날 도일 제독이 지휘하는 극동상륙부대 예하 제1상륙전대 함정들은 미 제25사단 제35연대와 함께 일본 사가미만(相模灣)에서 상륙훈련을 실시하고 있었다. 맥아더 원수의 계획에 의하여 그해 5월부터 주일 미군은 상륙숙달훈련을 실시해 왔는데 이것은 마치 한국전쟁을 예견한 듯한 맥아더의 선견지명이었으며 한국전쟁을 수행하는데 매우 다행한 일이라고 아니할 수가 없다.

일본에는 도일 제독의 상륙전 함정(제90기동부대)과 함께 태평양함대훈련사령부(ANGLICO-Pacific Fleet Amphibious Training Command)에서 항공·함포연락중대(Air And Naval Gunfire Liaison Company)를 포함한 여러 부대가 파견되어 있었다. 이런 상륙전부대와 전문요원들이 일본에 와 있었기 때문에 UN군은 한국전쟁에서 포항, 인천, 원산, 이원 등지의 상륙작전과 흥남 철수작전을 효과적으로 실시할 수 있었다.

맥아더 원수는 당시의 불리한 전황을 이렇게 지적했다.

"당면한 긴급한 문제는 한반도 전 지역에서 남진 중인 적 지상군의 진로를 차단하는 것이다. T-34전차의 지원을 받은 적 지상군은 도합 9개 사단으로 추정한다. 현재 우리가 어떠한 조치를 가하여도 승리에 도취한 적의 기세를 꺾기에는 충분하지 못하다." (국방부 『한국전쟁사』 개정판 제2권 p873, 874)

7월 6일, 맥아더 원수는 도일 제독과 그의 참모진을 도쿄로 소집하여 한국 서해안에 미 제1기병사단을 상륙시킬 계획을 작성하도록 지시하였다. 예정 상륙 목표지점을 서울 근교에 있으면서 병참선을 차단할 수 있는 인천으로 정했고, 대체 목표지점은 대전에 가깝고 적 우익을 강타할 수 있는 금강하구 군산으로 정했다.^{주)} 국방부 『한국전쟁사』 개정판 제2권 p874

8일 서해안상륙계획은 취소되었다. 미 제1기병사단을 인천이나 군산으로 상륙시키고자 한 것은 전선이 어느 정도 유지될 때 그 측면에 투입하여 적을 강타하고자 한 것인데 대전 부근 전황이 급격히 악화되었기 때문에 미 제1기병사단을 측면에 투입하는 것보다는 밀리는 전선에 직접 투입하는 것이 효과적이라고 판단했기 때문이다.

미 제1기병사단을 신속하게 한국전에 투입하기 위해서는 부산을 거치지 않고 직접 전선에 가까운 지역으로 이동시키는 것이 요구되었다. 당시 부산항에는 일본으로부터 도착한 병력과 군수품 수송함선 55척이 집결해 있었고, 계속해서 많은 함선이 부산으로 오고 있었기 때문에 항구시설 능력이 포화상태에 이르러 있었다.

도일 제독은 부산에서 65마일 정도 북쪽에 위치한 포항을 목표로 제시하였다. 이 제의는 7월 10일 맥아더 총사령관의 승인을 받았고, 12일 극동해군사령관 작전 명령으로 포항상륙이 공식화되었다.

포항은 양호한 정박기지(停舶基地)가 있고, 상륙이 용이한 1,000야드 이상의 해안이 있으며, 인근에 사용 가능한 비행장이 있었다. 그리고 포항은 대구를 거쳐 대전으로 이어지는 철도가 있어 상륙군을 신속히 필요한 전선으로 이동할 수 있는 장점을 겸비하고 있었다. 미 제8군사령부는 미 제1기병사단을 대전 정면에서 고전을 하면서 많은 병력 손실을 보고 있는 미 제24사단 지역에 투입하기로 내정하고 있었다.

10일, 포항이 상륙장소로 지정되자 미 제5공군 항공기술자들이 LST로 포항에 상륙하여 비행장시설을 보수하기 시작하였고, 11일, 상륙전대와 제1기병사단참모들이 항공편으로 포항에 도착하여 상륙작전에 필요한 해안정보를 수집했다.

15일, 적정에 관한 최신 정보를 얻고, 상륙준비를 하기 위하여 마지막 선발대가 포항 인근 연일비행장으로 날아왔다.

15일부터 17일까지 포항 항내와 접근로에 대하여 소해작전을 실시한 결과 기뢰가 없음이 확인되었다.

중부전선에서는 미 제24사단이 대전 북쪽에 방어진지를 구축하였고, 전차와 야포 지원을 받은 적 4개 사단이 금강을 도하하여 미 제24사단을 압박하면서 대전을 4면에서 포위할 기세로 나왔다. 이와 같은 불리한 전황이 기동력을 갖춘 지상군 상륙을 더욱 촉구하기에 이르렀다.

미 제1기병사단의 신속한 상륙을 위하여 필요한 조치가 이루어졌다.

상륙돌격함정을 보충하기 위하여 해상수송지원부대소속의 AKA 2척을 요코스카항으로 급히 회항시켜 상륙작전에 필요한 장비를 개조하였고,

상륙주정을 보충하기 위하여 LSU 6척을 요코스카에서 재취역시켰으며,

일본선박통제국의 LST 27척을 지원받고, 일본상선 4척을 용선하였다.

상륙전 전문요원인 주정요원, 갑판요원, 통신요원 등은 캘리포니아주 코로나도(Coronado)에 있는 상륙전기지에서 항공편으로 급송했다.

15일, 상륙부대를 태운 함선이 요코스카를 출항했다. 상륙군을 실은 제90기동부대는 제2차 세계대전 당시 일본 해군전함 야마모토(山本)가 마지막으로 통과한 분고(豊後) 해협을 지나 한국해역으로 들어섰다.

항진하는 동안 기함 맥킨리(Mount McKinley)에는 포항에서 불과 7마일밖에 안 떨어진 영덕 지구에서 전투가 치열하게 벌어지고 있다는 전황 정보가 들어왔다. 한국군 제3사단은 미 제1기병사단이 상륙할 때까지 버텨줄 것인가가 걱정스러웠다.

또 하나의 적, 태풍 그레이스(Grace)가 필리핀 북쪽 해상에서 북상 중이었는데 아직 한국해역까지 미치지는 않았으나 안심할 수만은 없었다.

18일 05시 상륙부대가 포항에 도착했다. 전선은 포항 북쪽에 머물고 있었으나 적 제5사단과 제12사단이 합세하여 공격을 강화하고 있었다.

05시 58분, 도일 제독은 '상륙군 상륙' 명령을 내렸다.

중장비를 먼저 양륙하였고, 이어서 07시 15분 병력이 상륙단정으로 해안에 집결했다. 2개 연대 병력(약 10,000명)이었다.

09시 30분 3,000톤에 이르는 군수물자 하역을 시작했고, 차량 2,000여 대를 양륙했다.

18일과 19일, 상륙작전이 실시되는 동안 함포지원대 전투함이 포항 근해를 엄호했고, 제77기동부대 함재기들은 원산, 함흥과 평강 지역을 공습했다.

포항에 상륙한 미 제1기병사단은 미 제8군사령관 워커 중장의 환영을 받았다. 그리고 일부 병력은 해안방어작전에 투입하고 주력은 대기 중인 열차와 차량에 나누어 타고 전선으로 이동하여 22일 영동에서 고전하고 있는 미 제24사단과 교대했다.

태풍 그레이스가 시속 50Knots 속력으로 불어왔다. 이로 인하여 21일 도착하기로 된 미 제1기병사단의 나머지 병력(제7기병연대)을 실은 MSTS 소속 수송선단이 23일에야 도착했다.*주)

국방부 『한국전쟁사』 개정판 제2권 p878

> ＊ 태풍은 '그레이스'인가? '헬렌'인가?
> 상륙이 늦어진 부대는 연대인가? 대대인가? 상륙일은 22일인가? 23일인가?
> ① 국방부 『한국전쟁사』 개정판 제2권
> "태풍 Grace호가 불어 닥쳤는데 이로 인하여 21일 도착하기로 한 MSTS 소속의 수송선단들은 23일에야 포항에 도착했다." (p878)
> "태풍 헬렌호의…… 제7기갑연대는…… 22일에야 뭍에 오르게 되었다." (p539)
> "태풍 Grace호는 아직 한국 해역까지 미치지 못하고 있었다." (같은 p876)
> ② 전쟁기념사업회 『한국전쟁사』 제3권
> "태풍 그레이스와 헬렌호가…… 제2대대 상륙선단은 23일 포항에 도착" (p390)
> "태풍(헬렌)이 불어 닥쳐 7기병연대의 상륙은 22일에나 가능했다." (p258)
> "태풍 그레이스(Grace)호가 북상하고 있었으나……." (p389)
> ③ 일본 육전사보급회 『한국전쟁』 Ⅰ
> "태풍 헬렌 때문에 제7기병연대의 상륙은 22일로 연기가 되었다." (p284)

포항 상륙작전은 소규모이긴 하나 적의 저항이 없는 가운데 최상의 조건하에서 실시되었다. 또 그 계획, 준비, 실시 단계에 있어서 완전한 상륙작전의 표본이었고 가장 단시일 내에 성공한 기록적인 작전이었다.

미 극동해군사령관 조이 제독은 이렇게 술회했다.

"제1기병사단의 적시적인 증원이 없었다면 부산 방어선을 유지할 수 있었다고는 생각하지 않는다."주)

전쟁기념사업회 『한국전쟁사』 제3권 p390

4. 제77항모기동부대 작전

평양 공습

6월 27일, 미 극동해군사령관의 작전통제를 받게 된 제7함대 주력부대 제77항모기동부대가 필리핀 수빅만(Subic Bay)을 출발하여 북진하였다.

29일 오전, 대만해협에 도착한 제77항모기동부대는 조이 제독 명령에 따라 F4U 코르세어(Corsair)기 29대와 AD 스카이레이더(Skyraider)기를 발진시켜 대만해협과 타이베이(臺北-대만. 당시 중화민국) 상공에서 시위비행을 하고 다음 날 오전에 오키나와에 입항했다.

미국이 한국에 해군과 공군지원을 결정하였을 때 트루먼 대통령 성명과 6월 27일 극동해군사령관 조이 제독이 내린

'한국전쟁에서 미 극동해군이 수행할 임무에 관한 작전명령' 에서

'제7함대는 대만해협으로 이동하여 중공군의 대만 침략이나 자유중국군의 본토에 대한 군사행동을 억제하도록'

하는 임무를 부여했지만 한국전선 상황이 급속도로 악화되었기 때문에 심각한 고심 끝에 제77항모기동부대가 한국전쟁을 지원하게 된 것이다.

30일, 도쿄에서 회의가 열렸다.

맥아더 원수와

미 극동공군사령관 스트래트메이어 중장,

미 극동해군사령관 조이 제독,

미 제7함대사령관 스트러블 제독이 참석한 이 회의에서

제77기동부대 항공모함 밸리포지의 함재기가 어느 지역에 출격하는 것이 가장 효과적인가를 논의하고, 다음과 같이 결정했다.

북한의 수도 평양을 목표지점으로 선정하고

주된 표적은 항공기와 비행장으로 하며,

제2차 표적은 군수물자를 수송하는 평양 철도시설과 대동강 교량이다.

7월 1일 오후 항공모함 밸리포지를 주축으로 한 제77기동부대는 오키나와를 출항하여 한국서해로 항진하였다. 이 기동부대에는 영국 경항공모함 트라이엄프가 배속되었다. 이 미·영 함대는 지난 3월 합동훈련을 실시한 경험이 있어 원활한 연합작전을 수행하는데 어려움은 없었다.

3일 새벽 해주 남방 70마일* 해상에 도착한 기동부대는,

밸리포지함 함재기가 평양을,

트라이엄프함 함재기가 해주를 공습하기로 하였다.

* ① 국방부『한국전쟁사』개정판 제2권(p878)은 해주 남방 70마일(본문 인용),
  ② 전쟁기념사업회『한국전쟁사』제3권(p391)은 "해주 남서방 120마일 해상"

05시 45분, 트라이엄프함에서 파이어플라이(Fire Fly) 12대와 시파이어(Sea Fire) 9대가 모함을 떠났다. 해주 상공으로 날아간 함재기는 해주비행장 활주로와 격납고를 폭격한 후 인근에 있는 철도와 교량을 폭격하고 08시 15분에 귀함했다. 적은 대공포화를 작렬했으나 피해는 없었다.

평양을 공습하기로 한 밸리포지함에서는 06시에 F4U 코르세어기 16대와 AD 스카이라이더기로 구성된 프로펠러기 편대가 출격하였다.

코르세어기는 5인치 로켓탄 8발씩을 장착했고, 스카이라이더기는 500파운드 폭탄 2개와 100파운드 폭탄 6개씩을 싣고 있었다.

20분 후 F9F-2 팬더제트(Panther Jet)기 8대가 출격했다. 이것이 미 해군 제트기가 전선에 출격한 최초의 기록이다.주) 국방부『한국전쟁사』개정판 제2권 p879

프로펠러기보다 늦게 출격한 제트기가 평양 상공에는 먼저 도착했다.

평양 상공의 기상은 매우 양호했다.

UN해군 함재기가 대동강철교를 폭파한다.

제트기들은 평양 상공을 선회하면서 폭격을 시작하여 수송기 1대와 항공기 2대를 파괴하였다. 이때 적 야크(YAK)기 2대가 출현했다. 브라운(E. W. Brown) 소위와 플로그(L. H. Plog) 중위가 추격하여 1대씩 격추했다.

평양비행장 격납고와 탄약고에 화염이 치솟고 있을 때 스카이레이더기 12대가 고속으로 접근하여 폭탄을 투하했고, 뒤이어 코르세어기 16대가 로켓포탄을 발사했다. 500파운드 폭탄이 비행장 유류저장소와 3개의 격납고에 명중하여 비행장은 불바다가 되었다. 비행장 시설물 중 피해를 입지 않은 곳이 없었고, 활주로는 달 분화구처럼 구멍투성이가 되었다. 적 대공화력은 미약했고, 정확하지도 못해서 위협이 되지 못했다.

제1차 폭격을 성공한 조종사들은 오후에 제2차 공격에 나섰다. 평양역 주변시설과 대동강교량을 폭격하여 철로 상에 있는 기관차 20대를 파괴했으나 대동강 교량은 파괴되지 않았다.

4일 밸리포지함 함재기들은 전날에 이어 평양을 폭격했다. 전날 폭파되지 않은 철교에 500파운드 폭탄을 투하하여 교량 1개를 파괴했다. 폭격 중

대동강에 떠 있는 소함정들이 대공사격을 하자 함재기들은 로켓탄으로 함정 4척을 격침시켰다. 적 대공사격에 스카이레이더기 4대가 약간의 총상을 입었는데 그 중 1대가 모함에 착함(着艦)하다가 감속장치 고장으로 함수(艦首) 쪽에 있던 다른 항공기를 받아 스카이레이더기 1대와 코르세어기 2대가 파괴되고, 3대가 손상을 입는 불상사가 일어났다.

평양 공격을 마친 제77기동부대는 오키나와로 귀환하였다.

2일간 공격에서 미 제77기동부대 함재기들은 평양비행장 및 그 시설과 철도시설을 초토화했고, 적 항공기 12대를 격파하고 2대를 격추*하는 전과를 올렸다.주)

국방부 「한국전쟁사」 개정판 제2권 p880

* 전쟁기념사업회 「한국전쟁사」 제3권은 11대 격파, 1대 파손(p392)이라고 기술.

이러한 공습 효과는 적의 공군력을 마비시키는 데 충분했고, UN군이 제공권을 확보하는데 결정적 역할을 했다. 뿐만 아니라 7월 3일 평양공습에서 제트기를 출격시킨 것은 북한에 다수의 프로펠러기를 공급하려던 소련과 중공의 계획에 제동을 거는 효과를 가져왔을 가능성이 크다.

18일에도 평양비행장을 공격하여 지상의 항공기 14대를 파괴하고 13대에 피해를 주었다.

원산 정유공장 폭격

7월 10일부터 미 제7함대는 한국전쟁을 지원하기 위한 본격적인 단계에 들어가갔다. 남태평양기지 괌(Guam)에서 대만방어를 위한 정찰활동을 주 임무로 하고 있던 제7함대 예하 항공기들이 한반도에 가까운 오키나와 기지로 이동했다.

16일, 제77기동부대는 미 극동해군사령관 명령으로 제1차 포항상륙작전

폭격을 당한 원산정유공장에서 화염이 치솟는다.

을 지원하기 위하여 동해로 항진했었다. 지상 전투에서 적이 포항 북방 40km까지 남진해 있었으므로 상륙군의 지상 전투를 예상해서였다.

18일 04시, 항공모함 밸리포지와 호위함 트라이엄프는 포항상륙작전을 지원하기 위하여 포항 동북방 60마일 해상에서 항공정찰 및 대잠수함 탐색을 하고 있었다.

06시 포항상륙이 행정 상륙으로 진행하게 되자 제90기동부대(상륙부대) 사령관 도일 제독은 제77기동부대 함재기에게 상륙작전 지원임무를 해제하였고, 제7함대사령관 스트러블 제독은 제77기동부대를 즉시 북진시켰다. 북위 38°선 이북과 동경 127°이동 북한 지역을 공습하기 위해서다.

공습 목표를 원산의 정유소로 정했다.

09시, 펜더기 9대*주)가 원산항을 정찰하고 원산 동부 굴곡진 해안에 가

동 중인 정유공장이 있는 것을 발견했다.   국방부『한국전쟁사』개정판 제2권 p881

* 전쟁기념사업회『한국전쟁사』제3권(p393)은 펜더기 7대로 기술.

17시에 밸리포지함은 함재기 21대를 발진시켰다.

VA-55편대장 허드슨(N. D. Hodson) 소령이 지휘하는 스카이레이더기 11대와 VF-53편대장 피트먼(W. R. Pittman) 소령이 지휘하는 코르세어기 10대가 출격했다.

항모를 떠난 함재기 21대는 원산 상공에 도착하여 정유공장 폭격을 시작했다. 먼저 코르세어기가 로켓탄을 퍼부었고 이어서 스카이레이더기가 폭탄을 쏟아 부었다. 공장은 화염을 공중으로 토하면서 계속 폭발했다. VF-53 편대장 피트먼 소령은

"해안 전체가 불타고 있는 듯한 거대한 화염은 우리가 3,000피트 고도를 유지하며 항모로 귀환할 때 60마일 밖에서도 관찰할 수 있었다." 주)

고 말했다.   국방부『한국전쟁사』개정판 제2권 p882

화염은 4일간이나 계속되었고 이로 인하여 조종사들에게는 좋은 항공 목표가 되었다.

원산정유공장은 생산 규모가 연 170만 배럴로 한국 최대의 정유공장이었다. 이 폭격으로 공장 가동이 중단되었고, 12,000톤의 석유 제품은 연기로 변했다.

19일, 함재기들은 평강, 함흥으로 출격하여 비행장, 철로, 교량 등을 파괴하였다.

17시에는 함재기가 함흥 남쪽에서 달리고 있는 기차를 공격하여 화물차 4량을 파괴하였는데 이 열차에는 남쪽으로 수송하는 군수물자가 실려 있

는 것으로 판단되었다.

함재기들은 2일간의 공습에서 항공기 약 50대를 발견하고 이 중 약 20대를 파괴하였다. 반면 적 대공포화에 함재기 2대가 격추되었는데 조종사는 무사히 탈출하였다.

지상군 근접항공지원

해군 함정에 의한 동해에서 함포지원과 함재기에 의한 북한 지역 폭격은 절대 전력이 열세인 우리 지상군에게는 큰 도움을 주었고, 적에게는 결정적 타격을 입혔다.

해군 함재기 활동이 중요하게 부각되자 7월 10일 미 극동해군사령부는 샌디에이고(San Diego)에 기지를 둔 호송항모분대(護送航母分隊)를 극동으로 파견하도록 조치하였고, 이 분대에 항공작전 우선순위를 부여하였다.

대잠수함작전인 헌터킬러작전(Hunter Killer Operation)과 항공작전이 주임무인 호송항모분대는 근접항공지원과 대잠수함작전에 필요한 장교들을 미 극동해군사령부에 파견하였고, 무선통신요원도 추가로 파견하였다.

도쿄에 도착한 호송항모분대사령관 러블(Rubble) 제독은 주일 미 해군항공사령관으로서의 책임을 가지고 작전해역내 전 해군항공기에 대한 군수지원임무와 함께 일본으로 이동 중에 있는 2개 해병 항공기전대의 도착을 앞두고 준비 작업을 서둘렀다.

전선이 낙동강선으로 압축되면서 미 극동군총사령부에는 미 제8군으로부터 긴급항공지원을 요청하는 전문이 쇄도하였고, 이 긴급 전문은 맥아더 원수와 조이 제독 및 스트러블 제독에게 전달되었다.

미 제77기동부대는 인천상륙작전이 이루어지기까지 2개월간 대지(對地) 함포사격과 전선에 대한 근접항공지원을 대부분 수행하게 된다.

근접항공지원작전이란 지상군과 전투기가 적진에 관한 상황을 상호 통보하면서 공격하는 공지합동작전을 말한다. 이 작전은 원래 제2차 세계대전에서 해군항공기와 해병대에 의하여 개발된 작전인데 전후에 공군과 육군에 의하여 개발된 전술 교리와는 상당한 차이가 있었고, 6·25전쟁 초기에 해군 함재기는 공군통제 하에 근접항공지원을 하면서 전술상의 차이로 많은 애로를 겪었다.

당시 지상전선에는 함재기를 정확하게 유도할 만한 연락장교가 거의 없었다. 또 공지 통신이 본궤도에 오르지 못한 때였으므로 근접항공지원에 필요한 피아의 병력배치상황을 지적하는 지도 사용에 있어서도 지상군과 협조가 원만하게 이루어지지 못하였다.

북한 지역에 대한 강습작전을 완료한 제77기동부대는 서부 지역에 대한 강습작전을 감행하기 위하여 대한해협을 거쳐 남진하였다.

7월 22일 새벽, 항모 밸리포지는 군산 북·서방 해역에 도착하여 지상군에 대한 근접항공지원과 북한 지역에 대한 폭격임무를 수행하였다.

이날 프로펠러기인 스카이레이더기와 코르세어기는 제5공군 공중통제기(Air-born Controller) 통제하에 지상군에 대한 근접항공지원을 하였고,* 제트기들은 서울~의정부로 이어지는 적 보급로와 수원 근방 적 집결지를 공격하였다. 그러나 항공기들은 공중통제기와 교신이 이루어지지 않아 지상군에 대한 근접지원은 별 성과를 거두지 못하였다.

* 국방부 『한국전쟁사』 개정판 제2권은" 이날(22일), Skyraider기와 Corsair기들은 왜관, 김천 지구로 출격하여 근접항공지원을 하였으며" 라고 기술(p884)하였다.
　7월 22일은 미 제1기병사단 제8기병연대가 제24사단 제21연대와 교대하여 영동 방어선에 전개한 날이다. 아군 지역인 왜관과 김천 지구에서 근접항공지원을 할 이유가 없다. 본문에서는 지역을 빼고 기술했다.

제77기동부대는 함재기가 귀함한 후 연료와 탄약 적재를 위하여 일본 사세보로 갔다.

23일 광주를 탈취한 적 제6사단과 제4사단은 목포와 순천으로 접근하고 있었고, 적과 부산과의 거리는 80km에 불과했는데 그 사이에 이를 저지할 지상군은 배치되어 있지 않았다.

긴박한 상황에 직면한 미 제8군사령부는 극동사령부 주요 지휘관들에게 긴급전문을 보냈다. 동경 127°와 128°(삼천포와 광주 사이) 안의 지상 전황이 긴급하다는 것과 해군 함재기 지원이 절실하다는 것을 강조하였다.

24일 미 극동해군사령부는 긴급명령을 내렸다.

사세보에서 급유 중인 밸리포지함에

"군산~전주~남원~광주로 출격하여 근접항공지원 작전을 실시하라."

서남부전선의 항공지원을 맡고 있는 트라이엄프함에는

"이 지역으로 이동 중인 적 행군대열과 주둔지를 공습하라."

트라이엄프함은 서해로, 밸리포지함은 남해안으로 출동하였다.

25일 08시 밸리포지함은 거문도 근해에서 함재기를 발진시켰다.

정확한 정보수집 없이 근접항공지원에 나선 함재기편대는 이렇다 할 전과를 거두지 못하였다.

항공통제관(Air Controller)이 능력 이상으로 많은 항공기를 통제하여 무선통신망이 혼잡하였고, 해군과 공군이 공동으로 사용하는 지도가 없었으며, 양 군 간에는 지원 절차도 달라 통제된 공격이 이루어지지 않았다.

심지어 함재기들이 항공통제관과 통신을 유지하며 목표 상공을 선회하고 있는데 일본 기지에서는 제트기를 불러 공습에 임하라고 지시하는 사례도 있었다.

지상군의 상황이 절박하다는 정보와는 달리 항공기들은 적 지상군의 표

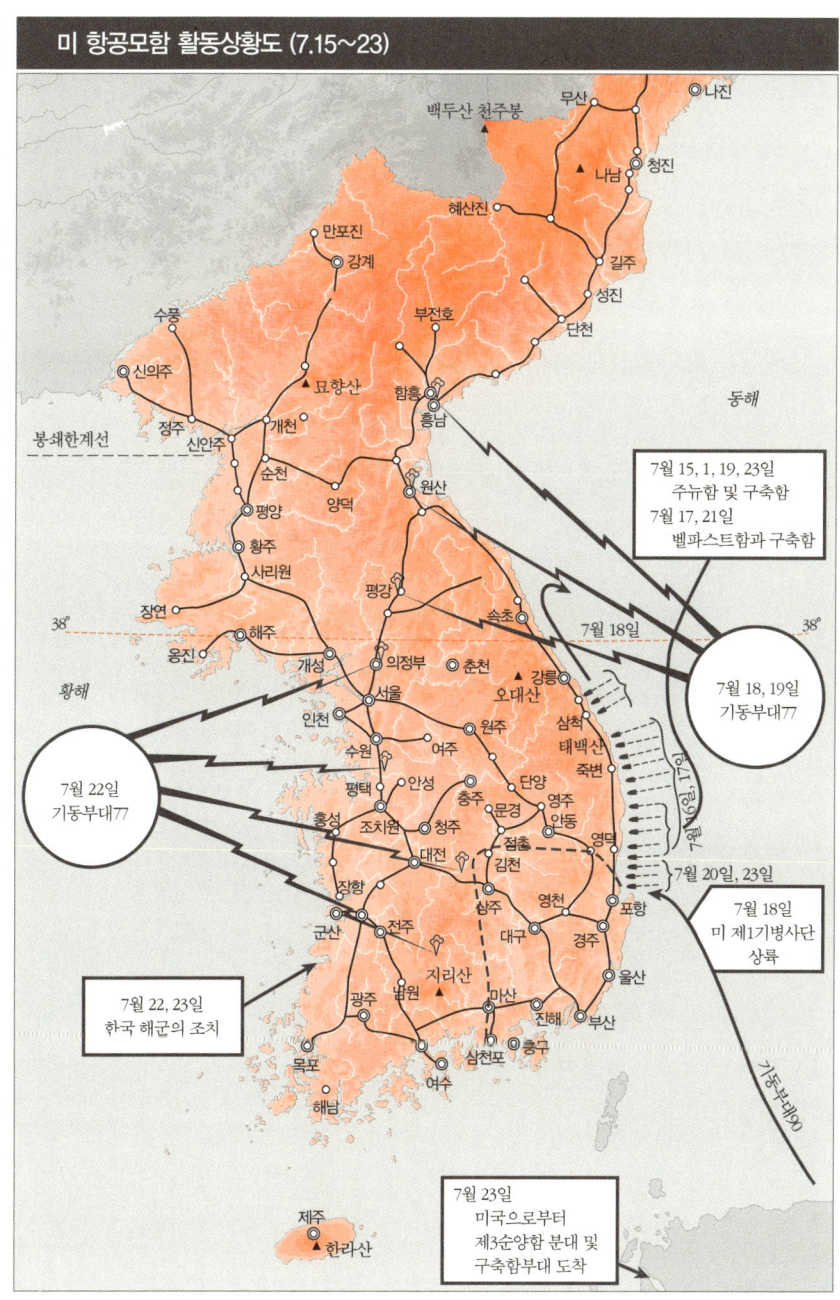

적을 찾기 어려웠는데 이는 적이 항공작전구역을 벗어나 이미 순천에 집결하고 있었기 때문인 것으로 판단되었다.

함재기들은 상당한 시간 동안 항공통제관과 통신 접촉을 시도하다가 스스로 도로와 산간 지역으로 표적을 찾아 나설 수밖에 없었다. 다행히 일부 조종사는 12시경에 화순~순천 간 도로를 따라 이동하는 적 제6사단 행군 대열과 차량을 발견하고 공습을 할 수 있었으나 그렇지 못한 조종사들은 귀함하기 전에 안전상 함재기에 장착했던 폭탄을 바다에 버려야만 했다. 함재기 조종사 입장에서 이러한 항공작전은 무장정찰(Armed Reconnaissance) 또는 종심지원(縱深支援-Deep Support)에 지나지 않았다.

미 제7함대사령관 스트러블 제독은 다음과 같이 타전 보고했다.

"오늘 출격 결과는 많은 표적을 찾지 못하여 매우 저조하였다. 단지 몇 대의 우마차와 논에서 일하는 농부들 이외는 적을 발견할 수가 없었다. 트럭 4대를 기총소사하였으나 연소하지 않았고, 다른 4대만이 파괴됐을 뿐이었다. 앞으로 계속되는 공습이 오늘과 같은 조건하에서라면 좋은 성과를 거두기가 어려울 것이다. 지상군과 적절한 통신이 이루어져야만 원만한 근접항공지원작전을 수행하게 될 것으로 사료함." 주)

국방부 『한국전쟁사』 개정판 제2권 p886

26일, 함재기들은 미 제5공군 합동작전본부 권고에 따라 대구 서북쪽으로 출격하여 적 제2사단 및 제3사단의 남진 대열을 찾아 나섰으나 정확한 표적을 발견하지 못하였고, 공지합동작전 절차에 따른 통신유지도 원만하게 이루어지지 않았다.

오후에는 많은 항공기가 목표지역 상공을 비행하는 것보다 4대로 구성된 1개 편대가 적절하다는 판단 아래 1개 편대씩 차례로 출격하여 원활한 공지 통신으로 목표를 발견하고 효과적인 공격을 할 수 있었다.

이날 함재기들은 영동과 김천 부근에서 차량 14대를 공격했고, 적이 숨어 있는 김천 외각의 옥산리(玉山里)를 공격하였는데 갑작스러운 공격에 분산 도주하는 적 2개 중대 규모를 들판에서 기총사격으로 집중 공격하여 약 1개 중대를 사살했다.

이날 함재기 공중지원에 대하여 맥아더 원수는 많은 관심을 나타냈고, 미 제5공군 합동작전본부도 매우 가치가 있다고 평가하였다.

이에 반하여 조이 제독은 미 해군참모총장 셔먼 제독*에게 초기 항모작전 경과를 다음과 같이 타전 보고했다.

"맥아더 원수와 워커 장군은 항모와 함재기의 해상봉쇄 및 전선에 대한 근접항공지원 효과에 대하여 매우 크나큰 기대를 걸고 있으나 해군전략 관점에서 보면 그 성과가 아주 미약할 따름이다. 지상군에게 최소한의 해군항공지원절차를 이해시키기 위해서는 상당한 기간과 교육훈련이 필요하다. 공군의 경우도 해군함재기와 동일한 애로점을 지닐 것이다. 적에게 결정적인 타격을 할 수 있는 가장 효과적인 항공작전이 이루어지려면 근접항공지원교리에 의거한 지·해·공 합동작전이 급선무이다." 주)

국방부 『한국전쟁사 개정판』 제2권 p887

* 인용문헌은 "태평양함대사령관 셔먼 제독에게"라고 기술한 것을 수정했다.

27일 제77기동부대는 연료를 적재한 후 서해로 이동하여 28일부터 공격작전을 재개하였다.

28일, 함재기들은 영동과 함창 부근 적의 집결지, 트럭, 전차 등에 집중 공격을 했다. 또 통신 문제를 해결하고 통제 절차를 개선하기 위해 기동부대에서 해군조종사 1명을 대구 제5공군 합동작전본부에 파견하였다.

29일, 적 제6사단은 순천을 거쳐 여수로 진출하고 있었다. 함재기들은 남해안 순천~하동 지역을 집중 공격하여 트럭 20대 이상과 전차 2대 그리고 교량과 기차를 파괴했다.

작전을 마친 제77기동부대는 오키나와로 이동하였고, 영국 경항공모함 트라이엄프는 제77기동부대를 떠나 영국 기동전대에 복귀했다.

함재기 추락 사고와 조종사 구출

(1) F9F 팬더(Phanther) 제트기 2대와 코르세어기 3대가 해상에 추락하였는데 제7함대의 함정이 전원을 구출하였다.

(2) 어떤 조종사는 함대로부터 80마일 떨어진 해상에 추락하였으나 트라이엄프 항모에서 긴급 출동한 수륙양용기에 의하여 구출되었다.

(3) 근접항공지원에 나섰다가 대전 근교 어느 적진에 추락한 조종사는 육군 헬리콥터가 극적으로 구출하였다.

(4) 트라이엄프 함재기 1대가 서해상에 추락하였으나 추락 위치가 확인되지 않아 구조를 포기하고 있었는데 서해상을 비행 중이던 B-29가 안마도(鞍馬島) 근해에서 표류하고 있는 조종사를 발견하고 통보하여 구축함 바탄(Bartan)호가 현장으로 급히 가서 구출하였다.

이렇게 작전기간 중 추락한 함재기 조종사들은 한 사람도 빠짐없이 선원 구출되었다.(국방부『한국전쟁사』개정판 제2권 p888)

이와 같이 한 사람의 병사도 버리지 않고 구출하는 것은 미국의 인명을 중시하는 인도주의정신(Humanism)에 기본을 둔 때문이다.

제3절 한국 공군 작전

1. 피아 공군 상황

한국 공군

1950년 6월 25일 현재 한국 공군은 병력 1,897명에 경항공기 20대(L-4 8대, L-5 4대, T-6 10대)가 전부였다.주)   국방부 「한국전쟁사」 개정판 제1권 p109, 110

공군은 1948년 5월 15일 통위부 직할 항공부대로 창설하였다. 그 해 6월 23일 조선경비대항공부대로 예속이 바뀌었고, 7월 27일 항공기지부대로 이름이 바뀌었으며, 9월 13일 육군항공군사령부로 개편되면서 연락기 10기를 보유하였고, 2개 소대를 가진 비행부대가 창설되었다.

비행부대장은 김정렬(초대 공국총참모장) 대위가 맡았다.

1949년 10월 1일, 육군항공군사령부는 대망의 대한민국공군으로 독립했다. 이때 병력은 1,600여 명이었고, 보유항공기는 연락기 20대였다.

초대 총참모장에 김정렬 대령이 임명되었다.

비행부대는 비행단으로 개편되었고, 비행단장에 이근석(李根晳) 대령이 임명되었으며, 비행단예하에 4개 비행중대를 편성했다. 또 김포기지 외에 수원, 군산, 광주, 대구, 제주의 5개 비행기지를 추가로 설치했다.

이렇게 태어난 공군은 창설 8개월 만에, 아직 걸음마 단계도 벗어나지 못한 상태에서 6·25남침이라는 엄청난 재앙에 휩쓸리게 되었다.

6월 27일 14시, 서울이 실함될 위기를 맞게 되자 공군본부와 비행단은 수원으로 이동하였다.

7월 1일, 적이 수원으로 진출하자 공군본부와 비행단은 대전으로 이동했고, 김포 지구 주둔 부대들은 수원과 대전을 거쳐 군산, 광주, 대구로 흩어져서 기지보수와 경비업무를 수행하면서 차기 작전에 대비했다.

김정렬 대령

수송상의 어려움 때문에 부대 이동을 통일하지 못하였을 뿐만 아니라 지휘체계에도 혼란을 빚었다.

공군본부는 대전에 있으면서 혼란해진 각 부대 정비에 주력하는 한편 전투기의 지상작전을 활발하게 전개하였다.

3일, 새로 도입한 F-51 전투기가 출격하면서 항공기지사령부를 비롯한 김포 지구에 있던 부대들의 본대가 대구에 집결하였다.

8일, 예하부대에 대한 지휘체계를 확립하기 위하여 근무부대를 창설하였고 19일 이를 후방사령부로 개칭하였으며, 통신대와 기상대를 창설하여 비행단작전에 대한 후방지원 업무 체제를 갖추었다.

항공작전면을 살펴보면

7월 2일, 미 극동군총사령부로부터 F-51제트 전투기 10대를 양수하여 미 제5공군 협조 아래 대지작전에 들어갔고, 6일 대전에서 정찰비행대를 창설하여 T-6기 및 L형 항공기로 지상작전을 도왔다.

24일, 미 제5공군이 대구기지에서 본격적인 항공작전을 펴면서 공군은

27일 진해기지로 이동하여 훈련과 함께 출격 작전을 병행하였다.

▶ 제8권 「19950. 6. 24. 현재 38선 대치전력」 자료 참조

북한 공군

1950년 6월 25일 남침 당시 북한 공군은 민족보위성 소속 항공사단으로 병력이 2,000명, 항공기 총 211대를 보유하고 있었다.

북한군은 1948년 10월 평양비행장을 소련군으로부터 인수하였고, 그해 12월에 IL-10, YAK-9 전투기, PO-2 훈련기 등을 인수했다.

1949년 3월, 소련으로부터 IL-10 및 YAK-10 전투기 30대를 지원받았고, 다음해 4월 같은 기종 60대를 지원받았으며, 6·25남침 1주일 전인 1950년 6월 18일 소련군 조종사들이 같은 기종 60대를 연포(連浦-함경남도)비행장까지 몰고 와서 인도해 주었다.

12월 비행연대가 항공사단으로 확대 개편되면서 예하에 추격기연대, 습격기연대, 교도연대와 공병대대를 편성했다. 각 연대는 3개 대대로 편성했고, 대대에는 소련 군사고문관 2명씩 파견되어 비행훈련을 지원하였으며, 공병대대는 3개 중대로 편성하여 주요항공기지에 배치하였다.

항공기지는 신의주, 평양, 연포, 선덕, 평강, 신막, 해주 등 9개 기지를 두었고, 만주의 연길(延吉)비행장을 사용하였다.

북한 공군이 보유한 항공기 현황은 다음과 같다.

IL-10	IL-2	YAK-9	PO-2 TU-2	일제99식 전투기	일제99식 연습기	일제95식 연습기	M-2 항공기	계 (대)
71	4	100	18	2	1	1	1	198대

자료 : 전쟁기념사업회 『한국전쟁사』 제3권(p409). 항공기 기종별 대수가 있어 인용했다.
국방부 『한국전쟁사』 제2권(p38), 같은 개정판 제1권(p110)은 항공기 총 대수 211대로 기록

6월 28일 북한군은 서울을 점령하였고 이어서 김포비행장을 확보했다.

북한 공군은 남쪽으로 전진하는 저들 지상군을 효과적으로 지원하기 위하여 7월 5일 항공기 일부를 김포비행장으로 전진 배치하였고, 7일에는 항공사단본부와 제25경비부가 김포비행장으로 이동하였으며, 이후 순차적으로 항공사단 비행부대와 지원부서가 김포로 이동했다.

그 후 평강비행장에 주둔하고 있던 공병대대와 기술대대 일부 병력이 강릉비행장으로 이동하였고, 8월 중순경에는 평양 항공사단본부 참모들이 김포비행장으로 이동하였다가 공병대대 및 기술대대의 일부 병력과 함께 9월 초순경에 군산비행장에 진출하였으며 한때 광주 및 사천비행장까지 진출하여 활동하였다.

전쟁 초기 미군 항공기의 공중 공격으로 막대한 타격을 입고 침묵을 지켜온 북한 공군은 7월 초에 공중 활동을 재개하였다. 그러나 저들은 미군기와 정면 대결은 회피하면서 기습공격 전술을 사용했다.

7월 6일, YAK 전투기 4대가 오산 통신 중계소를 공격하였다.

10일, 김포기지로 이동한 추격기연대의 YAK 전투기 4대가 청주 부근에서 우리 지상군을 공격했고,* 다음 날에도 같은 지역에서 YAK 전투기 3대가 나타나서 지상목표를 공격하는 F-80 전투기 편대를 기습했다.

* 전쟁기념사업회 『한국전쟁사』 제3권(p426)은
"7월 10일 청주 부근에서 전투중인 미 제19연대를 공격했다."고 기술했다.
미 제19연대는 7월 4일 한국에 도착하여 1개 대대는 연일비행장 경비 임무에 투입되었고, 1개 대대는 대구에서 예비대로 있다가 11일 대전 방어전에 투입되었다. 미 제19연대는 청주 부근에 투입된 일이 없다.

12일, YAK 전투기 7대가 서울 근교의 목표를 공격하고 있던 B-29기를 공격하여 1대를 격추하였고, 조치원 상공에서도 B-29기 1대를 격추했으며,

오후 늦은 시간에 YAK기 2대가 L-4기 1대를 격추했다.

15일, YAK기 3대가 조치원 부근 상공에서 B-26경폭격기 4대를 공격하였다. B-26 1대가 피해를 입고 대전비행장에 불시착했다.

15일 이와 같은 북한공군의 도발을 분쇄하기 위하여

제5공군사령관 파트리지 장군은 F-80 전투기를 동원하여 YAK기가 있는 김포비행장을 공격하였고,

미 극동공군의 폭격사령관 오도넬(Emmett Jr. O'donnell) 소장은 B-29기 3대를 동원하여 김포비행장 활주로를 폭파하였으며,

제5공군 전폭기와 해군 함재기들은 7월 22일까지 평양, 평강, 온정리 등 북한 내의 항공기지를 완전히 파괴하였다.

22일 이후 UN공군이 완전히 한국 전역에서 제공권을 장악하였고, 더 이상 북한군 항공기는 공격에 나서지 못하였다.

맥아더 원수는 북한 항공시설을 수시로 탐색하여 활동하고 있다고 판단되거나 의심스러운 시설이 발견되면 가차 없이 공격하도록 명령했다.

미 극동공군 정찰기들은 8월 내내 주기적인 정찰 활동을 실시하여 항공기나 항공시설을 발견하는 대로 전투기를 보내서 철저히 파괴했다.

이러한 결과 8월 말 현재 북한공군이 보유하고 있는 항공기는 18대 미만이라고 미 극동공군은 판단하고 있었다.

극동공군사령관 스트래트메이어 장군은

"이상하게도 공중전은 매우 단기간에 끝났으며 한국에서 단숨에 제공권을 확보할 수 있었다. …… 만약에 북한이 현대적인 공군력을 보유했더라면 한국에서의 전세, 즉 육·해·공의 모든 면에서 사정이 전혀 달라졌을 것이다."

라고 했고 폭격사령과 오도넬 장군은

"제공권을 장악하고 있는 한 전략폭격기를 출격시키는 데 있어 호위 전투기가 필요치 않다."고 말했다.주) 전쟁기념사업회 『한국전쟁사』 제3권 p428

북한 공군기의 위협이 없어졌으므로 항공모함은 물론 소형 호위함도 해안 가까이에서 마음 놓고 함재기를 투입할 수 있었다. 이러한 일방적인 대규모 근접항공지원 덕분에 제8군 지상군부대 기동이 자유롭게 이루어져서 점진적으로 전선을 정비할 수 있었다.

2. 공군 철수작전

공군본부 및 비행단 철수

6월 27일 14시, 서울이 실함될 위기를 맞게 되자 재경부대에 대한 후퇴 명령이 내려졌다. 육군본부는 시흥으로, 해군본부는 대전으로, 공군본부는 수원으로 각각 이동하였다.

김정렬 공군총참모장은 여의도기지에서 지휘관 회의를 개최하고 전시 편성과 부대철수에 따른 행동방침을 결정하였다.주) 국방부 『한국전쟁사』 제2권 p294

(1) 비행단은 전투요원인 조종사, 정비사를 기간으로 최소한도로 축소하여 수원기지로 이동한다.

(2) 공군사관학교장은 항공기지사령부, 공군사관학교, 헌병대의 일부 병력으로 김포기지경비사령부를 편성하여 김포반도를 방어한다.

(3) 비행단의 전투요원, 공군병원의 야전병원요원과 김포지구경비사령부를 제외한 각 부대는 서울 이남기지로 철수한다.

(4) 재무감은 공군 가용 예산을 한국은행에서 인출하여 각 부대에 할당,

영달(令達-配定)한다.

(5) 트럭 16대는 김포기지에 있는 휘발유(1,000드럼)를 수원, 대전, 대구기지로 수송하라.

(6) 총참모장은 비행단을 직접 지휘한다.

수원기지로 이동한 비행단은, T-6기는 대구로 이동하고, L형 항공기는 수원에 머물면서 각각 정찰과 연락임무를 수행하도록 하다가 육해공군총사령부 지시로 T-6부대도 대전기지에서 정찰 및 연락임무를 수행했다.

공군 최초의 육전 – 헌병결사대

6·25남침 당시 김포기지에는 항공기지사령부, 공군사관학교, 보급창, 여자항공대, 헌병대, 공군병원 등이 주둔하고 있었다.

김포기지경비사령부를 편성하고 사령관이 된 공군사관학교장 최용덕 준장은 기지 주둔 병력 일부인 375명으로 2개 중대를 편성하고, 27일 오후에 김포읍으로 이동하여 사령부를 김포국민학교에 설치한 후 김포읍 남쪽에 병력을 배치하였다. 육군 김포지구전투사령부도 함께 있었다.

최용덕 준장

6월 27일 저녁 무렵 적 제6사단이 김포반도와 월곶(月串) 및 조강리(租江里) 일대에 상륙하여 28일 08시부터 아군 방어진지에 맹렬한 포격을 가하면서 공격했다. 공군경비사령부는 육군전투사령부와 함께 맞섰으나 중과부적으로 이날 저녁에 수원으로 철수하였다.

김포와 여의도기지에서 수원기지로 이동한 헌병대는 34명으로 결사대를 조직하고 헌병대장 김득룡 중령이 지휘하여 29일 두 번에 걸쳐 김포기지를 탈환하고자 시도하였으나 역부족으로 실패하였다.

　7월 1일 정영환(鄭榮煥) 헌병중위는 헌병대장 김득룡 중령으로부터
"여의도에 침입한 적을 격퇴하고 여의도기지를 탈환하라."
는 명령을 받고 20명으로 결사대를 조직하여 트럭을 타고 2일 01시에 여의도 강둑으로 진출했다. 마침 강둑에는 육군(혼성수도사단 제8연대)이 참호를 파 놓고 방어진을 치고 있었다.

　정영환 중위는 육군 모 대위를 만나서
"여의도기지를 탈환하기 위하여 수원에서 왔다."
고 설명하자
"공군이? 그것도 고작 20명의 인원으로 적을 어떻게 격퇴하겠느냐?"
고 하면서 대수롭지 않게 생각하였다. 정 중위는
"명령받고 왔으므로 공격해야 한다."
고 알리고 지원사격을 부탁했다.
"기지를 점령하면 태극기를 게양할 테니까 지원 병력을 보내 달라."
고 부탁한 후 육군의 지원사격을 받으며 여의도기지로 돌진했다. 불의의 기습을 받은 적은 마포 쪽으로 퇴각했고, 헌병결사대는 여의도기지를 점령했다. 그리고 태극기를 게양했다.

　이때가 04시경.

　아무리 기다려도 육군 증원 병력은 오지 않았다. 해가 떠 오자 적은 병력으로 더 버티는 것은 무리하다고 판단하고 강 남쪽으로 전진하여 트럭을 타고 수원으로 철수하였다. 트럭을 타면서 인원을 점검했는데 1명이 없어졌고, 3명이 부상했다.주) 　　　　　국방부 『한국전쟁사』 개정판 제1권 p812, 814, 815
없어진 1명은 전사한 것으로 추측할 뿐이다.

3. 항공 작전

북한 공군 공습

1950년 6월 25일 10시경, 북한 YAK 전투기 2대가 여의도와 김포비행장 상공에 나타나서 저공으로 선회하다가 그대로 북쪽으로 사라졌다.

정오경부터 북한 공군의 공습이 시작되었다. YAK기 4대가 용산역과 서울공작창, 운전사무소, 통신소에 기총사격을 했고, 용산에 위치한 교통부 육운국청사에는 기총사격과 함께 폭탄공격을 했다.

16시 YAK기 5대가 나타나서 그 중 2대는 김포기지를, 나머지 3대는 여의도기지를 공격했다. 김포에서는 관제탑과 저유탱크를 공격했고, 비행장에 주기중(駐機中)인 미 항공수송단 C-54 수송기 1대를 파손시켰으며, 여의도에서는 공군 T-6 항공기를 공격하여 1대에 손상을 입혔다.

이날 19시경 YAK기 6대가 다시 김포비행장을 공격하여 C-54수송기를 완전히 파괴하였다.

26일에도 공습은 이어졌다. YAK기 4대가 3차례에 걸쳐 김포와 여의도를 공격했고, 영등포와 한강 남쪽 일대에 기총사격을 했다.

27일 10시와 15시 두 차례에 걸쳐 YAK기 4대가 여의도기지에 10개의 폭탄을 투하했고, 정오경에는 YAK기 5대가 1,000피트 저공에서 김포기지를 공습했다. 미국인 철수를 엄호하기 위하여 인천 상공에서 초계 비행 중이던 미 극동공군 F-82 전투기 5대가 반격하여 YAK기 3대를 격추했다. 한국전 최초로 미군조종사가 북한공군기를 격추시킨 기록이다.

오후에 두 차례에 걸쳐 북한의 IL-10 전투기 8대가 김포기지에서 미국인 철수작전을 수행하고 있는 미군 수송기를 공격하였는데 미 공군의 F-80C 4대가 반격하여 4대를 격추시켰고, 4대는 도주했다. 이날 하루에 북한 공군기 7대가 격추되었다.

　28일과 29일에도 북한 공군의 공습은 계속되었다. 수원비행장과 영등포역 그리고 시흥역을 공격하여 철도와 역사에 피해를 입혔다. 특히 29일에는 맥아더 원수가 전선을 시찰하기 위하여 수원에 도착하던 날인데 이날 맥아더 원수가 탑승한 바탄(Bataan)호가 수원에 도착하기 직전 북한공군기의 공격을 받은 C-54수송기가 불타고 있었다.

　맥아더 원수가 이승만 대통령 영접을 받고 공항 청사로 나오다가 북한기의 공격을 받아 논 두렁에 대피하는 위급한 사태가 벌어졌다.

　이승만 대통령은 맥아더 원수에게

"My friend General, 스탈린과 김일성의 환영인사로 받으시지요."
라고 조크했다는 기록이 있다. ▶ 제4장 제1절 「4. 맥아더사령관」 참조

　맥아더 원수가 수원에서 회의를 하고 있을 때 수원비행장을 공격하려고 YAK기 4대가 나타나자 미 공군 F-51기가 출격하여 YAK기 4대를 모두 격추시켰다.

　북한 공군은 항공사단 비행부대를 지상군 주력부대인 제4사단에 배속하여 사단장 이권무 소장 지휘하에 후방차단 및 근접항공지원업무를 수행하고자 하였으나 국군작전에 결정적인 영향을 주지 못하였을 뿐만 아니라 미 공군이 참전하고 1주일이 못 되는 기간에 보유항공기는 지상과 공중에서 모두 파괴되어 저들 항공작전구상은 무산되었고, 이후 전쟁기간 중 북한공군 항공작전은 완전히 자취를 감추고 말았다.

한국 공군 초기작전

　6월 25일 10시 북한군 YAK기가 여의도와 김포비행장을 정찰하고 돌아간 뒤에 김정렬 공군총참모장은 즉시 항공기를 대피시키도록 지시하는 한

전선으로 출격하는 건국기 편대

편, 여의도기지에 작전지휘소를 설치하고 전 장병을 대공사격반, 대공감시반, 비행반, 정비반, 연락반, 수송반, 구호반 등으로 편성하여 전투태세를 갖추면서 전 항공기를 동원하여 수도권방위태세에 들어갔다.

비행단장 이근석 대령은 T-6기 10대를 3개 편대로 편성하고 이 편대를 지휘하여 개성, 문산 방면과 의정부, 포천, 동두천 및 춘천 방면으로 정찰비행에 나섰다.

포천 북방에 북한군 지상군이 대거 집결해 있는 것을 발견하였고, 개성 방면에는 북한군의 전차가 남진하고 있는 것을 발견했다.

정찰을 마치고 기지로 돌아온 조종사들은 육군병기창에서 제조한 국산 폭탄(15kg) 274개와 서울시 경찰국에서 수류탄 500개를 인수하여 T-6기에 나누어 싣고 이날 18시에 출격했다.

그때 북한군은 제6사단이 개성을 지나 계속 남진하고 있었고, 제3사단과 제4사단은 전차를 앞세우고 포천과 동두천으로 남진하고 있었다. T-6기 편대는 이들 상공에서 200피트로 저공비행을 하면서 후방석 관측사가 손으로 적 전차와 차량에 폭탄과 수류탄을 투하했다. 지극히 원시적인 방법이었으나 당시 우리 공군 실정으로는 달리 방법이 없었다.

기지로 돌아온 비행단은 밤을 새워 T-6기 양쪽 날개에 폭탄걸이 8개를 만들어 달았다.

26일 아침, 폭탄걸이에 폭탄 8개씩을 달고, 동두천과 포천 방면으로 출격하여 전차 및 차량과 병력을 상대로 폭탄을 투하했다.

이날 오후 이근석 대령을 비롯한 T-6조종사 10명이 미국 공군이 제공한 F-51기를 인수하기 위하여 일본으로 갔다.

T-6기 조종사들이 일본으로 가자 27일부터는

윤응렬(尹應烈), 오춘목(吳春睦), 김두만,

이강화(李康和), 전봉희(田鳳熙) 중위와 최종봉(崔鍾奉) 소위 등

남아 있는 조종사들이 한번도 타 보지 않은 T-6기를 지상교육만 받고 출격하는 응급처방을 할 수밖에 없었는데 그나마 보유하고 있던 폭탄을 27일 다 사용하고 나서는 정찰과 연락임무만 수행하였다.

일본으로 간 조종사들은 이타쓰케(板付) 공군기지에서 1주일간 조종 교육을 받은 뒤 7월 2일 인수한 전투기를 몰고 대구기지로 돌아왔다.

6월 27일까지 공군이 세운 전과는 다음과 같다.

적 사살	차량	전차	교량	보급소	포 진지	선박
130명 (추정)	(파손)1대 (일부파손)5대	(일부파손)4대	(파손)4개소	(파손)1개소	(파손)2개소	(일부파손)2척

자료 : 전쟁기념사업회 『한국전쟁사』 제3권 p417

정찰비행대작전

수원기지로 이동한 L형 항공기는 박범집(朴範集) 대령이 지휘하여 한강

일대와 중부전선에서 정찰작전을 수행했다.

6월 30일, 이경복(李慶福) 상사와 백성흠(白聖欽) 상사는 L-5기에 함께 타고 노량진 상공에서 정찰비행을 하던 중 적 대공포화를 맞고 추락하여 전사했다. 한국 최초의 공군조종사 희생 기록이다.

나창준(羅昌俊) 상사와 정비장교 조명석(趙明錫) 중위는 한강 북안을 정찰하던 중 적 대공포화에 후방석 조 중위가 관통상을 입고 전사했다.

7월 1일, 적의 한강도하가 임박해지자 L형 항공기부대는 대전기지로 이동했다.

7월 3일부터 한국 공군은 F-51 전폭기 작전을 실시하였다.

6일 대전기지에 있는 T-6기 6대가 대구로 이동하여 충주~음성~진천~천안~온양~평택~안양~시흥 일대 적정을 정찰하는 한편 피난민과 적 치하에 있는 국민들에게 선무(宣撫) 전단을 살포하였고, 지휘관 수송과 전·후방 간 또는 부대간 연락임무도 수행하였다.

대전기지에서 항공기 7대(L-5 2대, L-4 3대, T-6 2대)와 조종사를 포함한 장병 100명으로 정찰비행대를 창설하고 육군 지상작전을 지원하였다.

대장에 오점석(吳占石) 대위가 임명되었다.*주) 국방부 『한국전쟁사』 개정판 제2권 p892

* 전쟁기념사업회 『한국전쟁사』 제3권(p419)은 '74명으로 정찰비행대 창설'

정찰비행대는 서울과 홍천, 횡성 방면에서 정찰임무를 수행하면서 미군 전투기의 공격 목표를 유도하고, 전과를 확인하는 등 작전을 수행했다.

12일 10시, 박재호(朴在浩) 이등상사와 박문기(朴文琦) 일등중사는 L-5기를 타고 공주~소정리~온양 일대 도로를 정찰하기 위하여 대전기지를 떠나 온양으로 가던 중 소정리 남쪽 10km 지점에 이르렀을 때 산에서 적 기관포탄이 날아와 기체를 관통했고, 후방석에 있는 박문기 중사가 부상을 입었다. 박재호 상사는 기체가 손상을 입어 정상 비행이 어려운 비행기를 급히 선회하여 적 사정권 밖으로 이탈한 후 대전기지로 무사히 돌아왔다. 그러나 비행기는 크게 파손되었다.

14일, 전선이 남하하여 금강 방어선이 위협받게 되자 정찰비행대는 김천으로 철수하여 김천형무소 앞 협소한 도로를 활주로로 사용하면서 작전을 수행하였고, 정찰기 T-6 2대가 F-51 전폭기 작전을 지원하기 위해 대구기지로 이동했다.

정찰비행대는 L형 4대만으로 정찰 작전을 계속했다.

F-51 전폭기작전

6월 25일 오전, 김정렬 공군총참모장은 신성모 국방부장관에게 전투기의 필요성을 이승만 대통령에게 강력히 건의해 줄 것을 요청하였고, 국방부장관은 이를 이 대통령에게 건의했다.

이승만 대통령은 당장에 주한 미국대사 무초에게 쉴 새 없이 전화를 걸어 F-51전폭기와 폭탄 그리고 대전차바주카포(로켓포)를 지원해 달라고 애원했다. 당시 북한군의 가공할 신무기 T-34전차는 우리에게 가장 위협적인 존재였고, 우리 군은 이를 방어할 무기를 갖지 못했다. 그래서 비행기는 더욱 절실했다.

무초 대사는 이 요구를 맥아더 사령부에 전달하는 한편 본국의 국무부장관에게도 다음과 같이 보고했다.

"국무부도 잘 알겠지만 이 대통령과 한국 관리들은 무엇보다 항공원조를 미국에 바라고 있다. 앞으로 적의 행동 방향은 미국이 충분한 항공지원을 제공할 것인가의 여부에 크게 좌우될 것이다." 주)

극동군총사령관 맥아더 원수는   전쟁기념사업회 『한국전쟁사』 제3권 p420

공군조종사 10명이 조종훈련을 받고 있다.

"미 극동공군사령관 스트래트메이어 중장이 곧 방한할 것이므로 이 문제를 협의토록 하겠다."

는 회신을 했다.

6월 26일, 미 극동공군사령부의 한 참모가 김정렬 총장을 방문하고

"현재 한국 공군에서 F-51항공기를 훈련 없이 조종할 수 있는 조종사가 몇 명이나 되는가?"

라고 물었고 김정렬 총장이 대답했다.

"10명은 조종이 가능하다."

그 참모는 즉석에서 "F-51항공기 10대를 지원하겠다."고 약속했다.

이 약속은 즉각 실행에 옮겨졌다.

6월 26일 19시 이근석 대령이 지휘하는 조종사 10명이 수원비행장에서 미 공군 C-47수송기를 타고 출발하여 21시에 일본 이타쓰케기지에 도착하

였고, 그곳에서 1주일간 비행훈련을 받은 후 7월 2일 오전에 F-51전폭기 10대를 인수하여 대구기지(K-2)로 돌아왔다.

미 제5공군은 한국 공군에 대한 지원과 조종사 훈련을 위하여 바우트-원(Bout-1=한 판 승부) 부대를 편성하여 헤스(Dean E. Hess) 소령을 책임자로 한 조종사 4명과 정비사 10명을 함께 보내주었다. 당시 한국 공군에는 F-51전폭기를 정비할 정비사가 없었다.

바우트-원은 7월 16일 필리핀에서 편성한 댈러스(Dallas) 대대가 대구기지로 진출하여 15일부터 작전에 들어가면서 댈러스 대대와 함께 제51전투비행대대로 편성되었다.

바우트-원 책임자 헤스 소령은 한국 공군의 교육 훈련을 위하여 편제된 미 제6146부대에 바우트-원의 임무를 흡수하고 그 책임자가 되었는데 한국 공군에서는 이 부대를 헤스 부대라고 불렀다.

제6146부대는 한국 공군을 지원하다가 1951년 5월 한국공군지원단(Korean Air Force Advisory Group)으로 개편되었다.주)

전쟁기념사업회 『한국전쟁사』 제3권 p429

한국 공군이 인수한 F-51전폭기는 다음 날인 7월 3일부터 출격했다.

10시 30분 전폭기편대 4대가 시흥역으로 출격하여 남진하는 북한군에게 기총사격을 가했고, 인근 연료저장소를 공격했다. 이어 14시 15분에는 4기의 전폭기편대가 노량진에 있는 탄약집적소를 공격했고, 영등포역에서 전차 2대와 트럭 1대를 파괴했으며, 북한군 30여 명을 살상했다.

4일 11시 육군으로부터 안양 일대에 적 전차가 집결해 있다는 통보를 받고 전폭기 4대가 출격했다. 전폭기가 목표 상공에서 적 전차를 발견하자 이근석 대령을 선두로 기총사격을 하면서 급강하하였다. 이때 적 대공포화가 이근석 대령의 애기(愛機)를 명중하였고, 이근석 대령은 애기와 함께 적 전

공군이 인수한 F-51 전투기가 현해탄 상공을 날아온다.

차에 돌진하여 산화했다.

이근석 대령 전몰 보고를 받은 이승만 대통령은

"미 공군이 작전을 하고 있으므로 우리 조종사들은 출격 작전을 일단 중지하고 한층 더 훈련을 잘 한 다음에 작전에 참가하도록 하라."
고 김정렬 총장에게 지시하였다.

김정렬 총장은 조종사 훈련이 시급함을 인식하고 다음과 같은 두 가지 해결 방안을 모색하였다.

첫째, 미군 조종사를 편대장으로 하고 한국군 조종사가 함께 출격하여 우리 조종사의 조종 기술을 숙달시키면서 희생을 막는 방안

둘째, 우리 조종사의 출격을 중지하고 일정한 기간 훈련을 할 수 있는 기회를 가지는 방안. 그 공백을 줄이기 위하여 미 공군 일부가 한국으로 이동하여 항속거리를 단축시킴으로써 지상군 작전지원을 효과적으로 수행하는 대안을 마련하는 것

김정렬 공군총참모장은 이근석 대령이 전사하자 조종사의 신변 안전을

도모하고, 전투 기술을 향상시키기 위하여 미 공군조종사와 합동작전㈜을 협의하는 한편 F-51전폭기 조종사 양성을 계획하면서도 전황이 긴박하여 출격은 멈출 수 없었다.
국방부 「한국전쟁사」 개정판 제2권 p894

이때 적은 한강을 도하하여 수원까지 육박해 있었다.

5일, 이근석 대령 전몰로 조종사들은 적개심을 불태우고 있었다.

08시 30분, 편대장 김영환(金英煥) 중령이 지휘하는 F-51전폭기편대 4기는 노량진과 영등포 일대에서 적의 트럭 2대와 연료집적소 1개소를 불태웠고, 13시 30분에는 서빙고 상공으로 출격하여 적 행군대열에 기총사격을 가하여 30여 명을 살상하고 트럭 1대를 파괴했다.

이근석 대령

6일, 일기가 불순하여 출격할 수 없었다. 적은 공중 위험이 없는 틈을 타 병력과 보급품을 대거 전선으로 이동한 것으로 관측되었다.

10시, 김신(金信) 중령이 이끄는 전폭기 편대 4기는 수원 상공에서 병력집결지를 발견하고 기총소사로 공격하여 20여 명을 사살했다.

어제부터 로켓포탄이 떨어져서 기총으로만 공격하고 있는 실정이었다.

13시 50분 수원으로 출격한 김영환 중령 편대 3기는 탄약집적소 3개소를 공격하여 주변 일대를 불바다로 만들었다.

16시 40분, 강호륜(姜鎬倫) 대위와 정영진(丁永鎭) 중위는 수원 상공에서 병력집결지를 공격하여 30여 명을 살상하는 전과를 올렸다.

7일과 8일은 악천후로 대지공격은 하지 못했다.

9일, 오후 기상이 좋아져서 출격을 개시했다. 작전지역을 서울~수원에서 문산~이천선까지 확대했다.

13시 30분 김영환 중령이 지휘하는 편대 4기는 문산 상공에서 적의 행군

대열을 공격하여 10여 명을 살상했고, 16시 30분에는 문산~이천 일대에서 적 트럭 1대를 파괴하고 5명을 살상했다.

10일, 적이 천안을 통과하자 비행단에서는 평택~천안 일대 병력집결지를 표적으로 삼았다.

09시, 김영환 중령 편대 3기는 평택으로 출격하여 병력집결지를 공격하고 25명을 살상하였고, 14시에 김영환 중령과 김신 중령은 평택~천안 방면에서 트럭 2대를 파괴했다.

11일, 김영환 중령이 지휘하는 전폭기 편대 3기는 오산~조치원 간 도로를 따라 남진하는 적의 대열을 공격하여 적 20여 명을 살상하고, 탄약집적소 1개를 화염으로 덮어놓았다.

12일부터 15일까지 일기가 불순하여 출격하지 못했다.

일본으로부터 로켓포탄이 공급되어 전폭기에 장착하였다.

16일, 박희동 대위의 전폭기 편대 4기는 모처럼 로켓포탄을 장착하고 14시에 성환으로 출격하였는데 적의 차량 및 행군대열이 발밑에 나타났다. 로켓포탄을 투하하고 기총을 쏘아 적병 30명을 폭살시키고 트럭 5대를 불태웠으며, 탄약집적소 3개소를 검붉은 화염으로 뒤덮었다.

17일, 오전에 기상이 고르지 못하여 출격하지 못했다. 14시에 박희동 대위 편대 4기는 충주 상공으로 출격하여 기동 중인 적 대열을 공격한 끝에 15명을 살상하고 부근에 있는 연료집적소 2개소를 불태웠다.

18일, 08시 35분 박희동 대위 편대 3기는 제6사단이 교전 중인 충주~문경 일대에서 전차 2대와 트럭 1대를 파괴하고 적병 15명을 사살하였고, 14시 50분에 정영진 중위와 김성룡 중위는 단양~문경 방면으로 출격하여 로켓포탄과 기총으로 적 포진지 2개소를 부시고 적병 10명을 살상했다.

19일부터 22일까지 기상악화로 공중공격이 부진하였다.

23일 13시 30분에 강호륜 대위 편대 3기는 대전에서 병력집결지로 판단되는 건물 3동을 파괴하고 적병 30명을 폭살시켰으며, 연료집적소 2개소를 불태웠다.

16시 30분 정영진 중위 편대 3기는 논산에서 육군진지에 불덩이를 토하는 적 포병진지에 로켓포탄을 퍼부어 2개 포진지를 흙더미로 만들었고, 다시 부근에 있는 보급품집적소에 화력을 집중하여 보급품집적소 2개와 트럭 2대를 화염으로 뒤덮어 놓았다.

24일 09시, 강호륜 대위는 전폭기 3대를 지휘하여 영주에서 보급품집적소 3개를 불사르고 이어서 병사(兵舍)로 판단되는 건물에 로켓포와 기총으로 공격하여 건물 2동을 불태우고 병력 30여 명을 살상했다.

25일 10시, 장동출(張東出) 중위 편대 4기는 영주 상공에서 적의 행군대열을 공격하여 트럭 3대를 태우고 20여 명을 살상했다.

26일 08시 30분, 김성룡 중위와 이상수(李相垂) 중위는 영주 일대에서 전차 1대와 트럭 2대를 파괴하고 적병 10명을 사살하였으며, 포병진지 2개소를 부셨다. 13시 30분에는 군산~광주 방면으로 출격하여 탄약집적소 3개소와 트럭 1대를 파괴했다.

공군 F-51전폭기가 7월 3일부터 26일까지 총 91회 출격하여 올린 종합전과는 다음과 같다.

파괴				폭파			병력 살상 (추정)
트럭	전차	포병진지	적입주건물	탄약집소	연료집적소	보급품집적소	
21대	3대	6개소	5동	10개소	5개소	5개소	270명
17대	7대	9개소		(연료집적소와 함께) 18개소			300명

자료 : 국방부『한국전쟁사』개정판 제2권 p899(위). 전쟁기념사업회『한국전쟁사』제3권 p421(아래)

한미합동작전 – 편대장은 미군이

7월 4일 이근석 대령이 전사한 후 조종사들이 몹시 흥분해 있었고, 적개심이 치솟아 있어 조종 기술이 미숙한 조종사들이 무슨 일을 저지를지 알 수 없었다. 이러한 상황을 감지한 김정렬 총참모장은 당시 한국 공군에 대한 지원과 조종사 훈련을 위하여 파견된 바우트-원의 책임자 헤스 소령에게

"우리 조종사들이 몹시 흥분해 있는데다가 조종 기술이 미숙하여 그대로 두면 인명과 기체의 손실만을 더할 우려가 있으므로 편대장만이라도 당신들이 타 주면 좋겠으니 상부와 협의해 달라."

고 부탁하였다. 헤스 소령은

"태극기가 그려진 비행기에 미군 조종사가 타는 것은 국제법상 곤란하다."

는 의견을 제시하였다. 그러면서도 관심을 보였다.

"상부에서 승인하면 미군 조종사를 태우겠다."

상부에 건의한 결과 처음에는 거절하다가 포기하지 않고 계속 건의하자 3일째 되는 날 미 제5공군으로부터 승낙의 회답을 받았다.

바우트-원 부대는 한국 공군에 대한 지원과 조종사 훈련을 위하여 미군 조종사 4명과 정비사 10명이 와 있었다. 이들 4명의 조종사가 편대장이 되고 한국군 조종사 2명이 편대요원으로 동승하게 하였다. 편대는 3기로 편성하였다.[주] 국방부 『한국전쟁사』 개정판 제2권 p901 「김정렬 장군의 증언」

이렇게 해서 김정렬 총장의 첫 번째의 염원은 이루어졌다.

이러한 증언에도 불구하고 앞 본문에서 본 바와 같이 7월 중에 한국군 조종사가 편대장을 맡아 작전을 수행한 것으로 기술되어 있다.

4. 부대 정비

공군본부

공군은 6월 27일 오후부터 서울 이남으로 이동하기 시작하여 7월 4일 현재 공군본부는 대전으로 이동했고, 비행단은 주력이 대구기지에, T-6기 및 L형 항공기는 대전기지로 이동했으며, 김포 지구에 있던 부대들은 대전기지를 비롯하여 군산, 대구, 광주기지 등에 분산하여 주둔했다. 이렇게 분산 주둔하면서 이동에 따른 혼란이 많았고 이동 후에는 지휘체계가 확립되지 않았으므로 자체 정비를 서둘러야 했다.

공국본부는 대전여자중학교에 자리를 잡고 차모부장 박범집 대령이 지휘하여 부대정비에 들어갔다.

각 참모 부서별 활동 내용은 다음과 같다.

인 사 국 : 낙오병 수용관리 및 재배치
정 보 국 : 일선과 후방 각 부대 동향 파악
작 전 국 : 각 부대 위치선정과 정찰비행대 창설
군 수 국 : 주식을 비롯한 군수물자 조달과 보급
재무감실 : 자금 수령과 배정
정훈감실 : 신문보도와 방송 활동
헌 병 대 : 순찰과 군 풍기 단속

박범집 대령

공군 각 부대가 안정을 되찾을 무렵인 7월 7일, 대전여자중학교를 미군에 인계하고 대전사범학교 부속국민학교로 이전하였고, 13일 전선이 대전 부근까지 밀려오자 작전국장 박원석(朴元錫) 소령이 본부선발대 85명을 지휘하여 열차를 타고 대구로 가서 대구중학교에 자리를 잡았다.

15일, 공군본부 나머지 병력 78명을 인사국장 한용현(韓鏞顯) 중령이 인솔하여 트럭을 타고 대구공업중학교로 이동하였다.

18일, 대구공업중학교를 미군 공병대에 인계하고, 대구중학교로 이동한 선발대와 함께 대구효성여자중학교로 옮겼다.

7월 27일, 후방사령부를 해체하고 그 예하부대를 본부직할로 하여 공군본부가 직접 지휘하였다.

근무부대(후방사령부)

항공기지사령부를 비롯하여 김포 지구에 주둔한 부대들은 김포지구경비사령부를 설치하고 김포 지구의 방어작전에 투입되었다가 6월 28일 수원을 거쳐 대전, 군산, 대구, 광주 등지로 분산 이동하였다.

7월 6일 김포지구경비사령부를 해체하고, 8일 대구기지에 공군사관학교장 최용덕 준장을 부대장으로 근무부대를 설치하여 항공기지사령부와 사관학교, 보급창, 헌병대 및 병원을 통합지휘하게 하였다.

이와 함께 항공기지사령부 예하에 대전, 군산, 대구, 광주, 사천, 김해와 제주 등 7개의 기지파견대를 설치했다.

19일 근무부대를 후방사령부로 개칭하는 동시에 항공기지사령부를 해체하여 후방사령부가 기지파견대를 지휘하게 하였고, 또 공군사관학교를 잠정적으로 해체하여 생도들을 각 기지부대에서 근무하도록 하였다.

전선이 호남 방면으로 밀려옴에 따라 군산기지파견대는 22일까지 사천기지로, 광주기지파견대는 24일까지 김해기지로 각각 이동하였다.

부대정비결과 각 기지부대에 대한 지휘통솔이 원활하게 이루어지자 27일 후방사령부를 해체하여 그 업무를 본부에서 직접 관장하고, 보급창을 해체하여 군수국에 통합하였으며, 통신대와 기상대를 창설하였다.

헌병대(김득룡 중령)는 5일 평택에서 대전으로 이동한 뒤 낙오병을 수습하여 기지를 경비하다가 15일 본부와 함께 대구로 이동하여 대구역전에 본대를 설치하고, 대구와 김해 및 수영 등 3개 기지에 헌병을 파견하여 기지 경비를 담당하였고, 또 팔공산 공비토벌작전에도 병력을 투입하는 등 광범위한 임무를 수행했다.

_{4.「부대정비」 참고문헌 : 국방부 『한국전쟁사』 개정판 제2권 「다. 부대의 재정비」 p899}

F-51전폭기 진해로 이동

7월 초(5, 6일경) 미 제5공군사령관 파트리지 중장이 전세를 검토하기 위하여 대구에 왔을 때 김정렬 총장은

"미 제5공군이 대구기지로 이동하여 작전을 해 주면 좋겠다."

는 의견과 함께 미 제5공군이 한국으로 이동한다면 별다른 절차 없이 대구기지를 제공하겠다고 제안했다. 파트리지 중장은

"전선이 급속도로 남하하여 불안하고 대구기지는 시설이 미비하다."

는 이유를 들어 난색을 표했다. 김정렬 총장은

"전국이 불안하다고 해도 현재 대전 북방에서 전투를 하고 있어 대구기지는 안전을 유지할 수 있고, 시설은 현재 한국조종사가 대구기지에서 F-51기로 작전을 수행하고 있어 별 문제가 없다."

는 점을 들어 강력하게 설득했다.

파트리지 중장은 즉석에서 명확한 답변은 하지 않았으나

'한국으로의 기지 이동 문제는 현재 검토 중에 있으므로 곧 어떠한 조치가 있을 것'

이라는 희망적인 언질을 주고 떠났다.

7월 27일, 미 제5공군 기지대대와 비행대대와 함께 전방사령부(뒤에 주한미 제5공군사령부)가 대구기지로 이동하여 전방제대가 모든 체제를 갖추고

대구기지에서 본격적인 항공작전을 펼치게 되었다.

미 제5공군 전방제대가 대구기지로 이동하자 한국 공군은 대구기지를 미 공군에게 인계하고 F-51기의 이착륙에 가장 적합한 사천기지로 이동하기로 정한 뒤에 선발대를 출발시키고 27일 오전에 김정렬 총장이 T-6기 6대를 지휘하여 사천기지로 갔다.

김정렬 총장은 전황을 파악하고 지상군과의 연락을 취하기 위하여 진주 군청으로 갔다가 이날 채병덕 소장이 전사했다는 소식과 함께 사천 방면의 전황이 위급함을 알았다. 즉시 사천기지로 돌아온 김 총장은 이미 와 있는 비행기를 이끌고 진해기지로 다시 이동했고, 대구기지 비행단 요원을 진해기지로 이동하라고 지시했다.

갑자기 이동하게 된 진해기지는 부대시설은 비교적 양호했으나 활주로 길이가 짧아서 F-51전폭기가 이착륙하기에는 어려움이 있었다. 그래서 가까운 김해기지를 함께 사용하기로 하였다.

김해기지는 부대시설은 빈약했으나 콘크리트로 된 2,000m 길이의 활주로가 있어 F-51기의 비행훈련에 적합하였다. 그래서 숙식은 진해기지에서 하고, 비행훈련과 출격은 김해기지에서 하는 이원적인 방법으로 운영하기로 하였다.

28일부터 30일까지 기지 이동과 부대 정비를 마치고, 8월 1일부터 김해기지를 왕래하면서 조종훈련에 들어갔다.

참고문헌 : 국방부 「한국전쟁사」 제3권 「F-51비행부대의 재훈련」(p352)
같은 개정판 제2권 「김정렬 장군의 증언」(p901, 902)

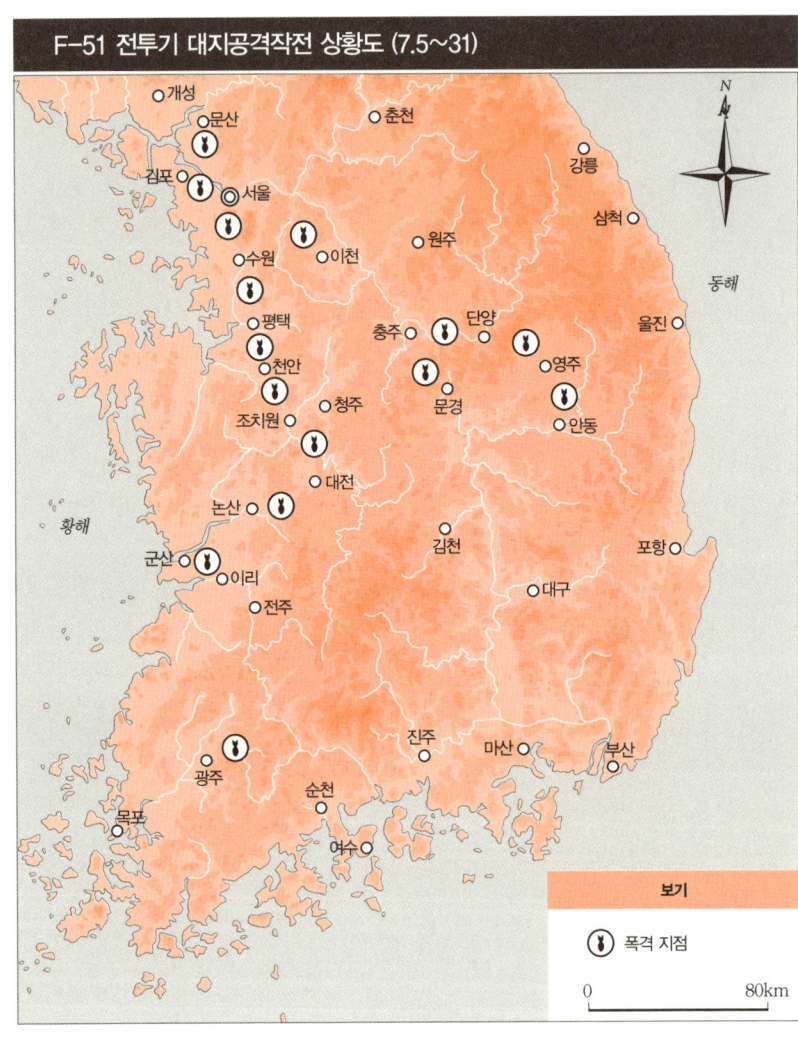

제4절 UN 공군 작전

1. 미 극동공군

미 극동공군 편제와 현황

미 극동공군 예하에는 제5, 제13, 제20(전략공군)공군이 있었다.

제5공군은 미 극동군총사령부의 주력공군으로 일본 나고야(名古屋)에 사령부를 두고 일본본토방위 임무를 띠고 있었다.

제13공군은 사령부를 필리핀 루손(Luzon)섬 중앙 클라크(Clark) 기지에 두고 필리핀 지역 방위임무를 띠고 있었다.

제20공군은 오키나와(沖繩) 가데나(嘉手納) 기지에 사령부를 두고 오키나와와 마리아나 해역 방위 임무를 담당하고 있었다.

각 공군의 편성과 주둔지는 다음 쪽 표와 같다.

항공작전 지휘체계 정립

6·25전쟁에 참전한 미군 항공기는 극동공군과 앞 해군작전에서 본 해군항공대가 있다. 이들은 미 극동군총사령관에게 예속되어 있으면서 극동 해

미 극동공군 편성과 주둔지 (1950. 6. 25. 현재)

제5공군 : 사령관 파트리지 소장	
규슈(九州), 이타쓰케 기지	제8전폭비행단(제8전폭전대)
	제35, 제36, 제80전폭기대대(B-26)
	제68전천후 요격대대
혼슈(本州-일본 본토)	제3폭격비행단(제3폭격전대)
존슨(Johnson) 기지	제8, 제13폭격대대(B-26)
혼슈, 나고야 기지	제347전천후 전투비행단(6월 24일 활동 중지)
혼슈, 다치카와(立川) 기지	제374공정비행단. 제6, 제22공정대대(C-54)
혼슈, 요코다(橫田) 기지	제35요격비행단(제35요격전대)
	제39, 40, 41요격대대(F-80)
	제339전천후전투비행대대(F-82)
	제8전술정찰대대(RF-80)
혼슈, 미사와(三澤) 기지	제49전폭비행단(제49폭격전대)
	제7, 제8, 제9전폭대대
제13공군 : 사령관 터너(Howard M. Turner) 소장	
필리핀 루손섬	제18전폭비행단(제18전폭전대-F-80)
클라크 기지(사령부 함께)	제12, 제14, 제67전폭대대
	제21공정대대(C-54 배속)
	제6204사진지도제작 비행대대(RB-17정찰기)
제20공군 : 사령관 킨케이드(Alvan C. Kincaid) 소장	
오키나와, 나하(Naha) 기지	제51요격비행단(제51요격전대-F-80)
	제16, 제25, 제26요격대대
	제4전천후 전투비행대대(배속)
오키나와, 가테나 기지	제31사진정찰대대(RB-29 배속)
괌, 안델슨(Andelson) 기지	제19폭격비행단(제19폭격전대-B-29)
	제28, 제30, 제93폭격대대

자료 : 국방부 『한국전쟁사』 개정판 제1권 p862~864
전쟁기념사업회 『한국전쟁사』 제3권 p422, 423

군사령부와 극동공군사령부가 각각 작전을 통제하여 혼선을 빚고 있었다.

예를 들면 7월 4일 미 극동공군 B-29중폭격기가 예정된 계획에 따라 출격했는데 공격 목표는 이미 해군 함재기가 폭파한 뒤였다. 이러한 원인은 공군과 해군지휘관들이 독자적으로 작전을 수행한 때문이다.

7월 8일, 미 극동공군사령관 스트래트메이어 중장은

'지상기지의 공군기와 항공모함의 함재기가 한국에서 작전할 때에는 미 극동공군사령관 통제하에 둘 것'을 미 극동군총사령부에 건의하였으나 아무런 반응이 없자 7월 10일 양군업무한계를 다음과 같이 정하여 다시 건의하였다.

스트래트메이어 중장

(1) 지상군 근접지원과 일본 및 한국 지역 공중방위임무는 제5공군사령관이 수행한다.

(2) 북한 보급로, 산업 및 군사시설을 파괴하는 목표 선정, 시간 지정은 극동공군사령관이 지시한다.

(3) 폭격기 호위 임무는 제5공군사령관이 이를 지시한다.

(4) 항공모함이 북한 지역 내에 진입할 때에는 미 극동해군사령관이 동의할 때 실시한다.

이 건의에 대하여 미 극동해군 측에서 반대의사 표시를 하자 미 극동군총사령부 참모장 아몬드 소장은 절충안을 제시하였다.

(1) 미 극동공군사령관은 미 극동군총사령관이 지시한 작전을 수행하기 위하여 모든 항공기를 지휘 및 통제할 수 있다. 다만 해군정찰, 대잠작전(對潛作戰) 등 해군임무 지원 작전은 제외한다.

(2) 미 극동해군사령관은 미 극동군총사령관이 지시한 임무수행에 사용되는 모든 항공기를 지휘·통제한다.

세부 사항을 다음과 같이 정했다. 이것이 항공지원기본협정이다.

(1) 목표 선정과 우선순위 결정은 총사령부 목표분석단에서 수행한다.

(2) 한국전선에서 극동공군과 해군작전은 극동공군사령관이 지휘한다.
(3) 극동공군사령관이 지시한 임무 중 상륙작전과 같은 임무는 협동으로 작전한다.

7월 14일, 미 극동군총사령부 안에 목표분석단을 설치하였다.
총사령부 정보참모부에서 1명을 차출하여 단장으로 하고,
작전참모부에서 1명,
합동전략기획 및 작전단에서 해·공군 각 1명씩을 차출하여
계 4명으로 구성하였다.
목표 분석단 임무를 다음과 같이 정했다.
(1) 매일 전투 상황에 적합한 해·공군 항공전력 사용에 관한 건의
(2) 공격 목표 선정과 우선순위 결정
(3) 공군 전력 상호 협조 방안 제시
(4) 공격 결과 분석과 계속적인 우선순위 결정

목표 분석단은 7월 17일부터 기능을 발휘하여 총 220개 목표를 선정하였는데 그 중 20%는 목표물이 존재하지 않았다. 그 이유는 미 육군측지부에서 제작한 1:250,000 지도가 실제와 많은 차이가 있었고, 또 지도를 판독하는데도 착오가 있었기 때문이다. 예를 들면 계획상 철도가 기설철도로 표시되어 있었고, 강의 교량을 목표로 출격하였는데 실제 공격지점에서 확인한 결과는 폭격가치가 없는 소하천 다리였다.

7월 19일 미 극동공군사령관 스트래트메이어 중장은 맥아더 원수 및 아몬드 소장과 회합에서

"목표 선정에 있어서 의견의 불일치와 그릇된 목표 선정으로 작전에 많은 지장을 초래하고 있다."

고 지적하였고, 21일에는

"총사령부에 목표선정위원회(Target Selection Committee)를 설치해야 한다."

고 건의하면서 다음과 같이 의견을 제시했다.

목표선정위원회는

총사령부 작전참모부장 히키 소장,

총사령관 보좌관 윌러비(C. A. Willoughby) 소장,

미 극동공군 작전부장 웨일랜드(Otto P. Weyland) 소장,

미 극동해군사령관이 임명하는 해군 대표 1명으로 하고,

이미 설치되어 있는 목표분석단을 활용하여 목표선정위원회의 기능을 촉진하도록 한다.

7월 22일 맥아더 사령관이 승인하여 총사령부 안에 목표선정위원회를 설치하였다.주)   참고문헌 : 전쟁기념사업회 『한국전쟁사』 제3권 「1. 미 공군의 작전준비」(p431)

이와 같은 일련의 조치로 항공작전을 효과적으로 수행할 수 있는 기틀이 마련되었다.

미 극동공군 부대 전개

미 공군이 당면한 시급한 과제는 한국전선에 출격할 기지와 비행장을 확장하는 것이었다.

미 극동공군에서는 개전 초 한동안은 다른 공산국가의 개입 여부를 판단하기 어려웠으므로 일본 방위를 소홀히 할 수 없어서 한국전선에 대한 항공작전과 함께 일본의 공중방어임무를 병행하고 있었다.

7월 말까지 미 제5공군은 8개 대대를 가지고 한국전선에서 작전을 폈고, 일본방어에 6개 대대가 대비하고 있었으며, 나머지 5개 대대는 미 극동군 총사령부 관할 여러 지역 공중방어임무에 대비하고 있었다.

6월 26일 제68전천후전투기대대가 한국전에서 작전을 개시한 뒤
제49전폭전대가 미사와(三澤) 기지로부터 이타쓰케 기지로,
제35전투요격전대가 요코다(橫田) 기지에서 아시야(蘆屋) 기지로
이동하는 등 수 개 부대들이 한국에 가까운 기지로 급히 이동하였다.

29일 제5공군전방사령부가 이타쓰케 기지에 설치되어 한국전선에 출격하는 중심기지 역할을 하였다. 이들 기지는 한국에 가장 가까운 기지였으나 전투행동반경이 길어 한국전선에서는 고작 15~20분밖에 근접지원을 할 수 없는 어려움이 있었으므로 보다 효과적인 작전을 수행하기 위해서는 제트전투기의 항속거리를 연장하던가 아니면 한국에 있는 비행장을 사용해야 하는 두 가지 방법밖에는 없었다.

제5공군은 항속거리를 연장하기 위하여 고공비행으로 연료를 절약하거나 보조연료탱크를 장착하는 방법을 써 보았으나 만족할 만한 성과를 얻지 못하였다. 결국 한국에 있는 대구(활주로 길이 4,800피트), 포항(연일비행장 4,500피트), 수영(4,500피트) 등 3개 비행장을 작전용 표준기지로 확장하여 사용하기로 하고 공사에 착수하였다.

30일, 미 극동공군사령관 스트래트메이어 중장은 워싱턴에 다음과 같이 항공기를 보충해 줄 것을 요청하는 서한을 보냈다.

F-80C 전투기 164대, F-82 전투기 21대, F-51 전투기 64대,
B-26 폭격기 22대, B-29 폭격기 23대,
C-47 수송기 15대, C-54 수송기 21대 등 계 330대*

이 서한은 F-51 및 F-82 전투기는 항속거리가 길고 저공공격이 가능하여 한국전에서 적합하다고 덧붙였다.주) 　　　　　　국방부 「한국전쟁사」 개정판 제2권 p914

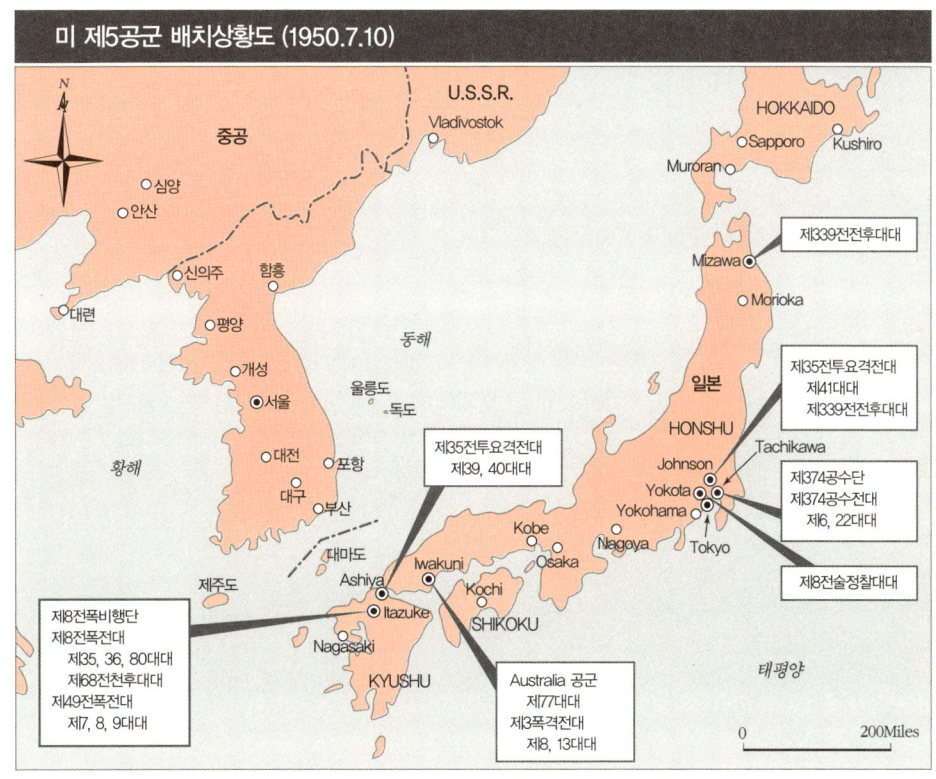

> ＊ 전쟁기념사업회 『한국전쟁사』 제3권(p434)은 요구 내용이 앞 문헌과 같고 총 요구 대수 330대도 같다. 다만 F-51 요구 대수를 150대로 기술했다. 이 경우 총 요구 대수는 416대가 되어야 한다. 워싱턴에서 F-80C 전투기와 F-82 전천후전투기를 지원할 수 없는 대신에 F-51을 150대(145대)로 늘려 지원하기로 한 것인데 이 지원결정 대수를 요구대수로 착오한 것 같다.(다음 ＊ 참조)

7월 1일 스트래트메이어 중장은 미 공군참모총장에게 다음과 같이 새로운 요구 내용을 담은 서한을 보냈다.

1개 중폭격비행단,

2개 F-51 전투기비행단,

2개 F-82 전천후전투대대,

1개 공수비행단,

제3폭격비행단을 보충할 수 있는 2개 B-26 폭격대대,

1개 RF-51정찰대대,

1개 RB-26 야간사진제작대대,

1개 전술항공통제대대

미 공군이 보유하고 있는 모든 형의 제트항공기는 2,500대인데 반하여 극동공군의 요구가 너무 많다고 판단한 공군참모총장 반덴버그 대장은 "가능한 한 빠른 시일 내에 지원하겠다."고 약속해 놓고, 공군 물자담당관 울프(K. B. Woulfe) 중장 일행을 극동으로 파견하여 조정회합을 갖도록 하였다.

4일 오후, 도쿄에 도착한 이들은 다음 날부터 미 극동공군참모들과 협의를 가졌다. 일행 중 작전분야 대표인 미 공군 작전통제관 에베레스트(Frank F. Everest) 소장은 미 극동공군이 요구한

F-80C 전투기와 F-82 전천후전투기를 지원할 수 없는 입장을 설명하고

F-51 전투기 145대*는 즉시 지원하겠다고 밝혔다.

7월 7일 최종회합을 가진 자리에서 미 극동공군은

F-80 전투기 6개 대대를 F-51 전투기대대로 전환하기로 하고,

F-82 전천후전투기를 작전에서 제외하기로 약속하였다.주) 앞 같은 p915

* 국방부 『한국전쟁사』 개정판 제2권(p915)은 "미 공군은 주방위군의 764대와 저장중인 794대의 F-51 전투기를 보유하고 있는데 이 가운데 145대는 주방위부대로부터 즉시 차출할 수 있다."고 기술하였고,

전쟁기념사업회 『한국전쟁사』 제3권(p434)은 "극동에서 요청한 F-51전폭기 150대는 13일 내지 20일 후에 전장에 도착할 것이며……."라고 하여 극동에서 F-51전폭기 150대를 요청하였고, 그리고 워싱턴은 그 요구를 들어준 것으로 기술했다.

> 그러면서 "7월 27일 145대의 F-51전폭기가 일본에 도착하자……"라고 하여 앞뒤가 맞지 않으면서 앞 문헌과 같게 기술했다.(p435)

한편 극동공군사령관의 항공기 증파 요청을 받은 공군참모총장 반덴버그 대장은 7월 3일 합동참모본부로부터 제22, 제92의 2개 폭격전대를 극동공군에 임시 파견하여도 좋다는 승인을 받고 전략공군사령관 리매어(LeMay) 대장에게 파견을 지시하였다.주) 국방부 『한국전쟁사』 개정판 제2권 p921

미 극동공군은 미 지상군 파병이 늘어나자 지상군 지원을 위한 공수부대 보충을 요구하여 제374공수비행단 C-54수송기 2개 대대와 C-47수송기 1개 대대 및 C-119수송기 사용을 결정하였다.

야간 사진정찰대는 RB-26정찰기를 보충하여 제162전술정찰대대로 명명한 후 7월 12일 버지니아주 랭글리(Langley) 공군기지를 출발하여 18일 일본에 도착하였고, 제502전술항공통제단과 제934통신대대 그리고 제2무선중계대대도 극동공군에 배속되었다.주) 전쟁기념사업회 『한국전쟁사』 제3권 p435

이로써 미 극동공군은 강력한 전투력을 갖추게 되었다.

미 제5공군 한국으로 이동

7월 11일 미 극동공군은 제1건설사령부를 설치하고 대구(K-2), 포항(K-3), 수영(K-9)비행장 확장 공사에 착수했다.

수영기지는 당초에 전투기가 이착륙할 수 있는 비행장으로 개발할 계획이었으나 현지조사결과 활주로가 약 10cm 정도 자갈을 간 위에 콘크리트로 살짝 포장해 놓아 많은 전투기가 이착륙할 경우 파손될 위험이 있어 소형수송기 및 비상착륙기지로 사용할 수 있도록 공사를 진행하였다.

포항기지는 10일 제802항공공병대대가 공사를 시작하여 활주로 포장공사를 완료하고 15일부터 전투기 작전에 들어갔다.

　대구기지는 7월 2일부터 한국 공군에 제공된 F-51 전투기 10대가 도착하여 작전을 실시하고 있었다. 7월 8일 오키나와에 있는 제822항공공병대대와 제919항공공병중대가 투입되어 8월 7일 활주로 포장공사를 완료하고, 전술항공부대가 사용할 수 있게 하였다.

　미 제5공군은 전황의 긴박성에 대비하여 비행장 보수공사를 시행하면서 병행하여 전술항공부대를 대구기지로 이동하여 작전을 수행하였다.

　7월 6일 사세보 기지에서 제6002기지대대가 편성되어 대구기지로 진출하였고, 미 극동공군사령관지시에 따라 편성된 댈러스대대가 10일 필리핀 클라크 기지에서 일본 존슨(Johnson) 기지로 이동하여 F-51 전투기로 무장한 뒤 대구기지로 와서 15일부터 작전에 들어갔다.

　미 제5공군은 바우트 원과 댈러스의 2개 부대를 묶어 제51전투비행대대로 편성하였고, 9일 뒤인 24일 제5공군 전방제대가 갖추어지자 주한 미 제5공군으로 개편하였다.

　7월 27일 F-51 전투기 145대를 적재한 항공모함 복서(Boxer)가 일본에 도착하였다. 30일 미 극동공군사령관은 필리핀 클라크 기지로부터 제12, 제67전폭기대대를 존슨 기지로 이동하여 F-51 전투기로 무장한 뒤에 8월 3일 대구기지로 진출시켰다.

　8월 4일, 대구기지에서 작전 중인 제51전투비행대대를 본대인 제13공군 제12전폭대대로 복귀시키고, 제6002기지대대를 제6002전투비행단으로 증편한 후 제13공군 제18전폭전대를 예속시켰다.

　포항기지에서는 제35전투요격전대의 병력과 장비를 지원 받아 잠정적으로 제6131기지전대를 창설하였다. 제35요격전대 예하 제40요격대대는 F-51 전투기로 무장한 뒤에 16일 아시야(Ashiya) 기지로부터 포항기지로 이동하였고, 제35요격전대본부와 예하 제39요격대대는 아시야 기지에서 F-80C 전투기로 작전을 수행하다가 8월 7일 F-51 전투기를 보급 받고 포항기지로 이동했다.

8일 미 제5공군은 제6131기지전대를 제6131전투비행단으로 증편했다.

미 제5공군은 제13공군 지원을 받아 편성한 제6002, 제6131의 두 전투비행단이 대구와 포항기지에 전개함으로써 강력한 전투력으로 항공작전을 수행할 수 있는 태세를 갖추었다.

동해안을 따라 남진하는 북한군 제5사단이 포항을 위협하자 8월 8일 포항에 있는 중장비를 일본으로 철수하였고, 북한군이 눈앞에 이른 8월 13일에는 전술부대를 규슈(九州)의 쓰이기 기지로 이동하였으며, 지상부대와 장비는 8월 14일 LST 편으로 철수했다.

2. 지상군 지원작전

초기 항공작전

1950년 3월 1일 미 제8군이 작성한 주한미국인 철수 계획에 따르면 한국에서 전쟁이 일어날 경우 주한 외국인을 공수하거나 철수하는 외국인을 수송하는 해군선박을 엄호하기 위하여 필요한 경우 또는 미 극동군총사령관의 특별명령이 있을 때 철수작전에 필요한 지상목표를 공격하도록 되어 있었다.

이로 보면 미 극동공군은 기본적으로 한국에 대한 방위임무는 없었다.

뿐만 아니라 1950년 1월 2일 애치슨 미 국무부장관이 워싱턴 전국기자협회 연설에서

"한국은 미국의 극동방위선에서 제외되었다."

고 선언한 후 미국정부도 한국에 대한 방위 임무는 없어졌다.

그러나 이러한 연설 내용과는 달리 북한군이 38°선에서 기습남침했다는 보고를 들은 트루먼 대통령은

"한국 침공은 과거 히틀러, 무솔리니, 일본이 벌인 침략 행위와 같다."

고 결론짓고,

"한국에서의 침략행위를 그냥 두지 않겠다."

고 다짐하면서 신속하게, 아주 신속하게 침략자 응징에 나섰다.

북한군이 남침하였다는 첫 보고가 맥아더사령부에 날아든 것은 6월 25일 09시 45분이었다.

미 공군정보부 제8지구대장 니콜스(Donald Nichols) 준위가 서울에서 미 극동공군 작전상황장교에게 전화로 소식을 전하였다. 그러나 미 제5공군이 작전지시를 받은 것은 11시 30분이었다. 미 제5공군사령관 파트리지 소장과 연락이 이루어지지 않았기 때문이다.주) 전쟁기념사업회 『한국전쟁사』 제3권 p421, 422

6월 25일 11시 13분, 미 제5공군사령관 파트리지 중장은 예하 전 지휘관에게 공수작전준비를 지시하고 제8전폭비행단은 공중 및 해상에서 수송작전 중인 수송기와 선박을 엄호하도록 하였다.

파트리지 중장

제8전폭비행단장 프라이스 대령은 그 날 저녁까지 F-80, F-82 전투기와 B-26 경폭격기 10대, C-54 수송기 12대, C-47 수송기 3대의 출동 준비를 완료하고 21시에 미 제5공군 작전참모에게 보고했다.

같은 날 저녁 무초 주한 미국대사는 맥아더 원수에게 서울과 인천 지역 미국인을 우선 철수하겠다고 통보하였고, 맥아더 원수는 26일 01시 45분

파트리지 제5공군사령관에게 미국인을 실은 선박이 인천항에서 한국수역을 떠날 때까지 엄호하고, 선박의 안전을 위하여 필요할 경우에는 발포해도 된다고 지시하였다.

26일 아침부터 제8전폭비행단 F-82 전투기가 출격했다. 이들 전투기는 인천항에서 철수하는 선박을 엄호하고, 부평지원사령부(Army Support Command) 지역으로 이동하는 차량들을 엄호했다.

26일 저녁, 트루먼 대통령은 맥아더 원수에게 38°선 이남에 있는 공중 및 지상의 군사목표를 공격할 권한을 부여했고, 미 극동공군은 제5공군에게 주한미군의 안전을 위협하는 군사목표를 공격하라고 지시하였다.

6월 27일 03시 41분 남한 전역에서 제공권을 확보하라고 지시하였다.

한국전황이 점차 악화되자 무초 대사는 주한 미국인을 선박으로 철수하지 말고 항공으로 철수하도록 요청하였다.

27일 새벽, 맥아더 원수는 미 극동공군에 주한미국인 공수를 명령하였다. 파트리지 사령관은 공수작전에 실질적인 전투행위가 필요할 것이라고 생각하고 제5공군에

"이 임무에 어떠한 방해도 허용하지 말라."

는 작전 명령을 내렸다.

06시 40분, 첫 번째 수송기가 F-82 전투기 호위를 받으며 한국으로 향했다. 제5공군은 이날 김포에서 250명, 수원에서 313명, 부산에서 375명, 합계 938명*의 주한 미국인을 수송했다.주)   전쟁기념사업회 『한국전쟁사』 제3권 p424

* 같은 문헌(p139)은 "2001명의 미국 관리 및 군인 가족이 27일까지 일본으로 철수를 완료했다. 923명은 비행기를 이용했고 나머지는 해상수송수단을 이용했다."고 기술하였다.
본문 인용문헌의 공수인원 938명과 차이가 있다.

27일, 공수작전 수행 중에 북한 공군의 공격을 받았다.

정오 무렵, YAK 전투기 5대가 김포에 내습했다. 마침 초계비행 중이던 F-82기가 공격하여 3대를 격추하였고, 오후에는 두 차례에 걸쳐 IL-10 전투기 8대가 공수작전 중인 미군 수송기를 공격했는데 이때도 공중 초계 중이던 F-82 전투기가 반격하여 4대를 격추하였다.

이날 한국전 최초로 공중전을 치렀는데 모두 승리로 끝을 맺었다.

27일 오후, 맥아더 원수는

"이 전쟁에서 승리 여부는 한국 국민과 군대의 사기를 어느 정도 회복시킬 수 있는가에 달렸다."

고 전제하고

"사기 회복 여부는 27일과 28일 양일간 극동공군분투에서 좌우된다."

고 강조하면서 파트리지 장군에게 공군이 즉각 행동할 것을 희망하였다.

파트리지 장군은 괌도에 있는 제19폭격전대를 오키나와 가데나 기지로 이동해 줄 것을 건의하여 승인받았고, 38°선 이남의 군사목표를 공격할 임무와 한국으로부터의 후송, 보급추진 등 임무를 부여받았다.

드디어 미 공군이 본격적인 작전을 개시하게 되었다.

28일부터 B-26경폭격기와 B-29중폭격기 그리고 F-80 전투기가 철야로 출격하여 38°선 이남의 군사목표를 공격하였다.

미 제5공군의 B-26기는 한강철교(복선)를 폭격하여 중앙 부분을 절단했다. 이것은 전방지휘소장 처치 준장의 요청에 의한 것이다.

29일, 북한 공군의 공격이 수차례 있었다.

수원비행장에 있는 C-54 수송기 1대가 파괴되었고, C-54 수송기 한 대는 공중에서 격추당했다. 또 수원기지에 착륙 중인 F-82 전투기와 B-26 경폭격기가 기총소사를 받아 피해를 입었다.

제공권 장악

6월 29일 8시, 바탄호를 타고 전선 시찰을 위하여 수원으로 비행하던 맥아더 원수는 기상작전회의에서

"북한이 안전한 곳에서 병력과 보급 이동을 마음대로 한다면 한국군을 효과적으로 지원할 수가 없다."

고 판단하고 북한 지역에 있는 군사 목표를 공격하도록 명령했다.

제8전술정찰비행대는 즉시 항공 정찰에 나섰다. 기상이 나빠 충분한 정보는 수집하지 못했다. 그런 가운데 16시 15분 제3폭격전대의 B-26경폭격기 18대가 악천후를 무릅쓰고 출격하여 평양비행장을 폭격하고 지상에 있는 항공기 25대를 파괴했다. 공중에서 YAK기 1대도 격추했다.

7월 2일, 제19폭격전대의 B-29중폭격기 10대가 출격하여 연포비행장에 있는 항공기 16대 중 9대를 파괴하였다.

개전 초 북한군은 제공권을 장악하기 위하여 남쪽 비행장을 공격했다.

29일 안양 상공에서 격추된 북한 공군 조종사는 다음과 같이 말했다.

"소련 고문관들이 남조선을 공격하라고 했습니다. 왜냐하면 소련 고문관들은 남조선에는 비행기가 몇 대밖에 없고, 그것도 소형비행기라는 것을 잘 알고 있었기 때문입니다." (전쟁기념사업회 『한국전쟁사』 제3권 p437)

실제로 이때 우리 공군은 전투기를 1대도 가지고 있지 않았다. 연습기와 연락기가 몇 대 있었을 뿐이다. 그래서 며칠간이지만 개전 초에는 일시적으로 북한 공군이 제공권을 장악했었다.

미 공군이 북한비행장을 폭격하자 북한 공군은 전술을 바꾸었다.

7월 6일 야크기 4대가 오산에 있는 통신 시설을 공격할 때는 한국 공군

마크로 위장하였고, 김포비행장 상공에는 야크기 7대가 은밀히 나타나서 한국군에게 단거리 암행식 공격을 시도하기도 했다.

11일 미 공군 F-80 전투기가 대지 공격을 마치고 체공시간이 다 되어 돌아가려는 순간 북한 공군이 기습공격을 했다. 체공시간이 다 된 기회를 노린 것이다. 다행히 피해는 없었으나 연료가 다 떨어져 야크기를 반격할 여유가 없었다.

12일 북한 공군이 적극적으로 도전했다.

B-29중폭격기가 서울 근교를 폭격하고 있던 중 야크기 공격을 받아 1대가 격추되었고, 오후에는 L-4기 1대가 격추되었다. 15일에도 B-26경폭격기 4기 편대가 폭격 중 야크기 2대의 공격을 받고 1대가 파손되어 대전기지에 불시착하였다.

미 공군이 화가 났다. 하룻강아지 범 무서운 줄 모르고 달려든 것이다.

15일 미 공군은 김포비행장에 전개되어 있는 북한 공군기들을 탐색하고, B-29 3기를 출격시켜 김포비행장을 쓸 수 없도록 파괴해 버렸다.

19일에는 연포비행장에 있는 항공기 15대와 선덕비행장에 있는 항공기 3대를 파괴했고 항공사진 판독에 의하여 평양 근처 소규모 잔디 비행장 숲 속에 숨겨둔 항공기를 확인하고 F-80 전투기가 출격하여 전투기 15대와 쌍발폭격기 1대를 파괴하였다.

8월 10일 미 공군조종사들은 북한 항공기 110대를 파괴하였으므로 35대만 남아 있다고 주장한 반면 미 극동군총사령부는 아직도 67대가 남아 있다고 판단했고, 미 극동공군은 북한 공군이 보유하고 있는 전투기는 18대를 넘지 않는다고 추산했으며 미 극동공군부사령관 파트리지 소장은 사진정찰 결과에 의하면 북한 내에 사용 가능한 비행장은 몇 개 밖에 없다고 발표했다.

이와 같이 판단을 달리 하는 것은 북한군이 항공기를 숨겨놓았기 때문이라고 했다.^{주)}

전쟁기념사업회 『한국전쟁사』 제3권 p438

미 극동공군은 1개월 동안에 한국전에서 완전한 제공권을 장악하였다.

근접항공지원작전

미 제5공군은 미 제24사단이 한국전에 투입되면서 지상군에 대한 근접지원작전을 전개했다. 이를 위하여 미 제5공군사령관은 대전에 있는 미 제24사단사령부내에 합동작전본부(JOC-Joint Operation Center)를 설치하고, 육군 장교로 구성한 공지작전반과 공군장교로 구성한 전투작전반이 상호 협조하면서 항공작전을 수행하게 하였다.

7월 3일 미 제5공군은 이타쓰케 기지에서 장교 10명과 제8통신대대 사병 35명을 차출하여 전투작전반을 구성하고 머피(John R. Murphy) 중령을 책임자로 임명했다. 이들은 5일과 6일 장비를 가지고 대전에 왔다.

JOC와 함께 전술항공통제본부(TACC-Tactical Air Control Center)와 전술항공통제반(TACP-Tactical Air Control Parties)이 공지협동작전임무를 수행하였다.

TACC는 전술공군에 대한 항공기 관제와 경보활동을 주 임무로 하는 통신기구로 전술공군사령관은 이 기구를 통하여 항공작전을 지휘 통제하였고, TACP는 공지협동작전임무를 현지에서 직접 수행하는 기구로 전방 지상부대 근처에 설치하고 전방의 모든 전술항공통제기구를 지원하여 전방관측소에서 공중공격을 관제하도록 하였다.

JOC를 중심으로 항공기를 통제하는 TACC와 목표를 지시하는 TACP가 긴밀한 협조체제를 이루어 공지협동작전이 효과적으로 이루어졌다.

미 제5공군은 JOC요원을 대전으로 이동시킬 때 4개의 TACP를 함께 보냈다. 이때 대전에는 한국군에 대한 항공지원을 위하여 제1620항공관제 및 경보대대 파견대에서 2개의 전술항공통제반을 운영하고 있었다.

JOC 책임자 머피 중령은 6개의 TACP를 운영하면서 AN/ARC-1무전기를 실은 지프차로 항공기를 관제하였는데 무전차 중량이 무겁고 파손되기 쉬워 거친 한국도로에 적합하지 않았고, 제트전투기는 항속거리가 짧아서 목표를 포착하기 위하여 오래 체공할 수 없는 어려움이 있었다.

이런 사유로 근접지원작전을 효과적으로 수행할 수 없었다.

9일, 미 제5공군사령관은 머피 중령 요청에 따라 조종사 2명과 함께 4회선 고주파무전기가 장치된 L-5G기 2대를 대전으로 진출시켰다. 그런데 L-5기 전압이 낮아서 무전기 성능을 유지할 수 없어 기상관제를 할 수 없었으므로 미 제24사단으로부터 L-17기 1대를 빌려 조종사 2명이 탑승하고 기상관제를 실시하였는데 뜻밖에도 훌륭한 성과를 올렸다.

머피 중령은

"미 제5공군 역사상 최고의 날이다."

라고 말했다.^{주)}   국방부 『한국전쟁사』 개정판 제2권 p924

10일, 미 제5공군은 L-5G기가 기상관제용으로 적합하지 않자 대신에 T-6기 1대를 대전으로 보내서 기상관제를 실시하였다.

적이 대전 부근에 진출하자, 13일 T-6기 및 기상관제사가, 16일 JOC주력이, 19일 나머지 항공통제요원이 모두 대구로 이동하였다.

14일 이타쓰케 기지에서 제6132전술항공통제대대가 편성되었고, 다시 제6132항공관제대대로 재편성되어 대구로 진출한 후 본격적인 TACC의 임무를 수행하였다. 제6132항공관제대대는 대전에서 이동한 기상관제사 및 T-6기 수를 늘려서 8월 1일 제6147기상관제대대로 정식 발족했다.

미 제5공군은 기상관제(機上管制) 대대 호출부호를 모스키토(Mosquito)라고 정했고 이에 연유하여 기상관제대대를 모스키토대대, 기상관제사 및 T-

미 공군 T-6기. 모스키터즈(기상관제기)

6기를 모스키터즈(Mosquitoes)라고 불렀다.

미 극동공군은 한국전쟁 전 기간을 통하여 지상군에 대한 근접항공지원에 최우선권을 두고 전력투구하였다.

워커 미 제8군사령관은 다음과 같은 말로 공군에 감사 표시를 했다.

"미 제5공군 조종사들은 과거 10여 일 동안 평균 340회의 출격으로 미 지상군에게 전면적인 지원을 제공하였다. 이러한 노력은 미 지상군에게 다대한 공헌을 하였으며 많은 보병의 생명을 구출하였다." (참고문헌 p924)

"제5공군이 제8군에 제공한 항공지원보다 더 훌륭한 항공지원을 받아본 사령관은 달리 없을 것이라고 장담할 수 있다. …… 우리가 제5공군 지원을 받지 못했다면 한국에서 견뎌내지 못했으리라는 사실에는 의문의 여지가 없다." (전쟁기념사업회『한국전쟁사』제3권 p442)

「근접항공지원」 참고문헌 : 국방부『한국전쟁사』개정판 제2권「(5). 근접항공지원작전」(p923)

3. 후방 차단작전

공격 목표 우선순위

6월 28일 미 제5공군은 B-26경폭격기와 F-80 전투기를 출격시켜 문산 철도조차장(操車場)을 공격하였고, B-29중폭격기 4대로 서울~가평, 서울~의정부 간 도로를 따라 군사목표물을 공격하였다.

이것이 한국전에서의 첫 번째 후방차단작전이었다.

전력이 절대적으로 열세인 국군은 북한군에 밀려 남으로 계속 후퇴할 수밖에 없었다. 맥아더 사령관은 미 극동공군에 다음과 같이 목표 우선순위를 정하고 공중공격을 하도록 지시하였다.^{주)} 전쟁기념사업회 『한국전쟁사』 제3권 p442

(1) 전차
(2) 포 및 병력
(3) 전장 지역 내의 국지적 차단

이러한 기준은 미 극동군총사령부 참모들이 지상전황이 위급함에 따라 이용 가능한 모든 항공 전력을 지상군 근접항공지원과 일반지원업무를 수행해야 한다고 판단한데서 나온 구상이다.

29일, 맥아더 원수는 미 극동공군에게 한강복선철교를 폭격하라고 명령하였고, 7월 8일 미 극동공군사령관 스트래트메이어 중장은 극동공군의 최고 목표는 주요 교량을 차단하는 것이라고 말했다.

7월 9일 맥아더 원수는 미 제24사단이 위험에 직면하자 B-29기를 총출동시켜 악전고투하고 있는 지상군을 지원해야 한다고 했고, 13일에는 금강 방어선을 견고하게 하기 위하여 B-29기 및 B-26기를 동원하여 음성~장호원~제천을 연결하는 모든 수송요충을 폭격하라고 지시하였다.

이 지시에 따라 미 극동공군은 후방차단작전을 중지하고 전선 지역 목표물을 공격하는데 주력하였다. 7월 9일부터 모든 항공기들이 근접항공지원에 투입되어 24일까지 전선 근처 교량 58개소를 파괴하였다.

근접지원효과에 대하여 미 극동군총사령부와 미 극동공군은 상반된 견해를 나타냈다.

스트래트메이어 중장은 총사령부에서 지시한

"근접항공지원작전 때문에 후방차단계획을 수행할 수가 없었다."

고 주장했고, 총사령부 목표분석단장은 이렇게 말했다.

"이번 폭격이 적에게 얼마나 막대한 타격을 주었는가를 명백히 알 수가 있다. 이와 같은 후방차단이 아니었다면 아마도 아군은 적의 공격을 감당해 내지 못했을 것이다."주) 　　　　　　전쟁기념사업회 『한국전쟁사』 제3권 p443

미 극동공군은 B-29중폭격기 폭격 활동에 대한 효과를 분석하였다.

"교량과 시설물 같은 고정 목표물에 대한 폭격 효과는 훌륭했으나, 전차와 병력 등 이동 목표에 대한 공격 효과는 미지수였다. 특히 지상전황이 유동적인 경우에는 더욱 곤란한 것으로 나타났다. 한 예를 들면 7월 16일 B-29기 3대가 안동*을 폭격하였을 때 민간인 22명이 폭사한 것으로 밝혀졌다."고 평가했다.주) 　　　　　　국방부 『한국전쟁사』 개정판 제2권 p919

* 7월 16일 안동을 폭파하였다는 기술은 날짜에 착오가 있는 것 같다. 7월 16일은 제8사단이 풍기에서 작전 중이었고, 8월 1일 제8사단과 수도사단이 안동에서 철수하였다. 안동 폭격은 8월 이후라야 한다.

그럼에도 불구하고 폭격사령관 오도넬 소장은 전선의 전술목표를 우선적으로 공격하기 위하여 매일 폭격기 15대를 대기시켰고, 7월 10일부터 26일까지 130회나 출격하였다.

미 극동공군이 근접지원 작전에 주력하고 있는 동안 북한군은 38°선 이

북의 안전한 교통망을 이용하여 보급물자를 서울로 수송하였고, 다시 서울에서 각 전선으로 수송하고 있었다.

7월 22일 미 극동군총사령부 안에 목표선정위원회가 설치되었다.

▶ 앞 「항공작전 지휘체계 정립」 참조

미 극동공군은 그동안의 폭격기 활동에 관한 모호한 점을 지적하고 폭격기 전력을 충분히 발휘할 수 있도록 후방차단계획을 수립할 것을 요청하였고, 24일 목표선정위원회에서 B-29 2개 전대*는 당분간 근접항공지원작전을 계속하고 2개 전대는 후방차단작전에 투입하여 38°선 이북 지역을 폭격한다는 방안을 결정하였다.

* 국방부 『한국전쟁사』 개정판 제2권(p919)은 "2개의 B-29 중폭격기전대를 후방차단작전에 사용하고, 1개 전대는 근접지원작전을 계속하도록 하자"라고 하였고, 전쟁기념사업회 『한국전쟁사』 제3권(p443)은 "B-29 1개 전대는 당분간 근접항공지원작전을 계속하도록 하고 2개 전대는 후방차단작전에 투입하되……."라고 하였다.
제5공군은 4개 폭격기 전대가 있었다.(앞 p921) 양쪽 다 2개 대대라야 맞다.

27일 미 극동공군은 철도차단계획을 완성하였다.
북한에서 남한에 이르는 수송로를 차단하기 위하여
대동강철교 및 평양조차장과 함흥철교 및 함흥조차장을 선정하고,
남한에서 전선까지 수송로를 차단하기 위하여
서울조차장 및 한강철교와 양수리철교를 포함시켰다.
이와 함께 도로차단계획도 작성하였다.

8월 2일 폭격사령부는 공격목표 우선순위를 다시 작성했다.

8월 3일, 미 극동공군은 38°선 이남 지역 공격목표 우선순위표를 제5공군에 하달하는 동시에 협동작전을 위하여 해군에도 이를 전달했다.

공격목표 우선순위를 대별하면 다음과 같다.^{주)}

국방부 『한국전쟁사』 개정판 제2권 p919, 920

(1) 폭격사령부 : 한강철교를 비롯한 한강 이북 지역
(2) 미 제5공군 : 야간 도하에 사용할 부교를 포함한 한강 이남 목표물
(3) 미 극동해군 : 동서해안에서 24km 이내에 있는 교량.

미 제5공군 후방 차단

미 제5공군은 한강 이남 지역 이동 목표에 대하여 폭격을 훌륭하게 수행함으로써 미 지상군작전에 크게 기여하였다.

미 제24사단장 딘 소장은 뒷날 이렇게 증언했다.

"전쟁 초에 북한군의 남침을 저지할 수 있었던 것은 분명히 제5공군의 힘이며, 만약에 제5공군의 계속적인 공중 공격이 없었다면 병사들이 아무리 용감하였다고 하더라도 수적으로 우세한 적군의 공격을 저지하지 못하였을 것이다."

(국방부『한국전쟁사』 개정판 제2권 p920)

미 제5공군은 전쟁 초에 주요교통로를 차단하는데 전력을 경주하였고, 구체적인 후방차단계획이 수립되지 않은 상태에서 전폭기들은 도로상의 군사목표를 찾아가며 공격하기가 일수였다.

미 제5공군 전폭기들은 공격목표선정에 어려움이 있었음에도 불구하고 7월 7일부터 9일까지 3일간 서울~평택 간 도로상에서 차량 197대와 전차 44대를 파괴하는 전과를 올렸다.

7월 10일, 이날은 일기가 불순하여 전투기 대부분 이 기지에서 대기하고 있었는데, 오후에 F-80 전투기 1개 편대가 평택 상공을 비행하던 중 구름 사이로 길게 늘어선 전차 및 차량 행렬을 발견하고 즉시 이타쓰케 기지로

연락하였다. 제5공군은 가동할 수 있는 폭격기와 전투기를 모두 출격시켜 목표물을 강타한 끝에 전차 38대, 차량 117대, 자주포 7대 등을 파괴하였고, 함께 따르던 많은 병력을 폭살시켰다.

미 제5공군은 이 두 차례 공격에서 한국전 최대 전과를 올렸고, 한국전에 일대 전기를 마련하였다.주) 국방부 『한국전쟁사』 개정판 제2권 p920

미 제5공군 공중공격이 있은 후 적은 전차나 차량을 주간에는 숨겨 놓았다가 야간에만 겨우 이동하는 고충을 겪어야 했으니 전력 차질이 어느 정도인가를 짐작할 수가 있다.

북한군 제13사단 참모장 이학구 총좌는 이렇게 증언했다.

UN군은 제트전투기를 사용하는 것이 유리할 것이다. 왜냐하면…… 그 속도가 빠르기 때문에 소리가 나기 전에 전투기가 나타나므로 전투기의 출현을 예측할 수 없어 북한군이 가장 두려워하고 있다. (전쟁기념사업회 『한국전쟁사』 제3권 p444)

폭격사령부 후방 차단

극동공군에 파견이 결정된 제22폭격전대와 제92폭격전대가 5일부터 이동하기 시작하여 10일까지 제22폭격전대가 오키나와 가데나 기지에, 제92폭격전대는 요코다에 진출했다.

이로써 미 극동공군은 기존의 제3(혼슈, 존슨기지), 제19(괌, 안델슨 기지) 폭격전대와 함께 4개의 폭격전대를 보유주)하게 되었고, 이들로 하여금 한강 이북 주요시설을 폭격하게 하였다. 국방부 『한국전쟁사』 개정판 제2권 p921

미 공군참모총장 반덴버그 대장은 오도넬 소장을 폭격사령관에 임명하였고, 극동공군사령관 스트래트메이어 중장은 8일 요코스카기지에 폭격사령부를 설치하였다.

7월 7일 폭격사령관에 임명된 오도넬 소장은 도쿄에 도착하여 작전준비에 착수하였다.

8일 제19폭격전대와 제31사진정찰대대가 폭격사령부에 예속되었다.

13일, 제22 및 제92폭격전대는 주요역 조차장과 원산 조선정유공장을 폭격하였다.

폭격사령부 4개 폭격전대는 후방차단작전이 성공을 거두자 일단 한숨을 돌리고, 이후 24일까지 지상군에 대한 근접지원작전을 수행하다가 2개 폭격전대는 후방차단작전으로 전환하였는데 2개 폭격전대만으로는 적 산업시설에 대한 공격 효과가 즉각적으로 나타나지 않았다.

미 합동참모본부는 38선 이북 지역에 대한 본격적인 폭격을 단행하기 위하여 2개 중(中)폭격기전

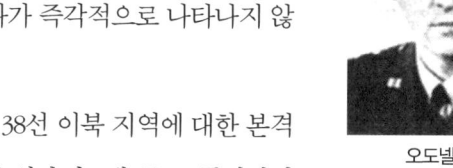

오도넬 소장

대를 증파하도록 전략공군사령부에 지시하여 제98폭격전대가 8월 2일부터 4일까지 사이에 요코다 기지로, 제307폭격전대가 8월 1일부터 3일까지 사이에 가데나 기지로 각각 진출했다.

미 극동공군은 6개의 폭격전대로 늘어났고, 원산, 평양, 함흥, 나진 등 주요도시 산업시설에 대한 전략폭격과 함께 교량 및 조차장 등 후방차단작전을 효과적으로 수행하였다.주) 국방부 『한국전쟁사』 개정판 제2권 p921, 922

제5절 국립경찰 활동

1. 경찰비상경비사령부

1948년 4월 3일 제주도반란사건이 일어났다. 7개월이 지났는데도 진압이 어렵게 되자 10월 19일 여수 주둔 제14연대를 제주도반란사건 진압에 투입하였는데 이들이 출동 직전에 여수·순천반란사건을 일으켰다.

내무부 치안국은 이 일련의 사태를 중시하고 공산당에 의한 국내 치안교란사태에 대비하고자 그해 10월 하순에 치안국에 경찰비상경비총사령부를(이하 이 절에서 경비총사령부), 각도 경찰국에도 도비상경비사령부(이하 이 절에서 경비사령부)를 설치하였다.

1949년 9월 2일 1개 중대 규모의 특별기동대를 편성하였고, 다음해 4월 15일 경찰간부 24명을 육군보병학교에 입교시켜 군사교육을 받게 한 후 이들을 중심으로 4월 20일 제8, 제9전투경찰대대를 창설하여 제8대대를 강원도 영월과 장성 일대에, 제9대대를 남 춘천에 배치하였다.

대대 병력 규모는 496명이었다.

1950년 6월에 들어서자 북한은 남침 준비를 서두르면서 이를 은폐하기 위한 수단으로 위장평화공세를 취했고, 경찰은 6월 9일 이에 대비하여 38선 접경지역인 경기, 강원경찰국에 '갑호비상근무령'를 발령하여 비상경계에 들어가 있던 중 6·25남침을 맞이했다.

경비총사령부는 전국경찰에 전투태세에 돌입하도록 명령하는 한편 강원, 경기 양 경찰국에는 국군과 긴밀하게 협조하여 북한군 남침을 저지하도록 명령을 내렸다.

2. 강원도경비사령부

강릉 지역 전투

6월 25일 04시, 적 제5사단이 주문진경찰서 관내에 있는 제8사단 제10연대 방어정면을 돌파한 것과 때를 같이 하여 강릉 안인리에 적 제766부대가, 옥계면 도리(道里)와 삼척 임원지에 적 제549부대가 상륙하여 국군의 퇴로를 차단하고자 하였다.

정동면(正東面-강릉시 정동출장소) 해안초소에 파견된 강릉경찰서 김대욱(金大旭) 순경은 적이 상륙하는 것을 보고 국군이 기동훈련을 하고 있는 것으로 생각하고 방관하고 있다가 적이 쏜 총탄에 전사했다.

이것이 적이 침공한 사실을 알게 된 계기가 되었다.

강릉경찰서는 즉각 제8사단에 적침 사실을 통고하고 지원을 요청하면서 적의 상륙을 저지하고자 하였으나 이미 각 경찰제대간 통신이 두절되었고, 사면에서 몰려드는 적으로부터 공격을 받아 고전하고 있었다.

제8사단 일부 병력과 해군경비부 병력이 부원하여 종일 격전을 벌였으나 적을 저지하지 못하고 각개 분산되고 말았다.

주문진경찰서장 정복희(丁福熙) 경감은 전투중대를 편성하고 북쪽 향호리(香湖里-주문진읍)와 그 북쪽 인구(仁邱-양양군 縣南面)에 상륙한 적을 맞아 고군분투하다가 25일 밤중에 사천(沙川-강릉시 사천면사무소 소재지)으로 철수하였고 여기서 3일간 군과 합동으로 상륙한 적을 저지하다가 27일 제8사단 지시에 따라 대관령으로 이동했다.

삼척경찰서부대는 적의 기습을 받고 25일 23시 평창군 진부로 이동하여 차기 작전에 대비하였다.

제9전투경찰대대 제3중대는 적 유격대의 침투로를 봉쇄하기 위하여 오대산 두로봉(頭老峰, 1,421.9m)에 배치되어 있었기 때문에 적이 남침한 사실을 모르고 있다가 주문진경찰서 삼산지서로부터 연락을 받고 철수하여 진부에서 삼척경찰서병력과 합류하였다.

강원경찰 병력은 대관령을 중심으로 제8사단과 작전을 펴다가 29일 19시에 군의 지시에 따라 남쪽으로 철수하였다.

춘천 부근 전투

25일 04시 15분, 북한군이 38선을 돌파하여 남침하자 38선 접경에 있는 춘천경찰서 북산(北山-內平리 소재)지서는 지서주임 노종해(盧鍾海) 경위 외 8명의 경찰관이 저항하다가 적 대병력에 포위되어 전원 옥쇄했다.

사북(史北)지서경찰관 12명은 제6사단 제7연대 제2대대 1개 중대와 함께 적을 저지하다가 8명이 전사하고 나머지는 군과 함께 철수했다.

강원도경비사령부(윤명운 경무관-강원도경찰국장) 휘하 경찰대는 군과 협동하여 3일간 적의 강력한 공격을 막아내며 잘 버텼으나 중과부적으로 27일 17시에 홍천 방면으로 철수하였다.

29일 강원도경비사령부는 춘천, 인제 양 경찰서 병력과 제9전투경찰대대(제3중대는 오대산에서 공비토벌 중) 병력을 수습하여 홍천에서 방어선을 편성하였다가 점차 증가되는 적의 압력에 못 견디고 다음 날 경비사령부는 원주로, 경찰 병력은 횡성으로 이동하였다.

홍천경찰서 부대(金聲起 경감)는 30일 02시 적이 홍천시내에 돌입하였을 때 아군이 완전히 홍천을 빠져나갈 때까지 적을 저지하다가 03시에 횡성으로 철수했다.

영월 지역 공방전

영월과 울진 이북에 있는 강원도 경찰병력은 군과 함께 축차로 철수하였다.

강원도 비상경비사령관 윤명운 경무관은 사령부를 원주에서 제천으로 이동하고 경찰병력을 수습하여 영월 지구를 고수하기로 하였다. 이 지역에는 군이 배치되어 있지 않아서 경찰 단독으로 작전을 펴야 했다.

영월 지구에는 상동중석광산을 비롯하여 함백(咸白), 마차리(磨磋里) 탄광과 10kw의 출력을 가진 영원화력발전소 등 국가 기간시설이 있어 전략적으로 중요한 지역이다.

윤명운 사령관은 경찰학교 교장 김인호 총경을 영월지구전투사령관으로 임명하고 제8전투경찰대대와 영월 및 장성경찰서 병력을 지휘하여 영월을 고수하게 하였다.

7월 2일 전차를 앞세운 적이 마차리로 침공했고, 태백산으로 침투한 적 유격대가 후방을 위협하여 경찰부대가 적 포위망 속에 들었다. 그러나 경찰대는 사력을 다하여 종일 분전하다가 병력의 열세를 극복하지 못하고 다음 날 05시 포위망을 탈출하여 단양으로 철수했다. 이때 적이 원주를 침탈하여 사령부도 봉양(鳳陽-제천 북쪽)으로 이동했다.

윤명운 경무관은 단양에서 병력을 수습하여 영월을 탈환하고자 하였으나 각개 분산된 병력이 대부분 청주 방면으로 후퇴하여 단양에서 수습한 병력은 영월, 정선서 병력과 제8, 제9전투경찰대대 병력뿐이었다.

윤명운 사령관은 수습한 병력을 재편성한 후

"강원도 경찰의 명예와 전통을 위하여 영월을 탈환하는데 몸을 바치자."

고 비장한 다짐을 한 다음 병력을 마차리 쪽 도로 양측 무명고지에 배치해 놓고 적이 진출하기를 기다렸다.

자정을 지날 무렵 일단의 적이 마차리로부터 정면으로 침공하였고, 일부 적은 상동 쪽에서 침공하여 퇴로를 차단하고자 하였다. 경찰부대는 치열한 격전을 벌이며 이 적을 격퇴하였으나 적의 후속병력이 증원되고, 삼옥(三玉-영월 동쪽 4km) 방향으로 우회한 일단의 적이 포위를 기도하였으므로 7월 5일 06시 30분 영월 탈환을 포기하고 물러났다.

3. 경기도경비사령부

개성 지역 전투

25일 개성철도경찰대장 감봉룡(甘鳳龍) 경감은 본부요원 50여 명으로 경찰대 부를 고수하기로 결의하였다.

07시 30분 별 저항 없이 밀어닥친 적은 경찰대본부 건물을 포위 공격하여 접전이 벌어졌다. 경찰대의 필사적인 저항으로 건물 안으로 진입이 좌절되자 급기야 전차 5대를 투입하고, 자동화기로 본부 건물의 측배를 공격하여 08시에 건물을 파괴하고 건물 내부로 진입하였다. 감봉룡 경감을 비롯한 전 경찰대는 방공호로 대피하였다가 대오를 정비하여 침투한 적을 향하여 '대한민국만세'를 외치며 돌진하였다.

포위한 적이 집중하는 자동화기와 수류탄 세례를 받으며 처절하게 투쟁하였으나 결과는 비참했다. 43명이 전사하고, 8명이 부상하였으며, 3명이 구사일생으로 탈출하였다.

청단경찰서(李鍾鎬 경감)는 북한군 침공 소식을 듣고 일상 있어 왔던 국지적인 도발 정도로 생각하고 있었다. 그러나 삽시간에 사태가 급박하게 진전되자 경찰 병력을 향산(香山)고지와 마탑(馬塔)고지에 배치하여 전투태세를 갖추고 저항하다가 25일 늦은 시간에 해상으로 탈출하였다.

경찰부대는 적 30여 명을 사살하고 3명이 전사하였다.

연안경찰서(金周文 경감)는 25일 남침 소식을 듣고 전투태세에 들어가서 건지산(乾支山) 일대에 병력을 배치하였다가 비봉산(飛鳳山)에 있는 제12연대 제3대대(이무중 소령)와 합류하여 석양 무렵까지 군과 협동작전을 펴다가 19시에 해상으로 철수하였다.

군경합동부대는 적 100여 명을 사살하고 경찰관 5명이 전사했다.

백천경찰서(崔正得 경감)는 남침 급보를 받고 경찰서 주변 고지에 급편방어진지를 마련하고 전투태세에 들어갔다.

먼동이 틀 무렵 적이 접근하자 기관총 2정을 비롯한 전 화력을 집중하여 한때 적의 진출을 저지하기도 했다. 그러나 시간이 흐르면서 증강되는 적의 압력을 견디지 못하고 제12연대 제9중대에 합류하여 함께 저지전을 펴다가 18시에 군과 함께 철수하였다.

경찰관 12명이 전사하고 적 30여 명을 사살한 것으로 추산했다.

문산 지역 전투

장단경찰서(洪殷植 경감) 관하 고랑포지서는 임진강돌출부 북안 38선 접경에 있었고, 인근에 임진강도하지점이 있는 전략요충이다.

새벽에 전차 7대를 앞세우고 임진강을 도하하고자 침공한 적에게 고랑포지서가 가장 먼저 점령당했다.

홍은식 경감은 본서 경찰관을 집합시켜 놓고

"조국과 민족을 위하여 멸공성단에 몸을 바치자."

고 비장한 훈시를 한 다음 전투태세에 들어가는 한편 고랑포지서를 증원하기 위하여 경비주임 김기태 경위를 대장으로 하고 경찰관 21명으로 특공대를 조직하여 고랑포지서를 부원하도록 했다.

김기태 경위는 06시에 3/4톤 트럭에 특공대를 태우고 고랑포지서로 질주해가다가 도중에 적 전차포의 직격탄을 맞고 김기태 경위를 비롯하여 경찰관 15명이 전사했다. ▶ 제1장 제2절 「4. 고랑포 전투」 참조

비보를 접한 홍은식 서장은 재차 고랑포를 탈환하고자 하였으나 전선이 임진강 이남으로 이동하게 되어 어쩔 수 없이 임진강 남쪽으로 철수하여 파주경찰서와 합류했다.

임진강 이북 지역을 수중에 넣은 적은 주력이 적성 방면으로 진출했다.

파주경찰서장 가창현(賈昶鉉) 경감은 제13연대에 지원을 요청하는 한편 경비 주임으로 하여금 증강된 소대 병력을 지휘하여 적성지서를 부원하도록 하였다. 증원 소대가 출동 중에 소대 규모의 적과 조우하여 격전이 벌어졌다. 이때 제13연대 1개 소대가 부원하여 적을 격퇴하고 전진을 계속하려고 할 때 적 후속 병력이 증강되어 압력이 가해졌으므로 금파리(파주군 파평면)로 철수하여 군과 함께 저지전을 폈다.

10시, 적은 적성을 침탈한 다음 전차와 장갑차 각 3대씩을 앞세우고 고랑포에서 임진강을 도하한 후 그 남쪽 장파리로 남진한 연대 규모의 병력과 합세하여 파평산 일대 아군진지를 공격하였다.

파주경찰서 경비주임이 지휘하는 소대 병력은 제13연대와 함께 금파리 전방 개활지로 적을 유인한 다음 화력을 집중하여 근접전을 폈다. 적은 많은 시체와 장비를 버린 채 도주했다. 경찰관 3명이 전사하고 1명이 부상했다.

15시, 경기도경찰국 보안과장 황규섭(黃圭燮) 총경이 개성지구경찰부대 사령관에 임명되어 제2선에 있는 13개 경찰서 경찰관으로 2개 중대를 편성하고, 문산 지역으로 출동했다.

황규섭 총경은 경찰 병력을 개성~문산 간 적의 도하가 예상되는 임진강 남안 감제고지에 전개하였다.

25일 자정 무렵 적은 임진강철교를 이용하여 도강을 시작했다. 임진강철교는 폭파준비가 다 되어 있었으나 개성에서 격전을 치르고 있는 제12연대가 철수한 후에 폭파하기로 하고 기다리던 중 기회를 놓쳤다.

적의 도하를 저지하고자 군과 함께 저지전을 펴다가 제1사단을 따라 문산읍 하동(下洞)으로 이동하였고, 여기서 적 1개 소대를 맞아 격전 끝에 격퇴하고 적 소대장을 사살하는 전과를 올렸다.

26일 21시 제1사단을 따라 봉일천으로 철수하였다.

오류동 지역 전투

부평경찰서(김억순 경감)는 25일 05시에 경기도경비사령부(李夏榮 경무관-경기도경찰국장)로부터 북한군이 38선을 침공하여 계속 남진 중이라는 급보와 함께 "전투태세에 임하라."는 명령을 받았다.

김억순 서장은 전 경찰관으로 전투경찰대대를 편성하고 오류동~소사

~부평을 잇는 도로 양측 야산에 방어진지를 구축하였다.

27일 새벽, 인천에 있는 경기도경비사령부가 수원으로 이동하고, 부평에 있는 보급창이 철수하여 이 지역에는 부평경찰서 병력만 남았다.

한강하구로 도하한 적은 무방비 상태의 김포 일원을 휩쓸고, 29일 06시에 부평 일대로 진입하여 경찰대와 접전이 벌어졌다.

10시 소대 규모의 적이 김포비행장 부근에 침공한 것을 안희규(安熙奎) 경위가 지휘하는 중대가 격전 끝에 15시경에 격퇴했다.

30일 06시 15분, 전차 2대를 앞세운 적이 김포군 양동면(陽東面) 쪽에서 오류동으로 진출하여 경찰대와 격전이 벌어졌는데 이 방면에 진출한 제18연대와 합동으로 격퇴하여 경찰의 사기가 자못 충천하였다.

이 전투에서 군경합동으로 적 162명을 사살하고 7명을 포로로 잡았으며, 경찰관 12명이 전사하였다.

7월 3일 20시 적은 영등포를 점령했고, 23시에 인천이 적의 수중에 들어갔다. 경찰대는 수원으로 철수했다.

4. 서울 철수작전

서울 철수

25일 06시 30분 경비총사령부로부터

"북한괴뢰군이 전 38도선에 걸쳐 남침을 개시하였다. 각 경찰은 즉각 전투태세에 임하라."

는 지시가 서울시경찰국에 하달되었다.

서울시경찰국은 전 경찰에 비상을 발령하고, 전투준비를 갖추는 한편 서울시민 동요를 막기 위하여 헌병사령관 송요찬 대령과 공동으로 이날 상오에 포고를 발표하였다.

"북한괴뢰군은 6월 25일을 기하여 38도선을 침범, 만행 중이니 시민은 불필요한 행동을 삼가고 군경을 신뢰하여 동요치 말고 당국의 지시에 따를 것"

이날 정오 김태선 시경국장은 야간통행금지시간을 단축하여 수도치안에 만전을 기하고 있다고 발표하였다.

북한 항공기가 3회에 걸쳐서 여의도비행장과 철도조차장 그리고 서울시내 중심가에 기총소사를 하였고, 선전 전단을 살포하였다.

치안국은 일반명령(제78호)을 내려 일반시민에게 적기의 야간공습에 대비하여 야간 등화관제를 실시하라고 지시하였다.

전황이 급박하게 돌아가고 포천, 동두천과 임진강 이북 지역이 적 수중에 유린되자 서울 주변에 경찰관을 배치하여 오열의 책동을 봉쇄하는 한편 사복 경찰을 문산, 포천, 의정부 등 전선에 침투시켜 적의 진출 상황을 탐지하였다.

서울시경찰국은 육군본부 요청에 따라 서울시경찰국 기동대 300명으로 1개 전투경찰대대를 편성하여 육군사관학교로 파견하였다. 경찰대대는 시경기동대 이강현(李康玄) 경위가 지휘하고, 시경기동대장 전병두(全炳斗) 경감이 동행했다.

육군사관학교 교장 이준식 준장은 육사 생도대와 함께 경찰대대를 서파(西坡)~퇴계원~서울에 이르는 선에 배치하였다.

26일 11시경 경찰 진지에 적 포탄이 떨어지기 시작하여 경찰대대 1개 분대가 부상을 입었고, 15시에 적이 공격하여 교전이 벌어졌다.

경찰대대가 가진 실탄은 1인당 10여 발에 불과하였으므로 실탄을 소모한 후 육사 부근으로 철수하였다가 시경으로 복귀하였다.

26일 13시 의정부를 탈취한 적이 창동~미아리선으로 밀고 오자 서울시내 각 경찰서 병력을 차출하여 미아리선에 투입하였으나 대전차 방어에 속수무책인데다가 지휘체계가 서지 않아 각개 분산되고 말았다.

27일 14시, 전 경찰은 강남으로 철수하라는 치안국 지시가 내렸다.

각 경찰서는 철수 준비를 갖추고 차량으로 시경에 집결하였는데

"전황이 아군에 유리하니 철수를 중지하라."

는 새로운 지시가 내려져 다시 각서로 복귀하는 소동을 피웠다.

28일 자정에 적 일부가 퇴계로까지 침투했다는 정보가 입수되었고, 혼란이 야기되자 각 경찰서는 상부 지시를 기다릴 겨를도 없이 독자적으로 철수하기 시작했다.

한강 인도교와 서울역 사이는 군경 이동 차량과 피난민 인파로 교통이 마비되었다.

28일 02시 30분경 종로경찰서는 트럭 8대에 병력을 태우고 한강 인도교를 건너던 중 교량이 폭파되어 선두 4대는 무사히 건넜으나 뒤 4대는 교량과 함께 폭파되어 이상훈(李相勳) 경위 외 76명이 순직하였다.

경찰서를 끝까지 사수하겠다고 남아 있던 김영희(金榮熙) 경위 외 12명은 적이 시내에 침입하자 교전 중 각개 분산되었고, 지하에 숨어 국군 수복을 기다리던 중 적색분자의 밀고로 잡혀 학살된 것으로 알려졌다.

주요시설 경비

한강 이남으로 철수한 경찰은 미군 참전이 결정되자 군 보급로와 중요시설 경비, 피난민 정리와 구호 활동, 후방에서 준동하는 공산분자 색출 등 많은 어려운 임무를 맡아야 했다. 그러나 경찰은 적수공권이었다. 장비 부족에다 통신수단이 거의 없는 것은 말할 것도 없고 개인화기조차 제대로

갖지 못하였다.

충청남도청 광장에 집결한 중부경찰서 경찰관들은 김태선 서울시경국장 지시로 7월 1일 안양까지 출동하여 적을 저지하다가 세가 불리하여 다음 날 천안까지 철수하는 혼란을 빚기도 하였다.

경비총사령부는 최연(崔燕) 총경을 수원지구전투사령관으로 임명하고 병력이 수용되는 대로 중대 또는 대대단위 전투경찰부대를 편성하여 군 작전에 협력하도록 하였다.

7월 2일 천안에 집결한 서울시경찰국(서울시경) 병력과 평택에 집결한 경기도경찰국(경기도경-이하 도경찰국은 도경이라고 한다) 병력을 안양과 수원지구 전선에 투입하고, 천안에 있던 철도경찰대 본부 병력으로 안양~수원~천안~조치원 간 주보급로를 확보하게 하였으며, 경북, 충북, 충남도경 병력과 철도경찰대 본대 병력 등에서 1,350명을 차출하여 천안~김천 사이 철로, 교량, 터널 등 중요시설 경비를 강화하였다.

3일 새로 수습된 서울시경 경찰병력 300명을 철도경비에 투입하고, 충북도경 병력 500명을 강원도 영월 지구에 투입하였다.

4일 경기도경 병력 300명을 투입하여 수원~천안 간 철도경비를 보강하는 한편 서울시경 병력 500명을 천안 주위 야산에 배치하여 적침에 대비하였다. 또 미군 요청에 따라 경찰관 100여 명을 오산전선에 진출한 미 스미스특수임무부대에 파견하였고, 대전으로 철수한 서울시경 병력 500명이 천안으로 전진시켜 철로경비를 강화하였다.

5일 강원도경 병력을 제천~단양 지구에 투입하여 군과 함께 저지전을 펴게 하고, 천안에 집결한 중부경찰서 병력을 음성 지구에 투입하여 저지전을 펴게 했으며, 충남도경 병력 300명을 옥천~추풍령 지구에 배치하여 적 유격활동을 봉쇄하게 하였다.

5. 영월 · 춘양 부근 전투

영월 재탈환전

윤명운 경무관이 지휘하는 강원도경비사령부는 7월 5일 06시에 영주로 이동했다. 이때 태백산맥을 중심으로 동서에서 철수한 강원경찰병력은 대부분 충주~청주 방면으로 가고 영월 부근에는 정선과 영월서 경찰관과 전투경찰 제8, 제9대대가 남아 있었다.

윤명운 사령관은 영월의 중요성을 감안하여 7일 06시 영월지구전투사령관 김인호 총경에게 영월을 탈환하라고 명령을 내렸다.

영월지구전투사령부 휘하 전투경찰 제8대대 제1중대장 김해수(金海洙) 경위는 47명으로 결사대를 조직하고 상동(上東-영월 동쪽 21km지점)에서 기관총 1정을 장치한 트럭 2대에 분승하여 영월로 향발하였다. 다음 날 14시 송현치(松峴峙-상동 서쪽 5km지점. 태백~영월 간 31번 국도상)에 이르렀을 때 반대편에서 병력을 가득 태우고 오는 적의 차량과 마주쳤다.

중대는 즉시 하차하여 선제공격을 하였으나 적도 동시에 공격하여 급기야 백병전으로 전개되었고, 혼전 속에서 중대장 김해수 경위가 전사하는 비운을 맞았다. 석상익(石商益) 경위가 지휘를 이어 분전했으나 석상익 경위마저 적탄을 맞고 쓰러졌다. 이때 적 본대로 보이는 적 후속부대가 중대를 포위하기에 이르러 중대는 전열이 흩어졌고, 병력은 분산된 상태에서 적진을 각개 돌파하여 본대로 복귀했다.

이 전투에서 경찰중대는 김해수 경위를 비롯하여 24명이 전사하고 7명이 부상을 입었다.

대대장 전성우(全星宇) 경감은 제1중대의 참패를 설욕하고자 결심했다. 하루 동안 부대를 정비한 후 7월 9일 01시 제3중대(李夏永 경감)와 제5중대

(趙英 경감)를 송현치로 진격시켰다. 중대가 송현치에 이르기 전에 적은 트럭 13대에 병력을 싣고 녹전리(碌田里-영월군 중동면사무소 소재지)에서 서벽(西碧-춘양 서북쪽 8km)을 거쳐 춘양으로 가고 있었다. 경찰중대는 송현치로의 진출을 단념하고 춘양으로 전진하여 제3중대는 춘양천변 동쪽에, 제5중대는 춘양 한쪽 도로변에 전개하여 적 진로를 막고 있었다.

경북전투경찰대 제11중대가 춘양 서쪽 산악지대에 배치되어 있었다.

7월 9일 04시, 제5중대가 적 선발대로 보이는 트럭 2대가 나타나자 이를 공격하여 교전이 벌어졌다. 이때 적 본대가 경북경찰 제11중대 측 후방으로 침투하여 중화기로 집중사격을 해 왔으므로 전 경찰병력은 춘양 외곽지대로 철수하였다.

이 전투에서 경찰대 8명이 전사했다.

10일 강원경찰대는 행정경찰과 전투경찰을 통합하여 부대를 정비했다.

비상경비사령관 경무관 윤명운

행정참모 총경　김만봉(金萬鳳)

작전참모 총경　권오철(權五喆)

정보참모 경감　김원직(金元職)

통신참모 총경　장병원(張秉遠)

제1대대 총경　이병석(李炳析)　　원주서, 울진서, 전경 제9대대 일부

제2대대 총경　조규홍(曺圭洪)　　춘천서, 삼척서, 본청, 전경 제9대대 일부

제3대대 총경　전호인　　　　　　정선서, 강릉서, 평창서, 전경 제9대대 일부

제5대대 총경　김인호　　　　　　영월서, 장성서, 전경 제8대대

제6대대 총경　김두용(金斗用)　　주문진서, 인제서, 횡성서

독립대대 경감　김성기　　　　　　홍천서, 전경 제9대대 일부

춘양 지역 전투

6월 25일 적 제766부대가 임원진으로 상륙하여 영양, 청송, 춘양 방면으로 침투하였고, 27일 그 일부가 현동리(縣洞里-봉화군 小川面, 춘양 동쪽 8km)에 출현했다.

오후 안동에서 진출한 제25연대 제1대대(임익순 대대)가 이 정보를 듣고 출동하여 이 적을 현동리 동남쪽 868고지 쪽으로 격퇴시켰다.

28일 적 1개 중대 규모가 또 다른 현동(懸洞-봉화군 才山面)에 출현하여 재물을 약탈하고 양민을 학살하는 등 만행을 일삼고 있었다. 전날 적을 격퇴하고 춘양으로 복귀한 임익순 대대와 현동리 동쪽고지에 진출해 있던 경북경찰 기간전투대대(柳佑澤 총경-420명)가 협동하여 현동으로 진격했다.

적은 아군 공격을 알아차렸는지 아군이 갔을 때는 이미 현동 서북쪽 415고지 쪽으로 도주하고 없었다. 아 군경부대는 공격대형으로 전개하여 박격포를 비롯한 각종 중화기를 집중하여 415고지를 공격한 끝에 29일 미명에 고지를 점령하였는데 이미 적은 밤중에 주력은 568고지(현동 동북쪽)로 퇴각했고, 일부는 청량산(淸凉山-894고지, 현동 서남쪽 도상거리 약 5km)으로 도주해 간 뒤였다. 군경부대는 이를 추격하여 포위 공격 끝에 완전히 분산 퇴각시켰다. 이때 단양 부근에서 철수한 강원경찰 제5대대(김인호 총경)가 합류하여 전력이 보강되었다.

적 제5사단은 우리 제8사단이 강릉에서 대관령~평창~제천~단양선으로 철수한 뒤를 따라 별다른 저항 없이 삼척을 거쳐 급속히 남진했다.

8일 적 제5사단 선발대가 저들 유격부대인 제766부대와 합세하여 1,300명 규모가 강력한 포병지원을 받으며 춘양을 목표로 진격했다. 이때 그 길목 금정(金井) 광산에 진출해 있던 경북경찰대가 병력 열세로 저지선에서 물러나게 되자 강원경비사령부는 전 경찰병력을 투입하여 춘양 북쪽에서 결사적으로 저지코자 혈전을 벌였다. 그러나 중과부적으로 경찰대는 9일 춘양으로 철수하였다.

오후에 임익순 대대가 이 지역으로 진출하였으므로 경찰부대는 임익순 대대의 통합지휘를 받아 합동작전에 들어갔다.

춘양 부근 전투에서 UN공군기가 맹렬하게 공중폭격을 하여 적은 대오가 흩어졌고 이에 힘입은 군경부대가 공격하여 적을 괴멸시켰다.

적 80명을 사살했고, 15명을 사로잡았으며, 차량 6대를 파괴한 외에 많은 장비와 무기를 노획했다.

12일, 퇴각한 것으로 보였던 적 1,000명 규모가 현동으로부터 능선을 따라 삼가리(三街里)로 진출한 것을 경찰제5대대 영월중대가 임익순 대대와 합세하여 이를 격퇴하였고, 다음 날 04시에 1개 연대 규모의 적이 석관(石觀-춘양 동북쪽 5km)으로 침입한 것을 강원경찰제5대대가 맞서 저지하다가 절대 전력이 열세하여 버티지 못하고 안동으로 철수했다.

이날 춘양 지구에서 선전했던 임익순 대대가 제8사단에 예속되어 풍기 부근으로 전진하였고, 13일 강원경찰부대도 내성으로 철수했다.

12일과 13일 전투에서 강원경찰제5대대는 적 28명을 사살하고 2명을 생포했으며, 탄약을 만재한 화물자동차 1대와 소총 30정을 노획하였다.

6. 충주·상주 부근 전투

충주·음성 지역 전투

6월 28일 제6사단이 춘천에서 물러나자 적 제12사단과 제15사단은 물밀듯이 뒤쫓아 원주~장호원을 거쳐 7월 4일 충주~음성을 위협했다.

강원경찰 춘천서부대(春川署部隊, 조규홍 총경)*는 음성 길목 무극리 일대에 전개하고 있는 제6사단 제7연대와 함께 가섭산(加葉山-710고지, 음성 북쪽)에 포진하고 있었다.

> * 춘천서부대는 춘천경찰서의 경찰관으로 편성한 부대다. 경찰부대는 전투경찰대 또는 특별히 편성한 전투부대를 제외하고는 대부분 서부대(署部隊)로 표현했고, 삼척경찰대처럼 경찰서 이름 밑에 '경찰대'라고 한 기록도 있다.

7월 7일, 적 제15사단 제48연대가 전차와 기마대를 앞세우고 음성을 목표로 공격했다. 춘천서부대는 제7연대 진지를 우회 침투하는 적을 견제하다가 다음 날 제7연대와 함께 보천을 거쳐 진천으로 이동했다.

충북경찰 충주서부대(金大璧 총경)는 제6사단 제2연대와 함께 충주시내에서 적을 저지하고 있었다. 7월 3일부터 충주시내에 적 포탄이 떨어지기 시작하자 충주서부대는 3개 소대로 편성하여 남한강 연안 신촌(新村-충주 서북쪽) 부근과 달천강 동안 탄금대에 포진하였는데 마침 폭우로 강물이 불어 방어에 큰 힘이 되었다.

5일 적 제12사단이 충주 북쪽 4km 지점에 있는 목행동 북쪽 남한강 일대에서 도하를 시도했다. 충주서부대는 제2연대와 협력하여 예상 도하지점을 차단하고 있다가 적 도하부대 제1파가 도하하는 것을 저지했다.

9일 04시 목행동 부근 도선장에서 목선을 이용하여 도하에 성공한 적 주력이 충주로 진격하였으므로 충주서부대는 제2연대와 함께 격전을 벌이다가 충주를 포기하고 수안보로 철수하였다.

죽령·상주 지역 전투

7월 9일, 삼척경찰서장 김두용 총경이 지휘하는 삼척경찰서와 정선경찰서 경찰관으로 혼성 편성한 경찰대대가 제8사단에 합류했다.

제8사단장 이성가 대령은 적이 제21연대 우 일선을 침공한 징후로 보아 일부 병력이 봉의등~어의곡리~소백산을 넘어 풍기로 우회하여 사단 퇴로를 차단하거나 죽령을 포위하고자 기도하는 것으로 판단하여 우려하고 있었는데 경찰대가 진출해 온 것이다.

이성가 사단장은 이 경찰대를 국망봉(國望峰, 1,420.8m-비로봉 동쪽)에서 비로봉(소백산 정상) 일대로 전진시켜 제2전선을 형성하였다.

삼척경찰대는 제8사단이 강릉에서 제천으로 철수하고, 강릉 남쪽 임원진에 적 제766부대와 제549부대가 상륙하여 동해가도가 차단되자 도계~황지를 거쳐 정선으로 이동했다. 이곳에서 고전하고 있는 최형식(崔亨植) 경감이 지휘하는 경찰대를 통합하여 경찰 1개 대대를 편성한 후 영월로 이동하여 그곳에 집결해 있는 경찰 병력과 합동으로 저지전을 펴다가 역부족으로 순흥~풍기를 거쳐 이날 12시에 단양으로 온 것이다.

11일 공병대대가 죽령~제2연화봉선으로 진출하였고, 경찰대대는 비로봉~국망봉선에서 제1연화봉~제2연화봉* 선으로 이동하여 공병대대 우일선을 맡았다.

> * 소백산은 죽령에서부터 북동쪽으로 제2연화봉(1,357.3m)~연화봉(천체관측소-1,283m)~제1연화봉(1,394.4m)~비로봉(1,439.5m)~국망봉(1,420.8m)으로 이어진다.
> 국방부 『한국전쟁사』 개정판 제2권은 "삼척서가 국망봉(△1421)에, 정선서가 소백산 일대를 각각 점령하고……"(p179), "경찰대대는 국망봉-소백산 일대를 확보하였으나 공병대대가……△1.363-죽령선을 확보함에 따라……연화봉-△1.363전으로 진지를 전환하여……"(p198)라고 기술하였다.
> 본문의 기술 내용과 작전부도(2 제5호 단양부근 전투경과요도 其二)를 종합하여 정리하면 여기서 말 하는 소백산은 비로봉을, △1.363는 제2연화봉을, 연화봉은 제1연화봉을 말하는 것으로 판단된다. 참고문헌에 기록된 산 높이가 다른 것이 있는데 착오로 보인다.

12일 13시 어의곡리에서 침투한 1개 중대 규모의 적이 침공하였다.

경찰대대는 중화기라고는 기관총 1정밖에 없고 M1과 카빈, 일제99식으로 혼합된 뒤떨어진 장비로 사격을 집중하였으나 위력이 없을 뿐만 아니라 전투훈련과 경험이 부족한 경찰대로서는 적수가 되지 못하였다. 설상가상 격으로 속칭 민백이재(제1연화봉과 비로봉 사이의 전면)로 우회한 적이 후방을 교란하며 정면의 적과 협공하여 진지가 무너지자 경찰대대는 공병대대의 엄호를 받으며 희방사(喜方寺) 계곡으로 물러섰는데 집요하게 추적하는 적에 의하여 40~50명의 사상자를 냈다.

경찰대대는 풍기로 철수하여 병력을 수습한 후 안동으로 이동했다.

14일 풍기 부근에서 전진(轉進)한 것으로 보이는 1개 연대 규모의 적이 300여 기의 기마대를 앞세우고 예천 방면으로 지출했다.

경북경찰 예천서부대(南宇洛 경감)는 예천 북쪽으로 급진하여 적 선두부대인 기마대를 유인하면서 저지전을 벌였다.

15일 15시경에 미 제24연대(화이트 대령)가 진출하여 함께 전투를 벌이다가 예천서부대는 병력을 수습하기 위하여 안동으로 철수하였고, 의성군 다인(多仁-의성 북쪽 14km) 부근에 집결해 있던 예천경찰서 관하 5개 지서 병력이 예천으로 이동하여 미군과 합세하였다.

서쪽 문경서부대는 14일 적 제1사단과 제13사단이 조령~이화령으로 진출하자 제6사단과 함께 저지전을 펴다가 16일 점촌으로 철수하였고, 8월 1일 제6사단을 따라 신기동(新基洞-의성군)으로 철수했다.

16일 적 제15사단 주력 약 1,000명이 상주를 목표로 서원동(書院洞-상주 서북쪽 4km, 25번 국도변)으로 침입했다. 상주서부대(辛尙洙 경감)는 미 제24연대와 합세하여 이 적을 화동(化東-상주 서남쪽 9km) 쪽으로 격퇴하였다.

20일 상주서부대는 우산동(愚山洞-상주 서북쪽 6km)에 침투한 적 약 150

명을 공격하여 격퇴했고, 함창 부근으로 침투한 적도 격퇴하였다.

7. 울진·청송 부근 전투

울진·평해 지역 전투

울진경찰서장 박규철(朴圭喆) 경감은 북한군 남침 소식을 듣고 전 서원을 1개 중대로 편성하여 관내를 고수하고자 하였다.

6·25남침 당일 적 제766부대와 제549부대가 임원진 부근으로 상륙하여 태백산맥을 따라 남진하였고, 울진서중대는 도처에서 산발적인 교전을 벌이며 관내 치안을 확보하고 있었다.

6월 27일, 적 제5사단 1개 대대가 온양리(溫洋里-울진 북쪽)에 상륙하여 울진을 공격하자 부득이 울진에서 물러났는데 29일 13시경 제23연대가 울진 남쪽 수산리에 진출하여 합동으로 반격준비에 들어갔다.

7월 1일 미명, 제23연대장 김종원 중령이 군경부대를 지휘하여 울진을 탈환했다. 11시 30분경, 포병을 동반한 적 2개 연대 규모가 울진을 급습한 것을 24시간 동안 격전 끝에 울진을 고수했는데 불행하게도 UN공군기의 오폭으로 2일 새벽에 평해로 물러나야 했다.

14시경 평해 서쪽 5km 지점에 있는 온정(溫井)지서 부근에 적 1개 대대 규모가 침투한 것을 군경 합동으로 교전 끝에 격퇴했다. 적 6명을 사살하고 5명을 사로잡았다.

3일 24시, 적 제5사단 일부가 제766부대 및 제549부대와 합세하여 군경부대가 포진하고 있는 평해~온정리 선으로 침공하였다.

약 600명은 기성(箕城-평해 북쪽 약 10km) 방면에서,

<mark>약 500명은 학곡리(鶴谷里-평해 남쪽, 이상 7번 국도) 쪽에서,</mark>
<mark>약 100명은 온정리에서</mark>
동시에 포위 공격하여 순식간에 포위망 속에 빨려들었다.

군경부대는 결사적으로 항전했으나 모든 화기가 집중된 적세에 밀려 6일 08시 병곡(柄谷-영해 북쪽 4km) 부근으로 철수하였다가 12일 다시 영덕으로 철수하였다. 강원도*는 완전히 적의 수중에 들어갔다.

> * 당시 울진군은 강원도였다. 경상북도에 편입된 것은 1963년 1월 1일이다.

청송 지역 전투

7월 19일, 적 제5사단과 제766부대가 합세한 1개 연대 규모의 병력이 영양을 점령하였고, 그 중 1개 대대 규모가 청송으로 진출했다. 청송에는 강원경찰 제3대대 2개 중대가 포진하고 있었는데 적의 침공을 받고 20일 03시에 일단 의성으로 철수하였다가 19시에 반격하여 청송을 탈환했다. 적은 토평동(土坪洞-청송 남쪽 9km)으로 퇴각했다.

22일 09시, 퇴각한 적은 이전동(梨田洞-청송 남쪽 12km) 부근에 집결하여 지방공비와 합세한 후 14시에 약 2개 중대가 청송에 진입했다. 다음 날 경찰부대는 기갑연대와 합세하여 적을 이전동 방면으로 격퇴하고 청송을 확보했다.

이보다 앞선 7월 14일 강원경비사령부는 안동에서 재편성한 후 6개 대대가 제3사단에 배속되었고, 그 중 제5대대(김인호 총경-영월, 장성 중대와 전투경찰 제8대대)는 청송을 중심으로 한 주보급로를 경비하다가 기갑연대에 배속되어 진보(청송 북쪽 8km) 일대에서 작전을 폈다.

적이 험준한 산악을 이용하여 우회침투를 기도하자 경찰제5대대는 교전을 피하고 477고지(영양 남쪽 도상거리 약 7km)로 물러났고 적이 그 고지를 침공하자 밤중을 이용하여 그 남쪽 약 6km 지점에 있는 406고지(진보 동쪽 약 5km)로 철수하여 적의 침공을 저지하면서 일대를 고수하였다.

24일 새벽, 적이 청송 외각선 일대에 산재한 병력을 규합하여 청송을 압박하였으므로 경찰제5대대는 석보면(石保面 - 진보 동북쪽 약 6km) 일대와 원전(院前 - 영덕군 知品面, 진보 동남쪽 약 16km) 일대로 전진하여 북쪽 영양과 동쪽의 영덕에서 침투해 오는 적을 경계하였다.

26일, 406고지를 점령한 적 1개 연대 규모가 경찰제5대대 정면으로 접근했다. 11시경에 경찰대대는 이를 기습 공격하여 일단 저지하였는데 뜻밖에도 UN공군기가 오폭하여 이춘성(李春成) 경위가 전사하고, 차량 7대와 많은 보급품이 소실되는 불상사를 겪었다.

30일 미명 퇴각했던 적은 다시 전열을 가다듬고 1개 연대 규모가 경찰대대 정면을 공격하였다. 경찰대대는 마침 안동으로부터 증원된 기갑연대 장갑소대와 합동으로 이를 반격하여 일진일퇴를 거듭하는 격전을 펴다가 중과부적으로 8월 2일 17시 진보 일대로 철수하였고, 21시 기갑연대는 비봉산(飛鳳山 - 671고지, 진보 동남쪽) 일대로, 경찰대대는 605고지(진보 동남쪽 5km)로 이동하여 진지를 점령했다.

8월 3일 적은 주력부대가 진보를 점령한 뒤에 비봉산을 우회하여 경찰부대를 압박했고, 다른 일단의 적은 청송을 목표로 진출을 시도했다. 경찰대대와 기갑연대는 필사적으로 저지전을 폈으나 이날 밤중에 적 일부가 경찰부대 저지선을 뚫고 우회 침투하여 포위 상태에 빠졌다. 기갑연대와 경찰대대는 필사적으로 항전하며 퇴로를 뚫고 길안으로 철수했다.

5일 적은 마침내 청송을 점령하였다.

이 전투에서 경찰제5대대는 전사 4명, 부상 10명, 실종 4명 등 인명손실과 많은 장비와 보급품을 잃었다.

길안으로 철수한 경찰대대와 기갑연대는 청송을 탈환하고자 반격을 가하여 3시간동안 혈투를 벌였으나 절대 우세한 적에게 포위되어 차량과 보급품을 소각한 후 각개 분산하여 의성 방면으로 철수했다.

이 반격작전에서 경찰대대는 황호암(黃虎岩-감찰주임) 경위가 전사하고 전경제8대대장 전성우(全星宇) 경감을 비롯하여 20여 명이 낙오되었다가 간신히 혈로를 찾아 원대에 복귀했다.

경찰제5대대는 경주로 이동하여 병력을 수습하고 재편성한 후에 낙동강 방어선에 투입되었다.

보현산 지역 전투

7월 9일 울진 부근 해안으로 침투한 적 제766부대는 동해안을 따라 남진한 적 제5사단 일부와 합세하여 태백산맥을 타고 진출한 뒤에 구암산과 보현산에 근거를 둔 재산공비들과 연계하여 청송~영천~경주~의성 등지의 후방 지역을 교란하고 보급로를 차단하는 한편 주력부대 침공을 지원하고자 시도하였는데 그 규모가 1,300명으로 추산되었다.

보현산을 포함한 동부전선을 담당하고 있는 제3사단이 일부 병력을 투입하여 이 적을 척결(剔抉)코자 하였다가 영덕 지구 전황이 급박하자 이 지역 작전을 경찰에게 맡겼고, 강원경비사령부 관하에 들어간 경북경찰대 일부가 지역 경찰과 협력하여 재산(在山)공비 토벌에 나섰다.

11일 20시, 영천서부대(高尙遠 경감)는 철도경찰 영천지대로부터

"고경면 일대에서 약 200명의 적이 영천으로 침입하고 있다."

는 정보를 입수하고 출동하여 철도경찰지대와 함께 격퇴했다.

12시 30분 경주서부대(李康學 총경)는 적 제5사단 약 200명이 구암산과 설

송산(雪松山) 중간 포남동으로 침입한 것을 공격하여 많은 피해를 주었다.

13일 15시, 경주서부대는 북안면(北安面-영천 동남쪽) 방면으로 침입한 적 약 80여 명을 추격하여 문복산(文福山, 1014고지-언양 서북쪽 20km)에서 포위하고 3시간 동안 격전 끝에 40여 명을 사살하고 다수의 소총과 실탄 1,000여 발을 노획했다.

강원경비사령부 제3대대(전호인 총경-강릉서, 정선서, 평창서 각 중대, 전경 제9대대 제3중대)가 청송으로 이동하여 청송과 보현산 일대에 포진하였고, 제6대대(김두용 총경)는 울진, 영천, 경주경찰서 관내 각 지서병력을 동원하여 보현산 동남쪽에 포진하고 영덕 방면에서 침투하는 적과 보현산 방면에서 퇴각하는 적을 격멸하기 위하여 대비하고 있었다.

14일 11시, 강원경찰 제3대대 정선서중대(최형식 경감)가 포진한 도평동(보현산 동북쪽 13km)에 적 유격대 약 200명이 나타나서 길안천을 도하하고자 하였으므로 이를 저지하기 위하여 길안천 동안에 맹렬한 사격을 가했다. 그러나 적은 공세를 늦추기는커녕 후속부대 약 1,500명이 합세하여 각종 중화기를 집중하면서 3면에서 정선서중대를 포위 공격했다.

정선서중대는 3시간동안 사투를 벌이며 간신히 포위망을 뚫고 도평동 북쪽 564고지로 철수하였고, 오후에 도평동을 탈환하고자 시도했다가 중과부적으로 실패하고 청송으로 물러났다.

15일 11시, 정선서중대는 청송에서 정비한 후 평창서중대와 전경 제9대대 제3중대를 증원 받아 도평동 탈환작전을 폈다. 도평동 동·남·북고지로 진격하여 측면 공격으로 1시간여 격전 끝에 마침내 도평동을 탈환했다. 적은 월매동(도평 동남쪽 5km) 쪽으로 퇴각했다가 19시경 다시 맹렬하게 반격했다. 강원경찰 제3대대가 중대별로 이를 저지하고자 2시간 동안 혈전을 벌이다가 결국 밀려서 부남(府南-도평 동북쪽 4km)으로 철수했다.

18일 부남으로 물러난 강원경찰 제3대대는 수색작전 중 적 20명을 발견하고 이를 포위 공격했는데 몇 분 뒤에 또 다른 적 300여 명이 경찰대대 후방을 차단하고 역 포위하여 위기에 몰렸으나 경찰대대는 과감하게 맞서 2시간 동안 격전 끝에 반격하여 도평동을 탈환했다.

24일 17시, 정선서중대는 적 약 800명이 인지동(도평 서북쪽)으로 침입하여 신곡령(新谷嶺=새거재-도평 서남쪽)~문거령(文居嶺-도평 서남쪽)에 이르는 선에 진지를 구축하는 것을 발견하고 이를 기습 공격하여 19시경에 이 적을 개일동(開日洞-도평 남쪽 4km)으로 구축(驅逐)했다.

27일 17시, 구암산과 보현산에서 준동하던 적 유격대 약 1,500명이 기북지서* 부근(雲住山 동북쪽 5km)에 있는 고지로 침입했다.

> * 국방부 『한국전쟁사』 개정판 제2권(p940)은 '내어(支署)'라고 기술하고 그 위치를 운주산(806고지) 동북쪽 5km 지점에 있다고 했다.
> 위치를 가늠해 보면 포항시 기북면사무소가 있는 용기리(龍基里)이며, 자연부락 이름은 새터(新基里)다.
> 당시는 영일군 기계면에 속해 있다가 1986년 4월 1일 기북면으로 분리되었다.
> '내어'라는 지명을 아는 사람이 없고, 면사무소를 통하여 확인했으나 그런 지명은 없다는 대답을 들었다. 면사무소 직원이 지역에 사는 연로한 사람에게 물어서 당시에 기북지서(杞北支署)가 있었다는 것을 확인했다.
> 경찰지서는 통상 면사무소 소재지에 설치한다. 그러나 면 관할이 넓거나 오지여서 치안이 불안한 지역에는 따로 지서를 설치했다. 당시 기북 지역은 이러한 조건에 해당하여 지서를 설치했고 그 후에 기북면으로 분리되었다.
> 관서 명칭은 공식 명칭과 달리 그것이 위치한 마을 이름을 따서 부르는 경우가 있고, '내어지서'는 그러한 속칭으로 보이나 내어라는 지명은 확인하지 못했다.

강원경찰 제6대대(김두용 총경)가 이를 저지하다가 세가 불리하여 구지동(九旨洞-기계 서북쪽 5km) 부근으로 철수했다가 다음 날 01시에 이 적이 보현산 쪽으로 이동해 간 틈을 타서 기북지서로 진출하여 주력을 포항시 죽장면과 기계면 경계지대에 배치하여 적침에 대비하였다.

30일 11시, 적 약 500명이 현동(청송군 현동면)지서를 습격했으나 도평동을 경비하고 있던 정선서중대가 이를 격퇴했다.

8월 5일, 강원경비사령부는 제1유격대대(정진 소령)와 함께 공격하여 보현산 정상을 탈환하여 보현산 부근 유격대소탕작전을 끝냈다.

그러나 보현산 주변에는 아직도 약 4,000명의 유격대와 재산공비가 잠동하고 있는 것으로 판단되었다.

8. 금강 연안 부근 전투

청양 · 대천 지역 전투

7월 8일 천안을 점령한 적은

조치원~금강선,

온양~예산~공주선,

대천~장항선

으로 나누어 호남 지역을 목표로 진로를 잡고 진격을 계속했다.

충남경찰비상경비사령관 이순구(李舜九-충청남도 경찰국장) 경무관은 각 경찰서에 명령하여 관할 지역을 고수하도록 하고, 참모장 백순기(白舜基) 총경에게 작전계획을 수립하게 하는 등 만반의 대비책을 강구하고 있었다.

미 제24사단이 참전하면서 주보급로인 경부선 경비를 충남경찰에 요청하였다. 참모장 백순기 총경이 지휘하는 충남경찰국 직속대대에서

100명을 차출하여 대전~영동간 철도를 경비하도록 하고,

다른 병력 100명을 옥천~대전 외곽 지역에 배치하였으며,

다른 병력 100명을 신탄진 철교 부근에 배치하였다.

11일, 전황이 위급해지자 충남 지역에 집결한 경찰 병력으로 전투대대를 편성하고 금강 방어선에 배치하여 적의 진출을 저지하도록 하였다.

충남경찰병력 300명과 서울경찰병력 200명으로 제1대대(尹錫烈 총경)를 편성하여 청양 방면에 배치하고,

경기경찰병력 300명과 혼성병력 200명으로 제2대대(李晩欽 총경)를 편성하여 홍산(鴻山, 부여 서남쪽 12km 지점, 4번국도변)에 배치하고 군과 협조하에 청양~대천 방면으로 진출하는 적을 저지하도록 하였다.

11일, 홍성 이북 지역은 적 수중에 들어갔고, 홍성~대천 간은 공백 상태에 빠졌다.

청양 지구에 있던 국군과 UN군이 금강 방어선에 투입되면서 청양이 무원고립 상태에 빠졌는데 12일 중무장한 적 약 700명이 청양 경찰대대를 공격했다. 사태가 긴박해지자 충남경비사령부는 다음 날 금강선에 배치된 병력 중 신탄진에 배치된 병력을 제외한 200명으로 충남특경대(洪仁出 경감)를 편성하고 03시에 청양으로 급진시켜 청양 제1경찰대대를 증원케 하였다. 이날 아침에 후퇴한 홍성경찰대(朴憲敎 경감)가 복귀하여 합세함으로써 전투경찰 제1대의 전력이 많이 보강되었다.

14일, 적의 정찰대로 보이는 한 무리가 청양 부근에 출현했다. 경찰대대는 머지않아 적의 본대가 청양을 침공할 것으로 판단하고 청양 북방 지역 수색활동을 강화하였는데 정오 무렵 운곡면(雲谷面-청양 북쪽 10km) 일대에서 경계 중이던 제1중대 제1소대가 예산 방면에서 남진하는 적을 포착하고 기습 공격하여 20여 명을 사로잡았다.

제1중대 병력 80여 명은 적정을 수집하기 위하여 산성리(山城里-청양 서북쪽 7km)에 출정하였다가 죽전리(竹田里-청양 서북쪽 10km) 부근에 침입한 적 1개 소대와 격전을 벌인 끝에 5명을 사로잡고, 전화기 2대를 노획했으

며, 지방공비 2명을 사살했다.

14일 전투경찰 제2대대에 편성되었던 철도경찰 천안지대는 철도경찰 장항지대원 20명과 함께 대천 부근 적정을 수색하던 중 대천 남쪽 장치(長峙) 부근에서 5개 중대 규모의 적과 마주쳐서 백병전을 치르는 사투 끝에 적에게 큰 타격을 입혔으나 경찰대는 전원 장렬하게 전사했다.

15일 10시, 경찰제1대대장 윤석렬 총경은 대천을 탈환하기 위하여 제1중대 130명을 지휘하여 대천으로 진격했다. 16시경 대천 동쪽 능선에 도착하였을 때 그곳에서 식사 중인 적 무리를 발견하고 기습공격을 하였다. 불의의 기습을 받은 적은 혼비백산하여 도주했다. 이 전투에서 적 3명을 사살하고 2명을 포로로 잡았으며 대천인민위원장과 자위대간부 등 지방공비 40여 명을 사살하고, 무전기 1대, 소총 8정, 실탄 2상자와 TNT 3상자를 노획하는 전과를 올렸다. 그러나 제2중대가 후속치 않아 뒤이은 적의 반격을 감당하지 못하고 청양으로 철수해야 했다.

17일 02시, 경찰제1대대가 청양에 돌아왔을 때는 이미 청양은 적 수중에 들어가 있었고, 경찰병력은 모두 철수하고 없었다. 윤석렬 총경은 제1중대를 이끌고 여산(礪山-강경 동남쪽 13km)으로 철수했다.

홍인출 경감이 지휘하는 충남경찰국 직속 특경대는 서천으로 전진하였는데, 그곳에는 공주, 청양, 보령, 홍성, 당진, 서산 등지에서 철수한 충남경찰국 관하 혼성병력 약 200명이 있었다. 이들과 함께 서천 북쪽에 저지선을 펴고 있었는데 군산 해군경비부사령관 김종기 소령으로부터 비인(庇仁-서천 서북쪽 10km) 부근에 침입한 적을 저지하라는 작명을 받았다.

이곳에 침투한 적은 1,500명이었다. 특경대는 이 적을 맞아 배후에서 집중사격을 가하면서 과감히 공격했으나 적을 일시 혼란에 빠트렸을 뿐 병력의 열세로 완강하게 밀려드는 적세를 감당하지 못하고 17일 07시에 금강을 건너서 군산으로 물러났다.

19일 23시, 특경대는 다시 황등(黃登-이리 북쪽 7km)으로 전진하여 그곳을 유린하고 남진 중인 적 약 1,000명과 마주쳤다. 지척을 분간할 수 없는 칠흑 같은 밤중에 절대우세한 적의 화력이 집중하는 가운데 5시간의 혈전을 벌이면서 적 30여 명을 사살하여 적의 간담을 서늘하게 해주었다.

이때 적 기계화부대가 합세하여 특경대를 포위했다. 홍인출 경감은 "우리의 참된 사명을 이룩할 때가 왔다. 전 대원은 나를 따르라." 고 일갈하고 빗발치는 탄우 속을 뚫고 적진 속으로 뛰어 들어갔다. 이를 본 전 대원이 그의 뒤를 따랐다.

20일 05시, 혈전 6시간 만에 특경대원 59명은 마침내 힘을 다하여 황등의 산과 들을 붉은 피로 물들이고 장렬한 최후를 마쳤다.

강경경찰관 옥쇄

천안을 점령한 적 제6사단이 장항선 연변으로 진로를 잡아 경찰병력만으로 저지선을 펴고 있는 이 지역을 거의 무풍지대로 통과하여 서천에 이르자 장항과 군산이 풍전등화가 되었다.

7월 17일 군산경찰서장 현규병(玄圭柄) 총경은 기선을 제압하기 위하여 소속 경찰병력 50명과 후퇴하여 온 충남경찰병력을 규합하여 군산으로 상륙한 후 장항에 포진하고 있는 해병대(고길훈 소령)와 함께 방어선을 폈다.

10시경, 적의 선견부대로 보이는 약 200명이 장항에 진입했다. 경찰부대와 해병대는 이를 기습하여 2시간 동안 격전을 벌인 끝에 적을 퇴치하였고, 적병 20여 명을 사살하고 3명을 사로잡는 전과를 올렸다.

오후에 뒤따르던 적의 주력이 퇴각했던 부대로 보이는 적과 합세하여 공격했다. 경찰부대는 15시까지 저지전을 펴다가 이리로 철수했다.

15일 10시, 강경경찰서장 정성봉(鄭成鳳) 경감은

"중무장한 적이 강경을 목표로 대거 남진 중에 있다."

는 정보를 입수하고 전 서원을 지휘하여 전주로 이동했다. 다음 날

"강경에는 아직 적의 주력부대가 들어오지 않았다."

는 통보를 받았다.

정성봉 서장은 강경 복귀를 결심하고 전 서원에게 7시간 동안 군사훈련을 실시한 후 다음 날 17시에 전주를 출발하여 5시간 강행군 끝에 강경에 돌아왔다. 경찰병력을 읍내 요소에 배치하고 읍내를 수색했다.

밤중에 수색대가 읍내를 배회하던 지방공비 5명을 검거하였고, 17일 03시경에 강경읍 성동교(城東橋)에서 정체불명의 무장괴한 10여 명을 붙들었는데 이들의 신원을 조사한 결과 '대한유격대원증'을 제시하면서

"북한군과 항전하면서 후퇴해 왔다."

고 하였다.

저들을 믿은 정 서장은 한 사람의 병력이 아쉬운 판에 잘 되었다고 생각하고 경찰대원과 함께 수색활동을 하도록 허락하였다.

그때 논산 방면에서 진격해 오는 적이 있었다. 저들은

'이 적이 소규모에 불과하다.' 는 정보를 주면서

"내일 날이 밝은 뒤에 공격하는 것이 좋겠다."

는 의견을 제시하여 한순간 방심하고 있는 사이 적은 경찰대를 포위망 속에 가두었다.

적의 실 병력은 1,000여 명 규모의 주력부대로 강경을 포위하고자 기도하고 있었는데 저들은 거짓으로 정보를 제공하여 정성봉 서장이 오판하도록 만들었던 것이다. 그 뿐만 아니었다. 저들은 아군의 작전계획과 암호까지 숙지하고 있었고, 경찰의 일거수일투족을 적 주력부대에 알려주면서 경

찰에게는 허위정보를 제공하여 상황 판단을 흐리게 하였던 것이다.

14시, 적 침투조가 읍사무소 옥상에 설치한 기관총으로 읍내 요소에 집중사격하는 것을 신호로 사방에서 일제히 공격을 했다. 정성봉 서장은 적의 농간에 휘말린 것을 깨달았으나 이미 때는 늦었다.

경찰부대는 경찰서 주변에 방어진지를 편성하고 항전에 들어갔다. 18시간 혈투를 벌이다가 실탄이 떨어져 어찌할 방도가 없었다. 퇴로를 뚫기 위하여 육탄전을 폈으나 길은 뚫리지 않았다.

18일 11시 30분 정성봉 서장을 비롯한 강경경찰서 경찰관 83명은 엄청난 적의 화력망 속에서 산화했다.

강경을 점령한 적은 약 2,000명으로 늘어나서 용안(龍安-강경 서남쪽 5km)~망성리(望城里) 방면으로 진출했다. 이 지역에는 전북경비사령부 제1, 제3대대가 배치되어 있었는데 그 병력이 700여 명이었다. 공격을 받은 경찰대대는 주도면밀한 계획으로 반격을 시도하여 15시간 악전고투 끝에 적을 물리쳤고, 그 여세를 몰아 충남경찰대와 협공하여 강경읍을 회복하고 경찰이 건재함을 과시하기 위한 시가행진을 벌이기까지 했다. 이 전투에서 적 35명을 사살하고 많은 소총을 노획했다.

19일, 논산 방면으로 퇴각했던 적이 병력을 증원하여 약 1개 사단 규모가 강경을 다시 침공했다. 이곳을 방수하던 전북경찰 제1대대 병력 350명으로는 처음부터 상대가 되지 않았다.

14시에 이리 방면으로 철수했다.

용안을 점령한 적은 경찰대를 뒤쫓아 이리로 육박했다. 이리에서 다시 전북경찰대대와 이리경찰서장 이병희(李秉禧) 총경이 지휘하는 이리경찰서 부대가 합세하여 맞섰으나 얼마를 지탱하지 못하고 이리를 내어주고 말았다. 경찰대는 삼례(參禮-이리 동쪽 13km)로 물러났다.

19일 19시, 서해안지구전투사령관 신태영 소장이 파견한 전남경찰 1개 대대가 삼례에 도착하여 전북경찰대대와 합세하였고, 또 낙오병 100여 명이 합류하여 전력이 많이 보강되자 이리 반격을 시도하다가 불행하게도 UN 공군기가 오폭하여 22시 동산(東山-삼례 남쪽 5km)으로 철수한 후 동산 북쪽 능선 일대에서 만경강을 끼고 방어선을 폈다.

미 제24사단이 요청하여 신탄진 철교를 중심으로 금강 남안 제방에 배치되어 있던 경기도경찰 부평서대대(김억순 경감)는 7월 13일부터 17일 19시까지 사이에 적 정찰대와 3차례 교전을 벌였고, 그때마다 격퇴했다. 19일 12시에 육군본부의 통보를 받고 영동으로 이동하였고, 다시 추풍령 지역에서 방수임무에 투입되었다가 27일 대구로 철수했다.

만경평야 창아 지역에서 작전 중이던 전북경찰 본부대대(奇宇大 경감)는 적세에 밀려 21일 02시 전주로 철수하였다가 전북지구계엄사령관 명령에 의하여 남원으로 철수하였는데 돌연 전북경찰비상경비사령관 윤기병(尹箕柄) 경무관이 복귀명령을 내려 13시에 다시 전주로 돌아와서 경찰국을 경비하고 있었다.

지방공비와 합세한 적 약 300명이 공격하여 격전을 벌이다가 수적 열세로 더 버티지 못하고 22일 15시 남원으로 철수하여 민 부대와 함께 운봉~함양~진주로 이동하였으며, 27일 진동 부근에서 미 제24사단과 합동작전을 펴다가 29일 마산으로 이동하였다.

9. 호남남부 지역 전투

장성 · 장흥 · 백운산 전투

전라남도경찰비상경비사령관 김응권(전라남도경찰국장) 경무관은 적이 금강선을 침공하였을 때 전라남도계엄사령관 이형석 대령 명령에 따라 관내 각 경찰서에서 경찰관 15명씩을 차출하여 전투대대를 편성하고 강경~이리 지구의 전북경찰을 지원하는 한편 나머지 경찰관으로 별도 전투대대를 편성하여 전라남북도 도계에 배치하고 방어태세에 들어갔다.

7월 20일, 전세가 악화되자 전남경비사령부는 보성으로 이동하였고, 각 서에서 차출하여 지원나갔던 병력을 원대 복귀시켜 관내를 사수하도록 하였다.

유치면(有治面-장흥 서북쪽 8km)에 배치된 장흥서부대(沈載淳 총경)는 7월 23일 미명에 통신이 두절되어 경비사령부 동향과 적정을 파악할 수 없었다. 그래서 심재순 총경은 적이 가까이 와 있을 것으로 판단되는 보성 지역 적정을 살피기 위하여 대원 50명을 대동하고 보성으로 갔다. 그런데 뜻밖에도 보성에는 아직 적이 들어오지 않았고, 시가지는 인적이 없이 조용하여 음산하기까지 하였다.

심재순 총경은 보성역으로 발길을 돌렸다. 철도 전화로 벌교, 순천, 여수 등지를 불러 교신을 시도한 결과 다행히 순천철도경찰대와 연결되었다. 여기서 심 총경은 국군이 여수와 하동 쪽으로 철수하고 있다는 비관적인 정보를 입수했다.

심재순 총경은 보성경찰서에 들어가 소총 15정과 수류탄 80개를 수집하여 대원들 무장을 강화하고 병력을 요소요소에 배치하여 방어태세에 들어갔다. 지리적인 여건으로 보아 보성을 지키는 것이 장흥을 안전하게 할 수 있다는 판단에서였다.

장흥~보성 간 유선을 복구하고 있던 중 화순에서 허휴(許休) 경감이 지휘하는 중화기부대와 화순, 영암, 광산, 나주, 무안 등 각 경찰서 병력이 보성으로 집결했다. 보성에 집결한 경찰병력들은

"전남경찰의 위신을 회복하기 위하여 보성~장흥선에서 기필코 적을 물리쳐야 한다."

는 결의를 다진 후 장흥~강진선에 주저항선을 설치하고,

강진, 나주, 무안서 병력은 강진에,

장흥서 일부 병력과 화순, 영암서 병력은 보성 부근에 전진 배치했다.

24일 아침, 보성에 적이 진입하여 경찰전초부대를 압박하였다. 화순과 영암서부대는 철수하여 강진에 합세하고, 장흥서 일부 병력으로 편성한 수색대를 보성에 남겨 적 동태를 살피게 하였다.

25일 적 대부대가 기계화부대를 앞세우고 보성으로 진입했다.

강진경찰서장 조석원(趙石元) 경감이 장흥~강진선에 배치된 전남경찰서부대를 통합지휘하고 있었다.

26일 미명 구서칠(具書七) 경위의 중화기부대를 선두로 강진 및 장흥서부대 250명이 보성으로 진입하여 적을 급습했다. 적 30명을 사살하고, 1명을 포로로 잡았으며, 사이드카 2대를 비롯하여 소총 2정을 노획하는 전과를 올리고 적 선견대 약 100명과 지방공비를 사산(四散)시켰다.

27일, 강진 및 나주서부대는 해남을 기습 공격하여 지방공비 5명을 사살하고 경찰서를 탈환했다. 다음 날 강진 및 영암서부대는 영암경찰서를 탈환하고 지방공비 수 명을 사살했다.

경찰부대가 일부 지역을 수복하고 나주 방면 적정을 살피고 있던 중 지방공비를 포함한 적 약 550명이 목포와 나주 방면에서 장흥~강진으로 침

공했다. 경찰부대는 상황을 전남경비사령부에 보고하고, 항공지원을 요청하였다.

31일 구서칠 경위의 중화기부대와 강진 및 영암서 병력 약 200명이 격전을 벌인 끝에 30여 명을 사살하고 선전하는 중에 근접지원 나온 항공기가 오폭하여 수 명의 대원을 잃고 전력이 흩어져 물러났다.

29일, 곡성경찰서장 한정일(韓楨日) 경감이 지휘하는 한정일 유격대대는 압록리(鴨錄里-곡성 동남쪽 15km)에서 적 3개 중대를 기습하여 3시간 동안 격전 끝에 물리쳤다. 적 52명을 사살하고, 사이드카 5대를 노획했다.

14시, 많은 피해를 입고 물러갔던 적은 1개 대대를 증원하여 반격했다. 한정일 유격대는 공방전을 벌이다가 지형상 유리한 봉두산(奉斗山, 735고지-구례 서남쪽 12km)으로 전진하여 진지를 점령하고 대비했다.

강진~장흥선에서 저지선을 펴고 저항하던 전남경비사령부 예하 각 경찰부대는 전황이 악화됨에 따라 저지선을 확보하지 못하고 완도, 해남 등 도서 지역으로 전진하여 지연전을 벌였다.

서남 도서 지역 전투

8월 1일 05시를 기하여 장흥경찰서장 심재순 총경이 도서 지역으로 집결한 전남경비사령부 병력을 총 지휘하게 되었다.

각급 지휘관들은 심재순 총경이 주재하는 작전회의에서 완도를 중심으로 부근 도서를 사수할 것을 결의하였다.

완도에는 김두천(金斗千) 완도경찰서장이 지휘하는 경찰 병력 200여 명과 지방애국청년단원 약 100명이 치안을 확보하고 있었는데 이때 나주, 화순, 영암, 무안, 강진서에서 철수한 경찰부대가 합세하였다.

3일 08시, 강진서부대 150명은 지휘부가 위치한 완도의 위협을 제거하고, 마량포(馬良浦-강진 남쪽 20km)에 집결해 있는 적을 견제하기 위하여 고금도(古水島-완도 동북쪽 20km)로 출진하였다.

4일, UN항공기 3대가 청산도(靑山島) 상공을 선회하다가 경찰부대를 적으로 오인하고 기총소사를 하여 만내에 정박 중인 선박을 모두 격침시켰는데 이때 완도본부 소속 선박 5척과 고금도부대 선박 1척 등 경찰부대 선박 6척을 모두 잃고 큰 타격을 받았다.

5일, 강진서부대는 어려운 상황 속에서도 마량포에 적전상륙을 감행하여 적 10여 명을 사살하였다. 그러나 경찰부대도 구서칠 경위가 부상을 입었고, 대원 3명이 전사했다.

7일 심재순 총경이 지휘하는 장흥서부대 180명은 노화도(蘆花島-완도 서남쪽 12km)를 비롯하여 소안도(所安島-노화도 동남쪽 4km)와 보길도(甫吉島-노화도 서남쪽)에 상륙하여 적 10여 명을 사살하고 납치된 양민 330명을 구출한 후 병력 100명을 부근 일대 도서에 배치하여 경비토록 하였다. 지방공비들이 노화도 부근 여러 섬에서 50여 호의 민가를 약탈하고 양민 30여 명을 타살하거나 수장한 사실을 확인했다.

8일 07시, 장흥서부대는 40명 정예요원을 선발하여 해상특공대를 편성하였다. 이 특공대는 금당도(金塘島-장흥 동남쪽 32km) 부근에서 적 선박 1척을 격침시켰고, 10일 11시에 관산지서(冠山-장흥 남쪽 16km)에 기습 상륙하여 적 8명을 사살하고 양민 5명을 구출하였다.

18일에는 평일도(平日島-금당도 남쪽 10km)에 침입한 약 90명의 적이 경찰관 5명을 사살하고 양민 3명을 납치하는 등 만행을 저지른다는 정보를 입수하고 완도서부대와 합동으로 공격하여 적을 퇴치하고 섬을 탈환했다.

경찰유격활동이 활발해지자 적은 대부대를 투입하여 완도와 진도를 비롯한 서남해안 도서를 제압하고자 완도에서 2km 정도 떨어진 소도(小島)에 화력 거점을 마련하고 완도상륙을 준비하고 있었다.

적의 기도를 파악한 완도경찰서는 30명으로 조직한 특공대를 소도에 투입하여 적 3명을 사살하고 완도상륙기도를 저지하였다.

25일 06시, 1,000명 규모의 적이 우수영(右水營)으로부터 진도를 포위 공격했다. 진도경찰서장 서리 허휴 경감은 휘하 전 경찰관과 함께 진도를 사수하기 위하여 옥쇄할 결의를 다지고 백병전으로 이 적과 맞섰다. 혈전을 벌이며 25명을 사살했으나 결국은 중과부적으로 고향 진도를 버릴 수밖에 없었다.

전남 경찰부대는 완도의 방어태세를 더욱 강화하기 위하여

무안서부대 80명을 남면(南面-여수 남쪽 30km)에서 청산도로 집결시켜 완도방어에 배치하였고,

강진서부대를 고금도에,

화순서부대를 신지도(薪智島-완도 동쪽)에 각각 배치하였으며,

장흥서부대를 노화도에서 조약도(助藥島)로 이동 배치하였다.

진도에서 철수한 진도서부대 120명이 청산도로 이동하여 완도를 경비하게 하였다.

9월 18일 날이 밝을 무렵, 적 약 1,000명과 지방공비 약 400명이 완도에 상륙하기에 이르렀다. 한 달이 넘는 격전으로 지쳐 기력이 다한 경찰부대는 또 다시 이 적을 막기 위하여 사투를 벌여야 했다. 혈전 3시간, 완도경찰서가 적에게 점령되자 경비주임이 지휘하는 80여 명이 남아서 유격전을 벌이기로 하고 나머지 경찰병력과 주민들은 완도를 떠났다.

고금도 강진서부대와 신지도 화순서부대도 침공을 받고 철수하였다.

조약도에 경찰특공대원 25명이 기습 상륙하여 적진 중에서 사투를 벌이고 있었다. 장흥서부대 심재순 총경은 전 부대병력을 조약도에 상륙시켜

특공대를 구출하고 적 85명을 사살하였다. 그러나 경찰부대도 사찰주임 이준길(李俊吉) 경위를 비롯하여 26명이 전사하는 피해를 입었다.

20일, 장흥서부대는 완도서부대와 합동으로 완도상륙작전을 감행하여 미처 후퇴하지 못한 경찰대원 86명 중에 71명을 구출하였다. 장흥경찰서장 심재순 총경은 여기서 전남경찰부대를 재편성하여 완도 및 조약도 탈환을 계획했으나 이때는 이미 전 전선에서 반격이 시작되었고, 적도 궤멸직전에서 후퇴가 시작된 때였으므로 시기를 놓치고 말았다.

이보다 앞선 9월 15일 05시 남면도(南面島-여수 남쪽 23km)에 배치된 영암서부대(대리 鄭小實 경위)는 적을 추적하여 100여 명을 사살한 후 부산으로 철수하였고, 거문도(巨文島-고흥 남쪽 40km) 지서주임 김 모 경위는 25명의 경찰관을 훈련시켜 거문도를 끝까지 사수하면서 고흥 부근 섬에서 적 52명을 사살하고 양민 73명을 구출했다.

전남북경찰부대는 무방비 상태의 호남전선에서 사력을 다하여 저지전을 펴면서 적에게 적지 않은 타격을 가하고 힘에 밀려 낙동강전선으로 철수하여 군부대에 합류해 갔다.

「제5절 국립경찰활동」 참고문헌 : 국방부 『한국전쟁사』 제2권 및 개정판 제2권

제7장
인민공화국

단장의 미아리 고개

반야월 작사, 이재호 작곡

1. 미아리 눈물고개 님이 넘던 이별고개
   화약연기 앞을 가려 눈 못 뜨고 헤매일 때
   당신은 철사줄로 두 손 꽁꽁 묶인 채로
   뒤돌아보고 또 돌아보고 맨발로 절며절며
   끌려가신 이 고개여 한 많은 미아리 고개

2. 아빠를 그리다가 어린 것은 잠이 들고
   동지섣달 기나긴 밤 북풍한설 몰아칠 때
   당신은 감옥살이 그 얼마나 고생을 하오
   십 년이 가도 백 년이 가도 살아만 돌아오소
   울고 넘던 이 고개여 한 많은 미아리 고개

제1절 대한민국은 인민공화국이다

1. 김일성의 점령정책

점령정책의 기본노선

1946년 2월에 북한에는 정부 기능을 수행할 북조선임시인민위원회를 조직하고 김일성을 위원장으로 추대했다.

같은 해 3월, 인민위원회 위원장 김일성은 20개 항의 정강을 공포하였는데 그 주요 내용은 다음과 같다.

일제 잔재 숙청
우익정당 및 인사 정치 활동 금지
인민위원회 구성
새로운 법률제도 확립
운수·은행·광산 등 대기업 국유화
무상몰수, 무상분배 원칙에 기초한 토지개혁 실시
의무교육 실시
8시간 노동제 및 단일세금제도 실시

이러한 기본정책에 근거하여 북한에서는 1946년 말까지 사회·경제적 제반 개혁을 단행하였고, 그 해 8월 북조선노동당창립대회에서 김일성은 그동안의 개혁에 대한 중간 평가를 하면서

"이제 북조선은 전 조선의 민주개혁을 위한 발원지 역할을 하게 되었다."
고 선언했다.

이후 김일성은 한반도 통일정책을,

미소공동위원회를 통하여 한반도를 공산화하겠다는 기존 방침을 바꾸어 북한 자력에 의한 통일독립국가 건설로 수정하고

순천군 제2차 당대표대회에서

"당과 인민 그리고 민족이 하나가 되어 북한에서 실시한 민주개혁을 남한에서도 반드시 실시해야 한다."
고 주장했다.

1948년 9월 9일 북한 최고인민회의에서 결의한 북한 헌법에 이와 같은 사실을 반영하여 북한 헌법이 전 조선 지역에서 적용된다고 밝혔고,

8개 항으로 된 '인민공화국 정부정강'에도 이를 반영하여

(1) 3항에서 남한의 모든 법령이 반민주, 반인민적이라고 규정하고

"북한에서 실시하고 있는 토지개혁법령, 산업국유화법령, 노동법령, 남녀평등권법령 등 제반 민주정책을 더욱 공고히 발전시키고 이것들을 전 한반도에 실시하기 위한 투쟁과 백방의 대책을 다할 것"이라고 밝혔고,

(2) 제6항에서 북한정부 형태인 인민위원회를 전 인민의 지지를 받고 있는 진정한 정권이라고 규정하고 남한에서도 이를 복구 조직할 것을 강조하였다.

북한은 1946년에 채택한 20개 정강과 북한헌법 및 인민공화국정부정강이 전쟁발발 전에 이미 남한을 공산화하기 위한 기본 정책으로 마련되어

있었음을 알 수 있다.

김일성은 개전 초 전 한국민에게 보내는 방송연설을 통하여 6·25전쟁 주요 당면 과제를

첫째, 조선민주주의인민공화국과 그 헌법을 사수하고,

둘째, 남한의 이승만 정권을 타도하고,

셋째, 남한을 해방시켜 인민정권인 인민위원회를 부활시키고,

넷째, 조선민주주의인민공화국 이름으로 통일 위업을 달성하는 것

이라고 밝혔다.

김일성은 북한군이 서울을 점령한 후

"우리 수도 서울 해방에 대하여"

라는 연설을 통하여 남한 점령지에서의 북한정책 방향을 제시하였다.

(1) 조선 인민들은 전쟁을 빨리 종식시키고 조국과 인민의 행복스러운 평화적 건설 사업을 위해 힘쓰는 인민군을 원조해야 하고,

(2) 서울시민들은 속히 민주질서를 수립하고 과거 해산된 인민위원회를 복구해야 한다.

이상의 과제와 기조를 근간으로 남한 점령지에 대한 정책이 시행되었다.

점령정책의 특징

북한군이 점령지에서 실시한 정책에는 두 가지 특징이 있다.

첫째, 인적·물적 동원을 강행하여 재빠르게 전력화(戰力化)하였다는 것.

둘째, 군정이 가혹하였음에도 불구하고 이에 반발하는 집단적인 행동이나 게릴라가 발생하지 않았다는 점이다.

빠르게 전력화하였다는 것은 행정조직의 설치와 그 기능 발휘가 신속하였다는 것을 의미하는데 저들이 취한 방법은 이렇다.

⑴ 북한은 남침 전에 이미 남한 출신 당원을 중심으로 군정요원을 양성하여 남한의 행정조직별로 군정기관을 조직해 두었다.

이러한 요원들은 전투부대와 함께 점령지에 진출하여 신속하게 임시인민위원회를 조직하고 각급 행정기관을 장악하였다. 7월 10일 상륙작전형식으로 동해안 울진에 상륙한 2,000~3,000명의 민간인 대집단은 이러한 조직요원과 게릴라의 일부였다.

6·25남침 전에 평양에는 남한의 서울특별시장을 비롯하여 각도지사, 시장, 군수가 다 임명되어 있다는 소문이 퍼져 있을 정도였고, 서울시 인민위원장이 된 이승엽은 남한 출신으로 북한정권 사법상(司法相-법무부장관)이었는데 그러한 소문의 대표적인 인물이다.

⑵ 동(洞)이나 리(里) 인민위원들은 대부분 현지에 잠복하고 있던 공산당원이나 용공분자들이었기 때문에 말단조직 침투가 빨랐다.

⑶ 미리 조직해 둔 치안부대를 배치하여 군정시행을 지원했다.

치안부대는 약 24,000명으로 12개 연대, 48개 대대 규모로 편성되었다. 기간요원은 북한출신 당원으로 충당하고, 일반대원은 현지 당원, 게릴라, 동조자, 노동자 등으로 구성하였으며 이들은 소총과 죽창, 곤봉, 도검, 창 등으로 무장했다. 전선에 가까운 제102, 제104치안연대는 경기관총 등으로 무장하여 전투부대로도 활용할 수 있게 하였다.

⑷ 통상적인 사법경찰 위에 공산당의 독특한 검찰기구를 조직하고, 말단요원을 각 부락과 직장에 배치하여 주민을 감시하였으며, 밀고제도를 도입하여 주민을 감시하고 반동분자를 색출했다.

⑸ 7월 중순~8월에 이·동 인민 위원회를 비롯하여 시·군과 각도 및 서울특별시인민위원회 위원을 선출하여 행정체제를 정비하였다.

이와 같이 점령 지역에는 순식간에 공산체제가 확립되었고, 남한 주민의 머리 위에는 '총동원'이라는 폭풍이 불어 닥치기 시작하였다.

(4)의 검찰 조직은 다섯 종류로 분류된다.

(가) 검찰부는 내무서에서 송치한 일반사건을 조사하는 즉결재판기관 역할을 하고, 중범죄자는 예심부로 회부한다.

(나) 예심부는 중범죄자를 조사하고,

(다) 검사국은 사상범을 취급하고,

(라) 정치보위부는 정치범과 군사범을 취급하며,

(마) 비밀경찰은 독일의 게슈타포나 소련의 게페우와 같은 당 직속의 최고검찰기관이다.

밀고 제도는 위 각 범죄자를 밀고하도록 권장하고 포상하는 제도다.

'애국소년당'을 조직하고 교육하여 반동분자를 고발하도록 하였는데, 우선 가정에서 자기부모의 행동을 밀고하는 일부터 시작하였다.

북한군을 따라온 정치보위부 군관들. "각본에 따라 놀랄만큼 신속하게 군정을 펴 나갔다."

자기 부모를 밀고한 자는 '소년 영웅'

으로 받들어 대대적인 포상을 했다.

친구를 밀고하는 일은 보통이었다고 한다.

(3)의 치안부대와 그 위치는 다음과 같다.

경비총사령부		서울	
경비사령부		전라남도 광주와 충청북도 제천(두 곳)	
연대	본부 위치		치안대대본부 위치
제101치안연대	영덕		울진, 평해, 영덕, 흥해
제102치안연대	전주		전주, 남원, 김제, 줄포(茁浦), 법성포(法聖浦)
제103치안연대	안동		안동, 함창, 청송, 군위
제104치안연대	사천		사천, 고성, 삼천포, 진교(辰橋)
제105치안연대	광주		광주, 함평, 해남, 장흥, 벌교(筏橋)
제106치안연대	홍성		홍성, 당진, 아산
제107치안연대	김포		서울, 김포, 강화, 수원(?)
제108치안연대	강릉		강릉, 주문진, 옥계(玉溪), 삼척
제109치안연대	대전		대전, 논산, 보은, 김천
제110치안연대	거창		거창, 합천, 삼가(三嘉)
제111치안연대	충주		충주, 청주, 이천, 안성
제112치안연대	제천		제천, 정선, 원주(?), 영주

「점령정책의 특징」 인용문헌 : 일본 육전사연구보급회 『한국전쟁』 [2] 「행정조직」(p90)

북한 점령지역에 있는 남한 주민들은 인민위원회라는 조직에 짓눌리고, 치안부대나 비밀경찰 또는 검찰조직의 감시를 받아야 했으며, 당 세포나 자식의 밀고가 두려워 숨도 제대로 쉬지 못했다. 결국은 보신(保身)책으로 공산당에 봉사하는 수밖에 달리 도리가 없게 만들어 놓았다.

노동당 복구

북한은 서울을 점령하자 최우선 과제로 노동당 재건 사업에 착수했다.

서울을 점령한 김일성은 전 남로당중앙위원이었고, 당시 북한정권의 사법상인 이승엽을 서울지도부 총책으로 임명한 후 당 복구에 박차를 가했다.

노동당 연혁을 살펴보면

1945년 9월 조선공산당을 창당하고 박헌영이 당수가 되었다. 8·15 광복 후 남한에는 공산주의 운동을 하는 단체가 여러 개 있었는데 박헌영이 이들 단체를 규합하여 조선공산당을 창당한 것이다.

같은 해 10월 북한에서도 형식상으로 서울중앙당 지도를 받는 조선공산당북조선분국을 결성하였고, 이듬해 4월 이를 북조선공산당으로 이름을 바꾸었으며, 8월에 신민당과 합당하여 조선노동당을 창당하였다.

1946년 5월 15일 미 군정청은 조선정판사 위폐(위조지폐)사건을 발표하였고, 18일 위패사건의 주모자인 공산당본부를 수색하는 동시에 공산당기관지 해방일보를 정간처분하였다.

9월 6일, 공산당을 대변하여 온갖 선동을 자행하던 공산당계의 신문을 정간처분하고 다음 날 서울시내에 비상경계령을 내린 후 박헌영을 비롯한 이주하, 이강국 등 공산당 간부에 대한 체포령을 내렸다.

민주정부수립을 기본으로 하고 다소의 소요는 표현의 자유, 집회결사의 자유 등 민주주의 원리를 내세워 묵인해 온 미군정이 위패사건을 계기로 더 이상 묵과할 수 없다는 듯 단단히 화가 났던 것이다.

이를 계기로 공산당 활동이 금지되었고 박헌영은 체포령을 피하여 월북하였으며 남한에서의 공산당 활동은 지하로 숨어들었다.

1946년 11월 23일, 남조선노동당을 공식으로 창당하였다. 이보다 앞선 9월 4일 조선인민당(31인파), 조선공산당(간부파)과 남조선신민당(합동추진

파)은 남조선노동당으로 합동(통합)할 것을 결의하였고, 이를 근거로 남조선노동당(남로당)을 창설한 것이다.

북한정권이 수립되고 남한에서 남로당 핵심간부들이 대거 월북한 것을 계기로 남북노동당연합중앙위원회를 구성하여 노동당본부를 평양에 두고 서울에는 김삼룡을 총책임자로 하는 '서울지도부'를 두는 당 조직개편을 단행하였으며, 1949년 7월 1일 남로당을 북로당에 흡수하여 조선노동당을 창당하였다.

지하로 숨어든 남로당은 1950년 3월 서울지도부 총책임자 김삼룡과 군사부 책임자 이주하가 체포되자 남로당 조직은 붕괴되고 말았다.

노동당 조직이 붕괴된 상태에서 서울을 점령한 북한은 남한에 노동당을 복구하기 위하여 당 핵심요원들을 남한에 파견하였다. 이들은 남로당출신 당원 중에서 선발되어 북한의 각종 간부학교와 양성소에서 교육을 받은 자들로서 이들의 지도하에 남한의 지하당원 및 혁명가를 중심으로 노동당 조직을 복구한 것이다.

서울지도부는 남한의 당 사업을 총괄하고 그 휘하에 행정단위에 따라 서울시 및 각도에 시·도당위원회, 시·군당위원회, 읍·면당위원회를 두었으며 동과 리에는 당세포를 조직하였다.

당 간부들은 북한에서 파견된 당원과 남한 출신 당원으로서 출옥한 자 그리고 유격대 출신과 현지당원으로 구성하였는데 당의 실권은 북한에서 파견된 당 간부가 장악했다.

7월 중에 서울과 강원도의 도·시·군당위원회가 조직되었고, 그 외 지역에는 점령하는 대로 조직하였으며, 직장에도 당세포가 조직되었다.

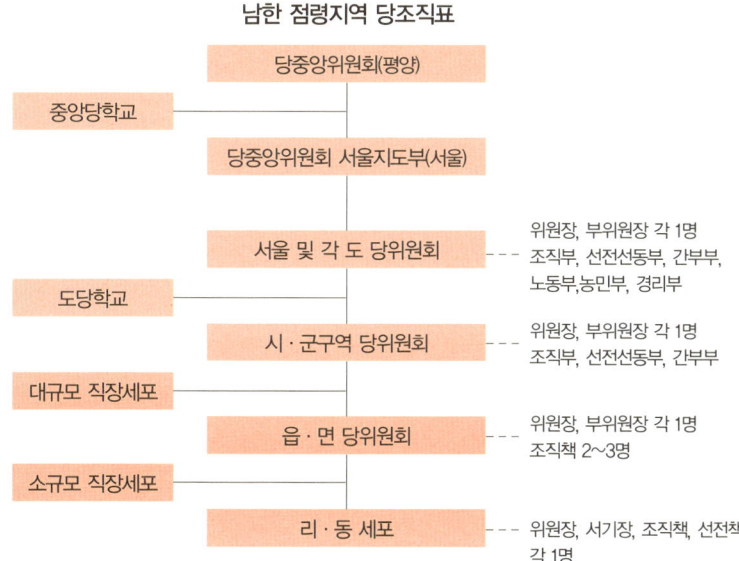

점령지역이 가장 넓었던 1950년 8월 말부터 9월 초까지의 각 시·도당 위원장과 부위원장은 다음과 같다.

지역	서울시	경기도	충북	충남	전북	전남	경북	경남
당위원장	김응빈	박광희	이성경	박우현	방준표	박영발	박종근	남경우
부위원장	한창근	방충길	정해수	유연기	조병하	김선우	이영섭	김삼홍

당세 확장을 위하여 새로운 당원을 입당시켰다. 입당은 새로운 인물보다는 과거 당원으로 활동하던 사람을 대상으로 입당시켰고, 국민보도연맹에 가입하여 전향한 자는 원칙적으로 배제했다.

당세 확장을 위하여 노동자, 농민을 대상으로 당 및 사회활동, 전쟁 동원에서 열성적인 자들을 엄선하여 당원 수를 늘렸다.

입당을 희망하는 자는 당의 강령과 규약을 인정하고, 당을 물질적으로 원조하며, 조국 건설을 위한 제반 투쟁에 용감성과 창의성을 발휘해야 한다. 입당을 원하는 자는 자필로 쓴 입당원서와 이력서 및 자서전을 작성하여 제출하고 당원 2명의 보증이 있어야 한다.

입당은 책임보증과 집체적 토론 등 엄격한 심사과정을 거쳐서 이루어지며, 보증인은 자신의 투쟁 경력과 함께 피보증인의 투쟁 경력, 정치 사상적 동태 등을 상세히 기술하여야 하고 피보증인에 대한 당적(黨的) 책임을 져야 한다.

입당을 이렇게 엄격하게 한 것은 계급 정당으로서의 노동당의 순수성을 지키려는 북한의 의도 때문이다.

남한 점령지역에서 당원확충사업이 한창이던 1950년 7월 현재 노동당원의 직업별 구성 비율을 보면
노동자 21.2%, 빈농 54.7%, 중농 7.5%, 사무원 11.4%, 기타 5.2%
로 노동자와 농민의 비율이 83.4%였다.

각 시도에 100명을 수용하는 도당학교를 설치하고 1개월 교육 과정으로 간부를 양성하였다. 교육 내용은 소련공산당사, 마르크스·레닌주의 철학, 정치경제학, 조선 인민의 해방투쟁사, 당 건설 등이었고, 강사진은 북한에서 파견된 당원이 맡았다.

북한은 김일성 직계인 이범순(李範淳)이 정치공작대원 4,000명을 이끌고 와서 각 지역에 배치하였다. 이들은 남로당의 붕괴된 지하조직을 부활시키고자 지하당원과 빨치산 그리고 투옥되었던 정치범들을 중심으로 조직에 착수하는 한편 각종 간부양성기관을 설치하여 조직과 훈련을 강화하였으며, 정책실현 전위대인 직업동맹, 농민동맹, 민주청년동맹, 여성동맹, 문화예술가동맹 등을 조직하였다.

인민위원회 설치(복구)

인민위원회는 행정조직이다. 남한을 점령한 북한은 남한 정부를 대치할

인민위원회를 결성하고 행정업무를 집행했다.

1950년 6월 26일, 김일성은 방송연설을 통하여

"남한의 이승만 정권을 타도하고 인민정권인 인민위원회를 부활할 것"

을 강조하였고, 서울을 점령한 28일에는 서울시민에게 즉각적으로 인민위원회를 복구할 것을 강조하였다.

여기서 김일성이 '복구'라는 말을 굳이 사용한 것은 남한에 인민위원회가 존재하였다는 사실을 부각시키려는 의도가 깔려있다.

광복 후 남한에는 여운형을 중심으로 한 중도좌파가 친일파를 제외한 모든 민주세력을 망라하여 전국적 규모의 건국준비위원회를 결성하였고, 건국준비위원회에서 전국인민대표자 대회를 개최하여 조선인민공화국을 수립하였으며, 건국준비위원회가 조직한 각 지방의 지부를 지방인민위원회로 개칭하여 지방행정을 장악하고 토지개혁을 비롯한 각종 개혁을 시도하다가 미군정이 인민위원회 활동을 금지하여 1946년 말경 그 조직이 와해되었다.

북한은 북한군이 남한을 점령하자 과거에 와해된 인민위원회를 복구한다는 명분으로 각 행정단위마다 노동당과 더불어 인민위원회의 복구를 서둘렀다.

1950년 6월 26일 개성시 임시인민위원회를 조직한 것을 필두로 27일 황해도 남연백군과 옹진군 등 점령지역에 군중대회를 열어 임시인민위원회를 조직하였다.

6월 28일 서울을 점령한 북한은 시 임시인민위원회를 비롯하여 구와 동에 이르기까지 임시인민위원회를 조직하였다.

임시인민위원회 조직은 북한에서 파견된 핵심요원이 주도하여 이루어졌고, 지방의 경우는 지역출신 빨치산이나 은둔 중인 좌익인사들에 의하여 이루어지기도 하는 등 다양한 형태를 띠었다. 초기에는 군중대회를 통하여 임시인민위원회를 조직하였으나 대외적으로 정통성을 과시하기 위하여 선거 과정을 통한 조직이라는 형식을 갖출 필요가 요구되었다.

1950년 7월 14일 북한최고인민위원회 상임위원회는 남한 점령지역 군·면·동 인민위원회 선거 실시를 위한 정령을 공포하였고, 다음 날 인민위원회 선거에 대한 규정을 공포하였다.

(1) 만 20세 이상 모든 공민은 성별, 민족별, 성분, 신앙, 거주기간, 재산, 지식 정도에 관계없이 선거권과 피선거권을 가진다.

다만 친일분자와 친미분자 등 민족반역자에 대해서는 군 임시인민위원회의 결정에 의하여 선거권을 박탈한다.(제1조)

(2) 면 단위 이상 인민위원은 주민이 선출한 대표자에 의하여 간접선거로 선출하고, 동(리) 인민위원선거는 총회에서 주민이 직접 선출하도록 한다.(제4조)

(3) 군 대표자는 100~150명, 면 대표자는 50~100명으로 한다.(제5조)

(4) 군 인민위원회 위원 수는 21~51명, 면 인민위원회의 위원 수는 15~25명, 동(리) 인민위원회 위원 수는 5~7명으로 규정한다.(제6조)

(5) 군 인민위원회는 상무위원 수를 7~9명으로 하고 상무위원장 1명, 부위원장 1명, 서기장 1명을, 면 인민위원회는 상무위원장 1명, 부위원장 1명, 서기장 1명을, 동(리) 인민위원회는 위원장 1명, 서기장 1명을 각각 두게 한다.(제7조)

(6) 선거는 입후보자에 대하여 공개거수방법으로 지지여부를 묻고 다수결로 당락을 결정한다.(제12조)

선거권과 피선서권의 박탈 여부를 결정하기 위하여 내무서원과 자위대원이 주민을 방문하여 설문조사를 실시하였고, 당이 지정하는 자를 당선시키기 위하여 호별방문, 강습회와 군중대회, 방송을 통하여 선전하였으며, 10호 단위선전반을 조직하여 활용하였다.

남한에서 인민위원회 선거는 1950년 7월 25일부터 그해 9월 13일까지 경상남도 9개 군과 경상북도 8개 군 그리고 제주도를 제외한 전 지역에서 실시되었다.

서울특별시와 각 도의 인민위원은 북한정권이 임명하였다.

북한은 선거 결과 당선된 인민위원 수를 다음과 같이 발표하였다.

군 인민위원 3,878명(여성 566명, 찬성 97.5%)

면 인민위원 22,314명(여성 2,559명, 찬성 95.6%)

동 인민위원 77,716명(여성 7,609명, 찬성 97.3%)

출신 성분을 보면 농민과 노동자 출신이 80%를 차지한 반면 사무원 등 인텔리 계층이 극소수이고 지주는 단 한명도 없었다. 선거는 북한에서 파견된 당 핵심 요원이 철저히 지도 감독하였고, 공개거수방법으로 이루어졌으며, 지주는 선거 이전에 이미 대부분 숙청되었지만 일부 남아 있는 경우도 조직적으로 철저히 배제하여 인민위원 진출을 막았다.

각급 인민위원회 위원 성분표

성분별	군(명)	비율(%)	면(명)	비율(%)	동(명)	비율(%)
노동자	668	17.2	1,822	8.2	3,901	5.0
농 민	2,395	61.8	17,646	79.1	69,855	90.1
사무원	550	14.2	1,952	8.7	2,142	2.8
인텔리	51	1.3	188	0.8	267	0.3
상 인	79	2.0	224	1.0	459	0.6
기업인	42	1.1	69	0.3	45	0.1
종교인	19	0.5	34	0.2	69	0.1
기 타	74	1.9	379	1.7	808	1.0
합 계	3,878	100.0	22,314	100.0	77,546	100.0

자료 : 전쟁기념사업회 『한국전쟁사』 제3권 p462

인민위원으로 선출된 사람의 다수가 노동당원이었는데 지역에 따라 차이는 있으나 동 인민위원의 경우 1/3 이상이 노동당원이었다.

이렇게 조직된 인민위원회는 토지개혁을 비롯하여 사회적 · 경제적 개혁과 소위 반동분자 색출과 숙청, 의용군모집과 원호사업 등 점령 정책을 시행하는 데 주도적 역할을 해 나갔다.

각종 사회단체 조직

노동당과 인민위원회를 조직한 외에 점령지 주민을 통제하기 위하여 직업동맹, 농민동맹, 민주청년동맹, 민주여성동맹, 문화총동맹 등 각종 사회단체를 조직하였다.

이들 단체는 광범위한 일반대중을 직업별, 계층별로 묶어 각각 단체에 가입시키고 노동당이 지휘감독을 철저히 하여 혁명과업을 성공적으로 수행할 수 있게 하는 요소로 작용했다. 이들 단체를 조직하기 위하여 준비위원회를 만들고 위원회를 만들기 위하여 각종 대회를 개최하였는데 단체 조직은 이미 조직된 노동당의 지도와 통제 하에 이루어졌다.

북한이 가장 중시했던 단체는 농민동맹과 민주청년동맹이었다. 농민동맹은 남한의 주업이 농업이고 농민이 전체 인구의 80%를 차지하여 그 비중이 클 뿐만 아니라 남한혁명을 완수하기 위해서는 농민의 토지소유관계를 근본적으로 개혁해야 할 필요성이 있었기 때문이었다.

농민동맹은 남한 점령지역 전체 농민 3,330,141명 중에서 2,814,072명(85%)이 가입하였다. 얼마나 통제가 심했고, 조직적으로 동원했는가를 엿볼 수 있는 단면이다.

민주청년동맹은 청년 학생들로 조직하여 집단화하는데 전력을 기울였다.

농민동맹 가입상황

(1950년 9월 15일)

시도별	18세 이상 농민 수(명)			가맹한 농민 수(명)		
	남자	여자	계	남자	여자	계
서 울	5,219	4,401	9,620	3,317	3,070	6,387
경기도	378,238	362,269	740,507	341,506	310,460	651,966
강원도	110,847*	96,477	207,324	111,734*	94,472	206,206
충 북	185,294	174,182	359,476	163,474	148,067	311,541
충 남	370,683	371,503	742,186	324,966	287,446	612,412
전 북	386,159	376,387	762,546	329,767	261,644	591,411
전 남	257,639	250,843	508,482	222,545	211,604	434,149
합 계	1,694,079	1,636,062	3,330141	1,497,309	1,316,763	2,814,072

자료 : 전쟁기념사업회 『한국전쟁사』 제3권(p464)

* 강원도의 경우 전체 농민 수에서 남자가 110,847명인데 가맹자 수에서 남자는 111,734명으로 가맹자 수가 전체 농민 수보다 887명이 더 많다. 전체 농민 수와 가입자 수가 뒤바뀐 것이 아닌가 싶다.

북한은 광복 후 민주청년동맹을 결성하여 이를 사회주의 건설 후비대(後備隊)라고 규정하고 그 임무를 다음과 같이 규정하였다.

(1) 청년에 대한 정치 교육을 실시하고
(2) 국가재산과 기관을 보호하는 투쟁을 전개하며
(3) 군중에 대한 정치교양사업을 실시하며
(4) 반동에 대한 투쟁을 전개하며
(5) 소년에 대한 조직사업을 담당한다.

민주청년동맹은 젊은 청년학생들로 구성하였기 때문에 공산혁명의 선봉자적 위치에서 물리적인 힘을 행사할 수 있는 집단이었다. 이러한 북한에서의 예에 따라 남한 지역에서도 당과 인민위원회가 조직된 지역에는 모두 조직하여 점령지역에서 반동세력 색출과 숙청에 앞장섰으며 전쟁에 필요한 인력과 물자 동원에 가장 많이 활용된 단체이다. 특히 의용군 모집에

군중 앞에서 선동하는 민주여성동맹원(창신동)

서 어느 집단보다 열광적으로 활약한 조직이다.

민주여성동맹도 농민동맹과 민주청년동맹 못지않게 활약한 조직이다.

남한에서 남존여비사상을 타파하고 혁명과업 수행과 여성을 조직적으로 동원한 단체가 바로 민주여성동맹이다. 전쟁이 장기화되면서 많은 남성 청장년들이 의용군으로 징집된 후 인력 부족을 극복하기 위하여 여성의 역할이 더욱 절실하게 요구되었다. 전쟁복구사업, 농업증산, 전선원호사업 등에 민주여성동맹을 활용하여 여성 노동력을 최대로 동원하였다.

직업동맹은 각 직장 내에서 정치사상 교육과 함께 혁명과업 수행에 전위 역할을 하였고, 국민학생을 포함한 16세 이하 소년을 중심으로 소년단을 조직하여 정치교육을 시켰으며, 각 부락을 순회하면서 노래와 춤으로 선전 활동을 벌였다.

이들 단체들의 활동은 모두 노동당 지침에 따라 일사불란하게 이루어졌다. 전 인민을 군대와 같은 조직으로 묶어 철저하게 통제한 것이다.

「김일성의 점령정책」 참고문헌 : 전쟁기념사업회 『한국전쟁사』 제3권 제10장 제1절 및 제2절
일본육전사연구보급회 『한국전쟁』 [2] 「행정조직」

2. 사회개혁

토지개혁

북한이 남한에 대한 토지개혁을 계획하고 준비한 것은 6·25남침 이전부터이다. 1949년 5월 9일 북한 헌법 제6조와 제7조에 근거하여

'공화국 남반부에 토지개혁 실시를 위한 법령기초위원회 조직에 관한 결정서'를 내각결정 제46호로 발표하였다.

여기서 남한에서의 토지개혁의 필요성을 다음과 같이 제시했다.

첫째, 북한에서는 1946년 3월 토지개혁을 실시하여 소작 제도가 없어지고 경작하는 농민이 토지의 주인이 되었다.

둘째, 토지개혁으로 농업이 급속히 발달하고 농민의 생활이 근본적으로 개선되었다.

셋째, 남한에서는 토지개혁을 하지 않았기 때문에 봉건적인 소작제가 유지되고 있으며 절대 다수의 농민은 지주의 고율 소작료와 강제매입공출로 농업은 극도로 피폐하였고 농민 생활은 파탄 상태에 놓여 있다.

넷째, 남한의 농민들은 북한에서와 같이 민주적인 무상몰수, 무상분배의 토지개혁을 시급히 실시할 것을 요구하며 치열한 투쟁을 전개하고 있다.

북한 내각은 헌법과 정강에 기초하여 남한에서도 조속한 시일 내에 북한

과 같이 토지개혁을 실시하여야 할 필요성을 인정하고 남한에서 실시할 토지개혁 법령초안을 작성하기 위한 법령기초위원회를 조직하였다.

위원장   홍명회

위원   박문규 송봉욱 장진건 이귀훈 이승엽 김 열 이극로 성주식
        이만규 김병제 박정애 이인동 최경덕 최용달 유영준 장 균
        채백희 김영제 전종일 강규찬

이들은 대부분 남한에서 좌익 활동을 하다가 월북한 자들이다.

이렇게 북한은 6·25전쟁 전부터 남한 토지개혁을 준비했고, 남한을 점령하자 곧바로 토지개혁을 추진하였다.

1950년 7월 4일, 북한은 최고인민회의 상임위원회 김두봉 위원장과 서기장 강양욱 명의로 된

'조선 남반부 지역에 토지개혁을 실시함에 관한 정령'을 발표하였다.

그 주요 내용은 다음과 같다.

제1조 남한의 농민들에게 자유와 행복을 주며 농민을 급속히 발전시키기 위하여 북한 헌법 제7조에 의거하여 남한에서의 토지개혁을 무상몰수, 무상분배의 원칙에 의거한다.

제2조 소작제도를 영원히 추방한다는 원칙과 더불어 미국과 남한정부 및 그 예하기관이 보유한 토지, 남한 인민이 보유하고 있으면서 소작을 주는 토지는 몰수되고 자작농의 토지는 5~20정보까지 몰수하지 않는다.

몰수 대상에서 제외되는 토지는 민족 해방 운동에 참가하여 검거·투옥된 자들의 토지와 이농으로 소작을 주었더라도 본인이 직접 경작할 수 있는 토지, 또 학원과 종교단체가 소유하여 자작하는 토지로 하였다.

제3조 몰수한 토지는 고용농민, 토지 없는 농민 및 토지가 적은 농민에게 무상으로 분배해 주며 토지를 분배받은 농민은 영구적으로 소유하되 매

매하거나 소작을 주거나 또는 저당 잡힐 수 없다.

　제4조 몰수된 토지의 분배한도와 분배방법은 리(동)의 고용농민과 토지가 없는 농민 및 토지가 적은 농민으로 조직한 농민총회에서 결정한다.

　제5조 토지와 관계된 모든 부채를 무효화시킨다.

　제6조 토지에 대한 종래의 세금과 부담을 폐지하는 대신 북한과 같은 현물세를 납부한다.

　제7조 현물세를 납부하고 난 나머지 농산물은 농민들의 자유 처분에 맡기며, 공출제도를 폐지한다.

　제8조 토지개혁을 실시하기 위하여 리(동)에 농촌위원회를 조직하고 그 위원은 농민총회에서 선출한 7~9명으로 구성한다. 농촌위원회는 몰수대상 토지를 조사하고 토지분배 안을 작성하여 농촌위원회의 의결을 거쳐 지방 인민위원회의 승인을 얻어 분배한다.

　제9조 토지 분배는 도 인민위원회가 소유권증명서를 농민에게 교부하여 토지대장에 등록함으로써 완료한다.

　제10조 시행 세칙의 규정을 북한내각에 위임한다.

　제11조 이 정령은 공포한 날로부터 시행한다.

　몰수한 토지 중 국유화 대상 토지는 미국과 남한 정부 소유 토지 중 농경지가 아닌 토지, 도시 계획에 포함된 토지, 과수원, 각종 묘목, 묘포지, 삼포와 삼 등이었다.

　경작에 필요한 가축 및 농기구 등과 주택 및 건물은 몰수하지 않았다.

　토지개혁에 관한 정령을 발표한 후 토지개혁위원회를 조직하여 위원장에 농림상 박문규를 임명하고 500명의 지도위원을 선발하였다.

저들은 7월 15일 서울에 도착하여 도·시·군 토지개혁실행위원회를 조직하고 토지개혁을 담당할 실무요원들의 교육을 실시하는 한편 남한에 조직되어 있는 전국농민총연맹으로 하여금 16일과 17일 서울 및 경기도 각 군 단위 농민대표자 400명을 소집케 하여 농민위원회 공작지도원 강습회를 개최하였다.

실무자와 농민대표들을 교육시킨 후 지도위원들과 공작지도원들을 7월 19일부터 각 지역에 파견하여 이들 지도하에 각급 인민위원회는 도 및 시·군 토지개혁실행위원회를 조직하고 토지개혁 준비 작업에 들어갔다.

토지개혁실행위원회는 지역 인민위원회와 사회단체간부로 구성하였는데 경기도 시흥군의 예를 보면 농민동맹, 민주청년동맹, 민주여성동맹 등 정당·사회단체 책임자와 도 임시인민위원회 책임자 등 7명으로 구성되어 있었다.

각 군 토지개혁실행위원회는 면 단위 토지개혁실행위원회와 농촌위원회를 조직하기 위하여 지도요원 1명씩을 각 면에 파견하였다. 농촌위원은 농민총회에서 선출하였고, 선거인단은 고용농민, 토지 없는 농민과 토지가 적은 농민이었다. 이 외의 농민은 농촌위원회에 참여할 수가 없다.

군 단위 토지개혁실행위원회는 이와 병행하여 토지개혁에 관한 선전과 교육을 대대적으로 실시하였다. 선전위원을 파견하여 호별방문, 좌담회 개최 등을 통하여 선전하고, 토지개혁지지대회, 보고대회 등 군중대회를 개최하여 분위기를 고조시켰으며, 리(동) 단위로 고정 선전원을 배치하여 토지개혁 필요성을 선전하였다.

토지개혁은 농촌위원회 중심으로 진행되었다. 1950년 9월 3일 현재 남한 지역에 조직된 농촌위원회 수는 18,000여 개에 이르고 고용농민과 빈농 출신 위원이 140,000명 이상이었다.

8월 1일부터 일부 지역에서 토지개혁이 실시되어 8월 7일 서울, 8월 10일 경기도와 강원도가 토지개혁을 완료하였고, 이어서 8월 25일 전라남도, 8월 26일 충청남도가 완료하였다.

1950년 9월에 발표한 북한 내각 보도

'공화국 남반부 지역에서의 토지개혁실시 총회에 관하여'

에 의하면 남한 1개 시, 9개 도 가운데 서울특별시 및 황해, 경기, 강원, 충청남북 및 전북 6개 도에서 토지개혁을 완료하였고, 전라남도와 경상남북도는 북한군이 점령한 군·면에서만 실시되었다.

전라남도의 경우 252개 면 가운데 208개 면,

경상북도의 경우 251개 면 가운데 107개 면,

경상남도의 경우 239개 면 가운데 99개 면에서 실시되었다.

결과적으로 남한 총 1,526개 면 가운데 1,198개 면에서 토지개혁을 완료하였다. 토지개혁으로 남한 점령지역의 경지면적 43.3%에 해당하는 596,202정보*가 무상으로 몰수되었고, 전쟁 전 한국정부에 의하여 부분적으로 실시한 토지개혁에 의하여 농지를 분배받은 농민이 지주에게 지급할 토지대금을 포함하여 토지와 관련한 농민들 빚은 없어졌다.

몰수한 토지 573,343정보가 1,267,809호의 농가에 분배되었는데 이는 점령지역 농가 66%에 해당한다. 나머지 22,859정보는 국유화되었다.

광복 후 남한 총 경지 면적은 232만 정보였다. 이 가운데 62.9%를 전체 농가의 9.7%밖에 안 되는 지주가 소유하였고, 전체 농가의 90.3%에 해당하는 농민이 소유한 토지는 37.1%밖에 되지 않았다. 이러한 상황에서 북한이 실시한 남한 점령지역 토지개혁은 남한의 절대 다수 농민으로부터 호응을 받았을 것이고 나아가서 북한이 남한에서 지지기반을 확보하는데 유리한 요인이 될 수 있었다고 판단하였을 것이다.

각 시·도별 토지몰수 현황

(단위는 정보)

시·도별	총 면적	전	답	기타
서 울	2,502	1,629	729	144
경 기 도	156,834	62,258	88,110	6,466
황 해 도	40,828	16,254	23,435	1,139
강 원 도	35,293	21,945	11,936	1,412
충청남도	95,242	29,357	63,766	2,119
충청북도	38,572	20,391	17,375	806
전라남도	68,778	19,978	47,900	900
전라북도	86,635	25,847	59,091	1,697
경상남도	18,104	4,483	13,108	513
경상북도	53,357	26,994	24,134	2,229
총 계	596,145*	229,136	349,584	17,425

자료 : 전쟁기념사업회 『한국전쟁사』 제3권 p471

* 총계 면적이 앞 북한내각발표 596,202정보보다 57정보가 적은 것은 반올림으로 인한 차이로 보인다.

단기적으로는 실지로 그러한 효과가 났을 것이다.

북한은 이러한 요인으로 토지개혁 결과 남한에서 지주계급이 청산되고 남한 농촌에 뿌리 깊은 반동적인 경제적 기반이 청산되었다고 선언했다. 이와 함께 토지개혁은 노동당에 대한 농촌지지가 강화되고 혁명역량이 마련되었으며, 농민들의 열렬한 지지와 농업생산력이 증대될 것이라고 평가했다.

토지개혁은 형식상으로 농촌위원회를 중심으로 실시하였고, 농민대중 스스로 판단하여 적극적으로 실행하였다는 북한의 선전과는 달리 당과 인민위원회의 철저한 통제 하에 실행되었다. 토지를 분배받은 농민은 그 대가로 의용군에 나가야 했고, 군량미를 헌납해야 하는 등 군사적 동원과 폐지된 세금 대신에 등장한 수탈에 가까운 현물세를 납부해야 했다.

시·도별 토지분배 현황

(단위는 정보)

시·도별	총면적	고용 농민	토지 없는 농민	토지 적은 농민	국유화	분배받은 농가호수
서 울	2,565*		64	31	2,470	205(00%)
경기도	156,825*	4,611	54,032	89,383	8,789	214,115(85%)
황해도	40,828	1,654	19,998	18,263	913	43,084(72%)
강원도	35,293	1,127	12,146	18,572	3,448	74,789(57%)
충 남	95,242	3,275	32,732	57,786	1,449	219,980(77%)
충 북	38,572	2,190	11,990	23,958	434	97,614(61%)
전 남	68,778	4,615	18,021	44,244	1,898	219,117(58%)
전 북	86,635	5,510	27,630	51,285	2,210	219,278(78%)
경 남	18,104	1,082	3,673	12,833	519	73,626(40%)
경 북	53,357	4,016	16,207	32,413	721	106,001(62%)
총 계	596,202*	28,080	196,194	348,769	22,859	1,267,809(66%)

자료 : 전쟁기념사업회 『한국전쟁사』 제3권 p471

* 서울은 몰수 면적보다 분배면적이 54정보가 더 많고 경기도는 반대로 몰수면적보다 분배면적이 9정보가 적다. 총계면적은 몰수면적보다 분배면적이 57정보가 더 많다. 집계상의 착오로 보인다.
  도별 면적과 총계면적의 끝수가 안 맞는 것은 반올림으로 인한 오차로 보인다.

이 감당하기 힘든 엄청난 대가는 잠재된 반공 의식과 상승(上乘) 작용을 하여 농민들의 반감을 사기에 충분하였다.

결국 김일성 일당 독재체제 유지를 위한 전시(展示)정책이 남한 국민에게 먹혀들 리가 없었고, 짧은 기간이지만 미국식 민주주의에 맛들여진 남한국민이 이를 수용하는 데는 거부감이 따를 수밖에 없었다.

현물세제

1950년 8월 18일, 북한은 내각결정 제48호

'공화국 남반부에 있어서 농업현물세를 실시함에 관한 결정서'

를 채택하고 북한에서 실시하고 있는 것과 같은 현물세 제도를 도입하였

다. 이에 앞서 북한은 토지개혁에 관한 정령 제6조에서

"농업현물세제는 피폐한 남한농민의 생활수준을 개선시키기 위한 것"
이라고 밝히고 세금 경감은 내각에 위임한다고 규정하였다.

현물세의 주요 내용은

첫째, 보리와 감자 등 조기작물에 대하여는 1950년도에 한하여 면제하고 만기작물에 대하여는 북한에서 실시하고 있는 북조선인민위원회 법령 제24조 '농업현물세 개정에 관한 결정서'에 의해 징수한다.

둘째, 수확량에 대하여 수도(水稻, 벼)는 27%, 밭작물은 23%, 과일은 25%, 화전에서 재배하는 작물은 10%를 내고 나머지는 농민의 자유 처분에 맡긴다.*

셋째, 농민이 자력으로 개간한 3년 미만의 신규 개간지는 면세하고 전쟁으로 피해를 입은 농작물에 대해서는 그 정도에 따라 경감 또는 면세한다.

넷째, 농작물의 판정사업을 정확히 집행하기 위해 각 리에 농작물 판정위원회를 조직하고 그 위원들은 리 농민대회에서 선출한다.

다섯째, 각 도 인민위원회 위원장은 농업현물세 징세서를,

제3기 작물(조, 수수, 옥수수, 연초 등)은 9월 25일까지,

제4기 작물(수도, 육도(陸稻-밭벼), 대두(大豆-콩), 소두(小豆-팥, 녹두), 기타 채소 및 과일 등)은 10월 10일까지 농민에게 발부하고,

제3기 작물은 10월 15일까지,

제4기 작물은 12월 5일까지 징수한다.

> * 세율은 수확량의 23~27%이고, 심지어 화전민도 10%의 세금을 내야 한다.
> 당시 우리나라 농민이 부담한 세금은 일반소득세(토지가옥(家屋)소득)였다.
> 과세표준은 연간수입금액 - 필요경비(농사에 소요된 비용)
>   - 부양가족공제 1인당 3,000원(최고 15,000원 한도)

> - 기초공제 30,000원
> = 과세표준(세금을 매기는 기준금액)이 된다.
>
> 세율은 16단계로 구분하여 과세표준
> 30,000원까지 480원, 30,000원이 넘을 경우 50,000원까지 4%
> 100,000원이 넘을 경우 넘는 금액에 대하여 10%
> 1,000,000원이 넘을 경우 넘는 금액에 대하여 31%
> 20,000,000원이 넘는 경우 넘는 금액에 대하여 65%를 과세한다. 최고세율이다.
> 농업소득이 100,000원일 때 세금은 4,880원이다. 부담률은 5%가 안 된다.
> 수입금액(수확량)을 기준할 때 부담률은 1% 수준이다.(필요 경비 80%로 계산)
> 현물세율 27%가 얼마나 가혹한 수탈인지 짐작이 갈 것이다.
> 일반소득세는 사업소득, 근로소득, 배당소득, 신탁소득 등 고소득계층이 있어 누진 구조가 높게 되어 있다. 농민소득이 연 100,000원을 넘는 경우는 드물었다. 소득이 100,000원이 되려면 수입금액(수확량을 금액으로 환산)은 500,000원 수준이다.
> 1950년 6월 서울시내 쌀값은 소두 한말에 2,300원, 장관급 월급 30,000원이었다.
> 현재도 우리나라 농민은 세금을 모르고 산다. 농지세가 있지만 과세기준에 해당하는 농민이 거의 없다.(재무부『한국세제사』上卷. 안용현『한국전쟁비사』5)

북한은 농업현물세 실시로 농민들을 무거운 세금 부담에서 해방시켰고 토지개혁성과를 더욱 공고히 하였으며 농민의 생산의욕을 높이고 물질문화생활을 빨리 안정, 향상시킬 수 있는 조건을 마련하였다고 평가했다.

각종 농작물 수확량을 확인하기 위한 농작물판정위원회를 조직하고 농업현물세제 실시를 위한 각도 책임위원과 파견요원을 선발하여 교육을 시킨 후 8월 30일까지 시도에 파견하였다.

각 도에서는 파견된 판정지도요원의 지도하에 판정위원회가 조직되어 수확고 판정과 현물세징수에 착수했다.

농작물판정위원회가 벼와 조, 과일 등 낱알을 하나하나 세어서 농작물수확고를 판정하여 확정하면 이를 토대로 현물세를 징수했다.

이러한 수탈 방법은 일제시대에도 없었던 일이고, 결과적으로 소작료보다도 더 비싸다는 비난이 쏟아졌다. 더구나 북한은 군수물자 부족을 보충하고자 현물세 조기수납 운동을 펴서 아직 수확이 끝나기도 전인 8월 중순부터 현물세를 징수하기 시작하여 농민들의 반감을 샀다.

토지개혁은 농민의 토지를 몰수하여 국가가 소유했고, 국가는 그 토지를 농민에게 소작하도록 빌려주어 현물세라는 이름의 소작료를 받았다.

"나라 땅에서 곡식을 수확하니 당연히 세금을 내야지!"

결국 전 농민을 소작인으로 만들었다.

노동 및 교육개혁

북한은 남한 지역에서 근로자의 자유와 권리를 전면적으로 보호한다는 이름으로 일련의 개혁 조치를 단행하였다.

1950년 8월 19일 내각결정 제146호

'공화국 남반부 지역에 노동법령을 실시함에 관한 결정서'

를 공포하였다.

이것은 남한노동자와 사무원들의 기본적인 생활을 보호해 준다는 명목으로 다음과 같은 노동관련 제반 법규를 남한 지역에 확대 적용하기 위한 조치다.

북한에서 실시하는 노동법령(1946년 6월 24일 북조선임시위원회 결정 제29호)

1949년 12월 29일 북한최고인민위원회 상임위원회 이름으로 발표한 사회 보험료수납방법에 관한 정령

1950년 5월 25일 내각결정 제114호 사회보험법에 관한 규정

북한에서 시행하고 있는 내용과 달라진 것은 미국과 남한정부 및 그 기관과 소위 민족반역자들이 보유하고 있는 온천, 약수터, 저수지, 유람지, 명승지의 시설과 건물 및 그 부속 자산을 사회보험제 실시를 위한 정양소, 휴양소로 개편할 것을 노동상(勞動相)에게 위임한 것이다.

남한 지역에 시행하는 근로제도의 개요를 살펴보면

(1) 노동자 및 사무원들의 8시간 노동제와 노동보호 및 사회보장제 등의 혜택이 선언되었고,

(2) 유해직장이나 지하에서 일하는 노동자는 7시간 노동제 그리고 16세 이하의 소년에게는 6시간 노동제가 선언되었다.

(3) 남녀 동일임금 노동제, 14세 미만 소녀 노동 금지, 유급휴가제 및 여성들의 산전, 산후휴가제를 실시하고, 임산부와 유모의 시간 외 노동 및 12시간 이상 노동이 금지되었다.

이와 같은 노동관계법령시행은 전쟁으로 모든 직장이 문을 닫은 상황에서 선언적인 의미가 있었을 뿐 실질적인 의미는 없었다.

1950년 9월 15일 북한내각결정 제167호

'해방지구에 공화국의 인민적 민주교육제도를 실시함에 관한 결정서'
를 발표하였다.

이것은 남반부에서 소위 식민지교육을 철폐하고 민주교육제도를 확립하기 위한 조치였다.

교육간부양성소를 서울과 각 도에 설치하여 현직교원들을 재교육시키기 위한 단기 강습소 등을 운영하였고, 내각결정을 실천하기 위하여 교육책임자 회의를 각 도별로 개최하였다. 북한은 이 회의에서 근로자 출신 교육자를 많이 선발하고 파괴된 교육시설을 복구하여 북한에서와 같은 민주교육을 실시하기 위한 대책을 토의하였다고 밝혔다.

이 결정서가 발표된 10여 일 후 북한군은 전면 퇴각하기 시작하였으므로 실천에 옮기지는 못하였을 것으로 판단된다.

「2. 사회개혁」 인용문헌 : 전쟁기념사업회 『한국전쟁사』 제3권 제3절 「사회·경제적 개혁」(p 465)

3. 군사적 동원

모든 힘을 전쟁의 승리를 위해 동원해야 한다

　남한점령정책기조는 남한을 북한과 같은 사회주의를 실현하기 위한 기반 조성이었다. 그래서 제1차적으로 착수한 것이 노동당 재건, 인민위원회의 설치, 기타 사회단체 조직과 사회적·경제적 개혁 조치였다.

　그러나 그보다 더 급한 것이 당장에 필요한 전쟁수요의 보충이었다. 남한 적화를 위한 최우선 과제는 전쟁을 수행하는 것이고, 이를 위해 지속적으로 필요한 인적·물적 보충이 가장 시급한 과제였다. 전선이 남쪽으로 뻗어갈수록 남쪽에서 병력 자원과 물적 자원을 동원할 필요성이 늘어났는데, 이는 북한 지역에서 병력과 물자동원이 한계에 부딪친 데다 북한에서 그러한 동원이 가능한 경우에도 멀어진 전선까지 수송하는 과정에서 UN 공군에 의하여 심각한 위협을 받고 있었기 때문이다.

　남침개시 다음 날인 6월 26일 김일성은 다음과 같이 강조하였다.

　"전시체제로 개편하여 모든 힘을 전쟁의 승리를 위해 동원해야 하며, 인민군에 대한 원호사업을 조직하고 인민군대를 계속 증원 보충하며 전선에 대한 일체 필수품과 군수품의 긴급수송을 보장하며 부상병에 대한 따뜻하고 친절한 구호사업을 전개할 것"

　"남한 주민들도 각자의 일터를 수호하고 전쟁 승리를 위해 북한군에 적극적으로 원조할 것과 농민들은 농사를 잘 지어 인민군에 대한 각종 협조와 원호를 아끼지 말 것" 주)

전쟁기념사업회 『한국전쟁사』 제3권 p475

　전쟁에 전체 주민과 물자를 조직적으로 동원하기 위한 조치로 김일성을 포함한 7명으로 군사위원회를 조직하여 전체 주민과 당, 사회단체 및 군사기관을 그 휘하에 예속시키고 국정운영을 전시체제로 전환시켰다. 이어서

6월 27일 전쟁상태를 선포하고 지방행정기관의 모든 업무는 도·시 인민위원장을 위원장으로 하고 군부 및 내무기관에서 각각 1명씩 대표를 파견하여 구성하는 군정부에서 장악하였다.

지방 군정부는 군사위원회 지휘를 받아

첫째, 공민에 대한 노동의무를 부과하고

둘째, 군부대 및 군사기관을 위한 숙식 및 기타 건물을 제공하며,

셋째, 자동차 등 수송시설을 동원하며,

넷째, 통행금지 및 필요시 수색 또는 수상한 자를 억류하고,

다섯째, 상업 및 공공기관 그리고 기업소의 사업을 통제하도록 하였다.

결국 군사위원회나 지방 군정부에서 하는 일은 전쟁에 필요한 인적, 물적자원을 효율적으로 동원하기 위한 것으로 결국 의용군 모집과 전쟁물자 동원으로 요약된다.

의용군 모집 – 젊은이 사냥

7월 1일 북한은 최고인민회의 상임위원회 명의로

'조선민주주의인민공화국 전 지역에 동원령을 선포함에 관하여'

라는 정령을 발표하였다.

이 동원령에서 1914년~1932년 사이에 출생한 18세부터 36세까지의 주민을 동원 대상으로 정했다.

동원령을 내린 7월 1일 하루 동안에 115,000명이 의용군으로 지원했고, 평양에서만 지원자가 30,000명이 넘었다고 발표했다.[주]

전쟁기념사업회 『한국전쟁사』 제3권 p475, 476

1950년 6월 3일 수상청 비밀회의에서 김일성은 민족보위상 최용건에게

"남침 후 많은 부대가 창설되기로 계획되어 있는데 병력자원은 충분한가?"

물었고, 최용건은

"병력 자원 부족이 두통거리입니다."

라고 대답했다. 김일성은

"만 18세 이상 40세까지 남자는 강제 동원하여 병력자원을 확보하라. 내 명령이니 강력히 실천하도록 하시오."

라고 지시했다.

그보다 앞선 5월에 내부성은 내무서원 1인당 3명씩 강제 모집하도록 할당하여 수차례에 걸쳐 강제모병에 끌려가고 남은 쓸모없는 장정 40,000명을 긁어모아 신편사단에 머릿수만 채워 넣은 일이 있었다.

이러한 상황에서 최용건은 독백처럼 "병력 자원 부족이 두통거리"라고 했고, 결국 김일성이 나설 수밖에 없었던 전후사정을 고려해 보면 북한에는 병력자원의 씨가 마른 상태인데 평양에서만 30,000명이 자원했다는 얼토당토 않는 발표를 믿을 수 없고, 또 남한 점령지역도 서울과 경기 북부 일부에 불과한데 하루에 115,000명이 지원할 정도의 병력자원이 있을 수 없다. 다분히 선전술책으로 봐야 한다. ▶ 제2장 제2절 「4. 북한군 38°선 이동」 참조

인민의용군 모집은 동원령이 내려지기 전부터 남한 점령지역에서 지원 형식으로 이루어졌다.

처음에는 각종 궐기대회를 개최한 뒤에 대회에 참석한 사람을 상대로 지원을 받아 의용군을 모집했다.

미제완전구축 노동자궐기대회

미제구축 부락민대회

미제구축 학생총궐기대회

등을 개최하여 열성적인 좌익학생 및 노동자 그리고 청년들이 의용군에 참여할 것을 결의하여 분위기를 고조시킨 후 부화뇌동하는 군중 심리를 이

용하여 궐기대회에 참석한 사람들로부터 지원을 받았다. 처음에는 정치범으로 투옥되었던 열성분자, 지방 좌익분자 및 일부 남로당 지하당원들이 한몫 끼어보려는 영웅 심리에서 많이 지원했다.

1950년 7월 1일부터 6일까지 서울에서만 154개 직장, 공장, 학교에서 미제완전구축 궐기대회를 열었고, 이 기간 동안 철도, 체신 등 각 분야에서 일하는 노동자 등 13,000명이 의용군에 참가했다고 발표했다.

6월 29일 성균관대학교에서는 전선출동탄원 긴급회의를 열고 그 자리에서 수백 명의 학생들이 의용군에 지원했다.

3일 서울운동장과 금화국민학교에서 민주학생연맹 주최로 시내 85개 학교 16,000명의 학생들이 참가하여 의용군에 참가할 것을 결의하고 시가행진으로 동대문국민학교와 광화문에 집결한 후 미제완전구축 학생궐기대회를 개회하고 다음과 같은 결의문을 채택하였다.

첫째, 전 서울시 민주애국청년학생들은 빨치산 투쟁에 참가한다.

둘째, 전체 학생들은 인민군에 지원하며, 학생의용군을 조직한다.

셋째, 의용군에 참여할 자는 곧 전선으로 출동한다.

이 결의 후 남학생 329명, 여학생 68명이 의용군에 지원했다.

6일 노동당은 점령지 의용군 모집에 관한 다음과 같은 결정을 내렸다.

첫째, 의용군은 18세 이상 광범위한 청년층으로 하되 빈농 출신 청년들을 많이 끌어들이고,

둘째, 도별로 인원을 할당하고 도는 할당한 인원수의 책임을 완수하고,

셋째, 과거 보도연맹에 가입한 변절자도 의무적으로 참여시킨다.

의용군 모집은 민주청년동맹을 비롯한 각 사회단체에서 담당하였다.

학생의 경우 초기에는 18세 미만은 학교에 다니게 하고 그 이상은 민주학생연맹에 가입시켜 의용군에 나갈 것을 강요하였다.

10일 수송국민학교에서는 학생 2,000여 명이 참가하여 인민의용군으로 출정하는 학생 1,000여 명을 환송하는 집회를 열었다.

15일부터 의용군 모집이 본격적으로 자행되었다. 처음에는 적색, 광신분자들만이 나갔지만 점차로 확대되어 15세 이상 50세까지 나이를 불문하고 색출하여 끌고 갔다.

남한에서 의용군을 강제로 동원한 것은 김일성이 행한 남한 점령정책 중 가장 잔인한 행위의 하나였다.

김일성은 이렇게 말했다.주)   국방부 『한국전쟁사』 제3권 p7

"침략지구에서 의용군을 동원하여 이들로 하여금 국군과 싸우게 하라."

이렇게 대리전쟁을 시켜놓고 저들은 뒤에서 총부리를 대고 감시하였다.

각 도·시·군 인민위원회 산하기구인 군사동원부의 지시에 따라 지역 인민위원회가 주축이 되고, 민주청년동맹과 농민동맹 등 각 사회단체가 앞장서서 각종 궐기대회를 개최하여 의용군을 모집하였다. 특히 민주청년동맹은 어느 지역에서나 중추적 역할을 하였다. 이들은 궐기대회에서 의용군 지원을 결의하게 하고 참석자들을 설득하거나 선동하였으며 때로는 위협하여 의용군에 지원하도록 하였다.

여러 사람 앞에서 인민군에 지원하는 것은 곧 북한에 대한 충성의 상징임을 주입시키고 군중심리를 이용하여 선동함으로써 참석자들에게 심리적인 부담감을 자극하여 지원하지 않을 수 없게 만들었다.

8월 2일 경기도 고양군 신도면 용두리에서는 토지개혁을 축하하기 위하여 북한에서 온 농민축하단 환영 집회가 있었다. 이 자리에서 농민 몇 사람이 토지분배에 대한 보답으로 의용군으로 나가서 싸울 것이라고 자원하자 이에 고무된(?) 농민 60여 명이 덩달아 의용군에 지원하는 연쇄반응을 일으켰다.

　북한은 남한에서의 의용군 모집은 자원에 의해서 이루어졌다고 주장하고 이는 미 제국주의자들을 격멸하고 조국의 자주독립을 이룩하려는 청년 학생들의 애국적인 반제반미 구국 운동이라고 선전하였다.

　북한은 1950년 8월 15일까지 남한에서 자원에 의해 의용군으로 모집한 청년 남녀 수가 무려 45만 명이고, 북한 지역까지 합치면 120만 명에 이른다고 선전했다.^{주)}　　　　　　　　　전쟁기념사업회 『한국전쟁사』 제3권 p477

　이 무렵 낙동강전선에 있는 북한군 사단은 병력이 반 가까이 줄어 있었다. 그 많은 병력자원이 대체 어디로 갔단 말인가?

　과장이 심하다.

　그들은 7월 6일 노동당에서 강제모집 결정을 내렸고, 그 이후 각 행정기관, 학교, 사회단체에 의용군 모집 수를 할당하여 할당된 인원에 대하여는 책임을 완수하라고 지시하였다.

　학교에서는 배급을 준다고 속여 선생과 학생을 집합시킨 후 의용군으로 끌고 갔고, 직장에서는 직원들을 집합시켜 놓고 트럭에 태워 끌고 갔다. 길거리에는 민주청년동맹원들이 주요 지점을 지키고 있다가 지나가는 청년들을 민주청년동맹사무실로 끌고 가서 강제로 입대시켰고, 행정구역단위로 민주청년동맹원들이 집집마다 찾아다니며 젊은 사람들을 강제로 끌고 갔다. 특히 보도연맹에 가입한 사람, 토지를 분배받은 사람, 지방 유지나 부농 등 반동으로 몰릴 수 있는 소지가 있는 사람은 우선적으로 자원하게 하였고, 할당된 책임 수를 채우기 위하여 민주청년동맹원과 민주여성동맹원을 동원하여 밤마다 가정집을 수색하여 숨어 있는 사람을 찾아내서 끌고 갔다.　　「군사적 동원」, 인용문헌: 전쟁기념사업회 『한국전쟁사』 제3권 제4절 「군사적 동원」(p474)

일본 육전사보급연구회 『한국전쟁』 ② (p92)은 이렇게 기술했다.

"인원 동원은 징병, 노역, 부역, 각종 조직의 결성 등으로 남녀노소를 막론하고 점령지역의 전 한국민이 동원 대상이 되었다.

징병은 7월 중순부터 인력 동원이 시작되었는데, 처음에는 지원병제로 하여 응모 자격은 당원이나 과거에 정치범으로 투옥되었던 열성분자로서 연령도 16세에서 25세까지로 한정하는 등 소수정예주의를 택하였다. 이때 해당 자격자들은 한 몫 끼어보겠다는 영웅심에서 용감하게 응모를 하였는데 이것이 소위 제1차 모집이었다.

그러나 7월 말이 되어 병력 손실이 급증하자 제2차 모집을 시작하였다. 이번에는 군중궐기대회라는 명목으로 대회에 강제로 참가시킨 청년들에게 공산당 특유의 만장일치 형식으로 전원이 의용군에 참가할 것을 결의시켜 그 자리에서 지원서에다 서명하게 하는 한편 연령도 30세로 연장시켰다.

이렇게 한번 속은 후부터는 사람들이 모이지 않자 제3차 모집 수단으로 부락과 직장, 학교단위로 의용군 응모자의 환송회를 연다는 명목으로 회합을 갖게 하여 그 자리에 모인 35세까지의 청·장년을 강제적으로 지원시켰다.

제4차에는 '이제 모집은 끝났다.'고 선전하면서 일단 안심시켜 놓고 갑자기 가두에 모집반을 배치시켜 40세까지 남자들을 연행해 갔다. 이러한 일이 있은 후부터 거리에 나다니는 사람이 없자 다시 제5차 모집을 시작하였다.

제5차 모집은 '젊은이 사냥'이라 불렀는데 가택수색을 주로 한 것이다.

이렇게 하여 징모한 사람이 약 40만 명에 달하였다고 한다. 병사로서 제1선에 투입된 자는 6~12만 명으로 추정되는데 정확한 숫자는 알 수가 없다.

그런데 8월과 9월에 북한군 사단병력 1/3이 남한에서 강제로 잡혀간 사람이었으므로 이를 추산해 보면 북한군에는 항상 3~4만 명에 이르는 남한 출신들이 복무하고 있었다는 결론이 나온다."

의용군 모집 실태

▍김남식(金南植) 씨의 체험 – 당시 북한 충남도당 선전부책(宣傳副責)

"나는 북한이 충남 일대를 점령했을 때 의용군 招募(초모)사업 책임을 맡았어요. 충남에서만 7월 말부터 9월 초순까지 총 2만 3천여 명을 소위 의용군으로 뽑았습니다. 이 중엔 여자도 7백 명 가량 되지요. 초기 2,000여 명은 훈련을 시켜 정병을 만들 계획으로 북한에 보냈지만 8월 초순부터 전세가 급해지고 병력이 달리자 대전으로 집결시켜 군복으로 갈아입히고 2~3일간 격발기 조작법 정도만 가르쳐 전선으로 내몰았지요. 2만 1천 명 대부분이 낙동강 전투의 팔공산 방면으로 투입됐습니다.

그들의 성분을 대충 살펴보면

보도연맹원(6·25전에 좌익운동을 하다가 우익으로 전향한 자),

북한에 의해 토지분배를 받은 빈농,

지방유지와 부농 등 반동으로 몰릴 위험이 있는 층의 자제

들이 많았지요. 보도연맹원들은

"변절한 죄를 피로 씻으라."

고 해서 우선적으로 모조리 뽑았고, 토지분배를 받은 머슴, 빈농과 그들의 자녀는 혜택을 입었으니까 할 수 없이 지원했죠. 특히 반동으로 몰릴 위험성이 있는 층의 자제들은 그들 가족을 살리기 위해 울며 겨자 먹기로 지원했구요. …… 지원 형식만으로 목표 숫자를 못 채우게 되자 나중에는 인구에 따라 1개 면에 5~700명씩 할당시켜 강제 모병을 했지요."

▍이병칠 씨의 체험 – 당시 조선노동당 서울상대 세포책

"6·25전에 서울상대에는 좌익학생들이 숫자도 많고 행동도 드세서 말썽이 많았죠. 나는 46년에 서울상대생으로서 남로당에 비밀 입당하여 소위

국립대학 안 반대운동을 하다가 48년에 퇴학당했어요. 서대문형무소에 들어갔다가 6·25로 나왔는데 북한은 나에게 서울상대 세포책 겸 동 대학민청위원장을 시켜 줍디다. 당 임무를 수행하는 세포원은 5명이었고, 민청원은 40명 됐지요. 세포원의 조종에 따라 민청원은 움직입니다.

나에게 주어진 당의 과업은 상대생들을 소위 의용군으로 내보내라는 거였어요. 우선 露語(노어)를 가르쳐 준다고 선전하면서 학생들을 등교시켰지요. 과거의 좌익 학생은 물론이고, 호기심이 있는 학생들이 나오더군요. 이들을 설득하고 위협도 해서 모두 의용군에 지원시켰습니다. 2백 명이 좀 더 됐고, 교수와 강사도 10명 내보냈지요. - 중략 -

뭐 설득이야 별것이 아니었습니다.

보도연맹에 들었던 학생들에게는

'동무들은 잘 나가다가 중간에 변절했으니 그 죄를 피로 씻어야 한다.'

고 얼러 대서 꼼짝 못하게 했고, 보통 학생들에게는

'대한민국이 망하는 것은 시간문제며 승리는 이제 눈앞에 다가왔는데 동무들은 조국통일에 참여하게 되는 영광된 기회를 놓치지 말라.' 고 했죠.

반론을 제기할 수 없게 공포분위기를 조성한 것은 물론이구요."

그는 이렇게 8월 20일까지 학생과 교수를 모두 의용군으로 보냈다.

다른 대학의 학생과 중학교의 상급생들도 모두 이 같은 방법으로 의용군에 내보냈을 것이라고 했다.

그는 서울성북구역당 소속이었다. 성북구역에서는 8월 초순까지 회의, 학습 등 명목으로 동네 남자들을 모아 지원형식으로 의용군에 내보냈다.

"8월 중순부터 가두 검색으로 끌어갔고, 막판에는 민청, 여맹원들을 동원해 밤마다 각 가정을 뒤져서 숨어 있는 사람들은 잡아 내보냈지요. 이때는 지원이고 뭐고 다 없어지고 순전히 강제모병이지요.

8월 5일까지 성북구역당에는 정식당원이 1백여 명에다 북에서 온 정치보위부 주재원 5명이 핵심이 되어 모병을 비롯한 성북구내의 일들을 꾸려 나갔습니다."

▎C S H 씨 – 당시 K중학교 6학년

"7월 4일 학교에 나갔더니 많은 학우들이 모였는데 이 날 1백여 명이 의용군에 지원해 나갑디다. 붉은 완장을 두른 친구들이 설치고 4명의 못 보던 얼굴이 연설을 하니까 '와' 하고 나가데요. …… 7월 10일 다시 학교에 나갔지요. 이 날 6학년에서만 15명이 지원했는데 나도 끼였어요. 4, 5학년에서도 30여 명이 지원하여 일행 40여 명은 그날로 교동국민학교에 수용됐어요."

지금 생각해도 왜 자발적으로 지원했는지 동기가 뚜렷하지 않다고 하면

인민의용군으로 붙들려가는 서울 청소년들

서 사상은 별로 없었고, 일종의 군중 심리가 작용한 거라고 했다. 교동에서 수송국민학교로 옮겼고, 다시 조선전기공업학교로 갔다.

"7월 15일인가, 국방색 광목으로 만든 허름한 군복과 모자를 한 벌씩 나누어주더군요. 큰 밤색 보자기를 주면서 그것을 멜빵으로 어깨에 걸치라 하고……. 20일 밤 행군으로 영등포 우신학교로 갔는데 4천 명 가량이 모여 있습디다. 이튿날 2천 명은 떠나고 2천 명은 남았는데 비로소 중대편성을 해요. '개똥모자'를 쓴 빨치산 출신이 중대장이 되고 소대장은 자체 내에서 뽑았어요. 이렇게 해서 맨손의 3개 중대 일행이 한 패가 되어 밤에만 걸어서 대전에 도착했어요. 대전에서 우리부대가 '충남예비부대'라는 명칭을 받고 다시 걸어서 김천으로 가니까 여기저기 국군 시체를 볼 수 있었어요. 우리 앞뒤에도 '의용군대열'이 있구요." (제9장 제2절 「5. 적 제105기갑사단」에 대한 증언에 계속)

┃ 오기완 – 당시 북한군 제105기갑사단 정치장교 대위

"북한 공산군에서 최강을 자랑하던 제105탱크사단은 낙동강전선에 도착했을 때에는 탱크는 거의 다 깨지고 사실상 보병사단이나 다름없었죠.

8월 초부터 소위 의용군들로 병력 보충을 받았는데 하루에 700명 내지 1,000명씩 받았어요. '의용군'이란 참 형편없는 군대더군요. 훈련을 못 받은 오합지졸이란 것은 알 만하지만 도대체 전의가 없어요. 한 차례 전투를 하고 나면 보통 반 수 이상, 어떤 때는 2/3 이상이 없어져요. 전사하는 것이 아니라 도망치는 거죠.

전투가 없을 때에도 배치를 해 놓으면 도망하는 자가 많았어요. 그래서 북한 공산군 간부와 정치장교들은 철저히 감시를 하고 도망병을 잡아다 즉결처분을 했지만 소용이 없어요. 골치를 앓던 끝에 정치장교들은 회의를 열고

사단산하 3개 연대본부에서 무조건 의용군 1명씩을 공개 총살하기로 했습니다. 낮에는 참호 속에서 다들 졸고 있는데 혹 안 졸고 있는 자가 있으면 '너 도망갈 궁리하는 거지' 하면서 쾅 하고 쏘아 죽이는 거죠. 이렇게 이유 없이 '의용군'을 각 연대에서 하루에 3명씩 공개 총살했더니 도망자가 좀 줄어 듭디다. 이렇게 탱크 사단에서 1개월 반 동안 의용군을 시범적으로 희생시 켰지요." (제9장 제2절 「5. 적 제105기갑사단 이동 경로」에 대한 증언에서 계속)

이상 4명의 증언 인용문헌 : 중앙일보사 「민족의 증언」 2

▎김재윤(金在潤) – 당시 서울대학교 농과대학 제3학년

"1950년 6월 28일, 수원시 서둔동 국립서울대학교농과대학 제1본관 앞.

아군은 의정부를 탈환하여 계속 북진 중이며, 수원은 임시수도가 된다고 했으며 '국민은 동요하지 말라.' 라는 보도였다."

"그로부터 얼마 안 되어 붉은 줄이 쳐진 인민군 군관을 옆에 태운 '사이드카'가 학교에 진입해 왔다. 당시 정부 보도를 그대로 믿었던 학생들 그리고 조백현 학장님을 비롯한 지영린 농학과장, 현신규 임학과장, 김준보 농경제학과장, 신원철 농공학과장님을 비롯하여 탁운한, 김영기, 허경복 교수님들과 많은 분들이 남하하지 않은 상태였다.

교직원, 학생들은 곧 운동장에 집합하라는 명령이 내렸다. 운동장에 집합했던 우리 학생들은 그 길로 수원 공설운동장으로 끌려갔다.

학생 중엔 남로당과 북로당 당원이 여러 명 있었다. 1년 선배인 박길수 형은 남로당 당원이었다. 같은 노동당 당원이라도 남로당 당원은 북로당 당원 앞에 쩔쩔매고 있었으며, 어제까지의 학우가 완전 신분이 달라져 상하 수직관계로 돌변하고 말았다."

"그곳엔 많은 젊은이들이 벌써 집결해 있었다.

굵은 막대기를 들고 붉은 완장을 두른 청년들이 요소요소에 서서 감시하고 있었다. '레닌모'를 쓴 자가 단상에 올라가

'동무들 리승만 괴뢰도당을 무찌르고 미 제국주의를 타도하고, 조국과 인민을 해방시키기 위해 인민군 의용군에 나가자.'

고 했다. '옳소'하는 박수소리에 겁에 질린 나도 박수를 치지 않을 수 없었다.

즉석에서 의용군이 편성되고 바로 서울로 떠났다. 아침 먹고 등교한 그대로였다. 말 한마디 나눠보지 못하고 헤어졌던 가족, 그 심정인들 어떠했겠는가? 도착한 곳은 서울제동국민학교였다.

인민군 의용군 복장이 지급되었으며 신발은 북한산 농구화였는데 좌우 구별이 없었다. 제일 먼저 머리부터 깎는데 나는 용케도 빠졌다.

소대장, 분대장을 임명했다. 주먹밥 두 개씩 받을 때 소대원 30명이면 몇 개를 받아야 되는가도 잘 모르는 자가 기본 출신 성분을 인정받아 소대장과 중대장에 임명되었다.

일신국민학교 운동장에 모아놓은 인민의용군

하지만 다행이었던 것은 노준호 군이 같은 소대, 같은 분대에 편성됐다는 것이었다. 노군은 나와 춘천공립농업학교(春農) 5년간의 동기동창이며, 서울대 농대에서도 동기인 막역한 친구였다.

잠시도 쉴 사이 없이 소련식 군사훈련을 받았으며, 쉬는 시간에는 손뼉을 치며, '쿵작자 쿵작자' 서부터 시작해

'우리는 강철 같은 조선의 인민군'

'장백산 줄기줄기 피 흘린 자욱'

'태백산맥에 눈 나린다 총을 메고 나아가자.'

등등 신물이 나도록 불렀다."

"거기에다 하루에도 수십 번씩 실시되는 자기비판과 타인 비판은 견디기가 어려웠다. '동무는 어쩌구저쩌구……' 구역질이 날 지경이었다."

대학생활을 했고 자유민주주의 생활에 젖은 그로서는 감당하기 어려웠다. 하는 짓을 이해할 수가 없고, 반항심이 생기고 불만이 쌓였다. 결국

"김 동무는 인텔리 근성이 그대로 남아 있다."

는 비판을 받았고, 날이 가면서 사상적으로 위험 수위까지 갔다. 목숨을 보전하기 위하여 그 이후 바보가 되었다고 토로했다.

"의용군 복장에 발싸개를 하고 자꾸만 남으로 끌려갔다. 지금 확실하게 기억되는 곳은 兩水里(양수리)다. 행군을 하며 소련식 훈련을 받았으며 이 훈련은 레닌모를 쓴 빨치산 출신 중대장과 서대문 형무소에서 출소한 국군 소령 출신(본인의 말)이 맡았다. 그 후 다시 인민군 정규 군관 대위로 바뀌었다.

중대장은 문화부중대장과 지휘부중대장으로 이원화되어 있었다. 지휘부중대장은 지주의 머슴살이했다고 자랑삼아 얘기하곤 했으며 문화부중대장은 당원이라고 했다. 의용군엔 서울대 문리대와 농대, 세브란스의대,

성균관대, 고려대 등 대학생이 많았다.

이 중 한 의용군이(대학생으로 추측) 탈출하기 위해 옷을 갈아입다 들켜 잡혀왔다. 인민재판이 벌어졌다.

'조국과 인민을 배반한 비겁한 동무를 처형하갔소.'

'옳소.' 박수.

'그럼 동무를 처형하갔소.'

문화부중대장이 지휘부중대장에게 '동무 처형하라우요.' 라고 명령을 내렸다. 그러나 지휘부중대장이 주저하자 문화부중대장이 '동무 비키라요.' 하면서 권총을 뽑아들고 직접 쏘았다.

총살당하기 전, 그 의용군은 꿇어앉아 울면서 한번만 용서해 달라고 애원했으나 소용이 없었다. 지금도 애원하던 그 모습이 잊히지 않는다. 4~5발 연거푸 맞은 의용군은 몸을 비틀거리더니 쓰러졌다. 시체는 발길로 차 도랑에 넣었다.

인민군들은 서북청년 출신과 경찰관 또는 그 가족을 용케도 색출해 몽둥이로 개 패듯이 두들겨 패 죽이는 것이었다. 보도연맹원들의 공로가 컸다고 했다. 문화부중대장(공산당원)은 인간으로 보이지 않았다.

우리는 공습을 피해 산 능선을 타고 남하하였으며, 연기를 피울 수 없어 밥을 짓지도 못하고 생쌀을 씹어 먹었다. 나는 주머니에 쌀을 비축해 두기도 했다. 가장 귀한 것은 물이었다.

충주, 단양을 거쳐 조령을 넘어 문경, 안동으로 나왔다. 안동은 잿더미였다.

우리는 다시 군위 방면으로 나갔으며 이 무렵부터 정규 인민군에 편입되었다. 소련제 '아식장총(러시아제 소총)'과 철모도 지급되었는데 철모는 독일제였다. 낮엔 산에 숨어있다 밤에는 산 능선을 타고 대구 八公山(팔공산)까지 왔다.[*1]

우리는 인민군 제1사단 14연대(제1연대)*2에 포함되었다.

* 1 적 제1사단 제1연대(『다부동 전투』는 제14연대로 기록)는 팔공산 서쪽 가산성으로 진출했고, 우리에게 포착된 것은 8월 16일이다.(국방부 『다부동 전투』 p36)
* 2 적 제1사단 제14연대를 이 책에서는 제1연대로 제6사단 제1연대를 제14연대로 정리했다.(제8권 「낙동강 방어선에 전개된 피아의 전력」「북한군 사단소속 연대」 참조)

북한군 군관들은 8·15 전까지 대구와 포항, 영천, 전라도, 진주, 부산을 모두 함락시키고 8·15해방 행사를 대구에서 해야 한다며 주공격선인 팔공산을 빨리 함락시켜야 한다며 재촉이 대단했다.

군관은 소련 출신, 북한 출신, 중공군 출신의 세 부류가 있었다. 내가 속한 부대는 중공군 출신이 주축이었으며 해남도까지 해방시켰다는 八路軍(팔로군) 출신이었다. 그러나 이들은 팔공산까지 진격하는 동안 거의 다 죽었다. ……

노준호 군과는 끝까지 한 분대에 소속되었다.

나는 이때 두 가지를 나 자신에게 맹세했다.

끝까지 살아남아야 한다는 것과 절대로 총을 쏘지 않겠다는 것이었다. ……

당시 내 동생 在澈(재철)이는 육군 제262부대(강릉 8사단 10연대) 소속 일등중사였다. 내 사랑하는 아우와 동족에게 어찌 총을 쏠 수 있단 말인가."

희한한 일이다. 분명 이는 그의 조상의 계시였다.(저자 주)

그가 속한 적 제1사단 제1연대(증인 진술 제14연대)가 가산성에 진출한 것은 8월 16일 이후로 추정된다. 며칠 후 그의 동생이 소속한 국군부대와 전투를 벌이게 될 일을 예감하고

"절대로 총을 쏘지 말라."

는 계시를 그의 조상이 한 것이다.

그의 동생이 소속한 제8사단 제10연대는 8월 19일 제1사단에 배속되어 다부동 지구에 증원되었다. 그리고 20일 가산산성을 공격하여 10일간 공방 혈전을 벌였다. 27일 적 제1연대는 퇴각했는데 잔류 병력이 400명에 불과할 정도로 궤멸되었다. 대구출신 의용군 37명이 귀순했다.

그가 걱정한대로 형제간에 싸웠다. 그 많은 연대 중에서 하필이면 형의 연대와 동생의 연대가 맞붙어 싸운 것이다. 기연이다. 두 사람이 맞부딪히지 않은 것도 조상이 도왔을 것이다. ▶ 제9장 제4절 「5. 가산산성 공방전」 참조

그의 친구 노준호는 자기 총으로 자신의 머리를 쏘아 자살했다.

그도 지옥 같은 현실을 피하기 위하여 왼팔을 쏘아 자해를 한 후 부상한 것 같이 하여 후송되었다. 서울에 있는 저들 제18육군병원(시립병원)에서 응급치료를 받은 후 밤중에 수원으로 가서 피신했다.

인천상륙작전으로 인천과 수원이 수복되었다. 의용군출신이라는 전력 때문에 어려운 과정이 있었지만 그는 결국 자유의 몸이 되었다.

월간조선 「6·25 우리들의 이야기」 증언자 수기

▌무명의용군의 일기

의용군으로 끌려가 영천 전투에서 전사한 이름을 알 수 없는 시체 옆에서 주운 일기장의 한 토막을 소개한다. 희문중학교 6학년으로 알려진 한 학생의 처절한 절규의 단면이 적나라하게 묘사되어 있다.

7월 25일

아무리 생각해도 피할 도리가 없다. 피하려면 용감한 행동이 필요한데 나에게는 그만한 용기가 없다, 나는 누구를 위해서 총을 드는가?

8월 10일

상상 외로 출발이 빠르다. 2주일 동안 훈련을 하고 전선으로 내모는 군대가 이 세계에 또 있을까? 미군과 국군이 신무기를 사용하여 고참병들은 다 죽었는가? 아마 다 죽었을 것이다. …… 분명 희망 없는 전쟁이다. 나는 좌익이 아니건만 '인민군'이 된 이상 좌익이라고 하여 총살 안 당한다고 누가 보장하겠는가? 흥분, 비애, 원망 그리고 절망적인 기분이 서로 교착하여 이상한 심리작용을 일으킨다.

8월 15일

의성에 도착했다. 최전선이다. 포성이 은은하다. 오늘이 8·15해방기념일이다. 나에겐 해방도 승리도 귀찮다. 차라리 포로나 되었으면 얼마나 좋겠는가? 그것도 쉬운 일이 아니다. 어디서 언제 어떻게 도망쳐 나갈 수 있을까? 하루 종일 살아날 수 있는 방도만을 생각했다. 또 공습이다. 폭격과 기총소사, 트럭이 불탄다. 몇 명이 또 죽었다. 죽음……. 아! 무섭다.

8월 27일

전진 또 전진……. 그러나 죽음의 전진임에 틀림없다. 길가에서 7, 8세쯤 된 어린애 시체를 보았다. 비통한 생각, 이루 말할 수 없다. 피난 가다가 죽은 것이 틀림없다. 손에는 사과 한 개가 쥐어져 있었다. 그 애 가슴에 이름 모를 꽃 한 송이를 꽂아주고 길 옆 콩밭에 묻어주었다.

9월 8일

전투는 절정에 달했다. 비 오듯 떨어지는 폭탄과 포탄, 과연 나의 생사가 결정되는 날에 틀림없다. 나는 목표도 없이 마구 총을 쏘아댔다. 비행기에서는 삐라를 뿌리고 있다. 나는 그것을 보고 포로가 되기를 바랐다. 포로가 되려면 후퇴할 때 죽은 채 하고 쓰러져 있으면 될 것이다. 후퇴하는 날은 분명히 박두했다. 나는 몰래 삐라 한 장을 주워 호주머니에 넣었다. 이것이

내 생명의 보증서다.

9월 11일

아! 귀중한 젊은이들이 뜻하지 않게 이상에 맞지 않은 위험 앞에 떨고 있다는 것은 너무나 원통하지 않은가? 우리는 조국의 엘리트다. 그런데 수십만의 이 엘리트가 누구를 위해 죽고 있는가? 6·25 직후에 느낀 공산주의자들에 대한 매력은 이미 없어지고 오히려 지금은 강력한 반공주의자가 되었다. …… 수많은 사람들이 스탈린의 야심을 충족시키기 위해 피를 흘리고 있다. 이렇게 억울한 일이 인류역사상 그 예가 또 있었던가? 이제 나에게는 과감한 행동만이 남아 있을 뿐이다.

일기는 이날로 끝이 났다.

중앙일보사 『민족의 증언』 2

전쟁지원사업

전선이 남쪽으로 깊숙이 내려가고 UN공군의 공습으로 북한 지역으로부터의 보급이 어렵게 되자 북한군에 대한 주·부식을 비롯한 물자와 노동력 동원을 남한 점령지에서 의존할 수밖에 없었다.

또 당초에 저들은 전선에서 필요한 모든 조달은 점령지에서 하는 것으로 계획하였던 것이다.

북한은 전쟁 승리를 위해 남한 주민들에게 모든 역량을 다하여 인민군과 전선 원조에 힘쓰라고 요구하며 전쟁지원사업을 독려했다.

북한은 남한 노동력과 물자를 동원하기 위하여 '인민군원호회', '인민군대책위원회' 등 기구를 행정단위별로 설치하고 전쟁지원사업(원호사업)을 남한 주민의 대중 운동으로 발전시켜 나갔다.

북한은 이러한 방법으로 남한 주민을 동원하여 파괴된 교량과 도로를 복구하였고, 무기 및 탄약과 식량을 비롯한 군수물자를 운반하였으며 부상한 인민군을 치료하였다.

7월 5일, 서울에서 하루에 18,000명의 청년·학생과 일반시민을 동원하여 한강철교와 도로를 복구하였고, 8월 한 달 동안 22만 명을 복구사업에 동원하였다. 경기도에서도 8월 하순까지 연인원 30만 명을 동원했다.

한편 북한군의 식량을 조달하기 위하여 애국미 거출운동을 전개하였다. 경남 사천군 용현면 신복리의 경우 리 노동당위원장 박동섭, 인민위원회 서기장 정달용 등이 중심이 되어 주민으로부터 쌀 200되, 보리쌀 250되를 거두어 면 인민위원회를 통하여 북한군에 전달하였고, 야채 한 가마니를 수집하여 면 치안대를 통하여 북한군에 제공하였다.

충북 청원군 옥산면의 경우 인민위원장 곽미영이 주관하여 9월 10일부터 3일간 각 부락에 애국미로 쌀 350여 석을 할당하고 그 중 200석을 수집하여 북한군에 전달하였다.

애국미 거출운동은 전 점령지역에서 군량미 조달방법으로 전개되었는데 경기도의 경우 8월 26일까지 쌀과 보리쌀 1,600가마니, 소 82마리, 돼지 142마리 외에 손수건, 양말, 내의 등 원호품도 많이 수집하였다.

충청북도의 경우 8월 29일까지 쌀 135가마니, 보리쌀 91가마니, 소 64마리, 닭 837마리, 의류 509점과 현금 4만 원을 수집하였고, 같은 기간에 충청남도에서는 쌀 58가마니, 보리쌀 137가마니, 소 13마리, 닭 1,180마리, 현금 60만 원을 거출하였다.

강원도 원주군 귀래면에서는 토지개혁실시 경축대회를 개최하고 소위 김일성 장군에게 보내는 감사메시지를 채택하였으며, 소 5마리, 돼지 3마리, 쌀 26가마니를 수집하여 전선원호물자로 보냈다.

피난하지 못하고 남아 있는 주민들은 식량 사정이 몹시 어려웠고, 특히 서울시민의 경우 식량이 없어서 굶고 지내는데 자발적인 헌납 형식을 빌린 식량거출 할당량을 채우기 위해 자신들의 먹을 것을 내놓아야 하는 엄청난 고통을 감내해야 했다. 당시 서울의 쌀 사정이 어떠했는지는 서울 쌀값이 대구의 11배, 부산의 7배였던 것으로 짐작할 수 있다.

북한은 무기 구매자금을 마련하기 위하여 남한 주민들로 하여금 군기기금(軍器基金) 헌납 운동을 전개하도록 하였다.

서울에서는 학생들에게 '학생호' 비행기와 탱크 헌납운동을 벌이게 하였고, 기독교도와 상공인들에게는 비행기 헌납운동을 벌이게 하였는데 상공인들은 9월 7일 현재 비행기 헌납기금 3,100만 원을 마련하였다.

군기기금 헌납운동은 농촌 지역에서도 전개하였다. 강원도 농민들은 8월 24일 위문품과 쌀 89,000kg을 헌납했고, 노동자들은 시간 외 노동으로 번 돈을 군기기금으로 기부하도록 하였다.

북한은 남녀평등이라는 구호 아래 민주여성동맹을 주축으로 여성 인력을 동원하여 전쟁복구사업 등에 투입했다.

서울시에서는 8월 한 달 동안에 여성 11,000명을 동원하여 한강철교복구, 부상병 호송 및 구호와 북한군에 보내는 위문품 마련에 투입하였고, 학생 3,000명을 동원하여 인민군 원호학생 궐기대회를 개최하고 원호대를 조직하여 북한군 부상병 간호에 동원했다.

9월 들어 전황이 불리해지자 원호활동을 더욱 강화하기 위하여

'조국보전위원회'

를 조직하였고,

UN공군 공습이 강화되어 도로, 교량, 보급창고 그리고 각종 시설물 파괴가 늘어나자 더욱 많은 노동력을 동원하기 위하여

'전시 의무노력 동원에 관하여'

라는 군사위원회 지시 제51호를 공포하고 남아 있는 가용노동력은 거의 동

원하여 전시지원사업에 투입하였으므로 후방복구와 농사는 여성 인력에 의존하는 지경에 이르렀다.

　북한은 이와 같이 남한점령지에서 강제로 수탈에 가까운 인력과 물자를 동원하면서도 자발적으로 한 것처럼 위장하기 위하여 대중 집회 또는 군중대회의 형식을 취하였다. 그리고는

"통일된 조국 땅 위에서 살기를 원하는 간절한 염원의 발현이며 미제와 그 앞잡이들을 제거하기 위한 확고한 결의의 표시"

라고 평가하였다.

　북한군은 남침 후 군량미는 점령지구에서 조달한다는 방침에 따라 식량은 모두 징발해 가고, 도시민의 생활을 안정시킨다는 명분으로 배급을 실시하겠다고 허위 선전하여 서울시민에게 소위 반동분자를 제외한 가구를 대상으로 1인당 2홉 5작씩 며칠간 배급을 주었다. 그러다가 중단하고는 그 이유를 이렇게 변명했다.

"모든 생산기업체가 전화로 말미암아 폐쇄되었기 때문에 노는 노동자는 먹을 권리가 없다."

　이 기만적인 식량 정책은 서울시민을 굶어 죽게 하는 수단이었다. 서울시민 수가 150만 명이었는데 9월 초에는 50만 명으로 줄었다.

　피난한 사람을 고려하더라도 많은 사람들이 서울을 떠나야만 했다.

　농촌에서는 7월에 수확한 보리쌀과 잡곡을 모두 수탈해 갔고, 간장, 고추장, 된장은 물론 소, 돼지, 닭과 달걀까지 강탈해 갔다. 그리고 현물차용증이라는 종이쪽지를 주고는 "후방부대가 지불할 것" 이라고 했다.

　한편 반동분자의 재산을 몰수하여 전쟁지원사업에 충당하였다.

인용문헌 : 전쟁기념사업회 『한국전쟁사』 제3권 「2. 전쟁지원사업과 주민동원」

4. 정치적 선전

국방군이 북침하였으므로 반공격전을 전개하였다

6월 26일 김일성은 방송연설을 통하여

"이승만 정권이 6월 25일 38선 전역에 걸쳐 전면적 공격을 개시했으며 이에 대해 인민군은 용감히 반공격전(反攻擊戰)을 전개하여 이승만 군대를 격퇴시켰고, 공화국의 적 소탕 명령에 따라 38선 이남 지역으로 진격하여 여러 도시와 부락들을 해방시켰다."

고 발표했다. 이어서 김일성은

"남조선 정부가 그동안 계속적으로 군비를 확장하였으며 수차례에 걸쳐 38선 충돌 사건을 일으키고 동족살육전쟁을 통해서 이북에서의 민주개혁의 성과를 빼앗아가려 하고 있다."고 지적하였다. 그리고

"전체 조선 인민은 '이' 정권과 그 군대를 타도 분쇄하기 위한 구국투쟁에 다 같이 일어나야 하며 온갖 희생을 무릅쓰고 최후의 승리를 쟁취해야 하며 조국의 자유와 통일을 위한 정의의 전쟁은 반드시 승리할 것"

이라고 선전했다.㈜
전쟁기념사업회 『한국전쟁사』 제3권 p482, 483

김일성이 연설에서 강조한 초점은 이렇다.

6·25전쟁은 이승만 정권이 북침 도발을 했고

인민군은 이를 저지하기 위하여 반공격전을 감행했으며,

적을 소탕하기 위하여 남조선으로 진격했다.

김일성이 선전 첫째 목표로 삼은 것은 남침 구실을 만들기 위하여

'남한의 북침에 대한 반격'

이라는 것이었다.

김일성은 남침 책임을 '남한에 의한 북침'으로 위장하기 위하여 기상천

외한 방법을 동원하였다. 바로 남침 후 체포한 요인을 방송 마이크 앞에 내세워 북침을 증언하게 하였다. 그 대표적인 예가 초대 내무부장관을 지낸 김효석과 미 군정 시절 민정장관을 지낸 안재홍이다.

이들로 하여금 다음과 같은 요지의 방송을 하게 하였다.

"이승만은 작년 7월 15일을 기하여 북벌개시(北伐開始)를 계획하고 김석원(당시 제1사단장)으로 하여금 옹진 방면에서 북상하여 평양을 점령케 하려 하였으며, 채병덕에게는 동부전선 지휘를 명령하였었다. 그러나 빨치산 투쟁이 치열해짐에 따라 이 계획이 중지되었던 것이다. …… 이승만은 금년에 맥아더의 호출을 받고 일본에 건너간 일이 있다. 이때 맥아더는 이승만 군대가 북벌시에는 맥아더 지휘하에 들 것과 국방군 최고군사간부와 일본군 고급장교가 공동으로 훈련받도록 명령하였다. …… 이와 같이 하여 이승만은 6월 25일 새벽에 북벌개시 명령을 김석원* 및 채병덕에게 내린 것이다." 주)

국방부 『한국전쟁사』 개정판 제1권 p640

물론 저들이 써 준 원고를 그대로 읽었다.

* 김석원 장군은 1949년 10월 제1사단장에서 해임되어 야인으로 있었다.

경비대총사령관을 지낸 송호성 장군도 이와 유사한 방송을 하였는데 송호성 장군은 납북설과 귀순설이 엇갈리고 있어 자의인지 타의인지는 분명치 않다.

이와 같은 방송을 믿는 남한 주민을 별로 없었다. 국민들은 6·25를 전후한 북한의 도발 진상과 한국의 사회상을 너무도 잘 알고 있기 때문이다. 심지어 지하에서 암약하고 있는 남로당간부와 좌익세포들까지도 이 방송을 믿지 않았다. 저들은 북한군의 선제기습 사실을 똑똑히 알고 있기 때문이었다.

이것은 북한공산주의자들의 상투적인 선전 수단이었다.

그 후 60년 동안 변함없이 사용해 온 치졸한 정치 음모였던 것이다.

비행기를 통 채로 납치하여 끌어다 놓고는 승무원이 의거 월북했다고 선전하고는 돌려보내지 않았다.

어부를 납북하여 '의거입북' 이라고 방송을 하게 하였고,

고등학교 선생님을 납치하여 '의거입북' 했다고 방송을 하게 하였으며,

고등학생을 납북하여 30년이 넘는 세월동안 세뇌교육을 시켜 골수공산주의자를 만들어 놓고는 이산가족 상봉장에 내보내 스스로 의거 입북했다고 부모에게 말하게 하는 연극을 서슴없이 자행했다.

이산가족 상봉장에 나온 납북자들은 저들의 가족에게

"경애하는 어버이 김일성 수령 동지의 보살핌 속에서 결혼을 하고 자녀를 낳아 잘 살고 있다."

"장군님의 배려로 잘 살고 있으니 걱정 말라."

는 말을 서슴지 않고 앵무새처럼 되뇌었다.

납북자들은 가족의 안전을 볼모로 한 저들의 협박에 숨도 제대로 쉬지 못하고 김일성 부자에게 충성경쟁을 하는 연출에 안 따를 수가 없다.

북한은 평화적인 조국통일을 원한다

김일성의 두 번째 선전 목표는

북한주민은 '평화를 사랑하는 민족'이고,

인민군은 '인민을 위한 참다운 정의의 군대'라는 것이다.

소련은 제2차 세계대전 종전 후 세계적화 야욕을 가지고 공산화투쟁을 벌이면서 이를 봉쇄하려는 미국과 자유진영에 대하여 위장평화 공세를 취하였다.

1948년 8월 25일 폴란드의 보로쫄라브(Vrozlav · 부로쓰와우-Wrocław)시에서 공산주의 문화인을 규합하여 세계평화옹호문화인대회를 열고, 프랑스 파리에 평화옹호문화인 국제연락위원회를 설치하였으며, 그 위원회로 하여금 소위 평화옹호세계대회의 소집을 호소하게 하였다.

이 호소에 따라 북한은 1949년 3월 평화옹호세계대회를 조직하고 이를 지지한다고 선언했으며, 그해 4월에 파리 및 프라하(Prague)에서 열린 평화옹호세계대회에 참석하여 '군비경쟁 및 전쟁예산 증가 반대'를 주장하는 소련의 기만평화공세에 장단을 맞추었다.

1950년 3월 중순에는 스웨덴의 스톡홀름(Stockholm)에서 평화옹호세계대회를 소집하여

'원자무기 사용금지와 군비축소를 제창하고 원자무기 사용국가(미국)를 전범으로 처리할 것'

을 결의하였으며, 이 결의에 대하여 대대적인 찬성 서명운동을 전개하기로 하였다.

북한은 이 운동에 제1착으로 참여하여 조선평화옹호투쟁위원회를 조직하였고, 1950년 4월 1일 발족한 지방 평화옹호위원회가 주동이 되어 북한 전 주민을 상대로 평화호소문에 대한 서명운동을 전개하였다.

북한주민들에게

"당신은 평화적인 조국통일을 원하십니까?"

라는 설문지를 배부하고 답을 구하였다. 약 2개월간의 서명운동을 끝내고 5월말 현재 570만 명이 서명했다고 발표했다. 당시 북한 인구를 약 900만 명으로 추산할 때 이는 가공할 만한 숫자이다.[주] 국방부 『한국전쟁사』 제1권 p723, 724

북한은 김일성을 비롯하여 전 국민이 평화를 사랑하는 집단으로 과시하기에 충분하였다.

미군 포로를 동원하여 반전 시가 행진을 하고 있다.(1950.8 평양)

이와 같은 위장평화공세의 연장선상에서 남한 점령지역 주민에게도 서명을 강요하였다.

이른바 '평화옹호세계대회'의 앞 결의문과 북한의 소위 '조국통일민주주의전선' 중앙위원회가 작성한 다음 성명서에 서명을 강요하였다.

첫째, 미국의 무력간섭을 즉시 중지하도록 UN에 요구한다.

둘째, 이승만, 김성수, 조병옥 등을 민족반역자로 규정하여 재판에 붙인다.

공장과 기업, 농촌과 학교, 직장 및 가두에서 연 72,000회가 넘는 집회를 열어 서명을 받았고, 저들의 주장대로 서명 인원이 16세 이상 7,919,761명에 이르렀다.

16세 이상 남한인구의 98%에 해당하는 경이적인 숫자다.^{주)}

국방부 『한국전쟁사』 개정판 제1권 p641

조국과 인민을 위한 정의의 전쟁에 모든 역량을 바쳐라

북한은 어느 때보다도 전쟁시 당원 대중과 광범위한 인민 대중 속에 정치적 선전선동사업을 철저히 전개해야 한다고 강조하면서

"당 선전선동사업의 기본 임무는 인민들을 고상한 애국주의로 무장시키며 우리가 수행하는 전쟁의 정의적 성격과 전쟁에서 승리의 필수적 조건들과 전선에서 일어나는 제 사변들을 제때에 명확히 해석하여 전쟁목적 실현에 총동원하는데 있다."

고 그 이유를 밝히고 있으며, 북한 문화 선정성은 선전선동을

"우리 조국과 인민의 운명을 좌우하는 정의의 전쟁을 승리하기 위해 모든 역량을 전쟁 목적에 바치도록 하는 것"

이라고 규정했다.

정치적 선전은 노동당 중앙위원회에서 결정한 정책에 따라 당 선전선동부가 중심이 되어 서울지도부의 선전선동부와 서울시지부 및 각 도당위원회 선전선동부를 비롯하여 리·동세포의 선전책에 이르기까지 지휘계통에 따라 일사불란하게 이루어졌고, 당 외각 단체인 각종 사회단체를 활용하였다.

중앙당이 결정한 중요 방침과 정책은 문화선정성이 주관하여 각급 인민위원회 및 각급 언론매체와 각종사회단체 선전선동부 등의 보조 하에 선전활동을 전개하였다.

정치적 선전의 구체적 지침은 민족보위성이 남한 각 도 인민위원회에 하달한 '문화사업선전규정'에 자세히 제시되어 있다. 그 내용을 보면

첫째, 각도 인민위원회 문화선전부는 전시하의 군사위원회 결정과 명령 및 북한정부의 법령과 정령, 내각의 결정과 지시 및 도 인민위원회의 결정 등 정부의 모든 시책을 일상적으로 주민에게 깊이 해석, 선전하는 사업을 조직, 지도하며,

둘째, 국제 및 국내 정세를 주민들에게 정확히 해석, 선전하고,

셋째, 경제 복구, 발전을 성과적으로 보장하기 위하여 주민들의 애국열성을 고취, 앙양시키는 선전사업을 조직, 지도하고,

넷째, 민족주의적 과학사상보급에 대한 선전사업을 조직, 지도하는 것이라고 밝혔다.

도(道) 차원의 선전 업무의 실질적인 내용은 다음과 같다.

첫째, 각 도 인민위원회 문화선전부는 정무원 및 문화선전요원의 양성준비, 사업을 조직, 실시하고,

둘째, 일상적으로 주민들의 여론 및 정치적 정서를 조사 분석하고 대책을 수립하여 상부에 보고하며,

셋째, 선전 매체를 통한 선전선동사업을 일상적으로 실시하며,

넷째, 도 기관지 및 일체의 도내 출판 사업을 장악, 지도하고, 도 방송위원회사업을 지도하며,

다섯째, 직장과 농촌 그리고 가두에서 영화관, 극장, 구락부 등 문화선전 시설을 조직, 확장하며,

여섯째, 각종 문화예술단체를 조직하고 그들의 사업을 협조하며,

일곱째, 영화를 통하여 주민들의 문화 수준을 향상시키는 사업을 전개하고 해방투쟁기념관 및 도서관 사업을 조직, 지도하며,

여덟째, 직장과 농촌 그리고 가두에 각종 단체를 조직하여 그 사업을 지도하며,

아홉째, 도내 시・군・면 문화선전사업에 대하여 지도, 검열하는 것.

이에 따라 각 도 인민위원회 문화선전부 조직은 부장과 부부장 휘하에 선동과 강연, 군중문화와 출판지도원 등의 기구를 두었다.

이와 같은 정치적 선전은 전쟁 초기에는 북한에서 파견된 자들에 의하여 이루어졌다. 이들은 주로 김일성 대학을 비롯한 북한 대학생 중에서 선발되어 선전내용과 방법에 대한 강습을 받고 파견되었고, 계급의식이 강하고 사상과 정치적 의식 수준 및 교육 수준이 높으며 대중에 대한 지도력과 실천력이 강한 모범 당원이거나 앞으로 노동당원이 될 사람들로 구성되어 있었다.

정치공작원 규모는 5~6,000명에 이르렀고, 리(里) 단위까지 파견되었다. 전선이 낙동강선에서 교착 상태에 빠졌을 때 남한 주민 가운데서 선전요원을 선발하여 교육시킨 후 선전활동을 맡길 계획을 하고 서울과 광주에 선전원 강습소를 설치하여 서울에서 200명, 광주에서 100명씩 양성할 계획을 세웠으나 북한군 퇴각으로 실천에 옮기지는 못했다.

수민을 상대로 한 구체적인 선전활동은 호별 방문과 10호 단위 선전반 그리고 민주전선실을 통한 방송이 있었다.

호별 방문은 개별적으로 주민을 만나거나 소수의 주민들과 대화함으로써 형식에 구애받지 않고 선전내용을 직접적으로 홍보할 수 있고, 여론을 수집할 수 있어서 효과적이었다.

10호 단위 선전반은 선전원 한 사람이 10호를 맡아 주민을 선전선동하고 통제하는 방법으로 정치적 선전에서 가장 효과적으로 활용한 방법이다. 민주전선실 방송과 함께 각급 인민위원회 선거와 토지개혁에서 크게 이용하였고, 이후 지역단위 대민선전을 위한 상설기구로 활용하였다.

그 외에 속보와 벽보, 표어, 만화, 전람회, 그림, 연극 등을 통한 선전 활동이 있었고, 직장 및 부락 단위로 강연회와 군중집회를 활용했다.

북한은 점령지에서 방송사와 신문사 그리고 출판사들을 우선적으로 개편, 정리하고 이들을 정치적 선전에 활용했다.

서울신문을 북한 내각기관지로 만들고, 이름을 조선인민보로 바꾸어 7월 1일 창간호를 발간하였다. 또 1945년 9월부터 조선공산당중앙위원회 기관지로 발간되다가 1946년 미군정에 의하여 정간된 해방일보를 복간하였고, 각 도에는 지방잡지를 발간하여 정치선전에 활용했다.

당시 북한이 정치선전에 활용하기 위하여 발간한 신문은

민주노선, 로동신문, 조선인민보, 해방일보, 로동자신문, 농민신문, 투사신문, 민주청년, 조국전선, 공고한 평화를 위하여, 쏘베트신문, 문화전선 등 12종이었다.

출판한 잡지는 인민, 태풍, 조쏘친선, 조선여성, 내각공보, 조국보위, 어린이들을 대상으로 한 어린동무, 만화인 활발, 로동자, 농림수산, 문화예술, 과학예술 등 12종이 있었고

해외출판물로는 뻬그렐 프라우다, 진열사진 등 21종을 선전기관을 통하여 보급하거나 정기간행물 판매소에서 판매하였다.

이러한 다양한 방법을 동원하여 실시하는 정치적 선전의 궁극적인 목적은 남한 주민을 전선으로 동원하기 위한 것으로 그 내용은 인민군에 대한 찬양과 전선원호에 집중되어 있었다.

조국통일민주주의전선 중앙회가 채택, 발표한 8·15해방 5주년 기념표어를 분석해 보면 제시된 31개의 표어 중

  (1) 스탈린에 대한 감사와 찬양이 5개,

  (2) 인민군과 빨치산에 대한 찬양과 고무하는 내용이 7개,

  (3) 후방 강화와 전선원호를 독려한 내용이 6개,

  (4) 김일성과 북한당국을 찬양한 것이 3개,

  (5) 각급 정당 및 사회단체 열정을 고무하는 내용이 10개로 나타났다.

그러나 북한 선전 당국이 자인했듯이 정치적 선전은 실패하고 말았다.

근본적으로 전쟁이라는 특수한 상황에서 이루어진 선전에 기본적으로 한계가 있을 수밖에 없었지만

첫째는 단기간 내에 쏟아진 엄청난 양의 선전 내용을 주민이 모두 소화하기 어려웠고,

둘째는 선전을 주관하는 선전요원들의 전문적인 지식과 경험 부족이다. 주로 대학생을 선발하여 선전원으로 활용하였는데 이들은 선전원으로서 전문 지식과 경험이 부족하여 선전효과를 제대로 거둘 수 없었다.

셋째는 선전이 남한 주민을 상대로 병력 보충을 비롯한 인력 동원과 물자 동원에 치중함으로써 주민들의 자발적인 호응을 이끌어내지 못했다.

「4. 정치적 선전」 참고문헌 : 전쟁기념사업회 『한국전쟁사』 제3권 「1. 정치적 선전」(p482)

제2절 이것이 해방이다

1. 반동분자는 무자비하게 처단하라

김일성의 방송교시

6월 26일 김일성은 방송연설을 통하여

"반역자들을 무자비하게 처단할 것"

을 강조하였고, 박헌영은

"반역자들은 피로 처단하여 인민들의 원한을 풀어줄 것"

을 요구하였다.주) 전쟁기념사업회 『한국전쟁사』 제3권 p487

반역자는 반동분자로 분류된 친일세력과 친미세력 그리고 우익세력으로서 소위 저들이 말하는 반혁명세력을 말하고 이들을 제거하는 것은 북한이 무력을 통하여 남한의 공산혁명을 완수하는데 있어서 반드시 거쳐야 할 과정이다.

정치적 숙청을 하는데 중요한 역할을 담당한 기관이 내무성 소속 정치보위국이다. 남한의 경찰조직에 해당하는 내무서가 완전히 편성된 시기는 8월 말경이고, 점령기간 중 남한에 조직된 내무서는 정치보위국의 지휘와

반동분자로 지목되어 끌려가고 있는 저명인사

통제를 받았다.

내무서 조직은 북한에서 파견된 당원으로 구성하였다. 도에는 내무성 도지부를, 시군에는 내무서를, 읍과 면에는 내무서 분주소(分駐所)를 각각 설치하였고, 면과 동리(洞里) 단위에는 자위대 또는 치안대로 불리는 주민자치기구로 구성한 자위경찰조직을 두고 각 마을의 치안 유지와 자체 방위를 담당케 하였으며 주요 정보를 내무서에 제공하였다.

자위대는 민주청년동맹원과 과거에 보도연맹에 가입한 전력이 있는 자들로 구성되었는데 특히 보도연맹에 가입한 경력자들은 자신들의 변절을 보상받기 위하여 반동분자 색출과 처단에 광적으로 앞장섰다.

내무서 외에 정치적 숙청에 주요 역할을 담당한 기관은 각급 인민위원회와 민주여성동맹 등 각종 사회단체였다.

숙청 대상이 되는 소위 반혁명세력의 범위는 인민위원회선거준비가 진행되던 7월 중순에 시·군 내무서에 하달되었다.

친미분자는 국회의원, 남한 정부 각료, 도지사, 경찰서장, 악질적인 경찰, 재판소 판·검사, 우익단체 책임자 등,

친일분자는 일제 시 총독부 책임자, 도 평의원, 군 책임자, 검사, 판사, 일본제국주의를 적극 원조한 자 등이다.

우익세력은 따로 명단을 만들어 시달했다.

친미분자와 우익세력은 귀에 걸면 귀걸이요, 코에 걸면 코걸이였다. 대한민국에 친미분자가 아니고 우익세력 아닌 사람이 몇 명이나 되겠는가? 저들 마음에 안 들면 모조리 뒤집어씌울 수 있는 올가미였다.

지하에서 공산당 활동을 하고 있는 사람들 외에는 모두 여기에 해당한다. 숙청대상자 검거는 자진신고와 체포를 통하여 이루어졌다. 공산당 활동을 하다가 변절한 자는 더 악질적인 반동으로 낙인이 찍혔다.

자수는 가장 손쉬운 방법으로 숙청 대상자를 검거하는 수단이었다. 일제시대 친일행위를 한 자, 해방 후 정치·경제·사회 분야에 종사한 주요 인사들을 대상으로 서울 광교 부근에 있는 성남호텔에서 신고를 받았다.

수색, 체포는 최하급 행정단위인 면과 리 자위대와 민주청년동맹 그리고 인민위원회가 크게 활약하였다. 이들이 작성한 숙청대상자 명단을 면 단위로 정리하고 이 명단에 따라 인민위원과 민주청년동맹원 그리고 자위대원이 가택과 은신처를 수색하여 체포했다. 이 과정에서 반동분자의 범위는 상부에서 하달된 것보다 훨씬 광범위하게 적용되었다.

경남 산청군 북일면의 경우를 예로 보면 총 체포대상자 62명 중 직업별

로 차지하는 비율은 다음과 같다.주) 전쟁기념사업회 『한국전쟁사』 제3권 p488

현역 군인	경찰관	공무원	농민	전문직	상인	노동자
20명	13명	5명	19명	2명	1명	1명
32.3%	21%	8%	30.6%	3.3%		

    가장 많은 수를 차지하는 농민은 모두 한민당원이나 대한청년단원 등 우익정당과 단체원이다. 이렇게 숙청 대상이 확대된 것은 말단 내무서원, 인민위원 및 자위대 등과의 사원(私怨)이 크게 작용한 때문이다.

    숙청대상자로 검거된 자는 모두 내무서에서 인수하여 서울의 경우 내무서 유치장이나 중앙청 지하실에 수감하였고, 지방의 경우는 내무서 유치장과 자위대 창고에 구금했다.

    검거된 자는 인민재판에 의하여 처벌했다. 인민재판은 북한정권이 숙청대상자로 지목된 자를 처벌하기 위하여 활용한 공개재판인데 재판으로서의 외형적 형식과 절차를 갖추고 있다. 재판관이 있고, 검사가 있고, 증인이 있다. 재판관은 남로당원으로 구성하고, 증인은 그때그때 필요한 사람을 내세웠다. 공산당을 지지하는 막가는 인간들이다.

    그렇다고 모든 반동분자를 처형하는데 이와 같은 절차를 밟은 것은 아니다. 때와 장소에 따라 자의적인 살육이 수없이 감행되었다.

    인민재판이 정식재판과 다른 점은

    첫째, 법률전문가가 재판을 진행하지 않는 점,

    둘째, 피고인에게 진술할 기회를 주지 않고 변호인이 없는 점,

    셋째, 단심제로 피고에게 항소할 기회를 주지 않는 점이다.

    결국 인민재판은 저들 의도에 따라 한 번의 재판으로 반동분자를 처형하는 수단으로 이용했고, 강제로 재판장에 동원한 남한 주민이 보는 데서 공개적으로 처형함으로써 북한체제에 동조하지 않거나 점령정책에 순응하

지 않을 경우 모두 똑같은 방법으로 처형된다는 공포 분위기를 조성하기 위한 수단이었다.

인민재판은 서울에서만도 당시 국회의사당(현 시의회의사당) 앞, 동숭동 서울대학교 문리과대학 교정, 서대문 송월동, 전 명동국립극장 앞, 돈화문 앞, 명륜동 등 여섯 군데에서 실시되었다. 공포의 장소였다.

인민재판은 지방으로 갈수록 심해져 군, 경찰, 공무원 등 소위 반동분자에 대한 처형이 수없이 자행되었다. 특히 과거에 원한을 산 지방의 하급공무원 및 경찰에 대한 보복적인 처형이 자주 일어났다. 과거 좌익 활동을 했던 사람들은 여러 가지로 고난을 겪었는데 그 보복 수단으로 지역 공무원과 경찰은 물론 그 가족과 구장(區長-里長), 반장까지 잡아다가 자의적으로 인민재판을 열어 보복적 성격의 공개 처형을 감행하였다.

남쪽 사람은 민족도 인민도 될 수가 없다

저들이 해방시키고자 하는 남한의 인민은 누구인가?

김일성은 26일 방송을 통하여

"반동분자는 무자비하게 처단하라."

고 교시했다. 김일성이 말하는 반동분자는

친미세력, 친일세력, 우익세력이다.

대한민국에서 살아온 사람이 이 세 가지 부류에 속하지 않는 사람은 없다. 저들 잣대로 재기 때문에…….

반동분자는 숙청이라는 이름으로 학살했다. 그 가족은 배급 대상에서 제외했고 의용군에도 나갈 수 없다. 말라 죽게 만들었다.

앞에서 본 산청군 북일면의 경우 반동분자로 검거한 62명 중 농민이 19명(30.6%)으로 군인(20명)과 거의 같은 수를 차지했다. 경찰관(13명), 공무원

(5명)보다 훨씬 많은 수다. 북한 공산당은 입만 열면 무산계급, 노동자, 농민을 되뇌었다. 그런데 그 농민이 왜 반동분자인가? 저들의 말과 행동이 다르다는 것을 보여주는 단적인 예다.

저들은 필요하면 무슨 이유든지 만들어 숙청한다.
가장 하층민인 머슴은 악질 지주의 앞잡이로,
노동자는 유산계급인 자본가의 하수인으로,
심지어 직장의 사동(使童, 給使 또는 使喚)은 지식 계급의 주구가 되어
무산대중을 착취하는데 앞장서서 반동을 하였다고 몰아붙인다.

결국 김일성이 말하는 '인민해방전쟁'에서 해방의 은총을 입을 수 있는 인민은 김일성을 민족의 영도자로 추앙하고, 어버이 수령으로 받들어 온 사람이다. 그것도 목숨을 걸고 죽을 때까지 충성하여야 하는, 그리고 김일성의 구미에 맞는 인민이 되어야 하는 조건이 붙어 있다.

소위 '김일성 민족' 이다.

박헌영은 우리나라 공산주의의 원조다. 감히 그의 사상이나 당성을 의심할 사람은 국제공산주의 세계에서는 없다. 김일성은 그 발밑에도 못 따라간다. 그런 그가 미제의 간첩으로 몰려 숙청당했다.

이승엽 역시 공산당의 거물이고 김일성의 수족이다. 그의 김일성에 대한 충성심을 의심한다면 살아남을 인민은 아무도 없다. 그런 그를 서울시인민위원장으로서의 실정과 미제의 간첩 혐의를 씌워 숙청했다.

궁극적으로 그는 김일성 교시에 의하여 숙청한 남한인민의 학살책임을 몽땅 뒤집어썼다.

점령기간 중 노동당의, 인민위원회의 하수인으로 충성을 다한 말단 조직원들이 학살된 사실은 김일성에게 영원한 인민은 없다는 증거다.

이를 예로 보면 북한이 저들 말대로 남한을 해방시켰을 때 살아남을 수

있는 남한 인민이 몇 사람이나 되었을까?

　점령 3개월 동안에 죽고, 행방불명되고 납북된 인원이 100만 명 안팎으로 추산된다.㈜

국방부 『한국전쟁사』 개정판 제1권 p647

　낙동강전선에 이르는 동안 국군 병력은 연 15만 명에 이른다. 경찰관과 공무원, 대한청년단원 등 숙청 대상이 되는 우익인사가 적게는 50만 명에서 많게는 100만 명에 이른다. 최소한 100만 명 이상이 인민재판을 받아 학살당해야 한다. 이들의 가족 역시 최소한 500만 명에서 1,000만 명을 헤아린다. 그들은 천행으로 살아남았다고 해도 정치범수용소에 갇혀 일생을 보내야 했을 것이다. 지금까지도 신음하면서 목숨을 구걸하고 있을 것이다.

　이렇게만 따져도 남한 인구의 반이 훨씬 넘는 숫자가 숙청 대상이다.

　저들은 농민을 죽였고, 초등학교 선생님을 죽였고, 기독교인을 죽였다. 구장(일제 때 이장), 면장, 국민학교 교장을 했다고 죽였다. 심지어 섬 주민들까지 죽였다. 그들은 친일분자도, 친미주의자도, 우익인사도 아니다. 그럴 자격도 능력도 없는 사람들이다.

　김일성은 공공연하게 남한에서 의용군 40만 명이 지원했다고 선전했다. 가산은 뒤져서 빼앗아갔고, 모든 생산물은 75%를 현물세라는 이름으로 수탈해 갔다. 사람이건 물건이건 쓸 만한 것은 닥치는 대로 '싹쓸이' 해 갔다.

　2002년 부산 아시안게임에 왔던 소위 북한의 미녀응원단이 화제를 모았다. 남북한 대결 축구경기에서 한국이 3:0으로 이겼다. 방송기자가 그 응원단에게 마이크를 댔다.

　"져서 섭섭하지 않느냐?"

　"같은 민족인데 어떠렀습니까?"

　순진무구한 앳된 처녀의 입에서 나온 대답이다.

인간의 본성을 찾아볼 수 없는 의식화된 대답. 소름 끼친다.

가족 게임에서도 이기고 싶은 것이 인간의 본성이다.

"져서 서운합니다. 다음에는 꼭 이겼으면 좋겠습니다."

이 얼마나 순수하고 정감 어린 대답인가? 저들은 모두를 꼭두각시로 만들어 놓았다. 그때 거리에 남쪽 김대중(金大中) 대통령과 북쪽 김정일(金正日) 사진이 든 플래카드가 걸려 있었는데 비가 내려 젖어 있었다. 차를 타고 지나가던 이 미녀 응원단이 이를 보고도 한참 지나쳤다가 다시 돌아가서

"지도자 동지의 사진이 비에 젖는다."

고 울면서 떼어 내렸다. 그리고 그 플래카드를 고이 모시고(?) 차를 다시 탔다. 우리 상식으로는 이해할 수 없는 이상한 행동이다. 더 이상한 것은 왜? 한참 지나쳐 가다가 되돌아가서 철거했는가?

분명히 누군가의 지령에 의한 행동임을 감지할 수 있는 상황이다.

저들의 일거수일투족은 자발적으로 하는 것이 없다.

저들은 북한이 타령하는 민족이 되기 위하여 그와 같은 충성심을 몸으로 실천한다. 우리는 그렇게 하지 못한다. 민족도 되고 반역자도 되어야 하는 갈림길에 서 있는 남쪽 민족은 과연 어떤 운명을 맞을까?

북한의 남한 점령정책은 저들이 원하지 않는 민족을 쓸어내는 것이다.

학살의 실태 – 인간 백정들

인민재판은 저들이 인민의 뜻에 따라 처형한다는 명분상의 절차이고 그 형식을 밟아 자의적으로 양민을 학살하는 수단이었는데 그러한 절차마저도 없이 처형하는 경우가 더 많았다.

경남 남해군 창설면에서는 8월 중순경 이 지역을 북한군이 점령하자 숨어 지내던 좌익분자들이 치안대를 조직하고 경찰관 및 우익단체원을 상대

로 여러 차례 숙청을 진행하였다. 이 과정에서 보도연맹원 가족들이 아무런 절차도 없이 경찰관을 즉결처분하였다. 이러한 현상은 북한군이 퇴각할 무렵에 더욱 극심하였다.주) 전쟁기념사업회 『한국전쟁사』 제3권 p489, 490

북한군 제6사단으로부터 노획한 문서(일기)에는

"대한민국 국회의원, 읍·면장, 경찰지서주임 등을 포함하여 모두 12명을 검거하였다. 이 가운데 4명을 즉석에서 죽였고, 나머지 8명도 인민재판에 회부하여 총살에 처하였다."주)는 기록이 있었고, 국방부 『한국전쟁사』 제2권 p763

죽은 적 게릴라의 일기장에는 전라도를 침공하는 동안 거의 매일 인민재판을 거쳐 반대자를 몇 명씩 처형했다는 기록이 있었다.

▍노무현 전 대통령 장인에 의한 학살

1950년 8월 20일 남로당 창원군당 부위원장 권오석(權五晳)은 북한군이 점령한 창원군 진전면 일암리(鎭田面 日岩里) 대방부락에서 창원군반동조사위원회 부위원장 겸 조사관으로 피선되었고, 8월 23일 같은 장소에 남로당 창원군당 위원장 등과 함께 창원군임시인민위원회, 창원군임시민주청년동맹, 창원군임시여성동맹, 창원군임시농민연맹 등 인민공화국 형태의 기관을 조직하였다.

8월 9일부터 20일까지 사이에 자신이 진전면 서기로 있을 때 면장이었던 변백섭(卞百燮) 등 50여 명을 소위 반동분자라는 죄명으로 체포하여 같은 부락의 허경구(許景九)의 집 창고에 감금하였다.

9월 5일 권오석은 반동분자조사관 및 재판관 자격으로 인민재판 형식을 빌려 변백섭 씨 부자 등 11명을 고성군 회화면(會華面) 옥산골 번듯대 고개에서 학살하고 4명은 빨치산에 인계하여 처형케 했다.주)

《월간조선》 2002년 5월호 「대검찰청 공소장」

이 사람은 전 대통령 노무현(盧武鉉)의 장인이다.

이로 인하여 작은 시골마을 대방부락에 38선이 그어졌다. 골목 하나를 사이에 두고 변 씨가 사는 지역과 권 씨가 사는 지역이 둘로 갈라져 서로 원수지간이 된 것이다. 참살된 사람 중에는 변 씨가 많았다. 그리고 당시 창원군인민위원장은 권오선(權五先)으로 권오석과는 형제 항렬이다. 이로 미루어 권 씨들이 공산당을 주도하였음을 알 수 있다.

당시 창원군은 최서단 진전면이 완전히 북한군 수중에 들어갔고, 그 다음 인접 진동면에서 공방전을 벌이고 있었다. 창원군의 골수 공산주의자들은 점령지역인 진전면에 집결하여 온갖 만행을 자행했었다.

권오석은 당시 장님이었다. 농약을 먹고 눈이 멀었다고 했다. 학살 현장에는 그의 부인이 지팡이를 맞잡고 그를 인도하여 나왔고, 양민을 재판할 때는 상대방의 손을 만져보고 반동 여부를 판단했다고 한다. 그 옆에는 5~6세 된 어린 계집아이가 항상 있었는데 그가 권양숙이라고 했다.

인민재판 광경을 지켜봤던 피해자 가족들의 증언이다.

학살에 가담한 골수 공산당원들은 모두 북한군을 따라 북으로 도주했는데 권오석은 위원장 권오선과 함께 피하지 못하고 남아 있다가 체포되어 무기징역을 선고받고 복역하다가 18년 만에 옥사했다.

그때 권양숙은 25세였다.

민주당 대통령 후보 경선 당시 이 문제가 노출되자 노무현은

"앞도 못 보는 사람이 뭣을 얼마나 했겠느냐?"

고 반문하면서

"모두가 가해자고 모두가 피해자."

라고 당당하게 말했다. 그러면서 권양숙과 결혼한 것을 두고

"내가 그런 사람을 버렸으면 대통령 자격이 있고, 그 사람하고 결혼했기

때문에 대통령 자격이 없습니까?"

라는 요지로 큰소리를 쳤고, 청중으로부터 박수를 많이 받았다.

민주당 대통령후보로 선출된 그가 제일 먼저 찾아간 곳은 양민학살의 주범인 그의 장인 권오석의 묘였다. 마치 개선장군처럼 의기양양하게!

그런 사람이 대한민국 대통령이 됐다.

그는 대통령이 된 뒤에도 반미 종북정책으로 일관했다.

"요새 아이들도 많이 안 낳는데 군대에서 몇 년씩 썩히지 말고 그동안 열심히 활동하고 장가를 일찍 보내야 아이를 일찍 낳을 것 아니냐?"

그래서 군 복무기간을 단계적으로 단축하여 2014년 7월 입대한 사람부터 18개월만 복무하면 되게 만들었다. 군복이 몸에 맞기도 전에 제대한다.

복무기간 6개월 단축이 국방에 얼마나 큰 구멍인지는 관심이 없었다.

"이 지구상에서 자기 나라 군대도 지휘할 수 없는 대통령이 어디 있느냐?"

고 불만을 터트리며 흥분을 감추지 못했다.

"국민들이 내 나라는 내가 지킨다고 하는 의지와 자신감을 가지고 있어야 국방이 되는 것이지, 미국한테 매달려 가지고 바짓가랑이 매달려가지고, 미국 뒤에 숨어서 형님 백만 믿겠다, 이게 자주국가의 국민들의 안보의식일 수가 있겠냐? 이렇게 해서 되겠냐?"

"2사단(미군) 빠지면 다 죽게 생긴 나라에서 다 죽는다고 국민들이 와달와들 사시나무처럼 떠는 나라에서 무슨 대통령이, 외교부장관이 미국의 공무원들하고 만나서 대등하게 대화를 할 수 있겠냐?"

"심심하면 사람한테 세금 내라 하고, 불러다가 뺑뺑이 돌리고 훈련시키고 했는데 그 위의 사람들은 뭐했어.

자기들 나라 자기 군대 작전통제도 한 개도 제대로 할 수 없는 군대를 만들어 놓고 나 국방장관이오, 나 참모국장이오 그렇게 별들 달고 거들먹거리고 말았다는 얘깁니까?

그래서 작통권 회수하면 안 된다고 줄줄이 몰려가서 성명내고, 자기들이 직무유기 아닙니까? 부끄러운 줄 알아야지!"

그는 국민의 공감대를 형성하고자 그럴싸하게 적절한 어휘의 짝을 맞추어 마치 미국이 우리 국권이라도 뺏어간 양 직설적이고 선동적인 달변으로 그의 생각을 여과 없이 토해냈다.

어느 젊은 사람이 저자에게 이렇게 말했다.

"전시 작전권 이양은 말도 되지 않은 짓입니다. 어떻게 자기 나라 군대의 지휘권을 미국에 넘깁니까?"
라고 흥분했다.

"좁은 나라에서 전쟁을 하는데 미군은 미국이 지휘하고 국군은 한국이 지휘하고 그래서 전쟁이 되겠습니까? 또 우리가 UN군의 지휘하에 들어갔기 때문에 무제한 조건 없이 무기와 탄약을 공급 받았습니다.

제2차 세계대전 때 연합군은 모두 단일 지휘체계로 작전을 수행했습니다. 크게 나누면 태평양 지역에서는 맥아더, 대서양 지역에서는 아이젠하워가 작전을 지휘했습니다. 다 미국 사람입니다."

그 사람 더 말을 못했다.

"대한민국 국군의 작전지휘권이 미군에게 있다."

누가 들어도 말이 안 되는 소리다. 그 이유와 과정을 묻어 두면,

대한민국 대통령은 사람 수로 헤아려서 이명박(李明博) 대통령에 이르기까지 꼭 10명이다. 오직 노무현 한 사람만이 그렇게 야단법석을 떨었다.

그만이 애국자여서인가!

다른 사람은 국가도 민족도 모르고 자리만 지켰다고 생각해서인가!

6·25전쟁을 치르면서 그것은 너무도 당연한 처사였고, 국민의 공감대

가 형성되어 지금까지 이어온 국방정책이다. 연합작전의 필수 불가결한 요소이다. 누구도 이의를 달지 않았다.

이 지구상에서 미국을 철천지원수로 여기는 나라가 바로 북한이다. 왜? 김일성이 6·25전쟁을 일으켜 남쪽을 완전히 해방했다고 생각했는데 느닷없이 미국이 달려들어 방해를 했을 뿐만 아니라 남쪽에 버티고 앉아서 이러지도 저러지도 못하게 하고 있으니 이보다 더한 원수가 있을까?

북한은 그 원쑤(북한식 표현)가 남쪽에 버티고 있는 한 아무짓거리도 할 수 없게 되었다. 그래서 그 원쑤를 쫓아내기 위하여 놓은 덫이 민족공조 외세배격이다. 얼마나 좋은 말인가? 사리에 맞고 명분도 그럴싸하고.

노무현 전 대통령이 이에 장단을 맞추고 나왔다.

김일성 부자에 뒤지라면 서러울 정도로 입에 거품을 품고 미국을 헐뜯고 나왔다. 그는 결국 2012년에는 미군을 이 땅에서 물러가도록 만들어 놓았다.

미군이 물러가고, 18개월짜리 미숙한 병력에게 국방을 맡겨 핵무기를 가진 15년짜리 직업군인과 맞서게 했다.

그는 김정일의 대변인이 아니라 하수인 노릇 잘 하고 물러났다.

그는 대통령직에서 물러난 후에 비리에 연루되어 검찰 조사를 받았고, 사건이 종결되지 않았는데 자살을 했다.

일부 좌파 인사들은 새 정부의 정치보복에 견디지 못하여 자살한 것이라고 입방아를 찧었다.

결국 대통령을 하겠다고 나선 때부터 그만둔 뒤까지 갈등의 골만 깊이 파 놓고 지위에 걸맞은 품위를 지키지 못하여 국민을 실망시켰다.

학살지령

9월 말 북한당국은 북한군에 후퇴 명령을 내리면서

"UN군이 상륙할 때 지주(支柱)가 되는 모든 요소를 제거하라." 주)

는 지시를 각 지역당에 하달하였다. 전쟁기념사업회 『한국전쟁사』 제3권 p490

지시가 하급당에 내려갔을 때에는 극도로 확대 해석되어 군 단위당에서는

"학살조직체를 만들고 대중 집회를 개최하여 적 진영에서 가장 적극적으로 활동한 자를 호명하여 학살하라."

는 지시를 내렸다. 이러한 지시를 받은 면당에서는

"각 리별로 책임자 재량에 의해서 반동가족 모두를 방공호 등에서 집단적으로 학살하라."

는 지시로 바뀌었다. 이렇게 해서 리 당에서는 주민들을 형무소나 산간 또는 방공호로 끌고 가서 집단적으로 학살하기에 이르렀다.

그 대표적인 예가 전북 옥구군 미성면에서 9월 27일부터 29일까지 3일에 걸쳐 반동분자로 지목된 사람과 그 가족들 514명을 학살하였는데 그 중에는 여자와 네 살짜리 어린이가 포함되어 있었다. 주)

전쟁기념사업회 『한국전쟁사』 제3권 p490

▎영광군 기독교인 대량 학살

전라남도 영광군에서 기독교인 대량 학살 사건이 있었다.

1952년 3월 공보처에서 발간한 『6·25사변 피살자 명부』에 의하면 학살된 사람이 25,000명에 이르는데 남자가 12,800명, 여자가 7,700명이다.

1964년 11월 7일 발간된 『기독공부』에는 39,000명이,

광주·전남현대사기획위원회에서 펴낸 『광주전남현대사』는 35,000명이 죽임을 당했다고 기록했고,

영광군향토문화원장 조남식 씨는 학살된 사람이 30,000명에 이를 것이

라고 증언했다.

이로 미루어 영광군에서만 최소한 25,000명에서 35,000명에 이르는 기독교인이 학살된 것으로 알려졌고, 나이별로 보면 2세에서 93세까지 분포되어 있다. 당시 영광군 인구가 16만 명이었으므로 약 1/5에 해당하는 주민이 학살된 것이다.

공보처가 작성한 피살자 명단에 21,225명이 수록되었다. 여자가 7,914명, 10세 이하 어린이가 2,500여 명이라고 했다.주)   월간조선 『6·25피살자 5,994명』 p17

군내에서 염산면(鹽山面)이 가장 피해가 컸다. 염산면에서 피살된 민간인은 3,350명에서 5,000명에 이르러 전체 피살자의 1/5에 해당한다.

염산면에 있는 야월리(野月里)교회는 교인 65명 전원이 피살되었고, 염산리교회는 전체 교인의 2/3에 해당하는 77명이 학살되었다. 특히 야월리 교회는 피살자 모두가 4명의 집안사람들이었다.

영수 김성종 씨의 경우 부인, 아들, 며느리, 손녀 등 집안사람 33명,

집사 최판섭 씨의 집안에서 11명,

집사 김병환 씨의 집안에서 7명,

집사 정일성 씨의 집안에서 13명이 화를 당했다.

"염산면에서 집단 학살의 직접적인 행동대로 나선 주체는 생산유격대였다. 생산유격대는 다른 지역 '리' 단위에서 '자위대' 혹은 '치안대'와 같은 조직이었던 것으로 보인다. 면 단위에는 유격대와 위원회가 조직되어 있었는데 생산유격대를 지휘하는 것은 후자였고, 그 하부에 지구책(오르그)이 설치되어 있었다. 염산면에서는 '살인9인위원회'가 학살대상자 명단을 작성하고 '생산유격대'에게 학살을 담당하게 하였다고 한다."

생산유격대가 기도교인을 학살한 방법은 수장, 참살, 생매장 등이었다. 앞에 본 야월교회의 김성종, 최판섭, 조양현, 최판원, 김두석 등은 염산에 있는 설도 앞바다에 수장했다. 등에 돌을 묶어서 산 채로 바다에 빠뜨렸다. 해안지대에서 행한 공통적인 방법이다. 또 바다에 구덩이를 파서 웅덩이를 만들어 놓고, 웅덩이에 밀어 넣어 수장하기도 했다고 한다.

그 가족들은 두우리 큰 북재 넘어 공동묘지에 직경 약 6m의 넓이로 큰 구덩이를 파고 밤에 손과 몸을 묶어서 구덩이에 밀어 넣고 산채로 묻었다. 한 구덩이에서 80명의 시체를 발굴했다고 한다.

구덩이 안에 사람들을 둘러앉혀 놓고 일본도로 목을 쳐 죽이기도 했고, 돌에 맞아 두개골이 파열되어 죽기도 했다.^{주)}　　김경학 외 『전쟁과 기억』 p76 이하

북한군은 패퇴하면서 그동안 수족처럼 부려먹은 말단 조직원인 반장, 동맹원 같은 붉은 일군과 교사와 동회서기까지 무차별 집단 학살했다.

국군이 반격한 후 도처에서 학살 현장이 발견되었다.

우물과 토굴 속, 구덩이와 산골짜기 그리고 건물의 지하실에서 떼죽음을 당한 시신이 차마 눈 뜨고는 볼 수 없는 참상으로 드러냈다. 총알이 다 떨어졌는지 수장과 생매장으로 학살했다.

1950년 10월 6일자 일본 아사히신문(朝日新聞)은 UN군총사령부의 공식 발표를 인용하여 이렇게 보도했다.

"남한의 각 군별로 평균 450~500명의 부락민이 학살당하였다."

정부의 공식 집계는 128,936명(남자 97,680명, 여자 31,256명)*이 학살된 것으로 보았다.^{주)}　　　　　　　　　　국방부 『한국전쟁사』 개정판 제1권 p655

* 국방부 『한국전쟁사』 제3권(p9)은 "이리하여 3개월 동안에 걸친 피살자가 모두 165,000명이나 되며……."라고 기록하여 숫자의 차이가 있다.

"왜 이들은 '인민해방' 이라는 명분하에 학살을 당해야만 했을까?"

『전쟁과 기억』이 던진 의문이다.주)   김경학 외 『전쟁과 기억』 p76

일본 육전사연구보급회 『한국전쟁』 4 는 미국공간사에 기술된 참상의 몇 가지 예를 소개했다.주)

일본 육전사연구보급회 『한국전쟁』 4 p175, 176 ( )은 국방부 『한국전쟁사』 제4권 p232

(1) 사천형무소에 수감되어 있던 한국 경찰관, 공무원, 지주 등 약 300명을 형무소와 함께 불태워 죽였다.

(2) 안의, 함양, 목포, 전주 등 각지에서 부녀자들을 포함한 수백 명의 매장 무덤이 발견되었다.

(3) 대전 지역에서는 수천 명의 한국군과 일반인이 살해되었고, 대전비행장에서는 약 500명의 한국군 병사가 손이 뒤로 묶인 채 매장되어 있었다.

대전 근교의 한 호에서 기적적으로 살아남은 미군 병사 2명, 한국군 병사 1명, 시민 3명이 구출되었다. 이들 생존자들의 진술을 종합해 보면 7월 20일 대전을 점령한 북한군이 수천 명의 시민들과 포로(5,000~7,000명으로 추산되는 민간인과 한국군 17명, 미군 40여 명)를 대전형무소와 천주교성당에 가두어 놓고 노무자로 사용하다가 9월 23일 전면적인 철수명령이 하달되었을 무렵부터 100명~200명씩 철사로 묶어서 미리 파 놓은 구덩이 앞에 열을 짓게 하고는 기관총으로 사살했으며 영동이 함락된 26일부터는 빠른 속도로 처형을 하여 미군이 대전을 탈환한 28일까지 계속했다는 것이다.

대전에서는 40명의 미군이 총살을 당했는데, 이 중 생존자는 죽은 척하고 있다가 살아났다고 했다.

(4) 원주에서도 1,000~2,000명의 시민이 학살당했다.

같은 『한국전쟁』 1 (p114)은 이렇게 결론을 내렸다.

대전형무소의 학살 참상. 300여 구의 시신이 발굴되었다.

"북한군은 대민 관계에 있어서는 표면에 나타나지 않았다. 북한군의 군기는 엄격하여 물품도 정가로 거래하였고, 약탈은 절대 못하게 하였다. 그러나 이러한 행위는 점령지 주민들로부터 민심을 사기 위한 일시적 가면극이었고, 그들이 주둔하는 곳에서는 항상 총성이 울렸으며, 주민들을 숙청할 때는 언제나 사복을 착용한 무리들이 그 앞장을 섰었다."

김일성은 집단 학살로 인한 점령정책의 실패를 자인하고 그 책임을 부수상 겸 외상 박헌영과 서울시 인민위원장 이승엽에게 돌렸고, 이들에게 해방전쟁 실패의 책임을 함께 물어 뒤에 숙청했다.

김일성은 이렇게 말했다.

"박헌영·이승엽 도당들은 해방된 지구에서의 민주 건설을 파괴하기 위해 방해 공작을 일삼았다. 토지조사위원회와 의용군본부 그리고 테러학살 조직으로서 참다운 노동당원과 애국인사들마저도 무수히 학살하여 남북조선인민들의 반목을 자초했다. 또한 후퇴시에 대량 학살과 강제 납치를 저지른 사실은 민주 건설 등에 적지 않은 장해를 끼치게 했다." 주)

국방부 『한국전쟁사』 개정판 제1권 p655

    그 외에도 약 300만 명으로 추정되는 피난민과 이재민들은 말로 형언할 수 없는 고통을 겪었다. 한국민의 가슴 속에는 북한군이 남긴 잔혹한 자국이 깊이 새겨져 앞으로 영원히 잊히지 않을 것이다.

    북한군이 남한을 점령하고 남긴 발자취는 한국국민에게 공산주의자들의 잔학함과 가공스러움을 깨닫게 하여 온 국민을 반공사상으로 똘똘 뭉치게 하는 계기를 만들어 주었다.

    한국의 한 저명인사가 1969년 가을에 일본인에게 이런 말을 했다.

    "일본인은 한국인의 반공의식이 지나치게 완고한 것으로 보고 있는 것 같다. 확실히 한국인을 다른 나라 사람들이 본다면 완고하다고 생각될 정도로 반공에는 철두철미하며 북한이 어떠한 감언이설을 던져도 결코 거들떠보지 않는다. 일본인으로서는 매우 이해하기 어렵겠지만, 이것은 6·25전란의 고통을 겪었고, 눈앞에서 육친이나 친지의 죽음을 당한 사람만이 알 수 있는 심정일 것이라고 눈물을 글썽이며 말했다고 한다." 주)

일본 육전사연구보급회 『한국전쟁』 [4] p178

    이 지구상에서 가장 악랄한 공산주의자가 북한이오, 가장 철저한 반공주의자가 남한이라고 했다. 이것은 지구상에 공산주의가 건재하고 있으면서 냉전 이데올로기의 양극을 형성하고 있을 때 나온 말이다. 가장 악랄한 공산주의자와 맞서 생존권을 보전하기 위해서는 가장 투철한 반공주의로 정신무장을 하지 않으면 안 되었던 것이다.

    그래서 우리는 이렇게 살아 있다.

학살현장

중앙일보사가 편찬한 『민족의 증언』 2에서 학살의 현장을 살펴본다.

┃ 박상남(朴相南) – 전북도경 공보주임 경위

박상남은 진안에서 경찰관 300여 명과 함께 차량으로 이동 중 대열에서 이탈되어 낙오했다. 사복 차림으로 익산을 향하여 가던 중 고향 근처인 완주군 용진면(龍進面)에서 자전거를 타고 가는 사람으로부터 검문을 받고 면 보안지대로 끌려갔다.

> "점심 때 웬 사람이 피투성이가 돼서 유치장에 들어와요. 매부인 경찰관을 雲州面(운주면)까지 피신시켜 준 것이 탄로 나서 잡혀왔대요. 저녁이 되니까 유지(有志) 한 사람이 전에 좌익을 밀고했다고 해서 또 들어오구요."

그는 처음에는 경찰관 신분을 속였지만 붙들려온 경관 한 사람이 알려주어 탄로가 났다. 그 후 "공산당을 몇 명이나 죽였냐?"고 하면서 사정없이 매질을 했다. 붙잡혀 온 사람이 10여 명이 넘자 번갈아 끌어내다가 녹초가 되도록 두들겨 팼다. 형사 한 사람은 100번을 곤봉으로 팼고, 물까지 먹여 거의 주검이 되어 들어왔다.

> "어느 날 공주형무소 서무과장 권이상이란 사람을 총살한 다음 다시 나를 뒷마당으로 끌고 가 매질을 해서 팔이 부러지고 정신을 잃었어요. 그들은 나더러 자백서를 쓰라고 강요하기에 우선 상처에 바를 약을 달랬더니 코를 풀어 찍어 바르라는 거예요. 그 후에도 심한 고문을 받아 '차라리 총으로 쏴 죽여 달라.' 고 간청했더니 '총알이 아까워서 너 같은 놈은 이렇게 때려죽이겠다.' 고 해요."

8월 3일 전주시 정치보위부 감찰계로 이송되어 전주경찰서 유치장에 감금되었다. 8월 15일 강요에 못 이겨 간략하게 자백서를 썼다. 17일 다른 감금자(監禁者) 16명과 함께 전주형무소로 이감되었다. 한 감방에 9명이 들어가 꼼짝할 수 없었다. 20일에는 모두 머리를 박박 깎았다.

"9월 26일과 27일에 여러 수감자들을 호명해서 어디론지 데리고 가요. 나중에 들으니까 모두 학살했다는 거예요. 자세한 숫자는 모르겠는데 아마 수백 명은 실히 될 것 같아요. 27일 밤에 남은 수감자들을 형무소 마당으로 불러내 꿇어 앉게 한 다음 소장이란 자가 '밖에 나가서 혁명 과업에 분투하라.' 운운의 연설을 하더니 석방하더군요."

도망하기에 바빴던 그들은 붙잡은 자들을 처치할 시간이 없었던 것이다.

▎ 최태근(崔泰根) - 광주사세청장

최태근 씨는 친구 집에 피신하고 있었다. 집이 궁금해서 8월 26일 나오다가 광주천 부근 부동교에서 자위대 불심검문에 걸려 내무서로 끌려갔다. 내무서에는 100여 명이 잡혀 와 있었고, 계속 잡아들이고 있었다. 아는 사람도 있었다.

5일 있다가 광주형무소로 이송되었다. 한 방에 13명을 집어넣어 꼼짝할 수 없었고, 식사는 통밀밥 한 덩어리를 주는데 너무 딱딱해서 나무토막으로 짓이겨서 먹어야 했다. 목이 말라 흐르는 땀방울을 손가락으로 훔쳐 빨아먹었고, 자기 소변을 마시는 사람도 있었다. 매일 밤낮으로 불러내 심문과 고문을 했는데 고문과 굶주림에 시달리다가 죽은 사람도 많았다.

"그들은 9월 20일 쯤부터 수감자들에 대한 학살을 시작했어요. 그들은 수감자들을 석방해 준다고 호명해서 불러냈는데 우리들은 그 말을 믿고 혹 자기 이름을 부르지 않나 하고 기다렸지요. 호명해 나간 사람들은 모두 그길로 총살당했습니다. …… 9월 27일에는 50명을 호명했는데 한 명만 대답이 없어 49명이 끌려 나가 총살을 당했지요. 아마 광주형무소에서 이 같은 방법으로 300명 이상이 학살된 것으로 짐작됩니다."

"그런데 9월 27일 밤에 난데없이 '해방이 됐으니 빨리 문을 부수고 나오시오'라는 고함소리가 들려요."

밖에서는 시민들이 안에서는 수감자들이 힘을 합하여 감방 문을 부수고 밖으로 나와서 도망쳤다. 형무소에는 감시병이 없었다. 대부분 사람들이 탈출하여 목숨을 구했으나 이 과정에서 또 다른 희생이 뒤따랐다.

"북한공산군은 후퇴했지만 UN군이 아직 진주하지 않은 '공백 기간'이 며칠 있었는데 이때 희생된 사람들도 많아요. 즉 이 기간에 공산군은 계획적으로 그들 빨치산을 시내에 잠입시켜 지하에 숨었다가 나온 사람들과 파옥(破獄) 후 집에 돌아간 사람을 색출해서 현장에서 마구 죽였습니다. 나와 함께 수감됐던 사세청 직원 3명도 탈옥 후 집에 돌아갔다가 빨치산에 다시 붙들려 죽었습니다."

▌김병규(金柄奎) – 광주지방법원 장흥지원 판사

김병규 씨는 8월 1일 저녁에 보성고개에서 잡혀 광주형무소에 수감되었다. 김병규 씨는 북한군이 보성을 점령하기 전에 여수순천반란사건 잔당들한테 붙잡힌 것이다. 그는 보성에서 심문을 받을 때 판사 신분이 밝혀졌는데 뒤에 알고 보니 그것이 오히려 다행이었다.

"지위가 높은 사람은 즉결처분하지 말고 정식재판을 받게 하라고 평양서 지시가 왔다고 한 놈이 귀띔해 줍디다."

앞의 최태근 사세청장이 죽지 않고 살아난 것도 이런 사연 때문으로 이해된다. 그는 그런 말을 하지 않았다.

형무소의 생활은 최태근 씨의 경우와 같다.

"9월 28일(최태근 씨는 27일 밤으로 기억)에 북한공산군이 후퇴한 틈을 타서 시

전주의 학살 현장

민들이 몰려와 옥을 부수는 바람에 나왔지요. 그런데 29일에 공산군과 빨치산이 다시 시내에 들어와 머리와 수염이 길고 얼굴이 창백한 사람들은 모조리 잡아 공원에서 총살하여 많은 희생자가 났지요."

그는 다행히 형무소에서 나온 후 친구 집에 피해 있어 화를 면했다.

┃ 엄상섭(嚴詳燮) - 국회의원

엄상섭 씨는 국회가 전주로 온다는 말을 듣고 전주로 갔다가 전세가 악화되어 부산으로 가고자 하였으나 길이 막혀 할 수 없이 처가가 있는 무안군 임자도(荏子島)로 갔다. 임자도로 간지 5일 만에 호남 일대가 적 수중에 들어갔고, 임자도에 지역 공산당이 자치위원회란 것을 만들었다.

엄상섭 씨는 검사를 지냈고, 국회의원이었으므로 무슨 수를 써서라도 피신을 해야 했었다. 친척 집에 숨었는데 누가 밀고했는지 금방 잡히고 말았다.

"우익인사들을 체포해서 해변가로 데려가 총살한다는 말을 들었기에 나도 그렇게 되리라고 생각했는데 뜻밖에도 임자도 공제 조합 창고에 처넣었다. 하지만 매일같이 끌어내다 심문과 고문을 가했다. 가장 참을 수 없는 것은 몽둥이로 마른 정강이를 사정없이 후려치는 것이었다."

모진 고문과 주림으로 빈사 상태가 되어 있었다. 부인이 백방으로 청을 넣어 치료를 조건으로 5일간 보석을 받고 나왔다가 숨었다.

"며칠이 지나니까 이 섬에 온통 공포선풍이 불기 시작했다. 대대적인 검거와 학살이 자행되어 임자도 전 주민의 반 수 이상이 학살되었다. 총살뿐만 아니라 몽둥이로 타살하고 산 채로 묻어 죽이기도 했다. 시체는 대개 바다에 던져버렸다.

어느 날 밤에 내가 밀실에 숨어 있는데 갑자기 집 뒤에서 총소리가 들렸다. 집주인 아주머니가 조용히 문을 두드리면서 조사가 시작됐으니 조심하라고 일러주었다. …… 집을 둘러싸고 샅샅이 뒤지기 시작했다. 그들의 발짝 소리가 가까이 오니 숨이 턱에 차고 머리끝은 곤두섰다. 나갈까 말까. '엄상섭이가 여기 있다.' 고 소리치고 싶은 충동에 사로잡혔다. 1초, 2초, 3초쯤 기다렸다. 막 문을 걷어차고 나가려고 하는데 발짝 소리가 다른 데로 향했고, 모두가 그쪽으로 몰려가는 것 같았다. 그러고는 갑자기 총소리가 두 방 울리더니 '여기 있다.' 하는 고함소리가 들렸다. 이내 무슨 떡치는 것 같은 소리와 함께 여자의 찢어지는 비명 소리가 들려왔다. 그자들은 내 밀실 바로 옆집에서 숨은 어떤 부인을 찾아내 그 자리에서 때려죽인 것이다."

10여 일 후인 10월 19일 국군 1개 중대가 상륙하여 임자도를 수복했다.

▎유붕렬(劉鵬烈) – 충남도경 사찰과장

"10월 2일 형사 50명을 데리고 제1착으로 대전경찰서에 들어갔더니 미군들

시체가 철모를 쓰고 총을 든 채 담벼락에 산 사람같이 세워져 있어요. 50여 구의 시체가 산 사람처럼 총을 들고 보초를 서고 있는데 공산군들이 선발대로 들어온 미군을 사살해서 미 공군 폭격을 막기 위해 위장해 놓은 거지요.

이튿날 대전형무소에 끌려간 가족들이 경찰서로 몰려 와서 형무소를 빨리 해방시켜 달라고 해요. 서원(署員)들을 데리고 형무소로 갔더니 정말 차마 눈뜨고는 볼 수 없는 참경이 벌어져 있더군요. 어린아이까지도 총알이 아깝다고 구덩이를 파서 돌로 찍어 죽인 후 아무렇게나 묻어버렸어요. 두 개의 우물에는 사람을 '단무지' 식으로 생매장해서 죽였구요. 그들은 사람을 우물 속에 한 겹 처넣고 그 다음에는 카바이드를 던져 덮어버리고…… 이렇게 단무지 담는 식으로 생매장을 했어요. 시체를 끌어내다가 사람 살리라는 가냘픈 소리가 들려 들쳐보니까 열세 살 난 어린아인데 서산군 운산지서 사동(使童)이래요. 우물 속에 처넣은 시체 중에 살아난 단 한 사람의 소년이었지요.

미군에 부탁해서 이 소년을 치료했는데 퍽 빨리 회복됐어요.

청주에 검사로 있다가 대전형무소에 잡혀 와 학살당한 분의 부인이 이 소년을 아들로 삼겠다고 데려갔는데 그 후 대학도 다니고 출세했다는 말을 들었습니다."

충남에서만 1,724명을 이런 식으로 학살한 것으로 기억하고 있다고 했다. 시체가 너무 오래돼서 가족들이 알아보지 못하는 것들이 대부분이었다. 그래서 연고자를 찾지 못한 시체는 용두동에 합장하고 지사총(志士塚)을 만들어 넋을 위로하고 있다.

| 이준영(李俊榮) - 대전형무소 간수

"대전형무소 간수 22명으로 편성한 특경대를 이끌고 대전형무소를 인수한 것이 10월 3일었습니다.

민간인 치안대와 미군 헌병들이 지키고 있더군요. 정문을 들어서니까 송장 썩는 냄새가 코를 찔러요. 전쟁 전에 음료수로 쓰던 직경 4.5미터의 큰 우물 두 개 속에 시체가 꽉 차 있습니다. 온상자리 큰 구덩이 속에도 시체가 그득하구요. 모두 300구는 넘는 듯한데 무릎을 꿇어놓고 총, 칼, 몽둥이 등으로 마구 죽인 흔적이 역력해요. 온상 구덩이 속 시체는 유가족들이 금이빨이나 옷차림을 보고 대강 찾아갔지만 우물 속 시체는 짓이긴 데다가 물과 피가 엉겨 분간할 수가 있어야지요. 우물 속 시체를 건져내는데 꼭 열흘이 걸렸습니다."

1961년 대전일보사가 주관해서 유가족이 찾지 못한 희생자 471구의 넋을 기리기 위하여 '六·二五反共愛國犧牲者顯彰碑'(6·25반공애국희생자현창비)를 대전형무소 정문에 세웠다.

「붉은 오랑캐의 최후 발악으로 이 고장이 짓밟혔을 때 대전형무소 안에서 그들 손에 무참하게 희생되어 숭고한 생명을 반공구국제단에 바친 471구의 열렬한 반공정신과 그 이름을 길이 전하고자 비석을 세워 천추에 거울삼고자 하노라.」

▎이정송(李貞松) – 당시 23세, 임신 5개월

6월 29일 반동분자로 인민위원회에 연행된 후 몇 번의 죽을 고비를 모면하면서 적중을 탈출한 이정송 여사가 체포, 탈출 과정에서 겪은 북한군의 만행을 발췌해서 소개한다.

"남편이 전에 하숙했던 을지로3가 심(沈) 씨 댁으로 피난을 갔습니다. 28일 아침 총성이 잠잠하기에 적이 격퇴되었나보다 생각하고 원남동 집으로 가려고 밖으로 나가보았지요. 광화문 쪽에서 보지 못하던 탱크 2대가 굉음을 내며 다가오는데 탱크 위엔 알몸뚱이의 두 청년이 묶여 매달려 있어요. 몇 사람이 탱크 옆에 달려가더니 빨간 깃발을 휘두르며 만세를 불러요. …… 다시 심 씨 집으로 돌아오는데 탕탕하고 총소리가 들려 그 쪽을 보았더니 2, 3명의 국군이 건물 밑에서 탱크에다 대고 쏘고 있었어요. 이내 탱크에서 기관총 소리가 요란하게 울리더니 두 국군은 죽어 넘어지데요. 나머지 한 명은 총구를 머리에다 대고 쏘아 자결하구요. '아! 하느님 남편을 보우해 주소서.' 나는 정신없이 심 씨 댁으로 돌아왔습니다.

집에서 가지고 나온 보따리 속에 남편이 남기고 간 조그마한 권총이 있었어요. '이제 도망갈 수도 없으니 여차할 때에는 이것으로 아까 그 국군처럼 자결하자.'고 마음먹었습니다. ……

심 씨 댁에 ○○대학에 다니는 20세의 여학생이 있는데 밖에 나갔다오더니 공산군을 절찬(絶讚)하는 거예요. 그 학생 부모는 놀라며 너무 날뛰지 말라고 딸을 타일러요. 그랬더니 그 딸이 대뜸 부모를 보고 '그렇게 말하면 반동이에요.'라고 쏘아붙이고, 나를 보고는

'당신은 반동의 아내예요. 이제 세상이 바뀐 것을 알아야 해요.'
라고 꽥 고함을 칩디다."

"29일 상오 10시쯤입니다. 누가 내 이름을 대며 찾아왔어요. 나가보았더니 남편의 함흥상업(咸興商業中學校) 동창인 김창형이란 자와 전에 서울전화국교환수를 하던 여자예요. 이 여자는 남로당 혐의로 경찰에 체포되었을 때 내가 남편에게 사정사정해서 보증을 서고 빼내준 여자예요. 그런데 이 여자가 대뜸 반말지거리로 '이 반동의 간나 나와!'라고 소리쳐요."

그녀는 효자동에 있는 인민위원회로 끌려갔다.

그녀는 권총을 치마 밑에 감추고, 남편 사진과 결혼 전에 주고받은 연애편지뭉치, 옷가지를 들고 따라나섰다.

인민위원회에서 남편의 행방을 대라고 다그쳤다. 그녀는 "모른다."고 한

마디 하고는 눈을 감고 버텼다. 저들은 그녀를 국회의사당에 가까운 종로경찰서장관사로 데리고 가서 2층 방에 가두었다. 그 방에는 낡은 난로가 있었다. 그녀는 권총을 그 난로 속에 감추었다.

그날부터 매일 남편 친구와 다른 사람이 와서 심문을 계속했다.

"어느 날 남편의 동창인 김이 혼자 오더니 '아주머니 권총을 가지고 있을 테니 내놓으시오.' 했다."

이자는 남로당원으로 체포되어 복역한 후 전향하여 보도연맹에 가입하였다. 이정송 여사의 집에 자주 놀러 와서 밥도 얻어먹고 외투와 양복 등 필요한 물건도 많이 얻어간 사람이다.

"'안심하세요. 내가 설령 권총을 갖고 있다손 치더라도 그것으로 당신 같은 배은망덕한 자를 쏘지는 않을 거예요. 남편이 죽은 것이 판명되거나 나 자신이 욕을 보게 될 때 자살하려는 거니까요.'

라고 말했어요. 그러자 그자는 나중에는 애원하듯이

'권총만 내놓는다면 어떻게 살려드릴 수 있는데······.' 라고 해요.

'왜 그렇게 권총을 찾는 거지요.'

'알다시피 나는 6·25전에 전향해서 보도연맹에 들어갔기 때문에 입장이 곤란해요. 그래서 권총을 적발해서 제출하면 당에서 신용을 얻을 수 있거든요.'

'이 자를 이용해서 탈출해 보자.'

이렇게 생각하고 난로에 감춰 둔 권총을 꺼내 주었습니다. 그런데 권총을 보자 김은 그냥 빼앗다시피 거머쥐곤 쏜살같이 밖으로 뛰어나가요.

'아차 속았구나.' 하는 생각이 들더군요."

"밤이 샜습니다. 남편 동창이 들어오더니

'아주머니 최선을 다했지만 안 돼요. 부디 눈감아 주세요. 주의(主義)를 위해서입니다.' '배신자!'

'뭐라고 해도 할 수 없어요. 주의를 위해서니까요.' '배신자!'

나는 차갑게 이 말만 되풀이 했어요. 인민위원장이란 자가 들어오더니

'오늘 오후 3시에 효창공원에서 총살한다.'

고 선언하고 나가요. 죄명은

'반동의 아내로서 권총은닉에 살인음모.'"

이 여인은 7월 17일 오후 2시 형장인 효창공원으로 끌려가던 중 용산 부근에서 미 공군기의 폭격을 틈타 도망했다. 이날 B-29 30대가 용산 일대를 대대적으로 폭격했는데 편대가 파장을 이루며 연속적으로 폭격하는 바람에 모두 피하느라고 정신이 없었고 그 틈을 타서 이 여사도 정신없이 뛰기 시작하였다.

이렇게 공산당 마수를 벗어난 여인은 남쪽으로 길을 재촉했다. 또 붙들릴 것이 두려워 산을 타고 가다가 3일째 되는 날 길가로 나섰다.

7월 20일 밤이었다. 어둠 속에서 갑자기 "누구야?" 하고 소리를 쳤다. 공산군으로부터 검문을 받은 것이다. 그녀는 "이 윗마을에 사는데 급한 환자가 생겨 이웃마을 친척에게 알리러 가는 길이다."라고 위기를 모면했다. 이렇게 두 번을 잘 넘기고 세 번째 검문을 받았다. 똑같은 대답을 했는데 통하지 않았다. 앞서 두 번은 북에서 온 공산군이기 때문에 이곳 지리를 몰라 어물어물 넘길 수 있었지만 이번은 지방출신 유격대라서 그렇게 호락호락하지 않았다.

"'어느 마을로 간다는 거요?'라고 물었어요. 내가 마을 이름을 알 턱이 없지요. 그러자 그자들은 또 '당신 사는 마을은 어디요?' 대답을 못했다. '이 여자 수상한데, 도시 사람 옷차림 아니야? 신분증 보여.' 이제는 말도 반말이에요. 신분증이 있을 리가 있나요.

다짜고짜 길 옆 초가집에 있는 부락 인민위원회로 끌고 가더군요. 그러고는

광에 처넣어버려요. 광 속에는 여자가 한 명, 머리 깎은 공산군 병사가 두 명 갇혀 있는데요. 나는 여자에게 '여기가 어디냐?'고 물었어요. '어매 그것도 모른당가? 오산 북쪽 5리 쯤 되는 곳이랑게. 그래 워디로 갈 것이여 잉?' 하고 되물어요. 전라도 사투리가 심한 여자입니다.

'훨씬 남쪽으로 갈려고 해요. 아기 낳으려고 영등포 친정집에 갔다 전쟁이 나서 남편 있는 데로 가려고요.'

'통행증 가지고 있으라우?'

'없어요.'

'그럼 틀렸당게, 절대 통과시키지 않을 것이어. 나는 도중에 통행증을 잃어버렸는디 암만 말해도 곧이 안 믿고 여기 처넣어 버렸당게. 싸게 가야지 집에서 아이들이 기다릴 틴디.'

'하지만 통행증은 없어도 죄 없는 피난민도 있지 않아요.'

'남에서 북으로 가는 피난민은 괜찮은디, 북에서 남으로 가는 사람은 모두 반동이라 한단 말이여.'"

옆에 있는 두 공산군 병사는 도망병이라고 그 여자가 귀띔해 주었다.

"아침이 되니까 푸른 견장에 노란별을 붙인 내무서원이 오더니 두 도망병을 데리고 나가요. 나는 문틈으로 어디로 데려가나 내다보았습니다. 얼마 안 가서 개울이 있고 나무다리가 놓여 있는 데까지 가더니 그 내무서원이 둘을 보고 뭐라고 이야기해요. 그러고는 가라고 손짓을 하데요, 두 병사가 걸음을 재촉하며 다리 위를 걷기 시작하자마자 따발총 소리가 울리며 한 사람은 그 자리에 쓰러지고 또 한 사람은 몇 발짝 더 가다 앞으로 고꾸라지데요. 내무서원은 귀찮은 듯이 두 시체를 발로 차 다리 밑으로 처넣습디다."

그날 오후에 아까 그 내무서원이 와서 조사를 받았다.

"어디서 왔어? 어디로 가? 남편은 무얼 하며 어디 갔어?"

하며 속사포 같은 질문을 하고는

"너는 수상하다. 눈만 봐도 반동이라고 써 있어. 왜 신분증이 없지? 선량한 인민에게는 다 내주었는데 말이야."

이것으로 심문은 끝났다.

"저녁이 되니까 그 자는 나와 전라도 여자를 밖으로 끌어내요. 그 다리까지 데리고 가더니 '남으로 가면 반동으로 취급받으니까 가려면 북쪽으로 가라.'고 해요. 전라도 여자는 정말 풀어주는 줄 알았는지 연방 머리를 조아리며 고맙다고 하더군요. 나는 곁눈으로 슬쩍 뒤를 보니 벌써 몇 명의 공산군병사가 따발총을 겨누고 있어요. 그 내무서원이란 자는 능청맞게도 '자 빨리들 가라.'고 해요. 나는 두서너 발 옮기다가 다리 가장자리를 따라 냅다 뛰었습니다. 이내 '탕! 탕! 탕!'하고 따발총소리가 들리며 전라도 여자의 '아이고!' 하는 비명이 귓전을 스쳐요. 그 순간 나도 총에 맞은 것처럼 스스로 그 자리에 쓰러지며 몸을 뒤틀면서 다리 밑으로 떨어졌습니다.

높이가 3~4m는 실히 될 것 같아요. 개울가 자갈밭 위에 떨어져 꼼짝도 않고 죽은 시늉을 하고 있었습니다. 좀 있으니까 바로 내 옆에 전라도 여자의 시체가 '털썩' 하고 떨어지더군요. 그들이 다리 위에서 발길로 내리 찬 거지요."

이 여인은 그날 아침에 공산군 도망병이 총살당하는 것을 보고 '나도 저렇게 될 것이다.'라고 짐작하여 대비했기에 살아날 수 있었다.

또 다시 죽을 고비를 넘긴 그녀는 죽은 공산군 병사의 복장으로 갈아입고 여군 행세를 했다. 의심받을까 봐 이제는 산에서 내려와 들판길을 걸었다. 누가 물으면 '선전공작원'이라고 속여 무사히 통과했다. 당시 공산군에는 간호병과 선전공작원 등 여군이 많이 있었다.

그러고는 전투가 벌어지고 있다는 지역을 찾아다녔다. 그곳에는 국군이 있을 것이라고 생각했고, 국군이 있는 곳에 가면 남편을 만나거나 적어도 소식을 들을 수 있다고 믿었기 때문이다.

괴산을 거쳐서 문경으로 갔다. 국군은 후퇴하고 없었다.

"문경에서 빨치산이 국군 포로 몇 사람을 데리고 오는 것을 봤어요. 그 중에 장교는 중위가 있어요. 그런데 그 옆을 지나던 한 공산군 병사가 뛰어 나가더니 '야, 너 나를 알아보겠니?'하고 소리쳐요. 중위는 잠시 살피더니 '야, 너 아니냐?'하며 희색이 만면이에요. 그러자 공산군 병사는 대뜸 국군 중위를 발로 걷어차면서

'이 새끼야 너가 뭐야? 개새끼.'라고 소리쳐요. '이 새끼는 내 중학 동창인데 조국을 배반하고 남반부에 도망쳐서 국방군에 들어간 놈이다.'하고 외칩디다.

'용서해줘, 밥 먹기 위해 군에 들어 간 거야.' …… '절대 용서할 수 없어. 너같은 놈은 고향과 동창의 수치야. 여보, 빨치산 동무! 이놈을 나에게 넘겨주오.'하니까 '좋소!'라고 빨치산은 응낙하데요. '배신자의 말로가 어떤가를 보여줄테다.'하면서 공산군 병사는 중위를 길가 나무에다 붙들어 매더군요. 그러고는 칼을 꺼내더니 '이런 개새끼를 죽이는데 총알을 쓰기는 아깝다.'면서 중위의 바로 면상을 가로 세로로 북 그어요. '살려 줘!' 중위의 가냘픈 소리가 들렸습니다. 그러나 공산군 병사는 눈 하나 깜짝 안하고 가슴, 배, 목 할 것 없이 중위의 몸뚱이를 난도질해요.

나는 이때까지 꽤 참혹한 장면을 봐왔지만 이처럼 잔인한 살인은 처음 보았습니다. 따지고 보면 같은 동포인데 저렇게 무참히 죽일 수가 있을까? 동족간의 전쟁은 타민족과의 싸움보다 더 잔인한 것인가? 이북 출신인 내 남편도 만약 안면이 있는 적에 잡히면 저렇게 되겠지? 하고 생각하니 소름이 끼치더군요."

낙동강변 선산 부근에 도착했다. 얕은 물을 따라 강을 건너다가 미끄러져 의식을 잃었다. 깼을 때는 빨치산에게 잡혀 있었다. 거의 만삭에 가까운 몸이라 더 이상 공산여군이라고 속일 수 없어 '이 동네에 사는데 강 건너 친정에 가는 중' 이라고 핑계를 댔는데 그 동네 노파가 처음 보는 사람이라고 하는 바람에 들통 나서 공산군 정치부로 넘어갔다. 세 번에 걸친 모진 심문을 받다가 기절하였다.

"한참 만에 정신을 차려보니 누가 맥을 짚고 있어요. 이런데서 나를 도와줄 사람이 없을 텐데 하면서 누구냐고 물었더니 공산군 '도라지부대'* 13연대 소속 군의관이라는 겁니다. 그는 자기 처가 6·25 직전에 아기를 낳다가 죽었다면서 나를 퍽 동정해요."

"그날 밤은 달도 밝고, 왜 그런지 꼭 죽을 것만 같은 생각이 들어 달을 보며 찬송가를 나지막하게 불렀어요. 그런데 그 군의관도 휘파람으로 따라 불러요. 그 사람이 하늘만큼이나 미더워지더군요. 그래서 집이 대구인데 아기를 거기서 낳게 데려다 달라고 애원해서 이들과 동행하게 됐습니다. 트럭에 편승하여 가다가 폭격을 만나 다시 도보로 전선으로 향했지요."

> * 적 제13연대는 제6사단 소속이므로 도라지부대는 적 제6사단으로 보아야 하는 데 적 제6사단은 의성~군위 방면으로 진출하였고 다부동으로 진출한 적은 제13사단이다. 기억에 착오가 있는 것으로 보인다.

'도라지부대' 와 행동을 함께 하는 동안 검문을 받지 않았다. 죽을힘을 다하여 저들을 따라 다부동에 이르렀다. 최전방이라 여간첩이 많다고 하면서 그녀는 검문을 받았다.

"'대구 집이 어디냐?'고 묻기에 남산동1가라고 했지요. 남산동1가 어디쯤이냐고 다시 묻는데 알 수가 있어야지요. 어물어물하니까 '신명고녀 근처냐?'고 하기에 '그렇다.'고 대답했더니 금방 발길질을 하며 간첩임에 틀림없다는 거예요.

이렇게 되니까 그 군의관도 슬그머니 자리를 피하데요.

그날 새벽이 되니까 한 장교가 나를 불러내요. 안개가 자욱했습니다. 나를 보고 똑바로 걸어가라는 거예요. 죽을 각오를 하고 열 발짝 쯤 걸어가는데 따발총 소리와 함께 정신을 잃었어요. 정신이 들었을 때는 아까 그 고지에서 몇 길이나 되는 개울가에 떨어져 쓰러져 있어요. 다리에 찰과상을 입었을 뿐 신통하게도 다른 상처는 없었어요. 짙은 안개 때문에 또 살아난 거지요."

3번이나 총살을 당하고도 살아난 이 여인은 8월 중순경 다부동에서 제12연대 수색대에 붙잡혔고, 도라지부대 요원이라는 신분이 탄로 나서 또 다시 총살 위기를 맞는다.(제9장 제4절 「7. 이런 일도 있었다」에 계속)

▌이석주 – 충북 제천군 거주, 21세

이 증언은 학살과 의용군 모집과 약탈이 복합되어 있다.

그는 6·25남침을 당했을 때 21세였고, 충북 제천군 수산면에서 할머니, 아버지, 어머니, 부인과 어린 두 동생 등 7명의 식구가 살았다.

그는 청년방위대에 근무하고 있었고, 그의 아버지는 이장에 국민학교의 국민회장을 맡고 있었던 존경받는 지방 유지였다.

"…… 하루는 제가 어디에 갔다 오니까 어머니가 시름없이 앉아 계시며 '아버지는 수산면의 인민분주소원에게 붙들려 가셨다.'고 합니다. 그래서 다음 날 수산면 인민분주소에 갔습니다.

소장은 이경림이라는 사람이고 분주소원 중엔 월악산 금수산에서 빨치산으로 있던 사람도 있었습니다. 소장에게 공손히 인사를 하고 내막을 물었더니 '네 아버지는 오늘 아침 평양에 교육을 받으러 갔으니 만나려면 여비나 좀 가지고 제천군에 가서 만나라.' 하였습니다.

집에 와서 제천에 갈 준비를 하는데 수산에 계시는 당숙께서 오셨습니다.

'아저씨 오셨습니까?'

하였더니 할머니와 어머니 모두 오시라고 하여 가족이 모두 모였습니다. 당숙께서

'이 일을 어찌하면 좋으냐. 형님이 돌아가셨다. 시체를 찾아오자.'

하면서 집안 친척 몇 분과 저와 어머니, 당숙께서 현장에 갔습니다.

가 보니 눈으로는 볼 수 없을 정도로 참혹했습니다. 묘 제절(무덤 앞에 절을 할 수 있도록 평평하게 만든 땅)에다 7명을 묶어놓고 총살을 시켰는데 피비린내 나는 현장을 어찌 잊겠습니까? 시체를 대강 수습하여 밤을 새워서 장사를 지내고 나니 이것이 꿈인지 생시인지 알 수 없었습니다. 아버지가 돌아가시고 나니 동리 사람들은 저의 집을 가까이 하지도 아니하였습니다."

"약 1주일이 지나니까 수산면 인민분주소에서 왔다고 하면서

'상부의 지시로 동무네 집 살림을 조사하고 수색을 한다.'

며 살림 일절을 창고와 방에다 모아 놓고 열쇠를 잠그고 손대지 말라 하였습니다. 쌀은 인민군의 밥을 하여 준다 하면서 가지고 갔습니다.

그리고 며칠이 지나니까 동리의 인민위원장이 와서 제게

'상부의 지시니 50리 밖으로 이주를 하라.'

는 것입니다. 기가 막혀서 위원장에게 '나는 지금 하라는 대로 하고 있는데 연로하신 할머니와 어머니, 어린 동생들을 데리고 어디로 가란 말입니까?' 하면서 애원을 하였더니 '그러면 좀 기다려 보라.' 하면서 갔습니다. 다음 날 와서 하는 말이 동네 아무 집이라도 좋으니 얻어서 가라 하니 누가 방을 줍니까. 자기네도 목숨이 아까워서 안 주는 것입니다.

동리의 한 사람이

'나도 댁의 은덕을 많이 받았으니 죽으면 같이 죽지.'

하면서 방을 한 칸 주어서 그리로 이주하여 3개월을 살았습니다. 동리에서는 인력 동원이라 하면서 너무나 저희를 못 살게 하고 어머니와 제 동생 세 사람을 교대로 부역을 많이 보냈습니다.

집안 식구나 편안히 살까하여 의용군 모집이 있어 의용군에 지원을 하였더니 동리에서는 받아주는데 면당위원장이 악질분자의 자식이라 하면서 받아주지를 않아 못 갔습니다. 나중에 보니까 인민재판을 받아야 할 대상이라 합니다. ……

하루는 동리의 민청위원장이라는 사람이 와서

'인민군 식사하는데 수저를 가져오라.'

하면서 저희 집 수저 6개마저 가져갔습니다. 죽을 쑤어서 그릇에 담아 젓가락으로 먹고 있는데 동리의 인민위원장이 와서 보더니

'죽을 어찌 젓가락으로 먹느냐?'

하기에 아까 민청위원장이 와서 수저를 가지고 갔다 하니까

'이놈들이 죽는 사람은 아주 죽으란 말이여.' 하면서 가더니 수저 여섯 개를 갖다 주니 그 고마움이야 말할 수 없었습니다."

그 가족을 쫓아내고 그 집은 인민위원회에서 쓰고 있었다.

수산에 국군이 들어왔다고 하여 가 보았더니 지서에 국군이 들어와 있었다.

"지서에서 군인들에게 협조도 해 주고 멸공대를 조직하여 아버지의 원수를 갚으려고 노력하였으나 놈들은 인민군과 같이 도망하고 말았습니다. 경찰이 완전 복귀하고 저는 방위대에 근무하고 있었습니다. 그간 동리일을 책임지고 있던 사람들은 그때서야 저의 집에 찾아와서 '우리의 목숨은 석주에게 달렸다.' 하며 용서를 빌었습니다. 그동안 저지른 일을 생각하면 벌을 받아야 하지만 용서하고 말았습니다."(월간조선 『6·25 우리들의 이야기』 체험자 수기)

모시기 작전 – 요인은 북으로 모셔오라

북한군이 개전 3일 만인 6월 28일 서울을 점령하자

'남반부의 정치·경제·사회계 주요 인사들을 포섭하고 재교육하여 그들과 통일전선을 강화하는 데 대하여'

라는 정책을 공포하였다. 이 정책에 따라 7월 3일

최고사령관 김일성을 비롯하여

최고인민위원회의 상임위원장 김두봉,

당중앙위원회 비서 허가이,

부수상 홍명희, 박헌영, 주영하, 최창익,

내무상 박일우, 민족보위상 최용건,

총참모장 강건, 전선사령관 김책,

서울시 인민위원장 이승엽, 당정치위원 허헌

등이 참석한 가운데 당중앙위원회정치국과 군사위원회 합동회의가 열렸다.

북한 실력자들이 모두 모인 이 회의에서 허가이, 주영하, 최창익 등은 남한 주요 인사를 모두 체포하여 활용 가능한 소수를 제외하고 모두 처단하자는 강경론을 주장하였고, 강건, 김책, 최용건 등은 이들을 포섭해야 한다는 온건론을 폈다. 회의를 주재한 김일성은 주요 인사를 포섭한다는 기본 원칙 하에 성분에 따라 남한 인사를 분류하여 각각 달리 취급한다는 방침을 확정하였다.

김일성 지시에 따라 '모시기 작전'으로 이름 붙여진 주요 인사 처리방안을 수립하였다. 남한 주요 인사를 납북하여 1950년 7월 중순부터 3개월 정도 평양 인민경제대학에서 세뇌교육을 실시하기로 하였다.

남한 주요 인사를 다음과 같이 다섯 가지 부류로 분류하였다.

첫째, 남한에서 조국통일민주주의를 결성하여 북한 정권에 참여한 정

당·단체에 속했던 인사들

둘째, 남한 행정부와 국회, 정당 및 사회단체에서 숨어 활동하던 북한의 프락치와 동조자들

셋째, 1948년 4월 남북정치회담에 참여한 정당단체지도자와 인사들

넷째, 자수 또는 자발적으로 협력해 오는 사람들

다섯째, 연행 또는 체포해야 할 인사들

이상의 분류에 따라 '모시기 작전'은 실행에 옮겨졌다.

집행실무책임은 김응기, 이위상, 방학세, 김창주, 김춘삼 등이 맡았고, 광교 부근에 있는 성남호텔에 작전지휘부를 설치했다.

숙청 대상자의 자수를 받았던 곳이다.

'모시기 작전'은 신문과 방송으로 자수를 권유하고 자수한 자들로 하여금 다른 동료들의 자수를 유도하는 방법과 강제연행 등의 다양한 방법을 썼다. 30개의 공작조, 수백 명의 전문정보원 및 협조자들 그리고 내무서원 등이 합동으로 작전을 시작하였다.

강제 연행된 주요 인사는

임시 정부 요인 : 김규식(金奎植), 조소앙(趙素昻), 김붕준, 유동일, 최동오, 윤기섭, 오하영, 원세훈, 엄항섭 등

정당, 사회단체 인사 : 안재홍, 박일, 백관수, 정광호, 구중회, 신석무, 신상봉, 김헌식 등

국회 프락치 사건 관련자 : 김약수, 노익환, 이문원, 박윤원, 김옥구, 강욱중, 김병희, 황윤호, 최태규, 신성균, 배중혁, 이귀수 등은 북한군에 의해 형무소에 갇혀 있다가 연락을 받고 자진 출두하였다.

전·현직 국회의원 등 요인 : 김의환, 양재하, 김장열, 송호성, 김효석, 구덕환, 김칠성, 백성규, 유익수, 박철규 등

이들은 동료들의 권유와 강압으로 성남호텔로 출두하였다.

성남호텔은 남한 주요 인사들을 심사하고 연금하는 공포의 수용소로 변했다.

자진 출두하였거나 강제 연행된 인사들은 '모시기 작전' 실무책임자가 성남호텔과 청파동, 성북동 비밀장소에 집결시켜 심사를 마친 뒤 일부 인사들은 일단 집으로 돌려보내서 기다리게 하고, 일제 때 친일 행위를 하였거나 해방 후 행적으로 보아 악질반동으로 인정되는 사람은 성북동 비밀장소에 감금해 두었다가 북한으로 끌고 가기로 하였다.

납북 인사들은 다섯 차례에 걸쳐 북으로 끌려갔다.

제1차는 7월 20일, 참여파 잔류 인사 가운데 자진 출두한 40명을 서울시 인민위원회에 집결시킨 후 트럭에 태워 평양으로 떠났다.

제2차는 7월 말, 앞에 분류한 둘째에서 넷째 부류에 속한 인사 40명이 출발하였고,

제3차는 8월 초 권유나 협의에 의하여 자진 출두한 사람들과 체포된 사람들이 출발하였고,

제4차는 8월 중순 정인보(鄭寅普), 이광수(李光洙), 백관수, 명재세, 최권, 현상윤(玄相允), 김용하 등 소위 반동으로 분류된 인사가 떠났다.

마지막으로 떠난 인사는 김규식, 조소앙, 안재홍 등 연로한 인사들과 건강이 좋지 않은 인사들이 제1차 교육대상에서 제외되어 자택과 성북동 또는 성남호텔에 연금되어 있다가 끌려갔다.

평양으로 끌려간 인사들은 '조국전선'에 등록한 뒤에 북한당국이 지정한 서평양에 있는 학교와 여관에 감금하고 하루 8시간의 사상 교육을 받았고, 자술서와 이력서를 써냈다. 이들에 대한 교육은 김일성대학과 인민경제대학 교수들이 담당하였고, 정치경제학, 철학, 소련공산당사, 공산당 선

저명인사를 북으로 끌고 갔다.

언, 레닌주의의 제 문제, 행방투쟁사 등을 강의하였다.

UN군이 북진하자 이들 인사들은 북쪽 후방 지역으로 옮겨졌다.

참여파와 협상파 그리고 자진 출두파는 10월 8일경 군용트럭으로 모향산 고개를 넘어 희천, 진천을 거쳐 강계 부근 오지에 머무르다가 만포의 별오동 근처에 정착했다.

반동으로 분류된 최인(崔麟), 정인보, 백관수, 명재세, 김용우, 백상규 등은 서평양 학교 건물에 수용되어 심한 차별대우와 정신적, 육체적 고통을 받아 심신이 많이 쇠약해졌는데, 군 트럭으로 평남 안주까지 와서 거기서부터 걸어서 박천을 거쳐 태천에 이르렀고, UN군이 그곳까지 진격하자 다시 걸어서 험한 적유산맥을 넘어 초산 부근 민가에 도착했다. 이곳에서 추위와 굶주림으로 정인보 등 몇 사람이 숨을 거두었다.

반동으로 지목된 사람 가운데 이광수, 최규동(崔奎東) 등은 중환자로 평양에 남아 있다가 평양이 UN군에 함락되기 직전 들것으로 옮기던 중 최규동은 UN공군기의 폭격을 받아 폭사했고, 이광수는 폐결핵이 악화되어 숨을 거두었다.

서울에 남아 있던 조소앙, 김규식 등은 9월 27일 '모시기 작전'의 실무 책임자 이위상, 김춘삼 등이 인솔하여 성북동에서 문산~평산을 거쳐 계속 북쪽으로 가던 중 UN공군기의 공습을 받아 방응모, 김붕준 등이 그 자리에서 숨졌고, 나머지는 11월 중순 만포 별오동에 먼저 와 있던 인사들과 합류했다. 김규식은 여기서 병세가 악화되어 사망했다.

북한은 납북인사들을 사상검토와 집중지도 등 방법으로 탄압을 가하는 한편, 다른 한편으로는 북한의 남북연석회의 및 국회합동회의소집제안에 서명하고 이를 지지하는 공동성명과 담화발표를 하도록 요구했다.

납북인사들은 전제 조건으로

'자유로운 활동과 당을 중립화하는 내용으로의 재건'

을 우선적으로 요구하였다.

북한은 남북인사들이 주장하는 내용을 제안에 포함하여 납북인사들의 서명을 받은 후 발표할 때는 그 내용을 빼 버렸다.

납북인사들은 이러한 북한 기만술책에 항의하면서 독자적인 정당을 조직하려 했으나 허락하지 않자 '재북평화통일촉진협의회'를 결성하였다.

1950년대 말 북한은 강경노선으로 선호하면서 남북인사들에 대한 숙청 작업에 들어갔다. 반당, 반국가, 반혁명 행위를 시도했다는 이유로 체포하여 정치범수용소에 감금하였는데 대부분 옥사하고 조소앙은 단식투쟁을 하다가 사망하였다. 이렇게 납북인사들은 한 많은 생을 마감했다.

인용문헌 : 전쟁기념사업회 『한국전쟁사』 제3권 「3. 주요 인사들의 납북」(p490)

남침 3개월 동안 북한의 만행에 의하여 희생된 사람은 다음과 같다.

학 살	사 망	납 치	실 종	부 상
128,936명	224,700명	84,532명*	303,312명	229,612명

자료 : 국방부 『한국전쟁사』 개정판 제1권 p639

* 같은 제3권(p9)은 "3개월 동안에 걸친 피살자가 모두 165,000명이나 되며 납치자가 123,000명에 달하였던 것이다."라고 기술하여 차이를 보이고 있다.

2. 인민재판의 실상

김팔봉 씨

김팔봉(金八峰) 씨는 서울 을지로3가에서 애지사(愛智社)라는 인쇄소를 경영하고 있었다. 당시 48세. 김팔봉은 필명이고 본명은 김기진(金基鎭)이다.

김팔봉(이하 존칭 생략)은 7월 1일 밤 11시에 장총을 메고 집으로 찾아온 두 사람에게 붙잡혀 남로당 서울중구당부 산하 출판노조 사무실이 있는 북창동 삼화인쇄소로 끌려갔다.

그곳에서 같은 인쇄소에 근무하는 문선과장 전재홍(全宰弘)을 만났다.

"이튿날 새벽에 동이 트자 망치질 하는 소리가 들려 창밖을 내다보았더니 '人民裁判所'라는 플래카드를 만들고 있는 것이 보여요. '아하, 내가 말로만 듣던 인민재판을 받게 되나 보다.' 하는 생각이 퍼뜩 듭디다. 순간 끔찍한 생각이 들었지만 한편으로는 스스로 위로하는 마음이 생긴 것도 사실이에요. 우선 피난 못간 사람이 나뿐 아니므로 많이 잡혀 와서 함께 당할 터이니 좀 나을 게고, 또 나는 8·15해방 후 글 한 줄도 안 쓴 인쇄장이요, 정부고관도 지낸 일이 없으니까 큰 변은 당하지 않으리라고 내 나름대로의 희망을 가진 거지요."

조금 있다가 애지사 인쇄공 10여 명을 데려 왔다. 4~50명의 군중이 '인민재판소' 플래카드를 앞세우고 김팔봉, 전재홍 두 사람을 뒤따르게 한 후

1950. 7. 2 국회의사당 앞에서 있은 인민재판
왼쪽 양복 입은 사람이 김팔봉 씨. 오른쪽은 전재홍 씨

행진을 했다. 메가폰은 든 자가 '인민재판!' 선창했고, 나머지 군중이 '인민재판' 복창하면서 대한문을 거쳐 시청 앞 그리고 광화문 네거리까지 갔다가 다시 시청 앞으로 돌아오는 시위행진을 3번 정도 반복했다. 그러는 동안 협진인쇄소(協進印刷所)와 다른 인쇄소 플래카드를 든 군중이 합류하여 500~600명이 모였다. 모두가 강제로 동원된 구경 군들이었다.

 "'이젠 죽었구나.' 하는 생각이 들더군요.
 '깨끗하게 죽자.'고 각오했어요. 그렇다면
 '누구도 미워하지 말자.'
 '아무도 원망하지 말자.'
 '또한 48세밖에 못 살았다고 한탄하지도 말자.'
라는 세 가지 생각을 마음속으로 되뇌고 명심불망(銘心不忘)하기로 했습니다.
 그랬더니 설레던 마음이 많이 가라앉습디다."

11시쯤 당시 국회의사당(태평로, 지금의 시의회의사당) 앞에서 서울신문사(지금의 프레스센터) 쪽을 향하여 인민재판소 플래카드를 세우고 군중들을 쭉 세웠다. 두 사람을 계단 중간쯤에 세우고 계단 위에는 재판부가 자리했다.

한 젊은 사람이 나서서 '지금부터 인민재판소를 개정한다.'고 선언했다.

당시 영락연판소(永樂鉛版所) 직공(종업원)이면서 남로당 중구출판노조원인 노동운(盧東雲)이 검사(檢事)로 소개되더니 논고를 했다.

"김팔봉은

첫째, 일제 때 공산당을 하다가 변절했고,

둘째, 이승만 정권 경찰스파이로 자기 업소의 많은 노동자를 투옥했고,

셋째, 노동자를 착취했다."

고 소리쳤다. 다음에 17~8세쯤 되어 보이는 소년이 증인으로 나왔다.

"애지사 직공으로 일하다가 김팔봉의 밀고로 경찰에 잡혀 옥살이를 하던 중 인민군 해방군이 들어와서 자유의 몸이 되었다."

고 증언했다. 그는 고개를 들지도 못하고 떠듬거리며 말을 이었다. 처음 보는 얼굴이었다. 애지사 직원은 몇 명되지 않아 김팔봉은 직원의 얼굴을 다 알고 있었다.

이어서 사회자가 판사를 소개했다. 서울오프셋공사 공원인 이영기(李永基-다음 전재홍은 청구인쇄소 오프셋 공이라고 했다.)라는 자였다.

"김팔봉을 인민의 적으로 단정, 인민의 이름으로 사형에 처한다."

고 즉석에서 판결을 내렸다. 사형 선고까지 걸린 시간은 20분 정도였다.

"앞에 늘어선 500~600명의 구경꾼들을 죽 훑어보았어요. …… 정말 다정한 벗이나 친지들이 그 자리에 없다는 것이 마음에 놓이더군요. 이런 꼴로 죽는 모습을 보이고 싶진 않았습니다. 사람을 살피고 나서 잔잔한 마음으로 고개를 들어 마지막 하늘을 쳐다보았습니다. '7월의 여름 하늘이 어

떻게 그렇게 파랄 수가 있을까요?' 그러고는 삼각산을 보았어요. '늘 보아 온 산과 그 위가 그렇게 한 폭의 그림같이 아름다울 수가 있을까요?'"

순간 그의 뒤통수에 몽둥이가 내려쳐졌고 그는 정신을 잃었다. 전재홍도 똑같은 방법으로 함께 처형됐다.

후일 목격자는 이렇게 말했다.

무의식중에서도 처절한 투혼을 발휘했다. 몽둥이에 철사로 둘둘 말고 몽둥이 끝에 쇠꼬챙이를 달아서 뒤통수를 내리쳤다. 피가 분수처럼 치솟았다. 한 대 더 치니까 앞으로 꼬꾸라졌다. 그는 곧 일어나서 앞을 노려보았다. 성난 야수와 같은 표정으로……. 그러고는 손으로 더듬어서 막대기 하나를 주워 들고는 반격 자세로 걸어 나갔다. 세 발짝 쯤 나갔을 때 두 사람이 동시에 몽둥이로 머리를 내리쳤다. 넘어지면서 쭉 뻗었다.

그들은 뻗어 늘어진 김팔봉의 발목을 전깃줄로 묶고 계단 아래로 끌어내렸다. 계단을 내릴 때마다 덜컥 덜컥하고 머리 부딪치는 소리가 났다.

두 사람의 시신은 남대문과 의주로를 거쳐 서소문파출소 앞까지 약 2km를 끌고 다니면서 군중들에게 시위를 했다.

그가 정신이 든 것은 7월 6일 동대문경찰서에서였다. 96시간 만이다.

하늘이 보이고 창살이 있는 마루방에 누워 있었고, 내무서원이

"선생님, 정신이 드십니까? 나오십시오."

라는 말을 들었다.

8일 풀려났다. 무슨 이유인지 알 수 없었다. 4일 동안 죽었다가 다시 살아난 사람을 또 죽일 수는 없다고 생각했을 수도 있다. 나와서 주변에 전매청 공장 건물을 보고 풀려난 곳이 동대문경찰서라는 것을 알았다.

머리는 여러 곳이 깨지고 찢어져 피와 흙이 뒤범벅이 되어 손바닥보다

더 큰 딱지가 앉았고, 등과 엉덩이 쪽은 옷이 닳아 없어져서 드러난 살이 문드러져 있었다. 그는 기다시피 하여 애지사로 갔다. 큰 아들이 뛰어나와 업은 것까지 기억하고 다시 정신을 잃었다.

"서린동 백내과에 입원하여 김성진 씨의 치료를 받았는데 갈빗대 틈에서 구더기를 여러 마리 끄집어냈대요. 7월 23일에는 의식을 회복했습니다."

9월 2일 소개령이 내려졌고, 북한군 부상자가 밀려들어 민간인 입원환자는 모두 쫓겨났다고 했다.

집과 인쇄소를 뺏겨 오갈 때가 없었다. 아는 사람 집을 전전하면서 숨어서 지내다가 9·28수복을 맞았다. ▶ 제8권 「김팔봉 씨 프로필」 참조

전재홍 씨

전재홍 씨는 김팔봉 씨가 경영하는 인쇄소 애지자의 문선과장(文選課長)이었다. 당시 37세.

전재홍(존칭 생략)은 6·25남침 후 집에 들어앉아 조심하고 있었다.

"6월 29일인가 출판노조원이란 자가 찾아와서 지기들 노조에 가입하라는 거예요. 나는 세상 돌아가는 형편을 좀더 두고 볼 생각에서 그들의 요청을 거절했지요. 그 이튿날 그들은 또 왔지만 좋은 말로 돌려보냈습니다."

7월 1일 아침에 궁금해서 인쇄소에 나갔는데 공장이 텅 비어 있었다. 공장을 한 번 둘러보고 나오다가 자위대 완장을 찬 청년 4명에게 붙들려 남대문극장 뒤쪽에 있는 협진인쇄소(김팔봉은 삼화인쇄소라고 했다)로 끌려갔고 거기서 김팔봉을 만났다.

인민재판소까지 끌려가는 과정은 김팔봉의 경우와 같다.

"검사로 소개된 노동운이가 김팔봉 씨를 논고했어요. 검사라는 자가 어찌나 무식한지 누가 미리 써 준 논고문을 들고 나와 읽는데 한자가 나오면 막혀버려 뒤에 있는 자(者)를 불러서 묻고는 다시 읽곤 합디다."

노동운은 전재홍에게 논고를 했다.
"전 피고는 많은 선량한 애국자들을 경찰에 밀고하여 투옥했으며 문선과장으로서 대한민국에 아부했다."
판사 이영기는 김팔봉과 함께
"피고들은 인민의 이름으로 사형에 처한다."
고 선고했다. 그러고는 군중을 향하여
"피고들의 죄상은 여러 동무들이 알다시피 당장 이 자리에서 죽이는 것이 마땅하다. 죽이되 총알이 아까우니 저 뒤에 있는 장작개비로 쳐 죽이자."
고 열변을 토했다. 군중들은 아무 반응이 없이 조용했다.
이때 군중 속에 끼어 있던 출판노조 선동자들이
"옳소!"
하고 소리를 쳤다. 5~6명이 장작개비로 머리부터 내리치기 시작했다. 이들은 출판노조 산하 각 인쇄소에서 집행위원으로 나온 자들이었고, 전재홍은 출판계에 오래 있어서 이들 이름을 다 알고 있었다.
전재홍이 의식을 잃은 후의 과정은 김팔봉의 경우와 같다.
두 사람의 시신을 끌고 서소문에 이르렀을 때 인민군 고급군관이 이 처참하고 잔인한 광경을 보고 말리면서 시신을 내부서에 인계하라고 해서 주검의 행진은 멎었고, 그들은 내무서로 인계되었다.

이태신(李泰臣 – 전재홍의 친척)의 증언

"전 씨의 부인 김영자(金英子) 씨가 찾아와서 남편이 인민재판을 받고 죽었다는데 시체를 찾으러 가자고 해요. 그래서 둘이 청계천, 용산, 철로변의 개천을 헤매며 시체를 찾아보았지요. 그때 청계천 등에는 그자들이 죽인 사람들의 시체가 여럿 내버려져 있었습니다. …… 7월 5일 아침에 전 씨 집에 어떤 내무서원이 와서 시체를 찾아가라고 해요. 구루마(引力車) 한 대를 빌어 나와 전 씨 부인 등 5명이 지금의 동대문서(경찰서)로 갔습니다. 어떤 서원이 둘만 들어와서 시체를 인수하라고 해요. 그래서 나와 전 씨 부인이 유치장 안으로 들어갔지요. 한창 더울 때 통풍이 잘 안 된데다가 유치장마다 죄수(?)들로 가득 차서 숨이 콱 막혔어요. 실신해서 쓰러져 있는 사람들도 많았구요. 전 씨의 시체(?)를 들것에 담아 밖으로 나와서 구루마에 실었어요. 이때 어떤 서원이 지금의 종로5가 파출소 자리의 반도병원에 가서 사망확인서를 떼어야 홍제동 화장터에서 화장을 해 준다고 일러줍디다. 거적때기로 덮고 구루마를 끌고 나섰는데 지금의 한일극장 앞까지 갔을 때 거적때기 밑에서 가냘픈 신음소리가 한 번 들려요. 그것도 나만 들었지 딴 사람은 못 들었어요. 그때 구루마가 고무바퀴가 아니고 나무바퀴에 쇠판을 씌운 것이었고, 한일극장 앞 인도는 주먹만 한 자갈이 깔려 있어 아마 구루마의 충격으로 정신이 든 모양이에요.

반도병원으로 가면 아직 죽지 않은 것이 탄로 날 것 같아 단성사 쪽에 있는 공립병원으로 갔습니다. 수술대 위에 전 씨를 올려놓았는데 의사고 간호원이고 손을 못 쓰고 기막힌 표정으로 서 있기만 해요. 전 씨 부인과 내가 전 씨를 엎어놓고는 비를 얻어서 머리부터 엉덩이까지 하얗게 붙은 구더기를 쓸어냈습니다. 등의 살이 닳고 문드러져서 뼈대가 노출되어 있었어요."

이렇게 치료를 받고 7월 20일 의식을 회복했다. 그러나 그 후 6개월 동안 반 실성한 사람처럼 헛소리를 했다.

인민재판에서 사형집행을 당하고 살아난 사람은 이 두 사람밖에 없다.

김팔봉 씨는 4일간, 전재홍 씨는 3일간 죽었다가 살아났다. 기적이다.

이 인민재판은 남로당 중구당 상임집행위원회에서 결정하여 출판노조에 집행하라고 지령한 것이라고 했다. 물론 기본적으로는

"반역자들을 무자비하게 처단하라."

고 한 김일성의 교시에 따른 것이다.

이들 인민재판 주역들은 수복 후에 모두 검거되어 인민재판이 아닌 판사의 심판을 받았다. 검사 이영기는 미 해병사단 제24연대에서 노무자로 근무하고 있다가 체포되어 판사 노동운과 함께 무기징역형을 선고받았고, 나머지는 10~15년 징역형을 선고 받아 복역했다.

저들도 똑같은 방법으로 재판을 받았어야 하는데 불행하게도 우리에게는 인민재판이라는 제도가 없다.

전재홍은 이렇게 말했다.

"그 때 내가 수사관 앞에서 장작개비질을 한 자 10여 명의 이름을 더 대줄 수도 있었지만 끝내 입을 다물었기 때문에 그들은 무사했어요. 덩달아 날뛴 사람들이지 진짜 빨갱이는 아니라는 것을 잘 알고 있었으니까요. 지금 대한민국에서 다들 잘 살고 있습니다."

이상 3인의 증언 중앙일보사 『민족의 증언』 2 김팔봉, 전재홍 수기

임준택 – 당시 국민학교 제6학년, 광주광역시 거주

"며칠 뒤 자위대장이 붉은 완장 차고 죽창 들고 우리 집에 왔습니다. 형

님(당시 남부군 토벌 경찰대) 소식을 묻기에 없다 했더니 그냥 가다가 다시 와서 아버지를 찾기에 들에 갔다고 했습니다. 아버님은 부엌에 굴을 파고 항아리를 묻어 그 속에 들어가 있고, 어머님은 벌벌 떨고 있었습니다. 나는 어리기 때문에 보고 듣는 말을 아버님께 전하는 연락병이었습니다.

7월 중순 자위대, 마을 인민위원회, 여성동맹 등 결성이 끝난 다음 인민재판이 열린다고 소문이 퍼졌습니다. 인민재판이 어떤 것인지 처음 듣는 말이라 마을 사람들은 공포에 떨었습니다.

7월 말 밤이었습니다. 초등학교 교장을 했던 서채환 집을 몰수해서 모든 위원회가 간판 크게 달고 있는 그 집 마당에서 재판이 열렸습니다. 허 부자 머슴이 소리쳤습니다. '이 두 부르주아는 반동입니다. 동무들 이 두 놈을 죽여야 합니다.' 인민 여러분 손을 드시오!' 악을 쓰니 사람들이 두리번 두리번거렸습니다. 위원장은 '손 안 들어요?'라면서 입가에 거품이 나오도록 고래고래 소리쳤습니다. 손이 올라가다 눈치 보며 내리고 내리다가 다시 올리고 동리 사람들은 어쩔 줄을 몰라 했습니다. 결국은 위원장이 '쳐라!' 소리치니 좌우에서 몽둥이로 치기 시작했습니다. 동리 사람들은 눈 감고 손으로 얼굴가리고 고개를 숙입니다. 신음소리 들립니다. 사람을 몽둥이로 때려죽이는 것입니다. '이럴 수도 있습니까? 죄 없는 사람을 때려죽이니! 오 하늘이여! 하느님 벼락을 내리시오. 우박을 내리시오!' ……

이 광경을 보고 있던 나경선 씨가 순간 튀었습니다. 후다닥 하더니 몽둥이로 맞아죽으나 튀다 총 맞아 죽으나 똑같으니 튄 것입니다! 그 집 뒤뜰에 대밭이 우거져 컴컴했기로 따꿍총을 쏘아대며 대여섯 놈이 뒤쫓았으나 놓쳤습니다. 휘파람 불더니 자위대를 총동원해서 밤새 마을을 뒤졌습니다. 반동을 숨기면 피바다가 된다는 말에 주민들은 떨고 총소리는 여기저기서 간담을 녹이는데 밤은 그렇게도 길었습니다."

그 사람은 알몸으로 2km를 뛰고 기어가서 영산강물 속에 숨었다가 나주에 있는 친구 집에 가서 두 달 넘게 숨어 지냈다.

"다행인지 경찰 가족들은 조용히 넘어갔으나 면장 했던 김옥두, 교장 서채환, 조합장 김삼식, 면유지 송달호 해서 4명이 인민재판을 한다고 소문났습니다. …… 8월 14일 나는 아버님 말씀 따라 아침 먹고 소 몰고 영산강변에 잡초 뜯기려고 가던 중 개천 아래 피투성이의 시체 4구를 보았습니다. 정신없이 집에 와 외숙님께 전했더니 마을 노인들이 나섰습니다. 인민재판을 한다는(받는다는) 사람들이었습니다. 교장선생님은 목에 세 번이나 칼로 찔러 죽였고, 면장은 총을 머리에 맞고, 나머지 두 사람은 손목을 자르고 죽창으로 배를 찔러 죽인 것입니다. 머슴살이 하던 두칠이, 성복이, 막둥이가 죽인 것입니다.

'덕(德)을 쌓으면 복(福)이 되고 독(毒)을 쌓으면 피가 된다.' 는 말도 틀린 말이었습니다. 총 메고 칼 차고 분주소 드나들며 쌍심지 켜고 이리처럼 다니더니……. 자기 부모 자식까지 먹고 살게 해 준 그 사람들을 찔러 죽인 것입니다. 같은 마을에 그것도 한두 해가 아닌 십수 년을 동고동락했던 사람들이 이렇게 잔인할 수가 있습니까? 이것이 공산 혁명이었습니다."

"8월 16일 아침 우리 마을에 별 달고 말 탄 여자 인민군이 오고 있다고 야단이었습니다. …… 나는 애들이 몰려가는 아랫마을 쪽으로 뛰었습니다. 말 탄 인민군 대여섯 명이 올라오는데 붉은 별이 커 보였고 입고 있는 옷들이 화려했습니다. 앞에 백마 탄 여군이 나를 뚫어지게 보는 것입니다. 나는 아무 뜻 없이 봤습니다. 그런데 이게 웬 일입니까? 어디서 많이 봤던 얼굴입니다. 날 보면서 입을 가리며 말하지 말라는 것입니다. 왕곡지서에서 형님과 살았던 그 여인이 아닙니까? 가슴이 두근거렸습니다. '우리 아버지 잡으러 왔구나?' 겁이 났습니다. 그때 살림을 부셨다고 앙금을 풀지 않고 이제 왔는가 싶어 무서웠습니다."

　공비토벌대에 입대한 그의 큰 형님은 그 해 11월 20일 인편을 통해 나주군 완곡지서에 근무한다는 전갈이 왔다. 집에 다니러 오고 싶어도 공비출몰이 잦아서 자리를 비울 수가 없다고 했다.
　"1949년 정월 아버님과 저는 완곡지서를 갔습니다. 수려하게 예쁜 미인이 맞이주었습니다. 이 여인은 지서 내 관사에서 형님과 살림을 차렸고, 차석 사모님으로 불리는 것을 보고 아버님은 기가 막힌 눈빛이었습니다. 아버님은 살림을 보는 대로 부셨습니다. 고향집에 어엿한 아들이 있고 조강지처가 있는데 무슨 짓이냐며 급한 성격에 못 참고 말았습니다.
　저는 아버지를 붙들고 울었습니다. 그 여인은 어디론지 가 버렸고 저녁 무렵 형님이 오셨는데 분을 못 삭인 아버님은 형님을 마구 때렸습니다. 형님은 무릎 꿇고 앉아 빌었습니다."

　그는 한 달에 한 번꼴로 형님을 만나러 지서에 갔다. 예쁜 형수 아닌 형수가 옷도 사 주고, 흰 쌀밥에 과일도 사 주고 돈도 주었기 때문이다.
　"이렇게 예쁘고 따뜻한 여인도 있구나! 어떻게 여기에 와 있을까?"

　그 여인은 남로당 전남도당 여성동맹부위원장으로 활약하고 있었는데 사기 집에 다니러 왔다가 잠복근무 중이던 그의 형님에게 붙잡혔다. 그러나 자수 형식을 취하여 방면되었고, 그 인연으로 두 사람은 가까워졌다. 그 여인은 공산주의가 무엇인지도 모르면서 미모와 달변으로 공산당의 꼬임에 빠져 세뇌를 받은 것이다.
　" '동무들 인민위원회로 가시오.'

하더니 그 여잔 날보고 집으로 가자고 했습니다.

'아버지! 항아리 속에 깊이 숨어 있어야 합니다.' 속으로 외치며 집으로 왔습니다. 그랬더니 그 여자 모자 벗고 마루에 앉더니 내 손을 잡고 눈물을 글썽글썽 흘립니다. '형님은 곧 오실 것이니 걱정 말라.' 고 부모님께 말씀 드리라 했습니다. 봉투 하나 주기에 주춤거리니 내 손에 쥐어주고 내 얼굴을 만지며 나를 안고 또 울었습니다. 그때 그 여인의 따뜻했던 가슴을, 그 마음을 나는 못 잊습니다."

"어두워진 후 집에 돌아오신 아버님이 봉투 속을 보시더니 '웬 돈이냐 황소 한 마리 사고도 남는 돈이구나.' 하셨습니다.

어려울 때 먹고 살 것을 주고 간 것입니다. 아버님은 말이 없었습니다. 가슴이 메어 아무 말 못하신 것입니다."

"인민군 별 달고 백마 위에서 날 보며 입 가리던 그 여인은 1952년 봄 쌍지골 남부군 소탕작전에 죽었다는 말도 있었습니다. 남부군 총사령 이현상의 비서로 활약했다는 말을 자수했던 유재필(당시 남부군 죽창부대) 친구로부터 들었는데 확인은 못했습니다.

고인이 되신 형님은 저에게 찾아보라는 말씀을 유언으로 남기셨습니다. 그런데 1993년 추석 형님 산소엘 갔더니 크고 화려한 꽃다발이 놓여 있었습니다. 가족들에 물어도 모르는 일이었습니다. 다음 해에도 추석 때면 꽃다발이 놓여 있었습니다. 그 여인이 아닐까?

살아계신다면 금년 나이 75세! 미모와 재치가 따를 수 없었던 그 여인, 가냘픈 인상에 순정이 얼굴에 가득한 그 여자는 알맞은 키와 몸매 때문에 인생 역경이 험난했으리라 생각됩니다. 이승을 떠나시기 전에 한 번 뵙고 여자의 일생을 기록하고자 하나 뵈올 수가 없습니다. 어디서 어떻게 살고 계실까?"

"26일 밤 나주 삽내골(금정산등 아래)에 100여 구의 시체가 쌓였다고 합니다. '이 놈들 도망가려면 그냥 가지 다 죽이고 간단 말이냐? 하늘이 무심치 않으리라.' 했습니다.

비 내리는 삽내골에 쌓인 시체 밟고 다니며 아들을 찾는 노모는 '이놈들아, 이놈들아! 내 아들 살려내라. 내 자식 살려내라!' 통곡하다 기절했습니다. 이것이 6·25의 참극이었습니다."

김양자 – 당시 전라남도 순천시 조곡동 거주 소녀

"아버지가 학교에 도착하자 두 손을 뒤로 묶고 두 눈을 헝겊으로 가린 후 운동장 한쪽으로 데려가 그곳에서 인민재판을 받았다는 것이다. 많은 사람들 앞에서 아버지의 이력을 모두 들춰내면서 갖은 누명을 다 씌우더니 여러 가지 죄과 중에서 가끔 소방서 대장으로 한 번씩 화재 현장에 나가서 봉사했던 것을 트집 잡아 반동으로 몰아버리더란 것이다.

그 시절에는 소방서 직원도 제대로 월급이나 대우를 못해 주던 때였는데 어쩌다 주위의 권유에 못 이겨 인솔자가 되어 도와준 것이 화근이 되어 인민의 피를 빨아먹었다며 지식인들을 무조건 매도했다.

한순간에 반동분자로 몰려 죽음 직전에 놓이자 아버지는 한마디 하도록 기회를 달라고 하여 사람들에게 설명했다는 것이다. 어찌 인민을 도와준 것이 반동이냐고. 만일 돕지 않았다면 불타 죽거나 재산과 모든 것을 잃었을 텐데 국가에서 봉급도 받지 않고 아무 대가도 없이 봉사해 준 것이 잘못이라면 누가 불을 끌 것이며 돕겠느냐며 나로 인해 피해를 본 사람이 있다면 지금 당장 말해 보라고 따졌다는 것이다. 그러자 어떤 남자가 '옳소 저 사람이 우리 집 불탔을 때 와서 살려 줬어요! 저 사람 아니었으면 우리는 죽었을 것이오. 나쁜 사람 아니오! 했다. 여기저기서 한 마디씩 하자 눈과 손을 풀어주면서 그 자리에 앉으라고 하여 무사히 위기를 면했다고 했다.

 그런데 인민군들보다 한 동네 사람이나 아는 사람들이 더 설치고 앞에서 좌우하는데 그들의 말 한마디, 손짓 하나에 생명이 왔다갔다 하더라며 어머니와 우리들에게도 동네 사람들이 더 무서우니 조심하라고 일러주셨다."

 그렇게 살아난 그 아버지는 인민군의 노력 동원에 끌려가 죽지 않을 만큼 고생을 했다.

 "삼촌은 국민학교 교사로 학교에서도 가장 촉망받던 사람이었다. 세상이 바뀌자 제일 먼저 삼촌을 사상이 불순하다며 인민군들이 잡아가 총살 현장까지 끌고 갔다고 했다. 굴비처럼 함께 묶여 옷을 다 벗긴 후 모두 일렬로 세워놓고 총살을 시키는데 삼촌도 분명 앞사람과 같이 따발총을 맞고 쓰러졌다는 것이다. 얼마를 지났을까 여자들의 울음소리에 눈을 떠보니까 많은 시체들이 처참한 모습으로 엎어져 있고 여자들이 가족들의 시신을 확인하는 것을 보고 삼촌은 그 틈에 인민군이라도 있어 행여 들킬까 봐 시체들 곁에서 미동도 않고 있었다는 것이다.

 밤이 되자 삼촌은 어둠을 틈타 그곳을 빠져나와 동굴 같은 바위 밑에 숨어 있다가 냇물과 열매로 연명하면서 두더지처럼 지냈다고 했다. 사람 눈이 무서워 낮에는 숨어 있고 어둠이 발목을 덮을 때쯤 걸어서 참으로 힘겹게 탈출해 왔는데 이웃이 무서워 대문으로 들어오지 못했다."

 그 삼촌은 팬티 하나만 걸친 채 부엌 옆에 나 있는 수채 구멍을 통해서 집에 찾아왔다.

 "어머니는 창문마다 담요와 이불로 불빛을 가린 후 호롱불을 켜고 삼촌을 보살폈다. 삼촌 머리에서는 계속 피가 흘러내리고 입술은 부풀어서 다

갈라져 피골이 상접한 삼촌의 애처로운 모습은 차마 마주 볼 수 없었다.

다만 어머니가 가장 무서워한 것은 내 고향, 내 이웃들이었다. 그토록 다정히 지내던 사람들이 하루아침에 돌변하여 서로 죽이고 죽는 살육의 고리가 계속 이어졌다. 청년들은 전쟁을 이용하여 제 세상 만난 듯 활개를 치며 혈안이 되어 원한이 맺힌 원수처럼 돼 버렸다. 그들은 팔에 빨강 완장을 차고 인민군들 앞에 서서 긴 죽창과 칼을 휘두르며 사람들을 공포에 몰아넣었다. 청년들은 인민군들과 함께 자신들이 옭아맨 반동분자들을 세워놓고 학교나 병원, 교회에서 죽음의 굿판을 벌이곤 하였다.

그날도 하늘에는 먹구름이 잔뜩 끼여 찌는 듯 더웠다. 우리는 더위를 피해 지하실에서 나와 등물을 끼얹고 있는데 청년들이 나타나 모두 교회로 모이라고 했다. 순천에서 가장 크고 오래된 중앙교회로 하필 할아버지가 장로의 직분을 가지고 계셨고, 우리들도 가끔 나가는 교회였다. 어머니는 할아버지 때문일 거라며 잔뜩 불안에 떨면서 갔다.

할아버지는 총상을 입은 경찰관을 집에 숨겨 살려주셨다.

마침 교회 강단에는 청년들이 죽창과 몽둥이를 하나씩 들고 서서 목에 핏대를 세우며 뭐라 연설을 하고 있고 마룻바닥에는 주로 부녀자들과 노인들이 줄지어 앉아 불안에 떨고 있었다. 재판이 시작되었다. 한 남자를 앞에 세워놓고, 그 사람에 대한 죄과를 낱낱이 들춰내면서 일장연설을 하더니 인민군이 사형을 선고했다. 그때 사이사이 부녀자들 틈에 끼어 있던 청년들이 하나씩 벌떡 일어나 '죽여라! 죽여! 옳소!' 한마디씩 거들었다. 강단에 선 우두머리 인민군이 박수를 치자 청년들이 모두 일제히 사상적 구호를 외치면서 박수를 쳤다.

형 집행은 일사천리로 진행되었다. 청년들은 사형수를 데리고 바로 옆에 있는 도립병원으로 끌고 가면서 모두들 뒤를 따르도록 했다. …… 사형수는 벌써 병원 입구의 큰 고목나무에 묶이고 검은 헝겊으로 눈이 가려졌다.

한 인민군이 사형집행관처럼 앞에 서서 으르렁거리더니 사형수에게 담배를 한 대 피우게 하고 마지막 할 말을 하도록 했다. 사형수는 고개를 뻣뻣이 세우고 무슨 말인가를 했지만 사람들의 웅성거리는 소리 때문에 하나도 들리지 않았다. 그리고 큰 소리로 '만세! 만세!'를 두 번 외치는데 즉시 탕! 탕! 하는 총소리가 연발로 들리더니 급격히 고개가 탁! 하고 꺾어졌다. 이마에서 피가 주르르 흘러내리고 또 다시 총소리가 났다. 순간 사형수는 사지가 힘 하나 없이 앞으로 푹 고꾸라지면서 온몸이 피로 흠뻑 젖었다."

"인민군과 청년들은 시체를 풀어 땅에 떨어진 송장을 발로 툭툭 차면서 침을 뱉었다. 그 중 한 청년이 어디선가 맷돌만 한 큰 돌을 안고 오더니 시체머리를 향해 힘껏 내리쳤다. 고개를 처박고 구부려 있는 송장에게 갖은 욕설을 퍼붓고 발로 시체를 반드시 눕히고 다시 돌을 들어 힘차게 내던졌다. 순간 '빵!' 하는 타이어 터지는 소리가 나더니 시체 배가 터져 창자가 쏟아졌다.

청년들은 그러고도 분이 삭지 않았는지 발로 머리를 짓이기고 사라졌다."

"한참 후 한 할아버지가 슬금슬금 좌우 눈치를 살피며 다가와 헌 가마니를 가지고 배를 덮어준 다음 흥건하게 젖은 피를 모래로 뿌리면서 흐느껴 울었다. 곧 할머니가 달려와 시체를 부둥켜안고 대성통곡하며 하늘을 올려다보고 땅을 치면서 '세상에 내 자식이 무슨 죄가 있다고 무슨 죄가 있어?' 하며 하도 서럽게 울어 나도 몰래 따라 울었다. 할머니는 콧물과 눈물이 범벅이 되어 몸부림을 치면서 두 발을 뻗고 땅바닥에서 엎드려 한 없이 울었다."

이용범 – 당시 충남 예산군 광시면 초등학교 제3학년

"어느 날 선생님에게 반가운 소식을 들었다. 며칠 있으면 신대초등학교

(예산군 광시면 신대리)에서 연극 공연이 있으니 우리 학교에서도 모두 참가해야 한다고 하셨으며, 몇 학생들을 모아 음악 연습도 시키셨다. 그때 나도 그 중에 끼게 되었으며 며칠간은 흥분된 마음이 가라앉지 않았으며 그날이 오기를 손꼽아 기다렸다.

기다리던 날(1950년 8월 30일)은 내일로 다가왔고, 나는 밤잠을 설친 채 일찍 일어나 학교로 향했다."

그는 급우들과 함께 선생님을 따라 산길과 들길 10여 리를 걸어 읍내 학교로 갔다. 이곳저곳 동네에서 농악대를 앞세우고 흥겨운 농악에 맞추어 많은 사람들이 몰려와서 더욱 흥분된 분위기를 고조시켰다.

정문에서부터 일렬로 질서 있게 들어가 운동장에 열을 지어 앉았다. 운동장에는 동네 사람들이 꽉 차 있었다. 그런데 이상한 생각이 들었다. 연극을 하려면 근사한 무대가 있고, 필요한 장치가 있어야 하는데 그런 것은 보이지 않고, 대신 교단 위에 무명치마 저고리를 입은 여인이 서너 명 앉아 있고, 교단 아래쪽에 젊은 사람 두서너 명이 서 있을 뿐이었다.

"침묵이 흐르고 잠시 후 젊은 청년 한 사람이 종이로 말아 접은 확성기를 입에 대고 누군가를 호명하였다. 호명된 사람들이 하나 둘씩 관중을 헤치고 교단 앞으로 나왔다. 젊은 청년이 종이로 말아 접은 확성기를 입에 대고 '이 사람을 죽여야 옳소, 살려야 옳소?' 하고 묻는다. 넓은 운동장은 죽은 듯이 고요하고 8월의 뜨거운 태양은 작렬하건만 시베리아의 혹독한 한파가 몰아닥친 듯 누구 하나 살려야 옳다고 하는 사람이 없었다.

아…… 이럴 수가. 이것이 인민재판이란 말인가! 호명된 사람을 교단 앞 운동장에 무릎 꿇리고 어깨 오른쪽, 왼쪽을 사정없이 몽둥이로 내리친다. 참혹한 현장. 총으로 죽이는 것도 끔찍한 일인데 몽둥이로 사람을 패 죽이는 현장…… 나는 몸서리가 쳐지고 내 친구의 손을 꼭 잡고 있었건만 사시나무 떨듯이 떨었다. 이 끔찍한 살육의 현장을 보기 위해 나는 지난 밤잠도 설치고 설레는 마음으로 이곳에 왔단 말인가? 이 끔찍한 현장을 피하여 도망이라도 하였으면 좋으련만 그럴 수도 없었다. 운동장 주위에는 인민군이 총을 들고 서 있었기 때문이다.

이와 같은 방법으로 살육은 계속되고 죽은 사람을 한쪽으로 밀어놓는다. 죽은 사람 가운데는 설죽어서 꿈틀거리는 사람도 있었는데 단상에 앉아 지켜보고 있던 무명치마 저고리의 여인이 쏜살같이 내려와 설죽은 사람의 머리채를 휘어잡고 욕설을 퍼부으며 다시 끌어내어 죽이는 모습을 보며 나는 할 말을 잊었고, 떨어야만 했다. 도중에는 도망가다 잡힌 사람들도 있었는데(2~3명으로 기억) 그 사람들은 포승줄로 결박하여 무대 앞에 무릎을 꿇려 놓았다. 그날 저녁 시냇가 모래사장에 생매장되었다고 하였다. 이 얼마나 잔인무도한 일인가!

얼마나 시간이 흘렀을까…… 8월의 긴긴 낮 시간이 야속하기만 하다. 그때였다. 우리 아랫마을에 사는 구장(區長, 지금의 里長) 어른이 호명된 것이다. 그 어른이 운동장에 무릎을 꿇고 앉았다. 먼저와 똑같은 방법으로 어깨 우측과 좌측을 사정없이 내리친다. 순간 물구나무서듯 거꾸러지면서 호주머니에서 옥수수가 쏟아져 나왔다. 연극을 보면서 간식으로 드시려고 삶은 옥수수 몇 개를 호주머니에 넣고 오신 것이다.

몽둥이를 든 젊은 사람의 다리를 붙잡고 살려달라고 애원한다. 그러나 그들이 살려줄 사람들인가. 발길질을 하며 다시 몽둥이로 사정없이 패 죽였다. 이 참혹한 현장에는 그 가족들도 다 참석했다. 이 광경을 직접 목격한 그 가족들은 어떠한 심정이었을까?

8월의 긴 해가 서산을 넘을 무렵 그 끔찍한 연극도 막을 내렸다. 죽은 사람을 일렬로 운동장에 뉘어놓은 다음에 맨 우측렬부터 일렬로 죽은 사람을 밟고 가도록 하였다. 물론 사람을 죽인 장본인이 몽둥이를 들고 대열을 지켜본다. 한 사람이라도 건너뛰면 죽일 것 같은 눈빛으로……."

"만약 그 자리에 우리 아버지가 참변을 당했더라면 지금 나는 어떻게 변하여 있을까? 그 당시 우리 아버지는 대한청년단 단장으로 계시면서 동네 청년들을 모아놓고 넓은 광장에서 훈련을 지휘하셨기에 1차 호출에서 호명될 줄 알았기 때문이다.

그 일이 있은 후 다음 달 9·28수복이 되면서 2차 명단에 우리 아버지의 이름이 적혀 있었다는 사실과 2차 연극이 또 우리 학교에서 있을 예정이었다는 것을 알게 되었다. 인천상륙작전과 9·28수복이 나에게는 말할 수 없이 감격적인 일이며 얼마나 다행스런 일인지…….

여기서 다시금 생각게 하는 것은 이 연극을 주도한 사람들이 인민군이 아닌 이웃한 마을에서 살며 안면이 있는 자의 소행이었던 사실이다."

이승기 – 당시 중학교 졸업 후 폐결핵으로 산사에서 요양 중

"7월 27일 드디어 인민군이 남원에까지 들이닥쳤다."

"그때 이른바 빨치산부대라는 것이 우리 마을에 주둔하고 있었다. 이름만 부대일 뿐 10여 명이 일제 소총으로 무장하고 있었을 분이었다.

나는 그 부대를 자주 들렀다.

당시 사범학교를 다녔던 친구가 좌익운동을 했었고 나 또한 그런 운동에 가담했던 적이 있었기에 그 친구의 소개로 빨치산부대장을 알게 되었기 때문이다. 그 친구는 빨치산들과 함께 반동분자들을 잡을 목적으로 이 마을 저 마을을 샅샅이 뒤지고 다녔다. 반동분자는 전직 면장이나 구장 따위이고 경찰관은 거물급에 속하는 이들이 해당됐다."

"이웃마을 '스므내'라는 곳을 수색하고 돌아온 빨치산이 반동분자를 잡아왔다고 했다. 그 반동분자는 우리 집안으로 장가든 나의 매부뻘 되는 사람이었고, 당시 지하공산당원으로 활약했던 사람이었다. 죄목은 지서 순경을 자기 집에 숨겨주고 신고하지 않았다는 것이었다.

당내의 一敵(일적)이 당 외의 百敵(백적)보다 더 무서운 적이라는 공산당의 논리로 매부는 빠져나갈 수 없었다. 그날 밤 마을의 한 국민학교 옆 松林(송림)에서 인민재판이 열렸다. 매부는 소나무에 밧줄로 묶인 채 매달려 있었다. 부대장이 죄목을 열거하고 공개처형하자며 누군가 자진해서 총을 쏠 사람이 없느냐고 군중에게 물었다. 그때 누군가 앞으로 뛰어나왔다. 진기마을에 사는 백 아무개라는 사람이었다. 총소리가 요란하였다. 나는 순간 눈을 감아버렸다."

그는 그의 형이 반동분자로 몰려 있었다. 빨치산대장은 그것을 이유로 의용군에 지원하라고 했고, 의용군이 된 그는 다른 지원자 100여 명과 함께 임실군 삼계면에 있는 국민학교에서 한 달 동안 군사훈련을 받고 낙동강전선으로 투입되었는데 그는 중농 출신인데다가 가족 중에 반동분자가 있다는 이유로 최종심사에서 떨어져 의용군 훈련소에 남았다.

형님 소식이 궁금하여 잠시 집에 들렀다가 인천상륙소식과 9·28수복소식을 들었다. 며칠 후 빨치산이 야음을 타서 후퇴하고 제11사단이 남원읍에 진주했다는 소식이 들렸다. 태극기를 들고 국군을 환영하러 남원읍으로 가야겠다고 생각을 하고 있었는데 이번에는 국군이 의용군을 잡아들인다는 말이 들렸다.

할 수 없이 빨치산을 따라 저들 아지트에 숨었고, 그곳이 수복될 때 지리산 쪽으로 도망을 쳤다. 본의 아니게 빨치산이 되고 말았다. 남원군 산내면에 있는 실상사에서 남원군당 무장부대에 소속되어 회문산에 있는 전라북도 당 직속 특공대로 배속되었다.

"전날 밤 정읍 산외면에 보급투쟁을 나갔던 부대가 반동분자를 잡아왔다며 이를 사살하라는 명령이 떨어졌다. 그곳 면장인가 이장 노릇을 했던 사람이었다. 흰 옷을 입은 왜소한 노인이 소나무에 매달려 묶여 있었다. 도당위원장인 방준표가 호위병을 데리고 이곳에 나타났다."

"총검술로 찔러죽이라는 도당위원장의 명령이 떨어졌다. 부대원 한 사람씩 노인에게 다가가 복부를 찔렀다. 부대원 30명에게 차례가 돌아가기도 전에 노인은 혀를 내밀고 죽었다. 묶었던 새끼줄을 풀고 시체를 땅바닥에 내린 다음 방준표는 屍身(시신)에서 간을 도려내라는 명령을 내렸다. 그러고는 그곳에 있는 모든 빨치산을 모이게 하고는 적에 대한 적개심을 높이자는 일장연설을 한 다음 호위병이 가져온 소주를 들이켜 가며 그 간을 질근질근 씹어 먹는 것이었다. 사람이 사람의 간을 먹는 순간을 목격한 것이다."

"그러던 어느 날 부대 소집이 있었다. 계곡으로 내려가 보니 거기에는 디딜방아가 있었고 그 옆에는 동료 빨치산 한 사람이 손발이 묶인 채 엎드려 있었다. 어젯밤에 경찰에 자수하려고 몰래 하산하다 들켜 붙잡혀온 것이었다. 나는 또 한 번 잔인한 살인의 장면을 보아야 했다."

그는 그 후 보급투쟁에 나가서 부대원들이 흩어져 있을 때 도망쳐서 자수했다. (임준택 이후의 증언 : 월간조선 『6·25 우리들의 이야기』)

여자학도의용군의 증언

1950년 9월 30일 제3사단에 소속한 학도의용군이 삼척을 거쳐 묵호항에 진출해 있을 때이다. 여학생 세 사람이 학도의용군으로 지원했다.

묵호 출신으로 서울 성신여자중학교 제4학년에 재학 중인 라미옥(羅美玉), 라덕자(羅德子) 자매와 묵호여자중학교 제4학년인 유상희(劉相姬) 세 사람이었다. 이들은 6·25남침으로 학교가 휴교하자 고향에 와 있었다. 그러나 여성동맹에 가입하라거나 부역을 강요당하는 등 어려움을 겪으면서 한편으로는 온갖 저들의 야만적인 행동을 피부로 느끼면서 힘겹게 지내고 있었다.

그들 친구 중에 강순희라는 학생이 있었다.

강순희의 집은 묵호에서 알려진 부자이고 선주였다. 강순희의 부모는 노부모(강순희 조부모)만 공산주의 치하에 남겨둘 수 없다고 하여 피난하지 않고 머물러 있다가 북한군에게 반역자로 붙잡혔다.

묵호역 광장에서 인민재판을 받았는데

"악질자본주의자로서 인민을 착취했다."

는 죄명으로 사형을 선고받았다. 창과 칼로 무참하게 찔러 죽였고, 그 현장에 있던 자식들의 태도가 반동적이라고 하면서 그 자녀들까지 같은 방법으로 죽이는 장면을 이들 세 여학생이 똑똑히 보았다.

저들의 야만적인 행동에 분노를 삼키며 적개심을 불태우고 있던 이들 세 여학생은 제3사단소속의 학도의용군부대가 묵호에 진출하여 머물게 되자 학도의용군으로 지원했다. ▶ 제8장 제3절 「3. 김석원 장군을 따라간 학도의용대」 참조

남한 유격대의 말로 – 임헌일(林憲一, 북한군 제2사단 포병연대장) 증언

"8월 중순에 북한공산군 제2사단 주력은 거창·합천을 거쳐 창녕으로 이동하고 포병 주력은 다부동 정면을 공격하는 북한공산군 제1사단을 지원하게 됐습니다. 이 무렵 낙동강 전 전선에서는 매일 치열한 혈전이 벌어져 사상자가 속출했어요. 특히 왜관과 다부동 방면을 지키는 국군은 우수

한 장비와 화력을 가지고 있어 여간 완강하게 저항하는 게 아니에요. 이때 북한공산군은 의식적으로 남한 출신 유격대원들을 선두에 내세워 공격케 했지요.

보급이 잘 안되어 이들 유격대원들에게는 무기와 장비를 주지 못하고 미군이나 국군으로부터 노획해 사용하라고 했으므로 이들의 불만불평은 대단했습니다. 그러나 황간·김천·약목·왜관·거창·창녕 등 최전선에서는 이들 유격대를 선두에 육탄으로 투입하여 병력의 8할 이상을 소모케 했습니다. 그자들은 자기들이 산에서 5~6년 동안이나 고생하며 싸운 대가가 겨우 육탄이냐고 불평이 컸으나 국군에 투항할 수도 없고, 그렇다고 북한공산군 독전대의 총구 앞에서 후퇴할 수도 없어 그대로 죽어갔지요.

그 당시 유격대의 행동은 잔인하기가 그지없었습니다.

그들은 남한 도처에서 무고한 양민을 마구 학살했고, 이들이 가는 곳마다 방화와 살육은 끊이지 않았어요. 그러나 그자들은 그런 행동이 무슨 큰 전공이나 되는 듯 공공연히 자랑을 했어요. 아마도 양민을 죽이고 방화하는 것이 진짜 유격대이며 진정한 볼셰비키가 되는 길이라고 믿었던 모양입니다.

우리 포병연대가 지원하는 북한공산군 제1사단은 몇 차례 공격에 실패한 후 남한 유격대를 선두에 세워 낙동강 도하를 시도했으나 그들 역시 전멸 당하다시피 했고, 후속부대는 도저히 전진할 수가 없게 되었어요. 특히 도하자재 부족으로 큰 곤란을 받았어요. 야간을 이용하며 1개 대대가 가까스로 도하에 성공했으나 그들도 전후 3차례에 걸친 백병전 끝에 다시 밀려나고 말았습니다.

이 전투에서 사단장 최광이 파면되고 연대장은 강등됐고, 사단 주력은 붕괴되고 말았어요. 공산군 전선사령부에서는 은밀히 도하했던 탱크병들이 국군의 육탄공격을 받고 탱크를 그냥 버려둔 채 후퇴하자 크게 당황했어요. 물론 이 탱크병들은 처형됐구요.

이 다부동·왜관 전투야말로 실로 유례없는 혈전의 연속이었으며 공산군 붕괴의 결정적인 계기가 된 것입니다." (중앙일보사 『민족의 증언』 2)

왜? 이렇게까지 해야 했나!

『전쟁과 기억』(김경학 외)에서 발췌 정리해 본다.

인민군이 진주한 이후 인민위원회가 행정적 실권을 장악하고 무력행사는 유격대가 담당하는 체제가 구축된다.

1950년 북한 최고인민위원회의 상임위원회가 발표한 토지개혁에 관한 정령에는 '무상몰수, 무상분배'를 원칙으로 하고 소작제도를 폐지한다고 명시하였으며 토지개혁의 집행은 '농촌위원회' 또는 '농민위원회' 가 담당하였다고 한다.

"쪼까 있으니까 농민위원회라는 것이 생겼어. 농민위원회라는 것이 뭐하는 것이냐 하면…… 무상몰수, 무상분배여. 그랬는데 가을이 넘으니까, 구월 달 시월 달 넘으니까 숙청이 생겼어. 사람 죽이는 데 동원이 되었어."

유격대 편제는 군 단위에 유격대 대대장을, 면 단위에는 유격대 중대장을, 리 단위에는 소대장을 두었으며 마을 단위에는 자위대를 만들었다. 유격대대원은 마을 청년 모두가 대상이었다. 청년들은 자신의 안위는 물론 가족들의 생존을 위해서도 대원으로 활동을 해야만 했었다.

"그런게 어찌 됐든 내가 안 죽어야 한께. 첫째 내가 살아야 하고 우리 가족이 살아야 하고 내 집안이 살아야 되야. 그러니 안 갈 수가 있어……. 가서 무지하게 보복을 때려서 죽여 부렀어. 창으로 찔러 죽이고 했다는 거야."

각 마을에는 생산유격대가 있었고, 면 단위에는 '면유대'로 불리는 면유격대가 있었다. 그러나 실제 활동은 생산유격대 단위로 이루어졌으며, 생산유격대장은 당시 백암리에 있던 당 학교에 가서 교육을 받았다고 한다. 생산유격대 소대장은 유격대 자체에서 선발하거나 임명하는 것이 아니라 당 위원장들이 결정했다고 한다. 생산유격대 소대장은 일반 대원들과는 확연히 다른 권력자였으며 우선 복장부터가 달랐다.

"그때만 해도 생산유격대 소대장이라. …… 양복 해 입고 도리우찌[*1] 쓰고 지까다비(地下足袋)[*2] 신고 군대식으로 말하자면 소대장이라. 휘파람 불고."

> [*1] 일명 '개똥모자'. 일제 때 형사들이 쓰고 다녀서 공포의 대상인 모자다. 뒤는 높고 앞이 납작하게 붙었으며 창이 짧다. 요즈음에도 쓰는 사람이 많이 있다.
> [*2] 일본제 신발, 바닥은 고무, 위는 헝겊으로 만들었고, 벙어리장갑처럼 엄지발가락만 따로 낄 수 있다. 하급관리, 공사장의 십장 형사 등 힘 꽤나 쓰는 사람이 신었다. 보통 사람은 신기 어려운 귀한 신이었다.

유격대원 수는 20~30여 명이지만 적극적으로 활동한 인원은 더 적었던 것 같다. 당은 마을 뒷산 비트에 위치하고 있으면서 생산유격대를 지도·감독하는 역할을 한다. 생산유격대는 지구책 지시를 받아서 활동했다고 한다.

"지구책이 살리라면 살리고, 죽이라면 죽이고" 하는 실정이었다.

일제시대에 표○학이 구장을 할 때 박△한의 아들 중 다섯째가 징용으로 남양군도로 끌려갔다가 사망했다. 해방공간에서 표○학이 세력을 잃자 박△한의 아들들이 표○학을 찾아가 자신들의 형제를 징용을 보내어 사망하게 한 책임을 물어 집단으로 폭행한 일이 발생하였다. 표○학의 아들은 한국전쟁 이전부터 좌익 활동을 하다가 전쟁이 발발하자 마을에서 권력의 중심 인물로 부상한다. 인민군 진주와 함께 영광 지역에서 인민위원회가 주도권을 장악하자 표○학은 마을 인민위원회를 장악하고 그의 아들(표○평)

은 나중에 세포위원장를 맡는다.

표씨 가문이 좌익 진영에 가담한데 비해 김씨 가(家)와 박씨 가에서는 아들 중 한 명이 민족청년단에 가입하는 등 우익 진영으로 활동한다.

박△ 씨 댁에서는 약 30두락 정도의 전답을 소유하고 있었으며, 박△ 씨의 형은 마을 이장을 했었고, 박△ 씨 본인은 서울 유학중이었다. 당시 서울에서 대학을 다닌 사람이 많지 않았다는 사실에 비추어 경제적으로 꽤 윤택한 집안이었음을 짐작케 한다.

박△ 씨의 백부는 아들 6형제(아들 중 한명은 징용에 끌려가 사망)를 두었고, 숙부는 3형제를 두었다. 박△ 씨의 숙부는 한국전쟁 이전에 지역에서 '산 손님'이라 부르던 좌익(빨치산)에 의해 우익으로 몰려 살해된다.

"우리 작은아버지가 6·25 이전에 반란군들이 내려와서…… 왜 그러냐하면 군청에서나 면에서, 경찰서에서 손님이 오면 작은아버지 집에서 식사를 제공했어요. 그래서 그랬다고 해서 작은아버지를 6·25전에 희생시켜 버렸어."

표 씨와 대립관계에 있던 박△ 씨 백부 일가족(백부 부부와 5형제 그리고 그의 처와 아들), 박△ 씨 부모님과 형님부부와 아이들, 숙부의 아들 3형제 중 2형제의 부부와 아이들 모두가 희생된다. 박△ 씨의 큰집 일족을 몰살한 다음 박△ 씨의 가족을 마을 당산나무 아래에 모아두고 일종의 '인민재판'을 하는 도중 마을 사람들이 박△ 씨의 가족은 죄가 없으니 살려주는 쪽으로 분위기가 형성되어 박△ 씨 가족은 살아남게 된다. 하지만 그날 밤에 이웃마을에서 사람들이 내려와서는 일가족을 모두 죽여야 보복을 할 수 없다는 주장을 펴서 다시 끌려가 죽임을 당한다.

"마을 사람들이 △ 씨가 무슨 죄가 있느냐. 그분들은 살려줘야…… 그렇게 해서 우리 형님이 돼지 잡고 술 받고 해서, 동네 사람들한테 왕창 먹였단 말이여.

그렇게 하고 있는 찰나에 저기 백암리 거기서 모도 사람들이 내려와 가지고 말이여. '누구는 죽이고 누구는 살려야. 한 가정에 하나 죽이면 다 죽여야 한다.' 그래서 그냥 죽이기로 결정이 되어서 인자 죽여 가꼬 그 무덤을 파고 개별적으로 묻는 것이 아니라 그냥 절반 죽여서 막 집어넣고 막 흙을 부어놓았다."

다음 사례는 조사지 인근 마을에서 실제 소년단원으로서 숙청에 참여했던 사람의 증언이다.

"내가 그때 아홉 살 먹어서 소년단이었거든. 그때는 아홉 살, 열 살 먹으면 소년단이었어. 어쩔 수가 없었어. 대창 들고 굴 파 놓고, 보초를 서. 저녁이나 낮에. 저녁에는 거기서 자고 야방(불침번)한다고 했었제. 안 하면 죽은께. 날마다 그 짓거리를 했지. 그리고 거시기 숙청할 때 소년단들이 가서 다 죽이고 그래부렸제. 그때는 칼로 죽이들 안 해. 대창으로 때리고 내찔러 죽이제. 총이 어디 있어 그때. …… 우리 동네 ㅇ 씨라고 하는 여자 분이 살아. 그 사람 오빠들이 죽는데 장인과 처남 매부가 같이 죽이고, …… 안 죽이면 죽이니까. 자식이 부모를 죽이면 (생산유격대장이) 그냥 죽여 버렸어. 보통 소년단은 대창으로 찌르고, 때리고 죽였어. 소년단이라고 그러고 안 하면 죽으니까 별 수 없이. 그때는 안 할 수가 없다니까. 안 하면 죽어. 안 죽인다고 하면 죽이고 그 사람도 죽여."

충성 경쟁

북한이 남한 점령지역에서 저지른 학살의 기본 형태는 군이 표면에 나서지 않았고, 당 차원에서 지령을 하고 인민위원회를 통하여 실행하는데 그 하수인(행동대)은 현지 세포조직이었다. 그 중에서도 보도연맹에 가입했던 사람들은 개과천선의 차원에서 악랄하게 충성경쟁을 벌였다.

그것은 행동으로 보여주기 위하여 수단 방법을 가리지 않는 잔학행위를 예사로 했다. 위에서 본 예에서 부모와 형제자매를 거리낌 없이 죽이는 것은 공산주의체제에서 충성을 맹서하는 표본적인 행태다. 북한정권이 들어서고 체제유지의 수단으로 동원된 것이 주민감시제도다. 김일성 일인체제를 유지하기 위해서는 일사불란한 충성심이 요구되었고, 이에 반하는 반동분자는 가차 없이 처단해야만 했다.

 반동분자를 색출하기 위하여 인민 상호감시체제를 도입하였고, 반동분자를 고발하는 것을 충성심의 척도로 삼았다. 그 중에서도 가족이나 부모를 고발하는 것은 충성심의 으뜸으로 꼽았고, 반동분자로 고발된 부모와 형제를 처단하는 것은 최고의 당성(충성심)을 나타내는 척도가 된다.

 북한이 일당지배체제를 유지하는데 가장 걸림돌이 된 것이 지주, 자본가, 종교인 등 자본주의에 물이 든 계층이었다. 인민의 피를 빨아먹는 기생충으로 간주하고 하루 빨리 제거해야 할 반동세력으로 규정하였다.

 나이든 사람들이 이 부류에 속하고 이들은 공산주의체제가 몸에 맞지 않아 은연중에 거부감을 일으키게 마련이다. 그래서 젊은 세대들은 그러한 반동적인 부모를 고발하고 죽이는 것으로 충성심을 보여주게 된 것이 북한정권 수립 초기의 실상이었다.

 남한 점령지에서 숙청과 학살은 현지 공산주의자들의 충성 경쟁에서 오히려 저들이 요구하는 정도 이상으로 확대되어 저질러졌던 것이다.

3. 인민의 수난

노는 인민은 먹을 권리가 없다

 북한군은 해방군을 자처하며 남한을 점령하였는데 그 해방을 맞이한 남한 인민들은 그날그날 끼니를 걱정해야 할 정도의 궁핍 속으로 빠져들었고 급기야는 생지옥 같은 삶을 이어가야 했다. 그 이유는

첫째, 인민군에 대한 원호사업이라는 명목으로 식량을 비롯한 생필품을 수탈해 갔고,

둘째, 금융정책의 난맥으로 화폐의 유통 질서가 무너지고, 상거래가 위축되었으며,

셋째, 엄격한 배급 제도를 실시하면서도 식량 등 배급 물자를 제대로 공급하지 않았던 것이다.

북한군은 점령 초기에 도시인의 생활을 안정시킨다는 명분으로 식량배급을 한다고 선전한 후 소위 반동분자 가족을 제외한 가구에 가족 1인당 1일 2홉 5작을 배급했다. 그러나 며칠 후에 중단했다. 그 이유는

"모든 생산기업체가 전화로 말미암아 폐쇄되었기 때문에 노는 자들은 먹을 권리가 없다."

고 이유를 댔다. 그러나 실상은 달랐다.^{주)}   국방부 「한국전쟁사」 제3권 p8

인민위원회는 배급을 줄 만큼 식량을 보유하지 못했다.

교통이 마비되어 양곡을 서울로 반입할 수 없게 되자 당황한 인민위원회는 각 조직의 행동대원을 풀어 양곡창고와 양곡상은 물론 피난 가서 비어 있는 집을 마구잡이로 뒤져서 식량이 될 만한 것을 모조리 뺏어갔다. 그래도 절대량이 부족하여 공산당의 충실한 일군과 의용군으로 지원한 가족에게조차 약속한 '우선 배급'을 주지 못했다.

일반 시민들은 식량을 구할 수 없었다. 식량은 바닥이 났고, 혹시 있다고 하여도 값이 뛰어 돈으로는 구할 수 없었다. 연줄로 농촌의 친척이나 친지를 찾아 식량을 구하기에 혈안이 되어 있었다. 그래도 농촌에는 숨겨놓은 식량을 가진 사람이 얼마는 있었다. 다행이 식량을 구한 경우에도 길목마

다 지키고 있는 저들 행동대에 적발되어 뺏기기 일수였다.

"서울에서 굶지 말고 천국 같은 북으로 가면 직업과 주택과 식량을 보장 받을 수 있다."주)
국방부 『한국전쟁사』 개정판 제1권 p643

저들은 감언이설로 북으로 이사하도록 회유하거나 협박했다.

적 치하 3개월 동안 서울시민의 생활은 생지옥 그대로였다. 물건을 안 뺏기려고 숨겨야 했고, 의용군이나 노력 동원에 붙들려 가지 않으려고 숨어야 했고, 먹을 것을 구하지 못하여 굶어야 했다.

하루가 멀다 하고 지역, 직장, 학교에서 무슨 무슨 이름을 붙인 이런 저런 궐기대회를 열고, 선동, 강요, 협박으로 사람을 잡아가고 물건을 뺏어갔다. 길거리에 정치보위부가 조종하는 내무서원, 민청원, 세포분자를 깔아 검문검색을 실시하여 가진 것을 뺏고, 사람을 잡아갔다. 밤중에 무시로 가택을 수색하여 숨겨놓은 물건을 압수하고 사람을 끌고 갔다.

이렇게 해서 가진 것은 다 뺏어갔고, 잡아간 사람 수가 100만 명을 헤아렸다.주)
국방부 『한국전쟁사』 개정판 제1권 p647

가히 생지옥이 따로 없었다. 150만 명이던 서울 시민은 9월 초에 이르러 50만 명으로 줄었다.주)
국방부 『한국전쟁사』 제3권 p8

수도가 점령되기 전 피난한 사람을 약 40만 명으로 보고 있다. 이 중 80%가 월남동포였고, 20%인 약 8만 명이 정부요인을 비롯한 공무원과 정치인, 군인과 경찰관 가족 및 우익인사들이었다.주)
중앙일보사 『민족의 증언』 2 p33

이렇게 보면 대략 60만 명이 저들의 폭거에 의하여 학살, 납북되었거나 의용군 또는 군사동원으로 끌려갔다고 볼 수 있고, 그렇지 않은 사람들은 어디론가 피해갔다.

만약에 수복하지 못하고 그대로 해방(?)된 상태로 있었다면 서울은 공동화 현상을 빚었을 것임에 틀림없다.

이것이 북한이 기도한 서울 인구를 50만으로 줄이려는 정책이다.

농촌에서는 7월에 수확한 보리쌀을 비롯하여 잡곡과 유일한 부식인 간장, 된장, 고추장 등을 모두 수탈해 갔고, 소, 돼지, 닭 등 가축은 물론 달걀까지 모조리 빼앗아갔다. 그리고 '현물차용증'이란 종이쪽지를 주고 후방부대가 지급한다고 했다. 뺏어간 것은 아니라는 것이다. 그런데 그 많은 종이쪽지를 받았는데도 대금을 받은 사람은 한 사람도 없다.

식량 자유매매와 교환을 금지하고 배급제를 실시한다는 명분으로 수급 대상자를 등록케 하여 배급보다는 주민 통제의 수단으로 사용했다.

북한군은 북한 화폐와 대한민국 화폐의 환율을 1:8로 정하고 붉은 화폐는 남북에서 무제한으로 통용케 하는 반면에 한국은행권은 북한에서는 사용할 수 없게 하였고, 남북간 상거래에서도 사용을 금지하였다.

7월 6일 북조선 중앙은행 서울중앙지점을 설치하여 남쪽의 금융기관을 접수하였고, 동시에 6월 27일 이전 예금을 동결하였다.

인민위원회 활동비와 정당 및 사회단체 정치자금에 충당한다는 명목으로 한국은행권을 마구 찍어내어 화폐가치가 하락했다. 생활필수품이 없어서 값이 뛰고 화폐가치가 떨어져서 또 뛰었다. 돈이 있어도 물건을 살 수 없게 만들었고, 시민생활은 밑바닥부터 뒤흔들려 살 수가 없었다.

결과적으로 시민들은 가진 것을 헐값에 내다 팔 수 밖에 없고, 이것은 사유재산을 간접적으로 몰수하는 결과로 이어졌다. 자유통화, 자유매매를 기본으로 하는 계약 자유의 원칙과 사유재산제도를 근간으로 하는 시장경제 질서가 송두리 채 무너졌다.

인민군은 미제와 그 앞잡이 이승만 괴뢰도당에 의하여 착취당하는 '남한 인민을 해방시키기 위하여 총검을 든 정의의 군대' 주)

라고 했다. 그래서 소위 인민해방군이다. 국방부 「한국전쟁사」 개정판 제1권 p641

7할 5푼 - 이것이 현물세다

"그날 밤 인민위원회장에서 혁명교육이 있다 해서 온 동리 사람이 모였습니다. 위원장이 대뜸 '정치보위부 동지께서 지금부터 말씀이 있으니 잘 듣기 바라오.' 하더니 뒷방을 열고 한 사람을 인도했습니다. 그 사람 인상 쓰고 뒷짐 지고 좌우를 살피더니

'노동자 농민 동무 여러분! 내일은 현물세를 정하는 날입니다. 나라 땅에서 곡식을 수확하니 당연히 세금을 내는데 어떻게 내느냐,

벼 한 포기에 낟알 몇 개냐,

땅 속에 고구마가 몇 개 달렸느냐,

달린 복숭아 몇 개냐,

참깨 알이 몇 개냐,

일일이 세어 7할 5푼은 나라에 내고, 2할 5푼은 동무들이 먹는 거요! 알았소? 그럼 내일 봅시다.' 하고 가 버렸습니다.

'설마 말이 그렇지 땅 속의 고구마를 셀 수 있겠느냐?'

현물세를 메기기 위하여 벼의 낟알을 센다.

했더니 다음 날(8월 15일) 벼 낟알 세는 것을 보고서야 아이고 큰일 났구먼. 헐벗고 못 먹었던 농민들 '세상이 바뀌면 혹시나 돈벼락 떨어질까, 지주 것 빼앗아 줄까?' 은근히 속으로 기대했는데 민심이 돌아서고 말았습니다.

'혁명해서 없는 사람 잘 살게 한다더니 이제 굶어 죽게 되었구나?'

깨알 세는 것 보고 있던 농부 차양록은 불평했다가 분주소에 끌려가서 얼마나 두들겨 맞았는지 그때는 약도 없어 똥물 세 사발 마시고 살아났으나 3년을 못 넘기고 죽고 말았습니다." 주)

월간조선 『6·25 우리들의 이야기』 임준택 수기

정계와 관계 요인들의 수난

정계와 관계의 요인들은 숙청 제1급 대상자들이다. 이들은 6월 28일 서울이 적의 수중에 들어가면서 수난이 시작되었다.

저들의 검색 마수에서 벗어나기 위하여 집안 천정이나 지하암실 아니면 가택수색을 피하여 친척이나 친지 집을 전전하며 숨어야 했고, 심지어는 근교 낯선 고장으로 잠입하기도 하였다.

미리 용이주도하게 숙청 각본을 짠 저들은 이들이 호락호락하게 숨어 있도록 버려두지 않았다.

북한은 남침 전에 이미 남로당 출신을 중심으로 남한을 점령했을 때 남한행정을 맡을 요원을 정해 두었는데 이들은 진주군을 바짝 뒤따라와서 점령과 동시에 행정을 장악하였고, 인민위원회 동·리 위원 대부분을 현지 잠복 지하공산당원으로 충당하여 조직력 침투가 대단히 빨랐다.

조직원들은 지역과 직장 단위로 주민을 조직화하는 한편 주민밀고제도를 조직하여 감시를 하고 반동분자 적발과 고발을 의무화했다. 이들의 조직적인 밀고로 말미암아 요인들 은신은 그리 오래가지 못하였다.

요인을 포함한 공무원 1,359명과 정계요인 85명이 이들 올가미 덫에 걸려 학살되거나 납북되었다. 특히 피난통보를 받지 못한 국회의원 62명이 서울에 남아 있다가 3명이 학살당하고 27명이 납북되었다.

북한이 요인을 납북한 것은 저들의 정치적 선전에 이용하고자 함이었다.

첫째는 "자진하여 지상낙원인 북으로 간 것이다."

둘째는 "자유스러운 신분으로 정치활동을 하고 있다."

셋째는 "미제와 그 앞잡이 민족반역자들이 선제공격으로 북침하였다."

고 하는 것을 그들의 육성을 통하여 대남방송을 하게 하는 것이다.

자진 월북한 인사들과 공산당 전력을 가진 자들이 이에 응한 경우가 있으나 대부분 납북이사들은 이에 굴하지 않고 결연한 태도로 맞섰다.

조소앙(제2대, 성북구 출신) 의원은 총검으로 위협하는 협박에도 불구하고 의연한 자세로 방송 원고를 던져 버렸고,

김규식 전 임시정부 부주석은

"북조선인민공화국에 의하여 조국통일이 이루어졌다는 것을 기정사실로 환영하자."

는 내용의 방송을 하라는 회유와 협박에 굽히지 않고 버티다가 종내 압록강변으로 끌려가 그해 12월 설한풍에 숨을 거두었다.

판검사 34명과 변호사 72명이 사냥 그물에 걸려 북으로 갔다.

판·검사는 남로당을 비롯한 좌익계 인사를 기소하여 중형을 논고하고 실형을 선고하였다는 죄목으로 가장 악질적인 반동분자가 되어 있었다.

좌익계를 변호한 변호사는 '영웅적인 인민의 편'으로 봐줄 법도 하지만 오히려 허울 좋은 들러리로 보아 한 통속으로 매도했다.

일부 회색적인 판사와 일반직원들은 저들 협박에 못 이겨 허울 좋은 '법원돌격대'를 조직하고 교량복구사업 등에 동원되어 고초를 겪다가 모두 돌격대 신분을 이용하여 탈출하는 실리도 챙겼다.

종교계의 수난

북한은 남침과 동시에

"성직자를 모조리 체포·구금하고, 신도 및 교도들의 명단을 파악하는 동시에 종교재산의 일체를 압류하라."

는 지령을 내렸다.

▎천도교

천도교 중앙총본부는 28일 민청원에 의하여 완전히 접수되었다. 천도교는 이미 남침 전에 밀파된 프락치들이 북한군이 서울에 진주하자마자 일제히 뛰어나와 점령했다.

북한군은 천도교로 하여금 남한 해방을 찬양하는 지지대회를 소집하여 총의로서 성명을 발표하고, 명망이 높은 개인이 같은 방송을 하게 하였다.

지지대회는 교도들이 대부분 피신하였고, 중진들이 불참하여 무산되었고, 개인 방송은 오세창(吳世昌, 장로)과 최인(장로. 이상 기미독립운동 민족 대표)이 협박으로 방송할 것을 강요받았으나 이들은 끝까지 굽히지 않았다. 최린은 끝내 거부하다가 납북되었다.

천도교는 종교단체로서 기능과 조직을 완전히 거세당하였다. 일부 중진과 신도들이 '태극단'이라는 비밀조직을 결성하여 국군에게 정보를 제공하고 납북인사 구출을 시도하는 등 활동을 했으나 성공하지 못하였다.

▎불교

"불교도는 대사(大師)니 국사(國師)니 하면서 반동정권과 결탁한 착취 계급이며, 신도들의 고혈을 빨아먹는 기생충이다."

라고 반동분자로 규정하여 승려들은 노력에 동원하였고, 사찰에 비축한 양곡을 수탈했다.

일체의 예불(禮佛)을 금지하고 불상이나 기타 소장품은 소각하거나 파괴하였다. 우리의 세계적인 문화재 해인사 팔만대장경은 소각 직전에 효봉(曉峰) 스님이 필사적으로 저들에게 법문하듯 설득하여 화를 면하였다.

천주교

"신부 한 명을 적 병력 1개 사단에 맞먹을 만큼 평가하라."

고 군관들에게 지령하였다는 설이 돌만큼 암적인 존재로 인식하고 있었다.

26일 밤 "피난을 서둘러야 한다."는 군 고위층의 통첩을 받은 신부들은 '양떼를 버리고 목자가 먼저 도망칠 수 없다.' 는 신념 때문에 신학교 교수와 교회를 맡지 않은 신부들만 우선 피난하기로 결의하였다.

교회를 맡은 신부와 서울 주재 교황사절 방주교(方主敎-미국인)와 폴(Paul) 및 카르멘(Carmen) 수녀원의 수녀 그리고 외국인 신부들은 서울에 남았다.

서울에 진입한 북한군은 7월 10일부터 15일 사이에 천주교 분포를 일일이 내사한 끝에 일제히 덮쳤다. 성당과 수녀원을 접수한 뒤 성모마리아상을 총으로 난사하고 성당 지하실에 난입하여 신부들의 유골을 파헤치는 만행을 저질렀다.

천주교도들은 기해·병오·병인박해*보다 더한 참변이라고 탄식했다.

이렇게 되자 성직자들은 신도들 집으로 피난했다.

외국인 신부 98명을 포함하여 150명이 체포되어 소공동 삼화빌딩에 감금되었다가 7월 19일 북으로 끌려가는 죽음의 행진길에 들어섰다.

* 기해사옥(己亥邪獄) – 1839년(헌종 5년)에 일어난 천주교 박해 사건이다. 조정의 탄압에도 불구하고 교세가 확장되어 교도수가 9천 명을 넘어서자 위기를

느낀 조정에서 대대적으로 박해를 시작했다. 4월 12일 서울에서 권인득(權仁得) 등 8명을 처형한 것을 비롯하여 전국 각지에서 살육을 벌였다. 8월 14일 프랑스 신부 앙베르 주교를 비롯하여 3명을 참수하였다. 서양인 신부 최초 순교자다.

병인사옥(丙寅邪獄) - 1866년(고종 3년) 대원군에 의하여 저질러진 천주교박해사건이다. 프랑스 선교자 12명 중에서 9명을 학살했고, 국내 신도 8,000여 명을 처형했다. 피신한 3명의 프랑스 선교사 중 리델(Ridel) 신부가 탈출하여 천진에 있는 프랑스 해군사령관에게 고함으로써 병인양요(丙寅洋擾)를 일으키게 된다.

신해옥사(辛亥邪獄) - 1791년(정조 5년)에 일어난 최초의 천주교 박해사건,

신유사옥(辛酉邪獄) - 1801년(순조 1년)에 신해사옥의 연장선상에서 일어났다.

병오사옥은 위 두 사건 중 하나의 착오가 아닌가 싶다.

참고문헌 : 이홍직 편『국사대사전』

기독교

기독교의 경우 교세가 강하고 사회 각층에 광범위한 신자층을 두고 있다는 이유로 이를 이용하여 점령지의 민심을 포섭해 보고자 하는 의도에서 타 종교에 비하여 비교적 유화정책을 썼다.

종교 담당 거물급 공작원으로 김창준과 이만규(李萬圭)를 파견하여 기독교인을 포섭하고 대민공작에 이용하도록 하였다.

김창준은 광복 전 감리교신학교의 교수로 있다가 월북한 자이고 이만규는 북한 문교상이다.

저들은 6월 28일과 7월 15일 서대문구 냉천동에 있는 중앙교회에서 감리교 교직자 및 교인들을 강제로 집회를 갖게 하여

"북한 헌법에 의하여 신앙의 자유를 보장하고 남한의 종교정책을 창달할 것이니 교회는 전쟁수행을 뒷받침하는 노력 동원과 원군 헌금에 적극 참여하기 바란다."

는 감언이설로 협력을 요구하였고,

"교직자들의 신분을 보장하고 신앙 활동의 자유를 줄 것이니 피신 중인

자들은 과거의 잘못을 청산하고 인민해방전선에 충성을 맹세하라."

고 회유하여 자수를 권유하였다.

한편 저들은 이른바 기도교인들 궐기대회를 조직하여 북한을 지지하고 미국을 비난하는 결의문을 조작하기도 하였다.

이와 같은 회유나 협박에도 불구하고, 감리교 총리원 이사 박설봉(朴雪峰)을 비롯한 감리교 교직자들은 27일 인사동에 있는 중앙교회에서 집회를 열어

"끝까지 교회를 지키면서 난민구호에 힘쓰자."

고 결의하였고, 장로교의 한경직(韓景職) 목사와 강신명(姜信明, 영락교회) 목사 등 교직자 일행은 영락교회에 모여서 '교회 사수와 국권 회복'을 위한 철야기도를 하였다.

북한은 저들이 의도한 대로 기독교의 협력을 받을 수 없게 되자 자수공작과 색출을 병행하면서 탄압과 박해를 가하기 시작하였다. 결국 공포를 이기지 못하여 자수했거나 검거된 교직자와 교인들은 피살을 당하거나 납북되는 운명을 거슬리지 못하였다.

학계와 문화계의 수난

북한 정치보위부가 혈안이 되어 검색한 대상이 학계 요인이다.

정인보(사학자 및 국문학자)

현상윤(국문학자 고려대학교 총장)

최규동(교육자 서울대학교 총장)

손진태(孫晋泰, 사학자 서울대학교 문리과대학 학장) 등 기라성 같은 학자와 도규계의 고주석(高周奭) 등 의학박사 6명이 납북되었다.

이들은 정치적으로 초연한 학자적 위치에 있었기에 그런 정치적인 마수

가 그들을 훑을 것이라고는 생각조차 하지 않았다.

정인보와 현상윤 두 사람은 당시 문교부장관 백낙준이 피난을 권고하였음에도 불구하고 "어찌 학원을 두고 떠날 수 있겠는가?"라고 하면서 남아 있다가 변을 당했다.

손진태는 28일 학교 재산과 학생들이 당하게 될 재난이 걱정스러워 출근하였다가 서울이 완전히 침탈되었다는 소식을 듣고 북한산으로 피신하였는데 좌익 학생이 밀고하여 붙들리고 말았다.

중앙여자중학교 교장 황신덕(黃信德)은 여성의 몸으로 체포되어 구 국립도서관(남대문로2가) 지하실에 감금되었다가 교육계, 종교계, 법조계 납북인사 40여 명과 함께 평양까지 끌려갔는데 마침 미 공군기가 폭격하는 틈을 타서 도망쳤고, 10월 19일 국군이 평양을 탈환할 때 뒤따라온 내무부장관 조병옥 일행에 의하여 극적으로 구출되는 행운을 입었다.

문학자 이광수를 비롯한 문인들,

조선일보 사장 방응찬(方應讚)을 비롯한 언론계의 원로들도 삭풍이 몰아치는 생지옥으로 붙들려 갔다.

「정계와 관계 요인들의 수난」 참고 문헌 : 국방부 「한국전쟁사」 개정판 제1권 「학계 및 문화계 인사의 수난」(p651)

4. 국민보도연맹(國民報導聯盟)

국민보도연맹에 가입한 사람들이 북한군이 점령했을 때 어떤 역할을 했는가를 관심 가지고 기억해 주기를 바라고 그 실상을 밝혀둔다.

1949년 좌익 운동을 하다 전향한 사람들로 조직한 반공단체이다.

정부는 1948년 12월 시행된 '국가보안법'에 따라 남로당 활동을 하다가 체포되어 실형을 살고 나온 사람들을 선도하고자 국민보도연맹을 결성하고 저들을 이에 가입시켰다.

　대한민국 정부 절대 지지,

　북한 정권 절대 반대,

　인류의 자유와 민족성을 무시하는 공산주의사상 배격·분쇄,

　남·북로당의 파괴정책 폭로·분쇄,

　민족진영 각 정당, 사회단체와 협력해 총력을 결집

한다는 내용을 주요 강령으로 삼았다.

　1949년 말에는 가입자 수가 30만 명에 달했고, 서울에만도 거의 2만 명에 이르렀다는 증언이 있다. 주로 사상적 낙인이 찍힌 사람들을 대상으로 하였는데 강제성을 띤 데다가 지역별로 가입자 수를 할당하여 사상범이 아닌 자가 등록되는 경우도 있었다고 한다.

　6·25남침 후 서울 등 점령지역에서 보도연맹원들이 앞장서서 소위 반동분자색출과 처단에 광분하고 있다는 소식이 후퇴하는 군경에 전해졌고, 위기를 감지한 군경이 예방적 차원에서 이들을 처단했다고 한다.

　6·25전쟁 중 집단 민간인 학살을 일으켰다고 비난받은 대목이다.

　박헌영은 1950년 6월 10일, 만수대 수상청 비밀회의에서

　"우리 인민군대가 서울을 점령하기 전에 남반부 50만 지하당원들이 일제히 봉기하여 1주일 이내에 해방전쟁을 끝내 줄 것."

이라고 김일성에게 장담했고, 김일성은 박헌영에게

　"이번 남반부 해방전쟁이 달성되고 못 되는 것은 오직 남반부지하당원들의 애국적인 총궐기 여하에 달려 있다고 보아야 할 것이오."

라고 다짐을 했다.

　이 심상치 않은 대화를 주목해야 한다.

남로당원의 조직적인 봉기는 없었다. 그것은 이미 전쟁 전에 남로당지하당원들이 군경에 의하여 토벌되었거나 전향하였기 때문이다. 또 일부 보도연맹원이 항간에서 제기한 것처럼 사살되었기 때문일 수도 있다.

남로당의 조직적인 봉기는 없었어도 북한군이 남한을 점령한 후에 저들 남로당 잔당들은 엄청난 역할을 했다.

물자동원 내지는 수탈에 앞장섰고,

의용군 모집과 납북자 색출 등 인원 동원에 전위 역할을 했고,

반동분자로 지목된 우익인사 색출과 숙청에서는 주도적으로 설쳤다.

특히 보도연맹에 가입한 남로당원들은

"민족을 배반한 죄를 피로 씻으라."

는 엄청난 중압감에 사로잡혀 야수로 돌변했다. 저들의 전향이 진심이 아니었음을 보여주기 위하여 충성경쟁을 벌였고, 결과는 인간 백정으로 나타났다.

저들은 보도연맹에 가입한 시점부터 철저한 반공주의자가 되어야 살아남을 수 있었다. 북한군을 피하여 남쪽으로 피난을 했어야 했고, 그렇지 못한 경우는 철저히 숨어 있어야 했었다.

저들은 공산주의 활동을 한 전력이 훈장이나 되는 양 의기양양하게 나타났는데 김일성은 저들을 그렇게 놓아두지 않았다. 실컷 부려먹고 결국은 내다버렸다.

저들은 아무리 발버둥 쳐도 김일성 민족은 될 수가 없었다.

▶ 제2장 제2절 「3. 모란봉극장회의」, 제11장 제7절 「3. 지하남로당 50만 명은 어디로 갔나?」 참조

인명 색인

ㄱ

가창현(賈昶鉉)	234
감봉룡(甘鳳龍)	232
강건(姜健)	364
강규찬	286
강기천(姜起千)	130, 131, 133
강순희	390
강신명(姜信明)	406
강양욱	286
강욱중	365
강인로(姜仁魯)	34
강호륜(姜鎬倫)	194, 196
고길훈(高吉勳)	18, 23, 24, 40, 138, 145, 256
고상원(高尙遠)	250
고주석(高周奭)	406
곽미영	315
구덕환	365
구서칠(具書七)	261, 262, 263
구중회	365
권양숙	337
권오석(權五晳)	336, 337, 338
권오선(權五先)	337
권오철(權五喆)	241
권이상	347
권인득(權仁得)	405
기우대(奇宇大)	259
김관대(金寬大)	80
김광순(金光淳)	34
김광식(金光植)	18, 73
김규식(金奎植)	365, 366, 368, 402
김기진(金基鎭)	369
김기태(金基泰)	234
김남교(金南敎)	141
김남식(金南植)	140
김남식(金南植)	303
김대벽(金大璧)	244
김대식(金大植)	75
김대욱(金大旭)	229
김대중(金大中)	335
김동섭(金東燮)	138
김두만(金斗萬)	188
김두봉	286, 364
김두석	343
김두용(金斗用)	21, 244, 251, 252
김두찬(金斗燦)	125, 126
김두천(金斗千)	262
김득룡(金得龍)	183, 184, 199
김만봉(金萬鳳)	241
김만수	75
김문수(金文洙)	48
김병규(金柄奎)	349
김병제	286
김병준(金秉俊)	116
김병호(金秉鎬)	18, 24, 26, 27, 28, 102
김병화(金秉化)	15, 20, 21, 28, 29, 35, 37, 38, 106, 107, 112, 113, 114
김병환	342
김병휘(金炳徽)	12, 39, 59, 60, 61, 143
김병희	365
김봉준	365, 368
김삼룡(金三龍)	276
김삼식	378
김삼홍	279
김상도(金相道)	125
김석원(金錫源)	319
김선우	277
김성기(金聲起)	231, 241
김성룡(金成龍)	195, 196
김성삼(金省三)	125, 127
김성수(金性洙)	323
김성은(金聖恩)	38, 40, 45, 73, 75, 112, 116, 144
김성종	342, 343
김성진	373
김순태(金順泰)	25
김신(金信)	194, 195
김약수	365
김양자	381
김억순(金億淳)	235, 259
김열	286
김영기	307
김영자(金英子)	375
김영제	286
김영철(金永哲)	123, 124
김영혁(金永赫)	98
김영환(金英煥)	194, 195
김영희(金榮熙)	238
김옥구	365
김옥두	378
김용기(金龍紀)	37

김용식(金溶植) 125
김용우 367
김용주(金龍周)
    34, 94, 98, 99, 100, 104, 106
김용하(金鎔河) 366
김원직(金元職) 241
김윤근(金潤根) 145
김응권(金應權) 50, 53, 260
김응기 365
김응빈 277
김의환 365
김익권(金益權) 76
김익렬(金益烈) 42
김인호(金麟鎬)
    231, 240, 241, 242, 248
김일성(金日成)
    186, 269, 270, 271, 275, 278,
    279, 290, 296, 297, 298, 300,
    315, 318, 320, 321, 327, 328,
    332, 333, 334, 340, 345, 364,
    376, 396, 408, 409
김장열 365
김재윤(金在潤) 307
김정렬(金貞烈) 177, 182,
    186, 190, 191, 197, 200, 201
김정일(金正日) 335, 340
김종기(金鍾淇·金鍾琪)
    18, 138, 144, 255
김종식(金鍾植)
    18, 21, 24, 25, 102
김종오(金鍾五) 59, 60, 61
김종원(金宗元) 133, 247
김주문(金周文) 233
김준보 307
김창주 365

김창준(金昌俊) 405
김창형 354
김책(金策) 364
김춘삼 365, 368
김충남(金忠男) 121, 124
김칠성 365
김태선(金泰善) 237, 239
김팔봉(金八峰)
    369, 371, 372, 373, 374, 376
김필상(金弼相) 39, 57, 58
김한수(金漢壽) 26, 42
김해수(金海洙) 240
김헌식 365
김효석(金孝錫) 319, 365
김희재(金熙載) 82
김희준(金熙俊) 80
김희준(金熙濬)
    80, 81, 82, 83, 85

ㄴ

나경선 377
나창준(羅昌俊) 189
남경우 277
남상휘(南相徽) 130
남우락(南宇洛) 246
노동운(盧東雲) 371, 374, 376
노명호(盧明鎬) 135
노무현(盧武鉉)
    336, 337, 339, 340
노익환 365
노종해(盧鍾海) 230
노준호 309, 311, 312
니콜스(Donald Nichols) 214

ㄷ

도일(James H. Doyle)
    147, 159, 160, 162, 168

딘(William F. Dean)
    64, 95, 225

ㄹ

라덕자(羅德子) 390
라미옥(羅美玉) 390
러블(Rubble) 170
레이블(Tony J. Raibl)
    64, 65, 88, 89
류우택(柳佑澤) 242
류해거(柳海巨) 121, 124, 135
리델(Ridel) 405
리매어(LeMay) 211
리어(Robert L. Rhea)
    67, 69, 110

ㅁ

매클린(Allent Maclean)
    65, 153
맥그레일
    (Thomas M. McGrail) 109
맥아더
    (Douglas A. Macarthur) 146,
    147, 159, 160, 164, 170, 175,
    181, 186, 190, 206, 207, 214,
    215, 216, 217, 222, 319, 339
머피(John R. Murphy)
    219, 220
명재세 366, 367
모리시(Jeorge Morrissey) 90
모트(Harold W. Mott)
    66, 87, 88, 89, 90, 94, 97, 111
무솔리니 214
무어(Ned D. Moore) 66,
    67, 69, 86, 87, 92, 93, 97,
    105, 107, 110, 111, 114, 115
무초(John J. Muccio)

190, 214, 215	박정애 286	ㅅ
문정훈(文正勳) 85	박종근 277	샤라(George F. Sharra)
민기식(閔機植) 12, 13, 19, 33,	박창록(朴昌錄) 47, 59, 60	88, 89, 90, 91, 92, 94
34, 35, 36, 37, 38, 40, 41, 43,	박철규 365	샤라퍼(Bryant E. W. Shraper)
44, 56, 60, 62, 63, 66, 68, 71,	박헌교(朴憲敎) 254	114
72, 74, 97, 105, 112, 113, 116	박헌영	서경택(徐慶澤) 47
ㅂ	275, 328, 333, 345, 364, 408	서채환 377, 378
바스체츠(Michael Barszcz)	박현수(朴炫洙)	석상익(石商益) 240
93, 109	12, 98, 99, 100, 106	성주식 286
박경철(朴敬哲) 135	박희동(朴熙東) 195	셔먼(Forrest p. Sherman)
박관영(朴寬榮) 34	반덴버그	174, 175
박광희 277	(Hoyt S. Vandenberg)	소웰(J. C. Sowell) 150
박규철(朴圭喆) 247	210, 211, 226	손관도(孫官道) 43, 46
박기병(朴基丙) 13	방응모 368	손석민(孫錫玟) 58
박기수(朴基洙) 75	방응찬(方應讚) 407	손원일(孫元一)
박길수 307	방주교(方主教) 404	17, 123, 125, 137
박남표(朴南杓) 47	방준표 277, 389	손진태(孫晋泰) 406, 407
박동섭 315	방충길 277	송달호 378
박문규 286, 287	방학세 365	송봉욱 286
박문기(朴文琦) 189	방호산(方虎山) 17	송세준(宋世俊) 133
박범집(朴範集) 188, 198	배동걸(裵東傑) 30, 46, 49, 76	송요찬(宋堯讚) 237
박상남(朴相南) 347	배중혁 365	송호림(宋虎林) 81, 83
박설봉(朴雪峰) 406	백관수 365, 366, 367	송호성(宋虎聲) 319, 365
박성환(朴聖煥) 133	백낙준(白樂濬) 407	스탈린 186, 314, 327
박승도(朴承道) 131, 132	백성규(백상규) 365, 367	스트래턴
박승일(朴昇日) 47	백성흠(白聖欽) 189	(Charles W. Stratton) 109
박영발 277	백순기(白舜基) 253	스트래트메이어
박우현 277	백운기(白雲企) 135	(George E. Stratemeyer)
박원석(朴元錫) 198	백인엽(白仁燁) 124	164, 181, 191, 205, 206,
박윤원 365	변백섭(卞百燮) 336	208, 209, 222, 223, 226
박익균(朴翊均) 31, 32	뷰챔프	스트러블(Arthur D. Struble)
박일 365	(Charles E. Beauchamp)	147, 164, 168, 170, 174
박일우(朴一禹) 364	76, 78, 81	신동우(申東雨) 96, 101
박재호(朴在浩) 189, 190	브라운(E. W. Brown) 166	신상봉 365
박정서(朴正瑞) 43		신석무 365

신성균 365	예철수(芮哲壽) 43	유재필 380
신성모(申性模)	오기완(吳基完) 306	유해준(兪海濬) 12, 97, 99, 100
36, 51, 95, 101, 190	오덕준(吳德俊)	윤기병(尹箕柄) 259
신영철(申英徹) 25	21, 38, 42, 68, 100, 116	윤기섭 365
신원철 307	오도넬	윤명운(尹明運)
신익희(申翼熙) 15	(Emmett Jr. O'donnell)	230, 231, 232, 240, 241
신태영(申泰英)	181, 223, 226, 227	윤석근(尹錫根) 131
14, 20, 21, 23, 27, 28, 30, 31,	오병진(吳秉珍) 85, 86	윤석렬(尹錫烈) 254, 255
33, 35, 36, 37, 38, 72, 259	오세창(吳世昌) 403	윤응렬(尹應烈) 188
신현준(申鉉俊) 52	오원선(吳元善) 135	은석표(殷碩杓)
심재순(沈載淳)	오점석(吳占石) 189	11, 13, 48, 53, 56, 59
260, 262, 263, 264, 265	오춘목(吳春睦) 188	이각순(李珏淳) 135
ㅇ	오하영 365	이강국 275
아몬드(Edward M. Almond)	울프(K. B. Woulfe) 210	이강학(李康學) 250
205, 206	워커(Walton H. Walker)	이강현(李康玄) 237
아이젠하워 339	63, 64, 65, 80, 101,	이강화(李康和) 188
안동준(安東濬) 47	158, 162, 175, 221	이경림 361
안재홍(安在鴻) 319, 365, 366	원세훈(元世勳) 365	이경복(李慶福) 189
안창관(安昌寬) 40, 72	원용덕(元容德)	이관수(李寬洙) 81, 82
안희규(安熙奎) 236	14, 20, 21, 29, 31, 33, 35, 36	이광수(李光洙) 366, 367, 407
앙베르 405	웨일랜드(Otto P. Weyland)	이권무(李權武) 80, 186
애치슨(Dean G. Acheson) 213	207	이귀수 365
애플게이트(Applegate) 92	위닝스태드	이귀훈 286
앤드루스	(Olaf P. Winningstad) 14	이극로 286
(William G. Andrewes)	윌러비(C. A. Willoughby) 207	이근석(李根晳) 177, 187,
149, 151, 155, 157	윌슨(Weseley E. Wilison)	188, 191, 192, 193, 194
양재하 365	69, 70, 71, 75	이만규(李萬圭) 286, 405
엄상섭(嚴詳燮) 350, 351	유동일 365	이만흠(李晩欽) 254
엄항섭 365	유명식(兪明植) 133	이명박(李明博) 339
에머리치	유붕렬(劉鵬烈) 351	이무중(李茂重) 233
(Rollinse S. Emmerich) 153	유상희(劉相姬) 390	이문원 365
에베레스트(Frank F. Everest)	유승렬(劉升烈) 21	이민석(李民錫) 135
210	유연기 277	이백우(李白雨) 12, 47, 52, 53, 54
여운형 279	유영준 286	이범석(李範奭) 15
염봉생(廉鳳生) 135	유익수 365	이범순(李範淳) 278

인명 색인 413

이병석(李炳析) 241	이종철(李鍾徹) 135	전우영(全禹榮) 83
이병칠 303	이종호(李鍾鎬) 233	전재홍(全宰弘) 369, 371,
이병희(李秉禧) 258	이주하(李舟河) 275, 276	372, 373, 374, 375, 376
이봉출(李鳳出) 18, 24, 45, 46, 72	이준길(李俊吉) 265	전종일 286
이상국(李相國) 98, 102	이준식(李俊植) 237	전호인(全湖人) 241, 251
이상수(李相垂) 196	이준영(李俊榮) 352	정경모 138
이상훈(李相勳) 238	이준학(李俊鶴) 43	정광호 365
이석주 361	이창범(李昌範) 47, 54	정긍모(鄭兢模) 124, 140, 141
이성가(李成佳) 245	이춘성(李春成) 249	정내혁(丁來赫)
이성경 277	이태신(李泰臣) 375	87, 96, 97, 98, 99
이소동(李召東) 13, 15, 51	이하영(李夏榮) 235	정달용 315
이순구(李舜九) 253	이하영(李夏永) 240	정복희(丁福熙) 230
이승기 387	이학구(李學九) 226	정성봉(鄭成鳳) 257, 258
이승만(李承晚) 140,	이현상 380	정소실(鄭小實) 263
186, 190, 193, 271, 279,	이형근(李亨根) 14, 20, 34, 47, 53	정영진(丁永鎭) 194, 195, 196
318, 319, 323, 371, 399	이형석(李炯錫)	정영환(鄭榮煥) 184
이승엽(李承燁)	11, 12, 13, 39, 47, 48,	정인보(鄭寅普)
272, 275, 286, 333, 345, 364	51, 52, 53, 54, 56, 260	366, 367, 406, 407
이시영(李始榮) 15	이희정(李熙晶) 138, 139	정일권(丁一權) 36, 79, 101, 125
이영규(李暎圭·瑛圭·瑛奎) 12,	임익순(林益淳) 242, 243	정일성 342
21, 38, 39, 43, 50, 51, 57, 116	임준택 376, 389, 401	정진(鄭震) 253
이영기(李永基) 371, 374, 376	임헌일(林憲一) 390	정창룡(鄭昌龍) 130, 131, 132
이영섭 277	ㅈ	정커(Alexander F. Junker)159
이영호(李永虎) 75	장균 286	정해수 277
이용범 384	장동출(張東出) 196	정호림(鄭虎林) 54
이위상 365, 368	장두권(張斗權) 116	조경학(趙慶鶴) 85, 86
이유성(李裕成) 42	장병원(張秉遠) 241	조규홍(曹圭洪) 241, 244
이응준(李應俊)	장진건 286	조남식 341
12, 14, 20, 21, 34, 39, 47, 48,	장창술(張昌述) 81	조남철(趙南喆) 39
50, 51, 53, 54, 56, 58, 59, 60,	장태명(張泰明)	조명석(趙明錫) 189
61, 63, 116, 143, 144	15, 36, 37, 113, 114	조백현 307
이인동 286	잭슨(Jackson) 38, 44	조병옥(趙炳玉) 323, 407
이일룡(李一龍) 74	전병두(全炳斗) 237	조병하 277
이정송(李貞松) 353, 355	전봉희(田鳳熙) 188	조석원(趙石元) 261
이종찬(李鍾贊) 21, 42, 101	전성우(全星宇) 240, 250	조소앙(趙素昂)

	365, 367, 368, 402	
조시형(趙始衡)		
	48, 49, 50, 51, 52	
조양현	343	
조영(趙英)	241	
조이(Charles T. Joy)		
	146, 148, 149, 153, 163,	
	164, 165, 170, 175	
조재준(趙在俊)	36, 37, 113	
주영하	364	
주철규(朱喆奎)	140	
지영린	307	
진두태(陳斗台)	24, 25	
ㅊ		
채백희	286	
채병덕(蔡秉德)		
	20, 63, 86, 87, 88, 89, 95,	
	96, 97, 98, 99, 100, 101, 102,	
	103, 106, 115, 201, 319	
처치(John H. Church)		
	64, 65, 81, 216	
최경덕	286	
최광(崔光)	391	
최권	366	
최규동(崔奎東)	367, 406	
최덕신(崔德新)	154	
최동오	365	
최연(崔燕)	239	
최영성(崔英聲)	47	
최용건(崔庸健)	297, 298, 364	
최용남(崔龍男)	127, 135, 142	
최용달	286	
최용덕(崔用德)	183, 199	
최인(崔麟)	367, 403	
최인덕(崔仁德)	80	

최정득(崔正得)	233	
최정주(崔偵周)	24	
최종봉(崔鍾奉)	188	
최창익	364	
최태규	365	
최태근(崔泰根)	348, 349	
최판섭	342, 343	
최판원	343	
최형식(崔亨植)	245, 251	
치크(Leon B. Cheek)	78	
ㅋ		
킨케이드		
(Alvan L(C). Kincaid)	204	
ㅌ		
탁운한	307	
터너(Howard H(M). Turner)		
	204	
트루먼(Herry S. Truman)		
	148, 150, 164, 214, 215	
ㅍ		
파울러(Fowler)	105, 115	
파트리지(Earle E. Partridge)		
	181, 200, 204, 214, 215, 216, 218	
포터(William B. Porter)		
	153	
프라이스	214	
프랜키원(Frankiwan)	70	
프린(Flynn)	90, 91, 92	
플로그(L. H. Plog)	166	
피트먼(W. R. Pittman)	169	
필립스(Philips)	90	
ㅎ		
하트먼(Charles C. Hartman)		
	155, 157	
한경직(韓景職)	406	

한문식(韓文植)	141	
한예택(韓禮澤)	18	
한용현(韓鏞顯)	198	
한정일(韓楨日)	262	
한종호(韓鍾鎬)	25	
한창근	277	
허가이	364	
허경구(許景九)	336	
허경복	307	
허드슨		
(N. D. Hodson · Hudson)	169	
허헌(許憲)	364	
허휴(許休)	261, 264	
헤스(Dean E. Hess)	192, 197	
현규병(玄圭柄)	256	
현상윤(玄相允)	366, 406, 407	
현신규	307	
홀리데이(San C. Holliday)	70	
홍명희(洪命憙)	286, 364	
홍석표(洪碩杓)	43	
홍순봉(洪淳鳳)	47, 59	
홍순용(洪淳龍)	43	
홍은식(洪殷植)	234	
홍인출(洪仁出)	255, 256	
화이트(Horton V. White)	246	
황규섭(黃圭燮)	235	
황신덕(黃信德)	407	
황윤호	365	
황호암(黃虎岩)	250	
효봉(曉峰)	404	
휴즈(John C. Hughes)	71	
히긴스(John M. Higgins)		
	146, 148, 150, 152, 153, 155	
히키(Doyle O. Hickey)	207	
히틀러	214	

6·25전쟁사

낙동강 제4권

초판 1쇄 인쇄 2010년 12월 21일
초판 1쇄 발행 2010년 12월 30일

지은이 | 류형석
펴낸이 | 김세영
펴낸곳 | 도서출판 플래닛미디어

주소 | 121-839 서울 마포구 서교동 381-38 3층
전화 | 3143-3366
팩스 | 3143-3360
등록 | 2005년 9월 12일 제 313-2005-000197호
이메일 | webmaster@planetmedia.co.kr

ISBN 978-89-92326-87-2 04910
　　　978-89-92326-83-4 (전8권)

ⓒ류형석 2010

* 책값은 겉표지에 있습니다.
* 잘못 만들어진 책은 구입처나 본사에서 교환해 드립니다.

다부동지구 전선

제10연대 | 제11연대

유학산
837

← 팔공산　가산
901고지　　다부동 ↓　　674고지　　천생산

← 옥골

← 해평